ANNWYL VAL

Gohebiaeth rhwng Lewis Valentine,
D. J. Williams a Saunders Lewis

1925–1983

Lewis Valentine: 1893–1986

D. J. Williams: 1885–1970

Saunders Lewis: 1893–1985

ANNWYL VAL

Gohebiaeth rhwng Lewis Valentine,
D. J. Williams a Saunders Lewis
1925–1983

Golygwyd gan
EMYR HYWEL

Argraffiad cyntaf: 2022

© Hawlfraint Emyr Hywel a'r Lolfa Cyf., 2022

Dymuna'r cyhoeddwyr gydnabod cymorth ariannol
Cyngor Llyfrau Cymru

Cynllun y clawr: Y Lolfa
Llun y clawr: Stiwdio Jon, Abergwaun,
drwy ganiatâd Llyfrgell Genedlaethol Cymru

Rhif Llyfr Rhyngwladol: 978 1 80099 223 8

Cyhoeddwyd yng Nghymru gan
Y Lolfa Cyf., Talybont, Ceredigion SY24 5HE
gwefan www.ylolfa.com
e-bost ylolfa@ylolfa.com
ffôn 01970 832 304
ffacs 832 782

Byrfoddau

Annwyl D.J.   Emyr Hywel (gol.), *Annwyl D.J.* (Talybont, 2007)

BAC   Baner ac Amserau Cymru

LlGC   Llyfrgell Genedlaethol Cymru

Cynnwys

Rhagair

MAE DROS 100 o lythyrau D. J. Williams a anfonwyd at Lewis Valentine ar gadw yng nghasgliad Valentine yn y Llyfrgell Genedlaethol, a thros 70 o lythyrau a anfonodd Valentine at D.J. yn ei gasgliad yntau. Yn y cyhoeddiad hwn cynhwyswyd bron pob un o'r llythyrau. Yn achos llythyrau Lewis Valentine a anfonwyd at D.J. bu'n anodd iawn eu dosbarthu yn y drefn gywir oherwydd ni chynhwysai Valentine ddyddiad ar ei lythyrau, yn enwedig ym mlynyddoedd cynnar yr ohebiaeth.

Yn achos yr ohebiaeth rhwng Saunders Lewis a Lewis Valentine mae dros 50 o lythyrau Saunders a anfonwyd at Valentine ar gadw yng nghasgliad Valentine yn y Llyfrgell Genedlaethol. Gwaetha'r modd, dim ond 12 o lythyrau Valentine a anfonwyd at Saunders sydd ar gadw yn y Llyfrgell Genedlaethol ac fe'u cynhwyswyd i gyd yn y gyfrol hon.

Mae rhai o'r llythyrau yn cyfeirio at drefnu cyfarfodydd heb fanylu arnynt ond penderfynwyd cynnwys y rhan fwyaf ohonynt er mwyn peidio â thorri ar rediad yr ohebiaeth sydd weithiau yn bytiog gan na chadwyd, neu na throsglwyddwyd, pob llythyr i'r Llyfrgell Genedlaethol, yn enwedig yn achos y llythyrau a fu'n eiddo i Saunders Lewis.

Wrth olygu'r llythyrau amcanwyd at beidio ag ymyrryd yn ormodol â'r orgraff, er mwyn cyflwyno darlun cywir o'r gwreiddiol. Yn achos yr atalnodi, gwnaed newidiadau er mwyn eglurder ac ychwanegwyd acen grom weithiau a hepgor ambell gollnod. Newidiwyd ambell sillafiad, er enghraifft, Abergwaun yn lle Abergwaen, rhag gosod [sic] yn y testun hyd at syrffed. Nodwyd pob ymyriad golygyddol arall trwy eu gosod o fewn bachau petryal. Weithiau, pan na lwyddais i ddeall gair neu lawysgrifen, gosodais ofynnod mewn bachau petryal [?] yn y brawddegau, neu ar bwys y geiriau hynny.

Cysonwyd teitlau llyfrau a chyfnodolion trwy eu hargraffu mewn print italig a chysonwyd hefyd y dyddiadau ar frig y llythyrau. Ar rai achlysuron prin barnwyd y byddai'n ddoeth hepgor rhannau o'r testun. Nodwyd hynny trwy osod elipsis (...) yn y bylchau hynny.

Rhagymadrodd

Hanes y llythyrau

Roedd Saunders Lewis, D. J. Williams a Lewis Valentine yn gyfeillion mynwesol, a'r cyfeillgarwch hwnnw wedi'i ddyfnhau ym mhurdan Wormwood Scrubs lle treuliodd y tri naw mis dan glo oherwydd iddynt losgi'r Ysgol Fomio yn Llŷn yn 1936. Serch hynny, tan farwolaeth D.J. yn 1970, heblaw am gyfnod byr o gamddealltwriaeth rhwng y ddau,[1] mae cyfeillgarwch Valentine a D.J. ychydig yn glosiach a chynhesach na'u cyfeillgarwch â Saunders Lewis. Yn ôl eu cyfaddefiad hwy eu hunain, annelwig yw'r rheswm am hynny, ond noda Valentine ei fod yn ei chael hi'n anodd gohebu â Saunders.[2] Yn ogystal, teg yw nodi, pan fo Valentine a D.J. yn ymorol am eirda neu deyrnged, mai dibynnu ar ei gilydd a wnânt yn hytrach na gofyn am gymwynas gan Saunders.[3] Bu Lewis Valentine a D.J. yn gohebu'n weddol gyson rhwng 1925 ac 1969. Anfonodd D.J. ei lythyr olaf at Valentine – llythyr sy'n trafod llenyddiaeth ac sy'n dangos nad oedd henaint wedi effeithio ar ei gyneddfau meddyliol nac wedi pylu dim ar ei gof – ar 21 Rhagfyr 1969, tua phythefnos cyn ei farwolaeth.[4] Cychwynnodd yr ohebiaeth rhwng Valentine a Saunders Lewis yn 1926 gan orffen yn 1983. Gwaetha'r modd, nid oes yr un llythyr o eiddo Valentine cyn 1972 wedi ei gadw ymhlith papurau Saunders Lewis yn y Llyfrgell Genedlaethol. Mae detholiad o'r ohebiaeth rhwng Saunders Lewis a D. J. Williams, sy'n cwblhau'r drindod ohebiaethol fel petai, wedi ei gyhoeddi eisoes yn *Annwyl D.J.*

Nodir hanes trosglwyddo llythyrau, papurau a llawysgrifau Saunders Lewis i'r Llyfrgell Genedlaethol yn rhagymadrodd Dafydd Ifans i'r gyfrol *Annwyl Kate, Annwyl Saunders*.[5] Yn achos D. J. Williams, trosglwyddwyd ei bapurau i'r Llyfrgell

Genedlaethol trwy law ei nai, Mr Meredith Miles, Pen-y-bont ar Ogwr. Prynwyd papurau Lewis Valentine gan y Llyfrgell Genedlaethol yn 1984.

Gohebiaeth Valentine a D.J.

Y llythyr cyntaf a gadwyd o'r ohebiaeth rhwng Valentine a D.J. yw llythyr o eiddo Valentine, dyddiedig 9 Tachwedd 1925. Dyddiad llythyr cyntaf D.J. at Valentine yw 28 Hydref 1930. Trwy'r ohebiaeth gynnar, gohebiaeth y tridegau, cawn ddarlun treiddgar, helbulus, ac annwyl hefyd, o'r cynnwrf a'r gorfoledd a ddaeth i'w rhan yn dilyn llosgi'r Ysgol Fomio yn Llŷn. Trafodir, yn ogystal, y tactegau y dylid eu mabwysiadu yn y llysoedd, ac, yn dilyn eu rhyddhau o Wormwood Scrubs, effaith eu carchariad arnynt. Yn ystod y pedwardegau a'r pumdegau mae heddychiaeth a'u gwrthwynebiad i orfodaeth filwrol yn bwnc trafod yn aml. Trwy gydol blynyddoedd yr ohebiaeth mae trafod a chyfnewid llyfrau yn weithgaredd cyson, a hynny'n cynnig cipolwg inni ar eu syniadaeth lenyddol a gwleidyddol. Yn ogystal, trafodir crefydd o bryd i'w gilydd a mynegant eu hanfodlonrwydd â'r modd y dilornir Saunders Lewis gan ei elynion oherwydd ei Gatholigiaeth. Er eu bod yn edmygu Saunders Lewis ac yn ei gefnogi yn ei daranu yn erbyn cyfeiriad cyfansoddiadol a diddannedd Plaid Cymru dan arweinyddiaeth Gwynfor Evans, ni chawn unrhyw feirniadaeth o ddulliau Gwynfor yn eu llythyrau. Gobaith hollol anymarferol D.J. oedd y gellid cyfuno tactegau Saunders a Gwynfor a pherswadio'r ddau arweinydd anghymarus hyn i gydweithio. Ceisiodd, ar sawl achlysur, ddenu Saunders yn ôl i gymryd rhan weithredol yn rhengoedd y Blaid ar ôl iddo gefnu arni yn dilyn aflwyddiant ei ymgyrch etholiadol yn 1943.[6] Nid oes tystiolaeth fod Valentine wedi ceisio denu Saunders yn ôl i rengoedd gwleidyddiaeth ymarferol. Y rheswm am hynny, mi gredaf, yw nad oedd naïfrwydd D.J. yn nodwedd o'i bersonoliaeth ef.

Gwleidyddiaeth Valentine a D.J.

Gwaetha'r modd, nid oes unrhyw sylwadau ar sefydlu'r Blaid Genedlaethol yn 1925 yn llythyrau Valentine a D.J. sydd ar gadw yn y Llyfrgell Genedlaethol. Yr unig gyfeiriad at drefniadau'r blynyddoedd cynharaf yw datganiad Valentine, yn ei lythyr dyddiedig 9 Tachwedd 1925, fod 'gwaith mawr i'w wneuthur' a bod ei 'holl gred ... yn yr Ysgol Haf'.[7] O'r herwydd, er mai Valentine oedd ymgeisydd seneddol cyntaf y Blaid Genedlaethol yn 1929, nid oes cyfeiriad at yr ymgyrch honno yn eu llythyrau. Rhaid aros tan 28 Hydref 1930 i gael golwg ar lythyr cyntaf D.J. ac ynddo mae'n cyfeirio at benodi trefnydd newydd i'r Blaid yn dilyn marwolaeth H. R. Jones, ei threfnydd cyntaf. Yn ogystal, yn y llythyr hwn, cawn yr achlust cynharaf o gred D.J. mewn propaganda cyson a diflino, nodwedd o'i holl weithgaredd gwleidyddol trwy'r blynyddoedd a than ei farwolaeth yn 1970. Meddai D.J., 'dylid canolbwyntio o ddifri ar bropaganda draws y wlad ... Ni wna ysgol haf unwaith y flwyddyn boed cystal ag y bo, byth argyhoeddi gwlad.'[8]

Yn dilyn yr ymgyrch yn erbyn sefydlu'r Ysgol Fomio yn Llŷn a gweithred Saunders, D.J. a Valentine, ar 8 Medi 1936, yn llosgi cabanau ar y safle, mae'r ohebiaeth rhwng y ddau yn cynyddu'n sylweddol. Ar 21 Medi 1936, a hwythau'n aros i ymddangos gerbron y llys yng Nghaernarfon, mae D.J. 'bron yn gorfoleddu yn yr ysbryd'.[9] Ac yn dilyn y gwrandawiad, pan fethodd y rheithgor gytuno ar ddedfryd, tebyg yw ei ymateb. Meddai, 'Ydyw, y mae'r Blaid Genedlaethol ar ei thraed bellach yn gwbl ddiogel yng Nghymru.'[10] Ac mae Valentine yn ymateb yn yr un cywair ac yn datgan, 'Goleuasom heddiw gannwyll yng Nghymru nas diffoddir byth.'[11] Mae eu llawenydd yn seilicdig ar y gefnogaeth a gawsant; y tyrfaoedd a fu'n gwrando ar Valentine yn pregethu a chefnogaeth rhai o wŷr Arfon i'r llosgi. Hynny yn argyhoeddi D.J. 'bod hen arwriaeth eu tadau yn parhau i fyw yn rhai ohonynt'.[12] Teg nodi eu bod yn anwybyddu gelyniaeth eithaf milain eu gwrthwynebwyr yn llythyrau'r cyfnod hwn cyn eu carcharu gan y llys a gynhaliwyd yn Llundain ym mis Ionawr 1937. Yng ngweddill gohebiaeth y cyfnod cyfeirir at wahardd D.J. a Saunders o'u swyddi tra oeddynt yn aros am ddedfryd brawdlys Llundain. Dylid nodi na fu unrhyw fygythiad i swydd Valentine oherwydd cafodd gefnogaeth hael a pharod aelodau eglwys y Tabernacl, Llandudno. Trafodir, yn ogystal, y tactegau addas i'w defnyddio yn y llys yn yr Old Bailey.[13] Penderfynwyd peidio ag amddiffyn eu hunain na siarad gair o Saesneg yn y pen draw.

Ar ôl rhyddhau'r tri o garchar ddiwedd Awst 1937, mae D.J. yn hysbysu Valentine ei fod wedi cael ei swydd yn ôl gan lywodraethwyr Ysgol Ramadeg Abergwaun.[14] Yna, mewn llythyr arall, ychydig yn ddiweddarach, mae'n gofidio am gyflwr iechyd Valentine. 'Fe fuost yn ofnadwy o anlwcus yn y gwaith a roed i ti', meddai D.J.[15] Gwaith yn y storfa ddillad oedd hwnnw, a diau fod trafod dillad brwnt y carcharorion yn waith digon diflas. Trafodir hefyd y posibilrwydd y gallai D.J. ysgrifennu llyfr ar brofiadau'r tri yn Wormwood Scrubs. Ni ddaeth y bwriad hwnnw i ben a Valentine aeth ynglŷn â sgrifennu cyfres o erthyglau ar gyfer eu cyhoeddi yn *Y Ddraig Goch*, cyfres a ymddangosodd am gyfnod o dros flwyddyn dan y teitl 'Beddau'r Byw'.[16]

Yn ystod yr Ail Ryfel Byd bu ymgyrchu gwleidyddol yn anodd i'r Blaid. Meddai Valentine yn 1941:

Yr wyf innau yn trio codi brwdfrydedd yn Sir Ddinbych, ond ow, ddofed ydyw pawb – pob un am gadw ei groen yn iach a chadw ei dipyn swydd, neu'n dadleu na thâl iddo fod yn rhy amlwg gyda'r Blaid.[17]

Serch hynny, gyda chyhoeddi isetholiad seneddol Prifysgol Cymru ddiwedd 1942 cafodd y Blaid hwb sylweddol. Cytunodd Saunders Lewis i gais J. E. Jones, trefnydd y Blaid,

iddo sefyll fel ei hymgeisydd yn yr isetholiad. Am beth amser,
Saunders Lewis oedd yr unig ymgeisydd ond ddiwedd y
flwyddyn penderfynodd W. J. Gruffydd, ac yntau ar un adeg
yn aelod blaenllaw o'r Blaid, sefyll yn erbyn Saunders, a hynny
gyda chymorth y Blaid Ryddfrydol.[18] Yn naturiol, nid oedd
ymyrraeth W. J. Gruffydd wrth fodd Valentine. Wrth drafod
mater yr etholiad mewn llythyr a anfonwyd at D.J. ym mis
Rhagfyr 1942, mae'n holi:

A pheth dybiwch chwi am bwnc yr etholiad hwn? Ni chyfarfûm
â neb eto sy'n frwdfrydig dros W. J. Gruffydd. Credu a wneir yn
y gogledd mai un o ystrywiau Peate yw ei ymgeisiaeth. Rhyfedd
na lynasai Gruffydd wrth y gwir, – y mae pob datganiad a wnaeth
hyd yma – pob un a welais i yn cynnwys clamp o gelwydd. Oni bai
am ei ymyrraeth buasai siawns Saunders yn un cryf anghyffredin;
ond nid yw eto yn anobeithiol …[19]

Tebyg yw barn D.J. 'Y mae'r rhagolygon i Saunders yn bur dda
yn y cylch bach yr wyf i yn troi ynddo yma', meddai ddeuddydd
cyn y Nadolig 1942.[20] Ond siom oedd yn eu disgwyl a Valentine
yn cyhoeddi ym mis Chwefror pan glywodd am fethiant Saunders
ei fod 'bron crio gan siom pan ddaeth y newydd'.[21]
    Mewn llythyr a anfonwyd at Valentine ym mis Rhagfyr 1946
mae D.J. yn cyfeirio at ddigalondid Saunders Lewis yn dilyn ei
fethiant yn etholiad 1943. Roedd yn sôn am adael Cymru pe câi
swydd yn Lloegr neu America. Roedd ymosodiadau arno yn y
wasg yn dwysáu ei ddiflastod. Meddai D.J.:

Fe'i sicrheir yn bendant yn y gred honno, o roi coel arni, yn
y rhifyn presennol o'r Welsh Review yn y llith 'Welsh Profile:
Saunders Lewis' – y peth diffeithiaf ei fwriad er llith Gwilym
Davies yn Y Traethodydd ryw dair blynedd yn ol. Fel honno, ei
amcan y mae'n amlwg, yw troi Saunders Lewis yn llwyr allan o

fywyd cyhoeddus Cymru – gan gyfiawnhau cachgwn y Brifysgol yn ei wrthod.[22]

Yn y llith 'Welsh Profile: Saunders Lewis' dywed yr awdur dienw amdano:

> … his personality forbids that he shall ever be leader of the people. His intellectual pride, his icy contempt for those who do not walk beside, or behind him, his lack of the common touch, and the authoritarian taint in politics and religion now associated with his name, these have set him aside from modern democratic Wales … He would give his life for Wales, but he cannot give Wales his charity: he has become the single greatest obstacle to his party's chances of becoming the party of the Welsh people.[23]

Ac roedd Gwilym Davies yn *Y Traethodydd* yn 1942 wedi haeru mai bwriad Saunders Lewis oedd creu Cymru annibynnol, dotalitaraidd, ffasgaidd a phabyddol, na chaniatâi ond un blaid ac un eglwys ac un iaith.[24] Ond nid pawb oedd yn dilorni Saunders. Meddai Valentine wrth ymateb i sylwadau D.J., 'Drwg a thrist a ddywedaist am Saunders … Baw i bob anrhydedd a safle pe'm perchid a'm caru gan yr etholedigion sy'n parchu a charu Saunders.'[25]

Parhau wnaeth yr esgymuno ar Saunders Lewis a chyfeiria D.J. at hynny ym mis Ebrill 1947 pan ddywed mai dylanwad Ifor Williams, un o ysgolheigion Cymru, a gadwodd Saunders rhag llanw cadair Syr John Rhŷs yn Rhydychen. Mynega D.J. ei rwystredigaeth trwy ddatgan, 'Ond ŷm ni'n genedl o ddewrion, mewn difrif? Oni bai fod yna eithriadau mor wych, a'r rhan fwyaf o'r rheiny fel y mae'n digwydd, yn y Blaid, fe fyddai'n ddigon i ddanto dyn ar ei genedl ei hunan.'[26] Eto, ddiwedd y flwyddyn, serch ei rwystredigaeth yn wyneb difrawder ei gyd-Gymry, myn annog Valentine, oherwydd ei gred ddiysgog ym mharhad y genedl, i ailddechrau mynychu pwyllgorau'r Blaid:

Y mae eisiau i ti ddod yn ôl i Bwyllgorau'r Blaid eto, Val; ac i'r Ysgol Haf. Y mae dy eisiau yno'n fawr, heblaw y caem gwmni ein gilydd yn fwy mynych drwy hynny. Tybed a fydd yn ddewisach gan Gymru lwfr, bensucan gael ei hudo gan y Pleidiau Saesneg eto, na throi at Blaid Cymru. Os felly, dyna ben draw arnom rwy'n ofni, yn wir, weithiau. Ac eto, chreda i ddim ym mêr fy esgyrn, y try yr Arglwydd ei gefn yn llwyr ar yr Hen Genedl.[27]

Eto, ym mis Mai 1948, mae D.J. yn cyfeirio at Philistiaid Cymru yn cadw Saunders, oherwydd ei wleidyddiaeth, rhag derbyn swydd academaidd; y tro hwn yn Drefnydd Dosbarthiadau Allanol ym Mangor.[28] Yna, ddiwedd y flwyddyn, mae'n nodi cyfraniad Saunders yn ei golofn 'Cwrs y Byd' yn *Baner ac Amserau Cymru*, a'i sylwadau ar Gyngor Ymgynghorol Cymru. Yn y darn hwn mae Saunders yn bwrw sen ar y Cyngor – cyngor diddannedd yn trafod materion dibwys a'r aelodau i'w dewis gan y Prif Weinidog. Meddai Saunders:

Nid oes rhaid ond addo swyddi i bobl gyhoeddus Cymru, taflu atynt ambell anrhydedd … amlhau pwyllgorau a fydd yn peri gweld eu henwau yn y papurau … pobl y gellir eu prynu ydym ni … Paham y mae'r pleidiau Seisnig … yn ein dirmygu ni, a'r dydd Cymraeg yn Nhŷ'r Cyffredin yn destun crechwen? Oblegid eu bod wedi dysgu gennym ni y gwir amdanom …[29]

Sylwadau Saunders yn ei golofn sy'n cynhyrfu Valentine ym mis Hydref 1949. Ynddi, roedd Saunders wedi atgoffa'r Blaid nad trwy senedd Westminster y gellid cyrraedd y nod o hawlio rhyddid gwleidyddol i Gymru ac wedi annog y Blaid i fynd yn ôl at ei pholisi gwreiddiol o ganolbwyntio ar y cynghorau sir yn hytrach na gwastraffu ei hadnoddau yn cystadlu am seddau yn San Steffan. Meddai Valentine:

> Cytunaf yn rhwydd â Saunders, – ymladd dau etholiad – un yn y Gogledd ac un yn y Deheudir, a chrynhoi pob tipyn o ddawn sydd gennym ar y ddau a siawns na chawn ddilynwyr lawer. Effaith hynny ar bobl fydd hyn:– credu mai canlyniadau cyffelyb ped ymladdesid ymhob etholaeth, ac yna ystyried awgrym Saunders o daro ar y Cynghorau Sir. Mynd yn ôl i'r polisi gwreiddiol o weithio yng Nghymru yn unig ynte? Beth a ddywedwch, gyfeillion mwyn? Yr wyf wedi gyrru gair at J.E. gyda'r un post â hwn yn crefu am sylw i'r awgrymiadau hyn, ac ailystyried ein polisi etholiad – y mae Atli wedi rhoddi amser i ni wneuthur hyn trwy ohirio'r etholiad tan y gwanwyn. Os yw'r peth yn eich corddi chwithau efallai y gyrrwch chwithau air ato i'r un perwyl.[30]

Ar y llaw arall, roedd D.J., yn ei naïfrwydd, yn bendant o'r farn y deuai rhyddid i Gymru trwy San Steffan ac y byddai Lloegr, yn ei haelioni a'i mawrfrydedd, yn cynnig ei rhyddid i'r genedl pe bai'r Blaid yn ennill ychydig o seddau mewn etholiad cyffredinol. Yn ei ateb i Valentine dywed D.J.:

> Fy syniad i yw y dylem ymladd pedair etholaeth, – Arfon, Meirion, yn y Gogledd, a Dwyrain Myrddin ac Aberdâr yn y De. Petai arian yn caniatáu, fe gredwn i mai gorau po fwyaf o seddau a ymleddid – am mai yn ystod etholiad pan ddaw pobl ynghyd, y ceir y cyfle gorau i roi rhaglen y Blaid gerbron, a thrwy hynny ennill aelodau newydd a all ddod yn gynghorwyr yn ddiweddarach. Dyna Aberdâr yn etholiad y Cyngor Tref eleni yn cael dros 3,000 o bleidleisiau i 4 o ymgeiswyr y Blaid. Oni bai y propaganda yno, ni safasai neb yn enw'r Blaid; waeth cyn hynny nid oedd ugain o aelodau swyddogol o'r Blaid yn yr

etholaeth i gyd. Ac ni byddai canoli'r sylw ar ddwy etholaeth, o angenrheidrwydd, yn golygu y ceid rhagor o bleidleisiau yn y ddwy etholaeth hynny na phe'r ymleddid mewn nifer o etholaethau eraill. Pa ffordd mwy effeithiol wedi'r cyfan o fagu cynghorwyr ar gyfer y dyfodol nag ennill nifer luosog o bobl i gredu yn rhaglen y Blaid ym mhoethder etholiad seneddol. Meddylia am Gymru gyfan, ac eithrio mewn dwy etholaeth, heb glywed neges y Blaid yn ystod yr etholiad. Oherwydd ond lle bo ymgeisydd gan y Blaid, polisi cyfrwys y Pleidiau Seisnig yw gwthio polisiau Imperialaeth y Llywodraeth fel prif faterion y dydd ar etholwyr twp, diniwed, a di-asgwrn-cefn y Cymry, ac fe'u twyllir fel plantos.³¹

Yn 1951 roedd trefniadau anghyfansoddiadol ar y gweill gan y Blaid i rwystro cynlluniau'r Swyddfa Ryfel yn Nhrawsfynydd. Wrth gyfeirio at y bwriad mae Valentine, oherwydd salwch D.J., yn ceisio'i berswadio i beidio â mynychu'r protestiadau arfaethedig.³² Ni fu'r ymgais yn llwyddiannus oherwydd yno, ym mis Awst a Medi, yr oedd D.J., yn eistedd ar y ffordd y tu allan i'r gwersyll ac yn rhwystro cerbydau'r fyddin. Dyma'r tro olaf, gyda llaw, i Blaid Cymru ddefnyddio tactegau milwriaethus yn ei hymgyrchoedd, er i Saunders Lewis ei hannog dro ar ôl tro i fabwysiadu dulliau herfeiddiol. Yna, yn ei lythyr dyddiedig 15 Rhagfyr 1951, mae D.J. yn nodi'r ffaith fod Saunders, o'r diwedd, ar ôl pymtheng mlynedd o'i gadw rhag derbyn swydd, yn cael 'ailgychwyn yng Ngholeg Prifysgol Cymru'.³³ Yn 1954 cawn wybod nad yw'r swydd darlithydd ym Mhrifysgol Caerdydd wrth fodd Saunders. Meddai D.J. wrth Valentine, 'Nid yw Saunders yn rhyw foddlon iawn ar ei swydd yn y coleg … gormod o stwffio pethau i bennau'r myfyrwyr drwy ddarlithiau, yn hytrach na'u dysgu i feddwl, a chwilio pethau allan drostynt eu hunain.' Yna ychwanega feirniadaeth brin o'i arwr wrth gyfeirio at erthyglau yr oedd Saunders yn eu cyhoeddi yn yr *Empire News*, papur hollol wrth-Gymreig a'r 'trash mwyaf o bapur a fu erioed'.[34] Ni fu D.J. yn brin o ddweud ei farn am y papur hwn wrth Saunders ei hun ac fe'i darbwyllodd i beidio â pharhau i ysgrifennu iddo.[35]

Er mai araf eu cynnydd a dilewyrch oedd ymgyrchoedd seneddol Plaid Cymru mae Valentine a D.J. yn mynnu clodfori pob canlyniad, pa mor alaethus bynnag y bo. Bu isetholiad yn Wrecsam ym mis Mawrth 1955; ymgeisydd y Blaid oedd Elystan Morgan a bu cynnydd yn y bleidlais. Cafodd rywfaint dros 11% a hynny ychydig yn brin o arbed talu'r ernes. Serch hynny, meddai D.J.:

> ... rhagorol a chalonogol yn wir ydoedd i'r Blaid fwy na dyblu ei phleidlais y tro hwn eto, ac i'r Sosialwyr golli ei 10,000 a'r Toriaid ei 7,000 o bleidleisiau. Dengys hyn fod dydd y pethau bychain 30 mlynedd yn ôl a'r dygnwch di-ildio a ddangoswyd gan y dyrnaid bach a gadwodd bethau i fynd, a J.E. yn bennaf ohonynt oll, bellach, yn dechrau dwyn ffrwyth. Er mor llwfr a difater ydym fel cenedl parthed ein tynged y mae rhyw 'ychydig weddill' yn aros o hyd gan lynu wrth y weledigaeth gynnar megis yn Israel gynt.[36]

Tebyg yw ymateb Valentine:

> Onid gwych ganlyniad yr etholiad, – yr is-etholiad? Tridiau arall a buesid wedi arbed talu'r ernes. Y mae hi'n hindeg ar y Blaid yma bellach. Neithiwr yr oeddwn yn annerch y gangen ar 'Saunders Lewis', – dros gant o aelodau a dal i ddwad y mae'r dychweledigion, ac y mae'r Sosialwyr yn ymwingo. Y mae naw o'r hogiau yn sefyll yn etholiadau lleol Mai – Cyngor Plwyf a Dosbarth. Go dda ynte? Gwnaeth Elystan Morgan ymgeisydd dan gamp, ac os gallwn ei gadw i'r etholaeth hon fe enilla lawer iawn i'w ddilyn.[37]

Mae'n rhaid nad oedd Elystan yn cytuno â'u hymateb hwy oherwydd cefnodd ar y Blaid ac ar genedlaetholdeb ymhen rhai blynyddoedd. Ymunodd â'r Blaid Lafur, plaid Brydeinig na fyddai, oherwydd mai plaid unoliaethol oedd hi ac yw hi, yn cefnogi rhyddid gwleidyddol i Gymru. Yn y llythyr a anfonodd Valentine at D.J. adeg y Nadolig 1958 cawn wybod bod Bevan, sef Aneurin Bevan, a Syr Ifan ab Owen Edwards yn 'codi gloesi' ar gyfaill iddo. Gellir cymryd yn ganiataol eu bod yn codi cyfog ar Valentine hefyd.[38] Trosedd Aneurin Bevan oedd cefnogi caniatáu presenoldeb awyrennau NATO a'u harfau niwclear ar dir Prydain tra oedd Syr Ifan, er mwyn tawelu'r dyfroedd, wedi derbyn gwahoddiad Macmillan, Prif Weinidog Prydain, i ymuno â Chyngor Ymgynghorol Cymru yn dilyn ymddiswyddiad Huw T. Edwards. Yn ogystal, dywed ei fod yn dal yn anesmwyth na fuasai'r Blaid yn rhoi mwy o sylw i ymladd etholiadau lleol ac mae'n atgoffa D.J. ei fod yn 'cymeradwyo y polisi seneddol yn fwy na mi'. Arwain hynny at grybwyll araith Saunders yn Eisteddfod Glynebwy. Yn yr araith honno roedd Saunders wedi annog amddiffyn bro Tryweryn â mwy na baneri, a hynny yn feirniadaeth ar dactegau llwfr Plaid Cymru. Er bod Valentine a D.J. yn cymeradwyo dulliau tor cyfraith nid oes trafodaeth ar ddulliau amddiffyn Tryweryn yn eu llythyrau. Yn hytrach, yn ei ateb i lythyr Valentine, dyddiedig 6 Ionawr 1959, mae D.J. yn osgoi cyfeirio at araith Saunders a'r anogaeth filwriaethus ynddi ac yn amddiffyn Gwynfor a'i dactegau cyfansoddiadol. Meddai D.J.:

Oni bai am frad W. J. Gruffydd a'r cynffongwn gwael hynny iddo, fe allai Saunders fod wedi mynd i'r Senedd fel cynrychiolydd y Brifysgol yn 1943. A hwyrach y byddai Cymru ar fin bod yn genedl rydd, erbyn hyn. Ond fe ddaw yn rhydd eto, neu drengi o'r ffordd, os dyna ei haeddiant, – o dan arweiniad uchelfrydig ond arafach Gwynfor. Oherwydd, y mae Gwynfor yn ddyn mawr arall, mewn gwirionedd.[39]

Yn 1959 bu D.J. wrthi yn cefnogi Waldo Williams a oedd wedi cytuno i sefyll dros y Blaid yn yr etholiad cyffredinol. Yn ei farn ef gwnaeth Waldo yn bur dda o gofio Seisnigrwydd rhan helaeth o Sir Benfro. Ond y wers i'w dysgu os am lwyddo, meddai, 'yw y rhaid dyblu a threblu'r ymdrechion i ddeffro ein cyd-genedl, os yw Cymru o gwbl i oroesi'r argyfwng enbyd hwn, – gan gofio aberth hyd angau bron pob cenedl arall am ei bywyd'.[40] Mae'n sicr fod Valentine yn edmygu prysurdeb etholiadol D.J. oherwydd dywed wrth gyfeirio at yr etholiad y carai ef ymddeol o'i ofalaeth er mwyn cenhadu'r Gogledd dros y Blaid.[41] Yna, ym mis Mehefin 1960, wrth longyfarch D.J. ar ei ymddangosiad ar y rhaglen deledu *Dylanwadau*, mae'n dwyn i gof y rhaglen flaenorol pan fynnodd Saunders iddo fethu'n llwyr fel gwleidydd ymarferol. Meddai Saunders yn ystod y telediad hwnnw, 'Yr oedd gen i awydd, nid awydd bychan, awydd mawr iawn i newid hanes Cymru, a gwneud Cymru Gymraeg yn rhywbeth byw, cryf, nerthol, yn perthyn i'r byd modern. Ac mi fethais yn llwyr.'[42] Meddai Valentine am gyffes Saunders:

> Yr oeddwn wedi cael Saunders yr wythnos gynt hefyd, a rhagorol oedd yntau, ond go drist oedd o yn cyffesu ei fod wedi methu'n druenus ym mhopeth, – gresyn na fedrai rhywun gyfieithu i Saunders y parch sydd iddo gan filoedd ar filoedd o Gymry da, y Cymry y mae'n werth cael eu parch ...[43]

Ym marn D.J., yn ei lythyr dyddiedig 10 Ebrill 1962, '[b]omsiel bendigedig i ysgwyd Cymru' oedd neges Gŵyl Dewi Saunders Lewis, sef ei ddarlith radio *Tynged yr Iaith*. Ac wrth sôn am *Excelsior*, drama Saunders a waharddwyd oherwydd i'r aelod seneddol Llafur Llywelyn Williams (1911–65) ddwyn achos enllib yn erbyn y BBC gan iddo hawlio ei adnabod ei hun yng nghymeriad y gweinidog ifanc,[44] meddai D.J.:

Ac oni fu'r *humbug* Llew Williams bach yna'n ffŵl perffaith i roi'r cap mor deidi ar ei ben meddal ei hun wrth brotestio. Petai e'n cau ei ben fe beidia pobl â'i gysylltu ag Arwr *Exselsior* er tebycaf yr hanes.[45]

Wrth gytuno â D.J. dridiau'n ddiweddarach, meddai Valentine:

Cytuno i'r Llewelyn Williams yna fod yn glamp o ffŵl, – cydwybod euog ynte? A naw wfft i'r Sosialwyr croendeuneuon 'ma! Pam na adawan nhw'r dyn bach yn llonydd, – methu a goddef mawredd y mae'r cnafon.[46]

Digwyddiad mwyaf cyffrous 1963 oedd gweithred Emyr Llywelyn, Owain Williams a John Albert Jones yn gosod ffrwydron yn Nhryweryn er mwyn ceisio atal boddi'r cwm. Cyfeiriodd Valentine at garchariad Emyr ac Owain yn ei araith pan fu'n Llywydd y Dydd yn Eisteddfod Genedlaethol Llandudno,[47] ond does dim sôn am y digwyddiad yn ei lythyrau nac ychwaith yn llythyrau D.J. Mae'r tawedogrwydd hwn yn chwithig braidd. Efallai mai'r rheswm am y tawelwch yw eu hawydd i beidio â beirniadu polisi'r Blaid o ddefnyddio dulliau brwydro cyfansoddiadol yn unig ac anghymeradwyo trais a thor cyfraith. Ac yn ddadlennol, wrth gloi gohebiaeth y flwyddyn, yn hytrach na sôn am fwrlwm gweithredu anghyfansoddiadol, mynnu ailddatgan ei gred ym mholisi'r Blaid o gystadlu am seddau yn San Steffan a wna D.J. Ymateb y mae i sylwadau a wnaeth Valentine yn *Seren Gomer* wrth adolygu'r gyfrol *Troi'r Drol*, Huw T. Edwards:[48]

Ond fe ganiatei i fi ddweud fod un pwynt y tro hwn, na allaf o gwbl gydweld â thi yn ei gylch, sef dy sylw am *Droi'r Drol* Huw T. Edwards, y talai i'r Blaid roi ystyriaeth ddwys i'w awgrym ef y dylai'r Blaid gefnu ar y polisi o gystadlu am seddau yn San Steffan. I fi dyna ddiwedd y Blaid fel Plaid Wleidyddol ... Ond fe fyddai polisi H. T. Edwards yn orfoledd pur i'r Pleidiau Seisnig ac yn rhoddi llonyddwch cydwybod i bob llwfrgi a chybydd sydd â rhyw naws gwlatgar yn eu calonnau. Waeth dyna'u tiwn hwy wedi bod erioed – gwastraffu arian trwy golli deposit etc. Ac os cân nhw hanner awgrym fod arweinwyr y Blaid yn gwanhau yn eu garrau ar y pen, dyna hwy mwy uchel eu gorohian a'r A.S.[au] Cymreig o weld yr un peth.[49]

Ym mis Mehefin 1965 bu farw Siân, ond nid yw hyd yn oed hynny yn amharu ar awydd D.J. i weithio dros Blaid Cymru. Ddyddiau'n unig ar ôl ei marwolaeth, mae'n annog Valentine i fynychu dathliadau'r Blaid ym Machynlleth i nodi ei deugeinfed pen blwydd.[50] Bu wrthi, yn ogystal, yn ceisio denu Saunders yno, ond ni fynnai ef fynychu'r digwyddiad oherwydd i'r Blaid wrthod ei ddulliau o frwydro dros Gymru.[51]

Yn ei lythyr dyddiedig 5 Ebrill 1966, er mai aflwyddiannus a fu'r Blaid yn yr etholiad cyffredinol a gynhaliwyd ddiwedd mis Mawrth 1966, mae Valentine fel petai'n proffwydo llwyddiant iddi. Meddai wrth D.J., 'Nid oeddwn yn ddigalon ar ffrwyth yr etholiad i'r Blaid. Rhyw deimlo 'ym mêr fy esgyrn' fod y rhod am droi o'n plaid o'r diwedd.'[52] Ac yn wir, ym mis Rhagfyr y flwyddyn honno, wrth ddiolch i D.J. am ei dywys o gwmpas ardal Rhydcymerau y Mehefin cynt, mae buddugoliaeth Gwynfor Evans yn yr isetholiad yng Nghaerfyrddin yn ychwanegu at ei lawenydd:

Nid yw'r eneiniad a gafwyd ar y daith ryfeddol honno ym mis Mehefin diwethaf ddim wedi ymadael â mi eto. Gobeithio y

cawn ni fyw i'w hailadrodd rywdro … Bydd yn gwbl wahanol
os cawn ni roddi tro am yr hen ardal unwaith eto, – y tro nesaf
taith â buddugoliaeth Gwynfor y tu ôl i ni fydd hi, ac i mi y mae
popeth yn wahanol ar ôl honno … Cywilydd o beth fod rhaid
i ddyn deimlo wrth bwys y blynyddoedd ar funud fawr fel hon
yn hanes y genedl! Ond diolch i'r 'ddaeargryn' … ddigwydd cyn
dyfod o'r alwad olaf, a bydd y Nadolig hwn yn wahanol iawn i
bawb ohonom o'r herwydd.[53]

Ym mis Ionawr 1967 dywed Valentine iddo dderbyn llythyr
oddi wrth Saunders yn datgan ei fod yn siomedig gyda'r Blaid am
iddi gefnu ar ei pholisïau cynnar, am iddi arddel sosialaeth ac yn ei
naïfrwydd gredu 'y gellir ymwared trwy San Steffan'.[54] Yn ei ateb
i lythyr Valentine mae D.J. yn dewis peidio â thrafod cwynion
Saunders ond yn hytrach yn ei feirniadu am weld bai ar y Blaid.
Cymer ei gyfle hefyd i amddiffyn Gwynfor:

Gresyn ei fod e mor chwannog i ffeindio pob bai ar y Blaid,
wedi iddo ef ddarfod ei gysylltiad personol â hi fel arweinydd.
Ond, dyna fe, gŵr angerddol ei weledigaeth a'i ddidwylledd
yw Saunders, ac ni all fod yn anffyddlon i'w ganfyddiad a'i
bersonoliaeth ei hun. Gan na lwyddodd i gael gan bobl i dderbyn
ei arweiniad personol ef, er disgleiried hwnnw, ni ddylai osod
rhwystrau ar ffordd Gwynfor sydd wedi llwyddo mor rhyfeddol
yn wyneb pob rhyw groesau i gael gan bobl i'w ddilyn ef – ac yn
debyg o wneud hynny bellach, Duw fo'n nerth iddo, fwy-fwy
o hyd, ni fawr obeithiwn, hyd ddydd gwyn ei rhyddid cyflawn
hi …[55]

Ym mis Gorffennaf 1968 llwyddodd Saunders, Valentine
a D.J., tri arwr Penyberth, i gyfarfod, y tri gyda'i gilydd, am y
tro cyntaf a'r olaf er eu rhyddhau o garchar ym mis Gorffennaf
1937. Yn ystod y cyfarfod datgelodd Saunders gynnwys erthygl

i D.J. a Valentine; erthygl a oedd yn beirniadu'r Blaid ac yn cefnogi dulliau trais i atal boddi cymoedd Cymru. Achosodd yr erthygl gryn gynnwrf ymysg arweinwyr y Blaid a chysylltwyd â D.J. a Valentine er mwyn iddynt geisio dwyn perswâd ar Saunders i beidio â chyhoeddi'r erthygl. Fel y dengys eu llythyrau gwrthododd y ddau y cais ar ei ben. Teitl yr erthygl oedd 'Y Bomiau a Chwm Dulas' a gwrthodwyd ei chyhoeddi gan Alwyn D. Rees, golygydd *Barn* ar y pryd.

Tua'r un adeg roedd R. O. F. Wynne, cyfaill Saunders Lewis, wedi ymddangos ar y teledu yn cefnogi trais cyfrifol, a hynny wedi arwain at ddatganiad gan Elwyn Roberts, un o uchel swyddogion y Blaid, yn bygwth ei ddiarddel. Cafwyd ymateb chwyrn gan Valentine:

Dyna helynt Penbre – y mae'n debyg i ti dderbyn gair gan Elwyn Roberts yn gofyn i ti ddwyn perswâd ar Saunders i beido â'i gyhoeddi yn *Barn*. Nid yw ef wedi gweld y llythyr. Cefais innau'r un cais ganddo, ac yr wyf yn danfon ato yn gwrthod ar ei ben.

Yr oeddwn newydd ddanfon llythyr at Elwyn oherwydd yr hyn a ymddangosodd yn y *Daily Post* ynglŷn â thelediad R. F. Wynne, Garthewin, pan holwyd ef am y ffrwydro. Yr oeddwn yn meddwl ei fod yn wirioneddol wych yn ateb ei holwr, ac yn feistrolgar hefyd yn osgoi rhwyd yr oeddid yn ceisio ei ddenu iddi.

Yr oedd Elwyn Roberts ar fai – ac edliwiais hynny iddo mewn llythyr – yn sôn am ei ddiarddel, ac yn gwrthod cymryd gair gŵr mor onest ac anrhydeddus, ac yn sôn am geisio 'transcript' gan y B.B.C. er mwyn gwybod beth oedd ei union eiriau. Wn i ddim beth a ddaeth dros ben Elwyn i ymddwyn fel hyn.[56]

Nid yw ymateb D.J. i ymddygiad Elwyn Roberts mor chwyrn ac nid yw'n cyfeirio o gwbl at helynt R. O. F. Wynne. Yn achos erthygl Saunders, ceisia dawelu'r dyfroedd drwy anwybyddu'r

feirniadaeth o'r Blaid gan fynnu mai 'rhybudd arswydus i'r
Llywodraeth Seisnig yn ei thriniaeth o Gymru ydoedd trwyth yr
ysgrif'. Noda, yn ogystal, mai polisi di-drais fu polisi'r Blaid yn
gyson ac mai ei harf grymusaf oedd grym moesol. Myn hefyd y
gellid torri cyfraith Lloegr yn rhacs dan amgylchiadau arbennig
a dyna D.J., yn ôl ei arfer, yn dilyn llwybr cyfaddawd er mwyn
cadw'n driw i'r Blaid dan arweinyddiaeth saff Gwynfor a'i
gefnogwyr.[57]

Sylwadau ar lenyddiaeth yn yr ohebiaeth rhwng Valentine a D.J.

Heblaw am gyfeiriadau at ysgrifennu llyfr neu ysgrifau ar brofiadau
eu carchariad yn Wormwood Scrubs, nid oes sylwadau ar
lenyddiaeth yn llythyrau Valentine a D.J. tan 1941, pan anfonodd
D.J. gopi o'i gyfrol newydd ei chyhoeddi, *Storïau'r Tir Coch*, i'w
gyfaill. Meddai Valentine am y gyfrol honno, 'llachar o gamp,
fy hen gyfaill gwiw'.[58] Yn dilyn hynny mae'r ddau yn anfon
cyfrolau yn anrhegion, anrhegion Nadolig gan mwyaf, i'w gilydd
yn weddol gyson. Weithiau mae D.J. yn cynnig sylwadau arnynt
a Valentine yn ategu'r sylwadau hynny. Y llyfr nesaf i Valentine
ei grybwyll yw *Innocent Men* gan Peter Howard, 'yr wyf yn unfarn
a chwi eich dau', meddai Valentine, 'llyfr digon ysgeler, – ni allaf
gredu fod y neb a'i hysgrifennodd yn Gristion'. Mae'n debyg
mai anrheg a dderbyniodd oddi wrth D.J. oedd y llyfr oherwydd
yn amgaeedig gyda'i lythyr yr oedd copi o 'lyfr amgenach', sef
Testament William Salesbury.[59] Er nad yw D.J. yn cyfeirio ato
mewn llythyr, mae ganddo sylwadau am Peter Howard a'i gyfrol
yn ei ddyddiadur, cofnod 17 Mai 1941:

Llyfr amrwd gan ŵr amrwd yn ceisio'n amrwd ddehongli
Cristnogaeth i fyd amrwd. Anodd gennyf gredu fod Buchman
a'i gyd-weithwyr yn yr 'Oxford Group' sy'n ddiau wedi rhoi
ysgogiad ysbrydol i'r oes hon, yn cael eu dangos mewn golau teg

yn y llyfr hwn … fe ymddengys i mi yn … ryw fath o argraffiad parchus o Natsïaeth Saesneg, sef addoliad o'r wladwriaeth Imperialaidd Seisnig.[60]

Yn ei lythyr dyddiedig 14 Mawrth 1946, mae Valentine yn tynnu sylw D.J. at awdl i Archsgob Caerdydd gan Saunders Lewis a gyhoeddwyd yn yr *Efrydiau Catholig*. Dywed fod llinell neu ddwy ynddi yn dywyll iddo.[61] Yn sgil y sylw hwnnw cawn wybod na chredai D.J. fod cystal camp arni â phethau arferol Saunders. Ychwanega, 'Teimlaf rywsut mai ymarferiad yw'r gynghanedd iddo … Rhyddiaith yw gorchest bennaf Saunders rwy'n gredu, er gwyched yw *Buchedd Garmon* ac *Amlyn ac Amig*'. Yna try ei sylw at gyfrol Ambrose Bebb, *Dial y Tir*. Ymhola:

A ddarllenaist di *Dial y Tir*? Nid wyf i wedi darllen ond rhannau ohono. Rhois ei fenthyg i eraill. Ond bu Siân yn fy niddanu â darnau ohono ryw noson a minnau wrth rywbeth arall ar y pryd – y golygfeydd a'r ymddiddan caru a ddigwyddai fod ar waith yn y mannau hynny. A theimlwn y gallai pob cymeriad yn y stori – yn wryw ac yn fenyw – dyngu mai ei waith ef ydym a defaid ei borfa – gan mai Bebb ei hun ac nid neb arall oedd yr holl gymeriadau. Y mae Bebb yn rhy iach a thalsyth ac ysgyfala i allu mynd i mewn i groen neb arall. Disgrifio'n fyw a lliwgar allanolion pethau yw ei ddawn fawr ef. Nid myfyrdod na rhesymeg na greddf yw ei gryfder ef – ond parodrwydd llithrig ymadroddus.[62]

Er bod D.J. a Valentine wedi anfon sawl llyfr i'w gilydd rhwng 1946 ac 1953 – yn eu plith Aldous Huxley, *The Perennial Philosophy*; Melville Richards (gol.), *Breudwyt Ronabwy*; Ifan Huw Jones, *Mygyn Gyda'r Meddyg*; D.J., *Storïau'r Tir Du*; Sholem Asch, *Mary*; Desmond Ryan, *The Rising: The Complete Story of Easter Week*; Bruce Lockhart, *My Europe* – nid oes braidd dim sylwadau arnynt. Ond yn ei lythyr dyddiedig 4 Medi 1953, a Valentine erbyn hynny yn olygydd *Seren Gomer*, mae D.J. yn ei longyfarch ar ei sylwadau ar *Emynau Llawlyfr Moliant* yn rhifyn Haf 1953.[63] Meddai Valentine am y gyfrol honno:

> Canlyniad ei ddethol coeth a dillyn fydd rhoddi cyfeiriad newydd i'n haddoliad cyhoeddus, a dwyn i Fedyddwyr Cymru yr etifeddiaeth emynyddol hawddgaraf a hyfrytaf a fu iddynt erioed.[64]

Ac mae gan Valentine adolygiad o gyfrol D.J., *Hen Dŷ Ffarm* yn rhifyn y Gwanwyn 1954. Dywed am y gyfrol mai, 'dyma un o lyfrau mwyaf ein canrif ni,' gan ychwanegu:

> *Hen Dŷ Ffarm* y geilw'r awdur ei lyfr, a thrwy gydol y llyfr y mae'r darllenydd yng nghlwm wrth Penrhiw, enw'r ffarm. Ni chaiff ddianc oddi yno, ac nid yw'n dymuno dianc, y mae hudlath yr awdur wedi medru gwneud rheffynnau i'w gaethiwo i'r lle, a'u dryllio nis myn … Hunangofiant chwe blynedd cyntaf bywyd yr awdur ydyw'r llyfr … Y mae'n rhaid inni ystyried y chwe blynedd hyn yn rhyw fath o lwyfan fawr, a'r golygfeydd yn ymestyn yn ôl dros ddwy ganrif o leiaf hyd ddiwedd y ganrif ddiwethaf. Deunydd y ddrama a actir ar y llwyfan hon ydyw atgofion teulu a chymdogion, yn wir cymdeithas na newidiodd ei chefndir drwy'r cenedlaethau na'r canrifoedd …[65]

Mae D.J. yn diolch iddo am ei sylwadau hael:

> Wel, yr hen gyfaill, fe ddarllenaist, rhaid do fe, yr *Hen Dŷ Ffarm* gyda llwyrfrydedd anghyffredin, gan i ti yn dy adolygiad rhyfeddol o hael a gwych arno, allu crybwyll cynifer o bethau. Rwy'n gwerthfawrogi dy garedigrwydd yn fawr iawn. Diolch yn ddiffuant i ti amdano.[66]

Yna rhwng 1954 ac 1959 mae'r ohebiaeth yn cynnwys nifer sylweddol o gyfeiriadau at amryw o gyfrolau ond nid oes fawr o drafod arnynt. Rhaid aros tan fis Ionawr 1959 am lythyr yn cynnwys ymateb pellach gan D.J. i weithiau Saunders Lewis. Ychwanegu at ei sylwadau blaenorol a wneir ynddo. Meddai D.J.:

I mi, gresyn yw bod Saunders wedi cymryd at y dramau Cyfandir yma'n ddiweddar, er disgleiried y grefft arnynt. Ond mae'n well genny *Flodeuwedd, Buchedd Garmon* ... a *Siwan* gymaint â'r un ohonynt. Ond gyda phob haeddiannol barch i athrylith greadigol gyfoethog Saunders rwy'n teimlo yn bersonol, o hyd, mai fel beirniad llenyddol, gwleidydd, ac athronydd crefyddol y rhagora Saunders yn bennaf oll.[67]

Hyd y gwyddys ni fentrai D.J. feirniadu gwaith Saunders i'w wyneb, ond, ar y llaw arall byddai Saunders yn cynnig ei farn yn ddiflewyn-ar-dafod ar gynhyrchion D.J. Er enghraifft, dywedodd wrtho, yn ei ymateb i'r gyfrol *Storïau'r Tir Du*, na allai ddioddef ei gymeriadau, pobl dda ei storïau, oherwydd bod gwlanen yn eu heneidiau a oedd yn ei dagu.[68]

Digwyddiad llenyddol pwysig misoedd olaf 1959 oedd cyhoeddi *Yn Chwech ar Hugain Oed*, ail gyfrol hunangofiannol D.J. Meddai D.J. wrth Valentine ym mis Rhagfyr:

Cefais air oddi wrth Saunders heddiw − ef ar hanner darllen fy llyfr, ac yn cael hwyl arno, gallwn feddwl. 'Wn i a wyt ti eto wedi dod at y rhan honno am Bili Bach Crwmpyn a'r Northman Mowr y ceisiais ei hadrodd wrthyt ti a Saunders ryw brynhawn Sul yn y Llwyni Wermwd, − ond yn torri lawr fel arfer dan y straen. Bûm yn petruso peth a ddylwn ei chynnwys yn y llyfr − Siân yn bendant yn erbyn. Fodd bynnag, dyma ddedfryd Saunders arni y bore yma: 'Diolch i'r nefoedd eich bod chi wedi cael calon i'w sgrifennu hi. (sef y stori hon) Mae hi'n siwr o roi canrif arall o einioes i'r iaith Gymraeg.'[69]

Yna ym mis Ebrill 1960 mae D.J. yn diolch i Valentine am ei adolygiad o'r gyfrol a gyhoeddwyd yn *Seren Gomer*, Gwanwyn 1960. Meddai Valentine yn yr adolygiad hwnnw, 'I'r Dr. D. J. Williams yn anad neb o'n cenhedlaeth ni, y rhoddwyd dawn yr hen gyfarwyddiaid a roes i ni bennaf trysorau ein llên'.[70]

Llyfr D. H. Lawrence, *Lady Chatterly's Lover*, sy'n denu sylw D.J. ym mis Rhagfyr 1960 ac nid yw cochni'r llyfr yn ei blesio. 'On'd yw hi'n ofnadwy o beth', meddai, 'fod llyfr fel *Lady Chatterly's Lover* mewn cyfnod mor isel a phenchwiban yn cael y fath gyhoeddusrwydd!' Yna ychwanega, 'Ac y mae'r llenorion ifanc o Gymry yn blysio am yr un tragwyddol heol.'[71] Mae'n wir fod peth cyfeirio at ryw mewn ambell i lyfr Cymraeg yn 1960 ond bu'n rhaid aros am bum mlynedd arall cyn cyhoeddi nofel John Rowlands, *Ienctid yw 'Mhechod*, y nofel Gymraeg gyntaf i gynnwys golygfa rywiol.[72]

Yn y chwedegau nid yw'r arfer o gyfnewid llyfrau adeg y Nadolig yn parhau, ond deil y ddau i gyfeirio at lyfrau. Ac mae D.J. yn anfon copi o'i gyfieithiad o *The National Being* gan A.E., sef George William Russell, bardd a chyfrinydd o Iwerddon, dan y teitl *Y Bod Cenhedlig* i Valentine. Meddai Valentine amdani:

Llawer o ddiolch i ti am *Y BOD CENHEDLIG* ... prisiaf yn fawr yr anrheg a'th ysgrif ar y wyneb ddalen, a gobeithio y bydd fy nisgynyddion yn ei brisio a'i werthfawrogi. Bu'n rhyfedd o lafur i ti, nid wyf eto wedi ei ddarllen drwyddo, – gwneuthur hynny yn araf a wnaf gan gymharu fesul cymal â'r gwreiddiol, a chael achos i synnu at gamp y cyfieithydd.[73]

Ym mis Ionawr 1967 mae Valentine yn diolch i D.J. am gopi o *Storïau'r Tir*, detholiad o storïau byrion D.J. a gyflwynodd i'r warden carchar T. J. Hopkins. Yn ei adolygiad o'r gyfrol yn *Seren Gomer* dywed:

> A gyflwynodd llenor mawr gyfrol i 'scriw' carchar erioed o'r blaen? Bu'n dda i dri chenedlaetholwr wrth Gristion o wardwr … Ef … oedd yn sensro'r llythyrau Cymraeg, ac ni fu pensal las yn segurach erioed.'[74]

Yna ym mis Rhagfyr 1967 mae D.J. yn datgan mai *Heddychwr Mawr Cymru*, sef cofiant E. H. Griffiths i George M. Ll. Davies, yw 'un o'r llyfrau mwyaf cyffrous ac ysbrydol a ddarllenais erioed – onid yn wir, y mwyaf oll'.[75] Ym mis Mawrth 1969 dwyn sylw Valentine at gyfrol R. T. Jenkins, *Edrych yn Ôl*, a wna. Meddai am yr awdur, 'O'nd oes rhyw ddawn anhygoel ganddo i draethu mor ddifyr; a hynny'n fynych megis yma, am y pethau bach bob dydd yna sy'n gymaint rhan o fywyd cyflawn, wedi'r cyfan – cyfuno'r mawr a'r bach yn glwm annatod yn ei gilydd'.[76] Ym mis Medi 1969 mae D.J. yn bwrw'i linyn mesur dros nofel Pennar Davies, *Meibion Darogan*:

> … [t]eimlaf ei bod hi'n nofel fawr mewn gwirionedd, er fod yna ddarnau ohoni, – y darnau gor-rywiol, hynny … sy'n fy hala i'n eitha crac weithiau. Fel barddoniaeth Gwenallt ystyriaf ei bod hi'r peth mwyaf beiddgar arbrofol yn y Gymraeg … ac y mae'r nofel er y trythyllwch a'r llygredd dynol sydd mewn llawer rhan ohoni yn gorffen yn orfoleddus … yn rhodd cariad a maddeuant y Tad tragwyddol.[77]

Heb ofyn caniatâd, defnyddiodd Valentine sylwadau D.J. yn ei adolygiad o'r nofel a gyhoeddwyd yn *Seren Gomer*. Rhyw bythefnos cyn ei farwolaeth, yn y llythyr olaf, hynod ffraeth a chlir, a anfonodd D.J. at ei gyfaill, cafodd Valentine ei faddeuant:

Ti gei faddeuant genny'r tro hwn, am dy feiddgarwch yn dyfynnu mor helaeth o'r llythyr hwnnw, gan obeithio y rhydd Pennar faddeuant i fi hefyd. Ond, fel y digwydd hi, yr own i wedi dweud rhywbeth tebyg mewn llythyr at Pennar tua'r un adeg ag y sgrifennais atat ti. Wedyn, y mae popeth yn ol reit, rwy'n credu. Ond yr own i'n methu gweld pa ddiben oedd mynych bwysleisio'r mannau rhywiog [sic] yma, a'r fath yrr sydd ar ryw eisoes y dyddiau gwamal, aflywodraethus hyn. Ond un o'r eneidiau mwyaf dethol oll yw Pennar, ac un o'r ehangaf ei ddiwylliant o bawb.[78]

Valentine a D.J. a chrefydd

Er nad oes fawr o drafod diwinyddol yn llythyrau Valentine a D.J., mae crefydd yn cyffwrdd â phob maes sydd o ddiddordeb iddynt. Er enghraifft, mae crefydd a chenedlaetholdeb yn anwahanadwy iddynt, ac amlygir hynny yn eu cyfeiriadau at yr orfodaeth filwrol a osodwyd ar Gymru yn ystod yr Ail Ryfel Byd – câi gwrthwynebwyr cydwybodol ar sail crefydd ac ar sail cenedlaetholdeb eu cefnogaeth. Ac mae pedlerwyr rhyfel yn atgas ganddynt. Rywbryd yn 1940 daw Lloyd George dan lach Valentine wrth iddo sôn am wrando arno mewn cyfarfod yng Nghaernarfon:

... bûm yng Nghaernarfon y Sadwrn yn gwrando Lloyd George – disgwyl mawr am araith ddewr – ond pitw o beth ydoedd – wyth mil o heddychwyr yn gwrando arno – yntau yn ceisio rhedeg hefo'r cwn a'r ysgyfarnogod – hen ddyn bach sur yn methu dygymod â bod yn neb yn y rhyfel hwn. Ond collodd gyfle mawr – câi filoedd i'w ddilyn ped arweiniai grwsâd heddwch – a marw mewn anrhydedd ...[79]

Ac eto yn 1941 y Georgiaid yw'r bwgan am iddynt beidio â gwrthwynebu gorfodaeth filwrol:

Yr oeddwn yn gobeithio – yn wir yr oeddwn yn credu pe dodid
mesur gorfodaeth ar y wlad na fuasai Cymru yn ei ddioddef, –
ond wele'r Georgiaid yn ei gymeradwyo a phawb yn lastwraidd
yn ei gylch. Beth sydd yn bod? A ydyw pob llygedyn o dân wedi
diffodd yn ein bola?[80]

Ac mae miri'r rhyfel yn tanseilio crefydd a gweinidogaeth
Valentine yn ei gapel yn Llandudno:

Y mae hi'n hwrlibwrli mawr yma heno – rhyw ffug-landiad yn
digwydd yma … y mae yma gannoedd o filwyr yn chware plantos,
a'r holl dref wedi ymroi i chware milwyr, a phery y ffwlbri trwy
gydol y dydd yfory, – felly pregethaf i fy hen ffrindiau teulu'r
'pitch-pine' (alias, 'seddau gweigion').[81]

Y gweinidogion, y sionis bob ochr, sy'n cael sylw D.J. mewn
llythyr ym mis Ionawr 1942. Currie Hughes yw'r troseddwr sy'n
ceisio, er yn dwyllodrus arddel pasiffistiaeth, gyfiawnhau rhan
Prydain a'i chynghreiriaid yn y rhyfel. Meddai D.J.:

Heno bûm yn gwrando ar dy hen gyd-filwr y patriarch Currie
Hughes yn traddodi'r genadwri – digon o ddawn ac iaith dda,
ond ei efengyl yn glytwaith rhyfelgar basiffistaidd – a'r stwff
arferol – y gweriniaethau tirion ym Mhrydain, yr Amerig a
Rwsia yn ymladd dros iawnderau i'r gwledydd a'r cenhedloedd
bychain!! Fe ddylid berwi pen a chydwybod bois fel hyn – pawb
o'r gweinidogion yma bron yn chwarae i'r galeri. Rwyf bron a
danto arnynt ambell dro.[82]

Mae'r sylw hwn o'i eiddo yn dwyn i gof ddwy stori a gyhoeddwyd
yn ei gyfrol *Storïau'r Tir Du*, sef 'Colbo Jones yn Ymuno â'r
Fyddin' ac 'Y Gorlan Glyd'. Gwrthwynebydd cydwybodol
yw Colbo a neb sy'n ei adnabod, hyd yn oed gweinidogion yr

efengyl a chrefyddwyr pybyr eglwysi'r cylch, yn ei gefnogi. Y Parch. Ystwyth Jones yw prif gymeriad 'Y Gorlan Glyd', a'i enw yn gweddu iddo'n berffaith. Mewn pregeth arbennig o'i eiddo mae'n condemnio rhyfel yn hallt, ond o weld anesmwythyd ei gynulleidfa, mae'n llwyddo'n llysywennaidd i newid trywydd y bregeth a chefnogi rhan Prydain yn yr Ail Ryfel Byd.

Yn dilyn aflwyddiant Saunders yn isetholiad y Brifysgol yn 1943, mae Valentine yn cyfeirio at 'gwestiwn y Babaeth yma'. Oherwydd i Saunders Lewis ymuno â'r Eglwys Gatholig cafodd ei gondemnio gan liaws o grefyddwyr Anghydffurfiol Cymru, a hynny efallai wedi colli pleidleisiau iddo yn yr etholiadau y bu'n cystadlu ynddynt. Teimlai Valentine y carai drafodaeth ar y mater:

> Mi garwn, pe bai gennyt awr segur rhywdro, [i ti] draethu dy farn wrthyf ar gwestiwn y Babaeth yma, – ni fedraf yn fy myw weld y perygl, a gwylltiaf wrth y bobl yma a gyfyd y bwgan hwn, a dywedyd dim am y paganiaeth rhonc sydd ym mhentrefi Cymru heddiw.[83]

Ni fu ymddiddan ar y mater trwy lythyr, gwaetha'r modd, oherwydd rai wythnosau'n ddiweddarach bu Valentine yn lletya ar aelwyd D.J. a chafwyd cyfle i drafod amryw faterion, yn cynnwys newyddion Valentine ei fod â'i fryd ar geisio am swydd darlithydd yng Ngholeg y Bedyddwyr, Bangor. Ofnai y byddai ei genedlaetholdeb yn ei lesteirio,[84] a phan ofynnodd i D.J. am eirda, ofnai hwnnw y byddai ei genedlaetholdeb yntau yn fwy o niwed nag o les iddo. Ond cymeradwyaeth D.J. a fynnai Valentine, ac er i D.J. dystiolaethu am ei '[d]doniau meddwl a'r doniau ysbryd a wnaeth ei gyfraniad eisoes i fywyd ei genedl yn rhywbeth gwerthfawr', ni chafodd y swydd a chwenychai.[85] A blwyddyn y siomedigaethau crefyddol a fu 1943 i Valentine. Y babaeth yn llesteirio Saunders yn etholiad y Brifysgol, cenedlaetholdeb yn llesteirio ei gais yntau am swydd academaidd ddiwinyddol; ac yna, tua diwedd y flwyddyn, bu'n rhaid iddo hysbysu D.J. fod ei fab Hedd, yn groes i'w '[dd]aliadau anwylaf', sef ei heddychiaeth, wedi ymuno â'r fyddin.[86]

Yn 1946 roedd Saunders Lewis wedi cymryd golygyddiaeth yr *Efrydiau Catholig* ac mae Valentine, yn ei lythyr dyddiedig 14 Mawrth 1946, yn cyfeirio at y cylchgrawn ac yn dweud wrth D.J., 'Y mae'n dda gan fy nghalon i bod y Cylch Catholig yn dechrau cyhoeddi yn Gymraeg, – fe fydd yn lles i Brotestaniaeth ac Ymneilltuaeth.'[87] A chadarnhaol yw ymateb D.J. i'r cylchgrawn hefyd. Meddai wrth Valentine:

Cefais innau'r *Efrydiau Catholig*. Barnaf fel tithau y gallant fod o werth i Gymry rhagfarnllyd fel ag iddynt weld os gallant weld o gwbl, mor debyg yw'r Catholig a'r Protestant yn hanfodion eu credo. Yn wir, y mae lle i gredu nad yw mwyafrif pobl ein heglwysi ni yn trafferthu rhyw lawer i gredu mewn dim o gwbl.[88]

Yna, adeg y Nadolig y flwyddyn honno, caiff D.J. newyddion cyffrous gan Valentine:

Byddaf yn treulio'r Nadolig i dorri dadl go fawr, – yr wyf wedi derbyn galwad i Beniwel, Rhosllannerchrugog, yn olynydd i'r Parch. D. Wyre Lewis, ac y mae'n ddigon tebyg mai ei derbyn a wnaf. Yr wyf wedi hen ddiflasu ar y dref hon a'i Chymry-Eingl a'i Heingl tordynion, a chyn fy marw yr wyf am brofi blas byw yng Nghymru Gymraeg, – y mae'r chwe blynedd diwethaf yma wedi llwyr dorri fy nghalon, ac y mae cyfle gwych yn y Rhos.[89]

Mae'r newydd hwn wrth fodd D.J. 'Ni allaf i feddwl,' meddai, 'am le yng Nghymru gyfan y byddit ti'n debyg o fod yn fwy dedwydd ynddo nag ymhlith pobl anfarwol y Rhos, – Rhondda'r Gogledd.'[90] Serch hynny, wedi iddo benderfynu symud i'r Rhos, ni fu ei arhosiad yno'n fêl i gyd. Ardal Brydeinig ei hymagwedd oedd y Rhos a'i hymlyniad wrth y Blaid Lafur yn eang a thrylwyr. Ys dywed Arwel Vittle yn ei gofiant, 'nid cyfnod cwbl ddidrafferth fu blynyddoedd y Rhos i Valentine'.[91] Er mai ardal Gymraeg oedd y Rhos, nid oedd eu Cymreictod o'r pwys mwyaf i'w thrigolion, ac yn sicr, roedd cenedlaetholdeb yn anathema iddynt.

Cawn wybod am newid yn ffurf *Seren Gomer*, cylchgrawn y Bedyddwyr, mewn llythyr a anfonodd Valentine at D.J. ym mis Mehefin 1951. Penderfynwyd ei droi'n chwarterolyn a Valentine yn cymryd at yr olygyddiaeth.[92] Yn dilyn hynny, mae D.J. yn ei longyfarch yn fynych ar gynnwys y cylchgrawn, ac yn enwedig ar ei erthyglau a'i gyfraniadau golygyddol ef. Ym mis Rhagfyr 1955 mae D.J. yn crybwyll erthygl Valentine, 'Ann Cariad yr Iesu'. Er iddo gyffesu nad oedd wedi darllen yr ysgrif dywed iddo glywed amryw yn ei chanmol ac iddo yntau weld darnau gwych ohoni yn *Y Faner*.[93] Meddai Valentine yn y darn coeth hwn:

… gellir dywedyd am Ann Griffiths ei bod wedi meddwi ar Grist. Addasrwydd y person hwn oedd yn ddigon mewn llifeiriant dyfroedd ac yn y fflamau tân oedd pwnc mawr ei chanu, a'i gobaith oedd cael ei meddwl 'wedi ei dragwyddol setlo ar wrthrych mawr Ei Berson Ef', a'i hunig bleser a'i diddanwch yw hyfryd wedd Ei wyneb pryd, ac ymddifyrru yn ei berson a'i addoli byth yn Dduw. Hwn, a hwn yn unig oedd y 'gwrthrych teilwng o'i holl fryd'.[94]

Ond erthygl Saunders yn yr *Efrydiau Catholig* sydd ar feddwl Valentine. Wrth ateb llythyr D.J. ychydig wythnosau'n ddiweddarach mae'n gofyn iddo a welsai ef yr ysgrif fer ar 'Efrydwyr a'r Offeren', a chyffesa iddi ei gynhyrfu 'yn o sownd'. Ynddi dywed Saunders mai 'mewn addoliad yn unig y mae i ysgolheictod ddiben ac ystyr', ac mai'r offeren yw'r 'cyfrwng normal, sagrafenaidd, Catholig i gysylltu bywyd beunyddiol dynion ag Aberth Calfaria'.[95]

Yn ei lythyr a anfonwyd at D.J. ym mis Mai 1956, wrth sôn am araith Waldo a draddodwyd yn un o gyfarfodydd Undeb y Bedyddwyr yn Abergwaun, dywed Valentine: 'nid wyf wedi dyfod ataf fy hun yn iawn ar ôl ysgytwad ei anerchiad mawr yn y Cyfarfod Heddwch.'[96] Yna mae'n gofyn i D.J. ymorol am gopi o'r araith i'w chyhoeddi yn *Seren Gomer*. Yn ôl Arwel Vittle, mae'n debyg mai nodiadau di-drefn yn unig a gafwyd gan Waldo, a bu'n rhaid i Valentine eu cymhennu cyn eu cyhoeddi. Heblaw am gymorth ac ymyrraeth Valentine ni fyddai ysgrif Waldo 'Brenhiniaeth a Brawdoliaeth' wedi gweld golau dydd.[97]

Pregethwyr cachgïaidd sydd dan y lach gan D.J. ym mis Ebrill 1960. Wrth gyfeirio at Wynn Owen, gweinidog Hermon, capel y Bedyddwyr, Abergwaun, a oedd ar fin ymddeol, dywed wrth Valentine ei fod yn gresynu na fyddai ef wedi ceisio am ofalaeth Hermon flynyddoedd yn gynt pan oedd yr eglwys yn wag. 'Fe fyddem', meddai, 'gyda nerth yr Arglwydd, a gwynt y nef o'n tu, wedi taflu'r bêl i'n gilydd lawer tro.' Yna ychwanega, a'r feirniadaeth i'w phriodoli i Wynn Owen:

Mae rhyw ofnusrwydd ofnadwy a phechadurus ar y mwyafrif o'r gweinidogion yma – sôn am her yr efengyl mor herfeiddiol yn eu pulpudau, ac ofn eu cysgod arnynt o'r tu allan.[98]

Ac wrth ateb llythyr D.J. mae Valentine yn ehangu'r feirniadaeth i gynnwys aelodau'r eglwysi. Y peth, meddai, 'a fawr ofna eglwys heddiw yw cael gŵr yn weinidog a faidd bregethu'r EFENGYL iddi'.[99]

Enghraifft arall o Valentine yn cytuno â Saunders ar faterion crefyddol ac yn gweld daioni mewn Catholigiaeth a gawn yn y llythyr a anfonodd at D.J. ychydig cyn y Nadolig yn 1960. Wrth sôn am frwydro yn erbyn y 'Mesur Trwyddedig', mesur a refferendwm y llywodraeth i roi rhyddid i dafarnau agor ar y Sul, dywed fod 'Anghydffurfiaeth yn rhy llibin.' Ychwanega:

Buom ar fai na fuasem wedi di-iddew-eiddio'r Sul hefyd, a dwyn mwy o ryddid llawen i'n gwaith crefyddol ar y dydd, ond taw piau hi rwan a brwydro. Oni fu S.L. flynyddoedd yn ôl yn dadlau dros hyn?[100]

Yn 1962 dewiswyd Valentine yn Llywydd Undeb y Bedyddwyr. Gofynnodd i D.J. ysgrifennu gair amdano ac yn y cyflwyniad hwnnw mae'n dwyn sylw at y ffaith mai pregethwr grymus a diofn yw Valentine:

Nid pregethu i ddiddanu cynulleidfa yn gymaint a wna'r Parch. L. E. Valentine, ond pregethu i sobri ac i argyhoeddi pobl parthed y gwirioneddau tragwyddol.

Edrych ef ar fywyd fel undod ... Ac i'r gwir Gristion cylch allanol yr undod hwn yw ei grefydd, sydd yn cynnwys y genedl a'r gymdeithas y perthyn ef iddi.[101]

Ac yn wir mae Valentine yn ei anerchiad yng nghyfarfod blynyddol Undeb ei enwad yn profi gwirionedd y datganiad hwn, oherwydd mae'n beiddio dweud wrth ei gyd-Fedyddwyr fod brwydro dros ryddid gwleidyddol Cymru a pharhad y Gymraeg yn un o ddyletswyddau pob Cristion o Gymro. Gosod crefydd yn ganolog yn y frwydr dros barhad cenedl y Cymry a'r iaith Gymraeg a wnaeth Valentine yn yr araith trwy hawlio mai:

Cyfrifoldeb a osodwyd arnom gan Dduw ydyw gwlad Cymru, cyfrifoldeb a osodwyd arnom gan Dduw ydyw cenedl Cymru, cyfrifoldeb a osodwyd arnom gan Dduw ydyw iaith Cymru. Ac am mai rhoddedig gan Dduw ydynt y mae'n rhaid i ni 'hawlio'r preswyl heb holi'r pris'.[102]

A diolch iddo am y rhan honno o'i neges i'w enwad a wna D.J. yn ei lythyr dyddiedig 26 Gorffennaf 1962. Wrth ei longyfarch meddai:

> Fe roist lond calon onest o neges iddo, a hynny yn goeth ac yn rymus. Gwerthfawrogwn mewn gwirionedd dy bwyslais ar y cyfrifoldeb arnom i gyd fel cenedl i ddiogelu ein treftadaeth amhrisiadwy werthfawr fel y rhoddaist ef yn rhan olaf dy adroddiad. Gobeithio yn wir, yn wir, y bydd i'r araith gref hon adael argraff arhosol ar ei hôl.[103]

Taro nodyn tebyg wnaeth Valentine pan oedd yn Llywydd y Dydd yn Eisteddfod Genedlaethol Llandudno 1963. Wrth ddiolch iddo am yr araith honno mae D.J. yn cytuno â'i gyfaill mai 'mater o ddeffroad crefyddol yw achub Cymru'.[104] Yna mae Valentine yn cydnabod ei ddyled i D.J. pan oedd yntau'n Llywydd y Dydd yn Eisteddfod Llanelli 1962: 'darllen amlinelliad o dy araith di yn Llanelli (yn *Y Dysgedydd*) a barodd i mi gymryd y cyfeiriad a wneuthum.'[105] Mynnai yn ei anerchiad 'nad oes i genedl, heb grefydd, rym i ddim sydd dda, a threch na hi fydd ei hanawsterau heb ysbrydiaeth crefydd'.[106]

Cecrus ddigon yw aelodau capeli ac eglwysi yn aml. Cyfeiriodd Valentine at ryw anghydfod ynglŷn â gweinidog un o gapeli Ystalyfera mewn llythyr a anfonodd at D.J. ym mis Rhagfyr 1959 ond ni nodwyd achos y cythrwfl hwnnw. Ond mae'r manylion ynglŷn ag achos arall, achos y Parch. Rhydwen Williams, wedi'u nodi'n weddol drylwyr. Ym mis Ionawr 1967 sonia D.J. am bentwr o ddirwyon, £112 – swm sylweddol iawn y pryd hwnnw – oedd wedi'u gosod ar Rhydwen am droseddau modurol. Gofyn i Valentine ymorol am gymorth iddo yw byrdwn ei lythyr.[107] Yn ei ateb, caiff D.J. addewid Valentine i wneud a all drosto ond ar yr un anadl mae'n adrodd am fychander aelodau ei gapel:

Yr oeddwn wedi dwyn perswâd ar y diaconiaid tra piwritanaidd sydd gennyf yma i'w wahodd i'n Cyfarfod Pregethu y Sulgwyn nesaf yma, ac yntau wedi cytuno i ddyfod. Yr wyf yn deall fod rhai ohonynt yn chwyrnu yn arw, ac fe fyddai'n ddolur mawr i mi pe baent yn tynnu ei gyhoeddiad yn ôl, ond criw go ddialgar ydynt ... Rhyngot ti a finnau bu croeseiriau rhwng John Hughes, Mus. Bac, a minnau yn ei gylch nos Sadwrn. Yr oedd ef yn llawdrwm ar Rhydwen, ac yn codi cant a mil o hen glecs, a gwylltiais innau'n gaclwm wrtho, ond 'un o bobl y Rhos' ydyw yntau, ac yn ddychrynllyd o hunangyfiawn yn y bôn. Nid yw J. T. Jones yn fawr gwell, ac ni ddywed ef ddim un gair o'i blaid. Y criw didosturi! Y mae arnaf ofn mai pur ddigydymdeimlad fydd D. B. Jones hefyd, – Rhosyn yntau hefyd ... Yr wyf mewn anhunedd mawr yn ei gylch, ac wedi synnu bod cyn lleied o gydymdeimlad yn y Gogledd. Y mae ganddynt rhyw glecs amdano yn bur afreolaidd pan oedd tua Manceinion yn trefnu teledu, – y mae eu bychander yn ffieiddiach peth na dim a wnaeth ef erioed, mi wranta.[108]

Teg yw nodi nad oedd, yn ôl tystiolaeth D.J. yn ei lythyr dyddiedig 3 Chwefror 1967, 'unrhyw helynt wedi bod yn Tabor', sef capel y Bedyddwyr yn Dinas, Sir Benfro, lle roedd Rhydwen yn weinidog.[109]

'Y Wyrth a Sut y Digwyddodd', ysgrif Valentine a gyhoeddwyd yn *Seren Gomer*, Haf 1968, sy'n dwyn sylw olaf D.J. ar faterion crefyddol. Yn ei farn ef, yr ysgrif hon, ysgrif sy'n trafod seciwlareiddio'r Sul Cristnogol, oedd yr orau ymhlith holl bethau da Valentine.[110]

Gohebiaeth Valentine a Saunders Lewis

Y llythyr cynharaf a gadwyd o'r ohebiaeth rhwng Valentine a Saunders Lewis yw'r llythyr o eiddo Saunders Lewis dyddiedig tua Mehefin 1926.[111] Gwaetha'r modd, ni chadwyd llythyr o eiddo Valentine tan 14 Mawrth 1972.[112] Er mai unochrog yw'r ohebiaeth rhyngddynt oherwydd hynny, mae llythyrau Saunders Lewis yn cadarnhau llawer o'r hyn sy'n hysbys am ei ddaliadau gwleidyddol, llenyddol a chrefyddol ac yn goleuo ymhellach ei farn ar y pynciau hynny. Fel y gwelwyd eisoes cawn ymateb Valentine a D.J. i sylwadau Saunders yn rhai o'u llythyrau hwy. Mae hynny'n lleihau rhywfaint ar unochredd gohebiaeth Valentine a Saunders.

Y cyfnod rhwng 1926 a Mawrth 1971

Trafod trefniadau cyfarfodydd y Blaid Genedlaethol a wneir yn llythyrau cynharaf Saunders Lewis. Yna, yn 1929, caiff ymgeisyddiaeth seneddol Valentine yng Nghaernarfon sylw. Meddai Saunders am yr ymgyrch honno: 'Yr wyf yn argyhoeddiedig o un peth: bod y gwaith a wneir gennych yr wythnosau hyn – ennill neu golli – am adael ei ôl ar Gymru ac yn debycach o sicrhau dyfodol ein diwylliant nag un mudiad o fewn cof byw.'[113] Yn 1930 trafodir manylion yn ymwneud ag angladd H. R. Jones, trefnydd cyflogedig cyntaf y Blaid Genedlaethol, ynghyd â pharatoi rhifyn coffa iddo o'r *Ddraig Goch*.[114] Hefyd, yn ystod y flwyddyn honno, er nad oes sôn yn y llythyrau am bolisi'r Blaid Genedlaethol o foicotio senedd San Steffan pe bai ymgeisydd y Blaid yn digwydd ennill etholiad, mae'n hysbys fod y polisi hwn o eiddo Saunders yn amhoblogaidd ymhlith trwch yr aelodaeth. Hyn sy'n ysgogi Saunders i godi mater llywyddiaeth y Blaid yn y llythyr a anfonodd at Valentine rywbryd yn ystod mis Mehefin 1930:

> Yr wyf yn poeni fy meddwl llawer ynghylch cael llywydd newydd i'r Blaid. Os newidir y polisi seneddol rhaid cael arweinydd fydd yn barod i fynd i'r senedd ac i baratoi'r ffordd i hynny ... Yr angen yn awr yw am arweinydd a all fynd lawer o gwmpas y wlad i areithio ac i bregethu neges y blaid, nid llenor o arweinydd na

all wneud dim ond sgrifennu fel myfi. Yr wyf yn poeni na fedrais i gadw'r Blaid ar gynnydd y flwyddyn ddiwethaf yma, a rhaid cael rhywun a fedr.[115]

Serch ei awydd i ddiosg iau'r llywyddiaeth ni chafodd ei ddymuniad a bu'n ysgwyddo baich arweinyddiaeth y Blaid am naw mlynedd arall. 'Bomsiel' o lythyr, chwedl D.J., yw'r llythyr dyddiedig 11 Chwefror 1936. Dywed wrth Valentine mai ei fwriad yw '[c]ymell fel dyletswydd ar y Blaid y priodoldeb o roi tân i awyrlongau, hangars a barics y llynges awyr ... ym Mhorth Neigwl'.[116] Fel y gwyddys fe ddaeth y bwriad hwnnw i ben a chollodd Saunders ei swydd yn dilyn y tanio fel y dywed wrth Valentine ym mis Hydref 1936: 'Gwir yw i Gyngor y Coleg yma fy atal rhag darlithio. Anhebig yw y dychwelaf i'r coleg ...'

Rhaid aros tan fis Ionawr 1947 am air pellach oddi wrth Saunders. Yr amgylchiad sy'n ei gymell i gysylltu â Valentine yw'r newyddion ei fod wedi derbyn galwad i olynu'r Parch. Wyre Lewis yn y Rhos. Ychwanega'r awgrym y dylent, y tri llosgwr, gyfarfod i ddathlu dengmlwyddiant eu myned i'r Scrubs ar ôl tanio'r Ysgol Fomio. Ni ddaeth dim o'r awgrym hwnnw ac ni fu dathlu o'r dengmlwyddiant.[117]

Cyffesu nad oedd ef yn meddu ar gynhesrwydd D.J. a wna Saunders yn y llythyr a anfonodd at Valentine ar Sul y Blodau 1962. Meddai wrth gyfeirio at erthygl D.J. 'Llywydd yr Undeb – Val', 'Pe buaswn i wedi cael y fraint o sgrifennu amdanoch yn Llywydd yr Undeb, ni fedrwn fod mor gynnes-frwd a hoffus â D.J.'.[118] Ac onid yw'r gyffes hon yn dwyn i gof feirniadaeth finiog Saunders o gymeriadau gwlanennaidd D.J. yn ei gyfrol *Storïau'r Tir Du*? Ac onid oes yma hefyd deimlad o siom na fyddai Valentine wedi gofyn iddo yntau ysgrifennu gair amdano fel Llywydd yr Undeb. O gael y fraint buasai wedi rhoi:

... [p]wys mawr ar y ffaith eich bod o ran eich Cymraeg yn
nhraddodiad meistri clasurol y pulpud Cymraeg, traddodiad John
Williams, Brynsiencyn a Puleston Jones, ie a Dyfnallt hefyd, yn
goeth a chyfoethog mewn geirfa ac idiom ...[119]

A dyna ddwyn i gof eto ei edmygedd o arddull D.J. Meddai wrtho
yn y llythyr a gynhwysai ei feirniadaeth lem o'i gymeriadau:

... darllenaf bob dim a sgrifennwch gan fwynhau'r arddull a'r
Gymraeg loyw gain ... Byddaf wrth eich darllen yn teimlo na
ddylwn i ddim ymyrryd â'r Gymraeg ...[120]

Mae'r llythyr dyddiedig 11 Gorffennaf 1962 yn gofnod pwysig
o safbwynt diwinyddol Saunders Lewis. Dywed wrth Valentine
na fedr gytuno ag ef a'i enwad ar bwysigrwydd Pregethu'r Gair.
Ac nid yw dyneiddiaeth Luther a Chalfin wrth ei fodd chwaith.
Eilbeth yw'r achubiaeth yr honnir i Grist ei chynnig i ddynion
trwy Galfaria. I Saunders, 'Y peth cyntaf yw rhoi dros ddynion
i Dduw addoliad na fedrid ei roi ond yn unig drwy Galfaria.'
Ar gorn y datganiad hwn o'i eiddo esbonia Saunders, oherwydd
i Valentine ofyn iddo am gyfraniad i *Seren Gomer*, na allai
feiddio dweud ei feddwl yn y cylchgrawn hwnnw. Serch hynny
cynigiodd ysgrifennu llith ar Ann Griffiths a chyhoeddwyd yr
ysgrif honno, 'Tröedigaeth Ann Griffiths', yn rhifyn Hydref 1962
y cylchgrawn.[121]

Ar ôl bwlch o bron bum mlynedd, cawn olwg ar lythyr nesaf
Saunders dyddiedig 22 Ionawr 1967. Ynddo mae'n cyfaddef ei
fod yn 'hen ŵr chwerw a sur-siomedig'. Y ddau fater sy'n peri
loes iddo yw, yn gyntaf, gwaith yr esgobion Catholig yn troi
iaith yr isel offeren yng Nghymru o'r Lladin i'r Saesneg, ac yn
ail, gwaith y Blaid yn troi heibio ei delfrydau a'i pholisïau cynnar.
Meddai amdani:

Mae'r Blaid wedi bwrw o'r neilltu holl bolisi cydweithredol y cyfnod cynnar; rhyw blaid sosialaidd gyda chwt o bolisi Cymreig yw hi rwan, ac yn credu o ddifri y daw hunan-lywodraeth i Gymru drwy San-Steffan.[122]

Ac yna ym mis Medi 1968 yr un yw ei gŵyn yn erbyn y Blaid:

Mae Plaid Cymru'n mynd o ddrwg i waeth. Mae hi'n rhoi parchusrwydd a phoblogrwydd di-gost a di-aberth o flaen pob dim. Plaid Cymru – y ffordd hawdd i hunan-lywodraeth. Mae hi'n ei thwyllo ei hun ac yn dweud celwydd wrth Gymru.[123]

Yn amgaeedig yn y llythyr hwn roedd copi o sgwrs a recordiwyd gan y BBC rhwng Saunders Lewis a Meirion Edwards ac a deledwyd ar 17 Hydref 1968. Ynddi mae Saunders yn datgan yn glir fod angen aberthu dros Gymru er mwyn amddiffyn tir, diwylliant ac iaith y genedl, a hynny trwy ddulliau anghyfansoddiadol.[124] Yn wahanol i Saunders, credai D.J. fod y ffaith fod Gwynfor Evans yn cynrychioli'r genedl yn San Steffan yn gam cyntaf sicr tuag at hunanlywodraeth i Gymru. Mor gynnar â 1946 roedd D.J. wedi datgan:

One Welshman returned to Parliament in the name of Wales would carry more weight with the Goverment than the whole lot that are there at present. That day parliament would know that Wales is a nation …[125]

Ni newidiodd D.J. ei farn er bod Saunders wedi ei rybuddio droeon rhag credu yn nhegwch a mawrfrydedd llywodraeth Lloegr. Er nad oedd wedi datgan cefnogaeth hyglyw i farn Saunders, gwelir mai ochri gyda Saunders a wnâi Valentine. Gwelsom yn yr ohebiaeth rhyngddo ef a D.J. y carai weld y Blaid yn dychwelyd at ei pholisïau cynnar ac yn canolbwyntio ar ennill

grym trwy gynghorau sir Cymru yn hytrach na chyfeirio ei holl
adnoddau ac egni ar ennill seddau yn San Steffan.

Gohebiaeth 1971 tan 1983

Llythyr Saunders Lewis dyddiedig 21 Mawrth 1971 yw llythyr
cyntaf ail gyfnod yr ohebiaeth rhyngddo a Valentine. Gellir
hawlio mai hwn yw'r ail gyfnod am o leiaf dri rheswm. Yn
gyntaf, oherwydd dyma'r ohebiaeth sy'n perthyn i'r cyfnod yn
dilyn marwolaeth D.J.; yn ail, dyma gyfnod henaint y ddau ac,
o'r herwydd, ceir llawer o gyfeiriadau at salwch a diflastod; ac yn
drydydd, dyma gychwyn y cyfnod sy'n cynnwys ochr Valentine
o'r ohebiaeth a drosglwyddwyd i'r Llyfrgell Genedlaethol gan
Saunders Lewis.

Yn y llythyr cyntaf hwn mae Saunders Lewis yn cyfeirio at
brofiad diflas a ddaeth i ran Valentine pan benderfynodd ymddeol
a symud i Landdulas, pentref bro ei febyd. Erbyn y saithdegau nid
y pentref Cymraeg a gofiai Valentine oedd Llanddulas. Roedd y
lle bron yn gwbl Seisnig ac, o'r herwydd, dywed Saunders wrtho
fod pawb sy'n cyrraedd ' "oed yr addewid" yn ei gael ei hun yn
alltud yng Nghymru heddiw'.[126] Dyna oedd profiad Saunders ei
hun ym Mhenarth hefyd yn ôl yr hyn a ddywed wrth Valentine
am y lle yn 1975:

> Yr wyf i'n byw mewn anialwch o swbwrbia – nid yw maestrefi
> yn cyfleu dim o'r awyrgylch – er pan ddaethom yma. Mae'n gas
> gan Margaret Benarth. Yr unig ran o Gymru y bu hi'n hapus
> ynddi oedd pentref Llanfarian. Yno yr oedd hi wrth ei bodd ac
> yn nabod pawb ac yn perthyn. Yma does neb yn perthyn.[127]

Dylid nodi i D.J. hefyd ystyried ymddeol i fro ei febyd yn
Rhydcymerau wledig ar ôl byw mewn alltudiaeth drefol anniddig
yn Abergwaun am dros chwarter canrif. Meddai am drigolion ei
dref fabwysiedig yn ei ddyddiadur un tro:

... fel corff en masse, teimlaf yn fynych eu bod yn fy erbyn. Brwydr ysbrydol, barhaus, ddigymod fu'r deng mlynedd ar hugain. Nid wyf wedi dod yn ôl yma, erioed, dros Glan y Gelli gyda'r bws, neu i olwg y môr, gyda'r trên, heb gael y teimlad mai dod yn ôl i frwydro yr wyf. Ac nid yw'n deimlad hapus ...[128]

Er ei anniddigrwydd, aros yn Abergwaun a wnaeth D.J. weddill ei ddyddiau gan iddo, o bosib, sylweddoli nad oedd Rhydcymerau ei ieuenctid yn bodoli mwyach adeg ei ymddeoliad yn 1945.

Yn llythyr mis Hydref 1971 mae Saunders yn cyhoeddi ei fwriad i drefnu cinio ar gyfer Valentine ac Eirwyn Morgan a dau neu dri o'u cyfeillion yn y weinidogaeth, er mwyn rhoi 'sbri am unwaith i ryw ddau neu dri o weinidogion na chânt nemor fyth gyfle i fod yn afradlon ar gyflogau na weithiai neb o'u cynulleidfaoedd am wythnos arnynt'. Mae'r llythyr yn dangos nad yw Saunders yn cymeradwyo gweinidogaeth a chrefydd syber heb ynddi hwyl ac asbri. Ychwanega wrth gloi'r llythyr, 'Cewch chithau fod yn esgus i mi dalu hyn o deyrnged i alwedigaeth na chollais mo'm parch iddi o gwbl.' Er yr holl feirniadu a'r ddrwgdybiaeth ohono oherwydd ei babyddiaeth dengys y datganiad hwn nad oedd Saunders yn ffieiddio nac yn ceisio tanseilio a bychanu crefydd a chrefyddwyr Anghydffurfiol Cymru.[129]

Er yr holl siomedigaethau a ddaeth i'w ran, ac er yr holl erlid a'r dilorni ohono, mae'n bwysig nodi nad oedd Saunders Lewis yn amddifad o hiwmor. Ym mis Ionawr 1975 dywed wrth Valentine wrth holi am y teulu:

Pethau handi a da ydy wyrion, – does ar y taid ddim cyfrifoldeb ac fe all fwynhau a maldodi heb falio am bryderon y fam neu'r tad. Dyna ddarn o ddial henaint!

Ac yn y llythyr hwn mae ganddo neges berthnasol iawn i genedlaetholwyr Cymru 2016 a fu'n wynebu refferendwm ar aelodaeth o'r Undeb Ewropeaidd. Mewn copi amgaeedig o lythyr a anfonodd at olygydd y *Western Mail* dywed mai cam gwag difrifol oedd penderfyniad cynhadledd Plaid Cymru i bleidleisio yn erbyn perthyn i Farchnad Gyffredin Ewrop. Oherwydd bod perthyn i Ewrop yn cwtogi ar sofraniaeth Westminster yr oedd cenedlaetholwyr Lloegr yn erbyn Ewrop, meddai. Ar ben hynny dywed fod y refferendwm yn rhagdybio mai un genedl sydd ym Mhrydain, a dyna yw'r sefyllfa hyd heddiw.[130]

Cais ar i Valentine gasglu ynghyd ddetholiad o'i ysgrifau a'i bregethau yw neges llythyr mis Mawrth 1975. Gweithredu ar ran Pwyllgor Cyhoeddi Undeb y Bedyddwyr a wnâi Saunders, ond mae ei anogaeth i'w gyfaill yn anarferol o gynnes a brwd. Serch hynny ni chyhoeddwyd cyfrol o weithiau Valentine er iddo gyfaddef ym mis Gorffennaf, wrth fynegi ei anfodlonrwydd ar safon ei gynhyrchion, fod y llythyr wedi'i blesio:

> Y mae'n rhyfedd fy mod yn medru byw yn fy nghroen, a'r llythyr grasol a sgrifenasoch ataf wythnosau yn ôl heb ei ateb. Yr oedd yn dipyn o hwb i falchder dyn eich bod chwi yn credu bod ganddo ddigon o ddeunydd yn ddigon da ei safon i'w gyhoeddi'n llyfr. Ystyriais bob ysgrif a phregeth oedd yn digwydd bod wrth law, ac os rhywbeth cywilyddio wrtho yn hytrach na bodloni arno.[131]

Gwelir yn y datganiad hwn ei falchder yng nghymeradwyaeth Saunders i'w ysgrifau a'i gyfraniadau i *Seren Gomer* – hynny oherwydd ei edmygedd di-ffin o weithiau llenyddol ac ysgolheigaidd Saunders. Meddai wrth gloi ei lythyr, 'Y mae eich holl waith argraffedig wrth fy mhenelin yn diddanu fy nyddiau, ac oherwydd hynny mae fy nghawell yn llawn.' Dyma deyrnged y mae Valentine yn ei thalu i ddawn loyw ei gyfaill yn gyson yn ei lythyrau.

Bwriad llythyr hir Valentine, 3 Medi 1976, oedd cyfarch Saunders Lewis ar ddeugeinfed pen blwydd y Tân yn Llŷn. Ac wrth wneud hynny mae'n diolch i Saunders am ei ddewis yn un o'r tri thaniwr. 'Onid wyf wedi dywedyd wrthych o'r blaen' meddai, 'dyma fi yn gwneuthur hynny yrwan, – clamp mawr o ddiolch i chwi am fy ystyried yn deilwng i'ch cynorthwyo y pryd hynny.' Yna, wrth gloi'r llythyr, ychwanega deyrngcd arbennig iddo am ei arweiniad dihafal i Gymru. Meddai wrtho:

Beth pe bai'r arweiniad yna heb ei roddi i Gymru y pryd hynny? Arswydaf wrth feddwl, er cynddrwg yw hi arnom, y llanast a fyddai yma heddiw, a chlochdar dynion hocedus mewn llywodraeth leol. Yr wyf yn eich cyfarch yn annwyl ac yn ddiolchgar, ac yn cydnabod fy nirfawr ddyled i chwi.[132]

Dywed hefyd, yng nghorff y llythyr, iddo gymryd rhan mewn rhaglen radio yn olrhain hanes y llosgi a fu. Wrth ymateb i'r newyddion hwnnw, mae Saunders yn datgan na fedrai wrando ar y traethu gan na allai ddygymod â'r syniad o 'wrando ar rywun yn actio fy rhan i, megis petawn i'n hirfarw'. Ychwanega ei bod hi'n ddigri ganddo i J. E. Jones roi'r argraff yn ei hunangofiant 'mai ef a'r swyddfa a Phwyllgor Gwaith y Blaid a gynlluniodd ac a drefnodd losgi'r ysgol fomio'.

Wrth gloi'r llythyr mae Saunders yn taro tant sy'n gwrthddweud y darlun o ddyn oeraidd a ffroenuchel a rydd ei elynion ohono wrth geisio'i fychanu a'i danseilio. Cawn ganddo hanesyn annwyl o hynt a helynt adar yr ardd; eu trallod yn wynebu newyn oherwydd sychder haf 1976 a'u parodrwydd i fentro i mewn i'w cegin. A chynnes hefyd yw ei ddisgrifiad o ran ei wraig yn y stori:

Margaret sy'n eu dysgu ac yn gofalu bod ganddynt ddigon o ddŵr drwy ystod y sychder maith yma. Pan fydd hi'n mynd i godi llysiau o'r ardd mae'r teulu o adar yn ei hebrwng hi gan ddisgwyl iddi godi pryfed genwair iddynt hwythau … Bydd y ceiliog mwyalch yn dyfod i mewn gan ddweud ei gŵyn wrth

Margaret. Dyw hithau fyth yn rhoi bys ar neb ohonyn nhw, ac y mae'r ymddiried yn llwyr.[133]

Trafod mawredd Efengyl Marc fel llenyddiaeth a wna Saunders Lewis yn y llythyr a anfonodd at Valentine yn mis Chwefror 1977. Wrth gyfeirio at yr erlid a fu ar y Cristnogion yn Rhufain pan oedd Nero yn ymerawdwr, a phan oedd Pedr a Marc yno gyda'i gilydd, dywed ei fod yn 'gweld Epistol Cyntaf Pedr ac Efengyl Marc yn gynnyrch y cynnwrf hwnnw'. Ar gorn hynny ychwanega mai 'Silfanus, yn fwy na Phedr, oedd athro llenyddol Marc'. Mae'n debyg mai Silfanus, ysgrifennydd Pedr, fu'n ei gynorthwyo gyda gramadeg a chystrawen yr iaith Roeg. Dyna sail Saunders dros gredu mai ef hefyd oedd athro llenyddol Marc. Wrth gloi'r llythyr dywed fod yr Efengyl yn dangos mawredd ofnadwy trasiedi Crist. 'Yr oedd yr Atgyfodiad', meddai, 'yn ddychryn mwy aruthr i'r gwragedd duwiol na'r Croeshoeliad ei hun.'[134] Wrth gydnabod ei lythyr dywed Valentine wrth Saunders y dylai ysgrifennu erthygl ar y pwnc. 'Mor sionc eich meddwl', meddai wrtho. Dywed hefyd iddo lunio anerchiad ar sail datganiad Saunders ynglŷn â dychryn y gwragedd – Mair Magdalen, Mair mam Iago, a Salome – wrth iddynt wynebu gwirionedd yr Atgyfodiad gerbron bedd gwag Iesu.[135]

Yn ei lythyr dyddiedig 20 Chwefror 1978, mae Saunders yn hysbysu Valentine fod ei ddrama ar Hitler i'w theledu y Llun canlynol. Dywed hefyd na fu ar gyfyl cwmni teledu'r BBC tra oeddynt yn paratoi'r gwaith ar gyfer y darlledu oherwydd ei salwch ef ei hun a salwch ei wraig.[136] Teitl y ddrama olaf hon o'i eiddo oedd *1938*. Fe'i hysgrifennwyd rhwng Awst a Thachwedd 1975 ar gais y cynhyrchydd drama George Owen. Bu'r oedi hir cyn cael sicrwydd y byddid yn ei darlledu yn achos cryn anesmwythyd i Saunders. Mae'n debyg mai anawsterau castio oedd y prif reswm am yr oedi, yn enwedig cael actor i chwarae rôl Hitler yn y ddrama. David Lyn a ddewiswyd yn y diwedd a chafwyd perfformiad hwylus iawn ganddo yn ôl Charles Huws y *Y Faner*.[137] Yn y ddrama hon, fel yn nramâu eraill Saunders Lewis, mae achub cenedl a gwarchod diwylliant yn gofyn aberth. Meddai Oster, na fu'n ddigon dewr i wrthwynebu rhyfyg Hitler, 'Arnom ni mae'r bai. Mynnu credu mai peth hawdd fyddai achub yr Almaen.' Ac mae hynny'n berthnasol i ni'r Cymry hefyd. Ys dywed Ioan M. Williams yn ei gyflwyniad i'r ddrama hon:

Ni fu'r dramodydd hwn o Gymro'n fwy bodlon nag y bu Berthold Brecht i adael i gynulleidfaoedd ymgolli yn neilltuolrwydd dioddefaint ei gymeriadau. Mynnodd o hyd ac o hyd ein bod ni'n ymwybodol nad yw profedigaethau Esther ac Iris a Bet a Dewi ond yn enghreifftiau o'r un profiad dirfodol a wynebir gan ddynolryw ymhobman ac o hyd. Yn theatr Saunders Lewis rhaid wrth yr ymwybyddiaeth hon, gan ei bod yn elfen hanfodol yn yr aberth y mae bodolaeth gwareiddiad a diwylliant yn dibynnu arno.[138]

Mae sôn am ei ddrama yn dwyn hanesyn diddorol i gof Saunders am arwriaeth ddistaw hen nain i'w wraig yn cytuno i guddio Ffeniaid pabaidd yn ei thŷ rhag yr awdurdodau. Gan ei bod hi'n wraig i weinidog Protestannaidd ni thybid y byddai milwyr Lloegr yn chwilio ei chartref hi. Er i'r milwyr, yn groes i'r disgwyl, fynnu chwilio'r stafelloedd, ni ddaliwyd y ffoaduriaid. Dyma yn ddiau stori wrth fodd Saunders a oedd yn sicr yn mawrygu brwydr arwrol y Gwyddyl dros ryddid.

Wrth gloi ei lythyr, mae Saunders, unwaith eto, yn canmol Cymraeg Valentine. Meddai wrtho, 'Mi garwn yn fawr fod gennyf eich cyfoeth chi o Gymraeg bro. Mae'ch llythyrau yn ddanteithion.' Gwelsom eisoes y pwys a roddai Saunders ar arddull. Mynnai mai dyna'r elfen a wnâi weithiau D.J. yn unigryw, ac roedd gloywder Cymraeg Valentine yn elfen anhepgor o'i bregethau a'i areithiau. Serch hynny, er i Saunders chwennych arddull gyfoethog ei gyfeillion – arddull yn seiliedig ar afael eu cefndir arnynt – ni fyddai ef wedi gallu creu ei weithiau unigryw, yn enwedig ei farddoniaeth, pe byddai ei wreiddiau yn y Gymru Gymraeg. Mynnai Gwenallt fod barddoniaeth Saunders yn wahanol oherwydd bod pob bardd arall yng Nghymru yn canu i ryw fro arbennig. Meddai amdano:

> Nid yw gwreiddiau Mr. Lewis mewn unrhyw fro … Barddoniaeth ddiwreiddiau yw ei farddoniaeth ef. Nid oes ganddo ychwaith Gymraeg byw, fel Cymraeg Kate Roberts a D. J. Williams; nid oes ynddi rym a chynhesrwydd tafodiaith … Barddoniaeth bell, ddieithr yw ei farddoniaeth ef i ni.[139]

Mae'r pellter a'r dieithrwch hwn yn rhoi i Saunders weledigaeth wahanol a chliriach o Gymru. Ychwanega Gwenallt:

> Yn Ffrainc ac yng Ngroeg y gwelodd ef Gymru, ac o'i gweled o bell fe'i gwelodd yn gyfan. Ni wêl ef Gymru yn fanwl fel nyni a godwyd ynddi, ond fe'i gwêl yn gyfanach. Byddwn yn adnabod rhai coed yn y goedwig yn drylwyr fanwl am ein bod ni wedi eu dringo o'u bôn i'w brig drwy'r blynyddoedd, ond fe wêl Mr. Lewis y goedwig gyfan yn gliriach na ni, a'i gweled â llygaid sant.

Dylid ychwanegu bod y pellter a'r dieithrwch y mae Gwenallt yn eu tadogi i'w farddoniaeth yn cyffwrdd â phob agwedd ar fywyd a holl feysydd gweithgarwch Saunders Lewis. Dyna sy'n ei arwain at Gatholigiaeth a hynny sy'n peri iddo arddel cenedlaetholdeb. Heb yr elfen wahanol yn ei ganfyddiad o Gymru ni fyddai wedi datblygu'n arweinydd i'r genedl a byddai'r Gymraeg eisoes ymhlith 'hen ieithoedd diflanedig' ein byd. Ac mae Valentine, fel y crybwyllwyd eisoes, yn cydnabod disgleirdeb arweiniad Saunders i Gymru yn ddiolchgar ym mhob llythyr bron a anfonodd at ei gyfaill ac yn anfodlon na fuasai'r gefnogaeth iddo wedi bod yn llwyrach. Meddai wrtho ym mis Mawrth 1982:

Y mae fy holl oriau effro yn troi o'ch cwmpas chi a'r arweiniad a'r argyhoeddiadau a roisoch i'n cenhedlaeth ni, a gwae ni na fuasem yn fwy teilwng o ysblander eich ymdrechion dros Gymru.[140]

Trafferthion henaint yw cynnwys amlycaf llythyron yr wythdegau. Cawn wybod gan y naill a'r llall am eu poenau a'u musgrellni; mae hyd yn oed ysgrifennu, oherwydd y cryd cymalau, bron y tu hwnt iddynt. Serch hynny, caiff Valentine wybod gan Saunders am ei fwriad i gyhoeddi ei ddrama *Excelsior* ym mis Chwefror 1980. Aeth ati i baratoi'r ddrama ar gyfer ei chyhoeddi ar ôl i Gwmni Theatr Cymru roi'r gorau i'r bwriad i'w llwyfannu oherwydd i fargyfreithiwr ddyfarnu bod ynddi enllib ar wraig yr aelod seneddol Llewelyn Williams, a oedd wedi llwyddo i wahardd ei hailddarlledu yn 1962.[141] Ac mae Valentine ym mis Medi 1982, er gwaethaf pryderon ynglŷn ag iechyd ei wraig ac aflwydd y tor llengig yn ei boeni yntau, yn ddigon effro ac abl i drafod ymweliad y Pab John Paul II â Chaerdydd.[142]

Mae gohebiaeth Saunders a Valentine yn cloi ym mis Mawrth 1983 gyda chyfeiriadau at seremoni anrhydeddu Saunders Lewis â gradd DLitt gan Brifysgol Cymru.[143] Oherwydd arafwch gwarthus y Brifysgol yn cydnabod cyfraniad Saunders i lenyddiaeth Cymru bu'n rhaid cynnal y seremoni yn ei gartref gan ei fod yn rhy wanllyd i deithio i Gaerdydd. Barn Valentine am y digwyddiad oedd mai Saunders a anrhydeddodd y Brifysgol yn hytrach na'r Brifysgol yn anrhydeddu Saunders. Meddai yn y llythyr olaf a anfonodd ato:

Mawr lawenydd yma am i chwi anrhydeddu Prifysgol Cymru, a derbyn Doethuriaeth ganddi, a dyna'r farn a fynegir yn gyffredinol, mai chychwi sydd wedi anrhydeddu y Brifysgol, a graslon o weithred oedd hynny.[144]

'Dylanwad S.L. ar L.V.'

Ym Medi 1982 cydnebydd Valentine fod adnabod Saunders wedi cyfoethogi ei fywyd. Meddai wrtho:

> Yr wyf yn gorfod cyffesu mai llwm a fyddai'r stori oni bai bod ffawd wedi fy nwyn i'ch adnabod chwi. Byddai bywyd a'i brofiadau a'i gyflawniadau yn salwach oni bai am hynny. Yr oeddwn yn fwy cydwybodol yn fy holl waith, – fy narllen, fy mugeilio, fy mhregethu, am fy mod wedi eich adnabod, a chael eich cyfeillgarwch.[145]

Yna ychwanega, 'Efallai wedi i mi gilio y bydd rhyw dipyn o lenor yn danfon ysgrif i *Seren Gomer* ar 'ddylanwad S.L. ar L.V.' Y prif ddylanwadau y cyfeirir atynt yn yr ohebiaeth a gyhoeddir yn y gyfrol hon yw'r dylanwad ar wleidyddiaeth, ar grefydd ac ar weithiau llenyddol Valentine. Nid oes yn eu llythyrau gofnodi barn mynych ar feysydd eu darllen nac ar gynnwys pregethau Valentine.

Yn ei lythyr dyddiedig 29 Gorffennaf 1975 dywed Valentine wrth Saunders ei fod 'wedi pondro llawer ar 'Weddi'r Terfyn' heb gael goleuni'.[146] Ychwanega nad oedd wedi gweld y trafod a fu arni yn *Y Tyst* a hynny'n ddiau yn cynnwys esboniad Saunders Lewis ei hun ar y gerdd. Gwaetha'r modd, nid oes trafod pellach ar y gerdd yn eu llythyrau, ond gellir honni'n ffyddiog fod y gerdd wedi dylanwadu ar feddwl Valentine oherwydd iddo gyfansoddi 'Emyn y Terfyn'. Dwy gerdd hollol wahanol i'w gilydd yw 'Gweddi'r Terfyn' ac 'Emyn y Terfyn'. Myn rhai fod yna amwysedd yng ngherdd Saunders Lewis. Mae'r llinell glo, 'Un weddi sy'n aros i bawb, mynd yn fud at y mud', yn eiddo i 'Gristion dryslyd' yn ôl Dewi Z. Phillips.[147] Atebwyd y cyhuddiad hwnnw yn hollol ddiamwys gan Saunders drwy egluro bod rhaid mynd 'heibio i eiriau a delweddau i dawelwch a mudandod gweddi' er mwyn cyrraedd undeb â 'hanfod y Duwdod'.[148] Cerdd seml yw 'Emyn y Terfyn' Valentine, heb ymgais i dreiddio dirgelwch natur y Duwdod. Ys dywed Arwel Vittle, 'Ceir clo gorfoleddus i'r emyn oherwydd pan ddaw terfyn ar bleser a phoen bywyd, ni raid ofni oherwydd y mae Crist wedi gorchfygu angau, ac y mae gwybod hynny yn ddigon i'r sawl sy'n credu.'[149] Yng ngeiriau Valentine, 'Y pryd hwnnw / Digon fydd llifolau'r Groes'. Er y gagendor enfawr sydd rhwng y ddwy gerdd – un yn ceisio plymio dyfnderoedd ystyr bywyd, a'r llall yn fynegiant syml o ffydd ddigwestiwn yn achubiaeth Calfaria – mae'n amlwg mai cerdd gymhleth Saunders oedd wedi ysgogi Valentine i gyfansoddi 'Emyn y Terfyn'.

Er nad yw Valentine yn crybwyll drama radio Saunders Lewis, *Buchedd Garmon*, yn ei lythyrau, onid oes adlais o araith Emrys yn y ddrama yng ngeiriau emyn enwog Valentine, 'Gweddi Dros Gymru'? Meddai Emrys, 'Gwinllan a roddwyd i'm gofal yw Cymru fy ngwlad, / I'w thraddodi i'm plant / Ac i blant fy mhlant / Yn dreftadaeth dragwyddol / Ac wele'r moch yn rhuthro arni i'w maeddu.'[150] Ac meddai Valentine yn ei emyn, 'Dros Gymru'n gwlad, O Dad dyrchafwn gri, – / Y winllan wen a roed i'n gofal ni ...' Gwinllan i'w gwarchod yw Cymru i Valentine a hynny'n adleisio geiriau Saunders yn ei ddrama. Ac mae angen amddiffyn gwinllan y ddrama – 'Sefwch gyda mi yn y bwlch, / Fel y cadwer i'r oesoedd a ddel y glendid a fu.' Felly hefyd yw'r angen yn emyn Valentine wrth iddo ymbil ar Dduw i sicrhau ei pharhad a'i phurdeb, 'D'amddiffyn cryf a'i cadwo'n ffyddlon byth, / A'r gwir a'r pur a gaffo ynddi nyth.'[151] Ac mae cyfeiriad at y 'glendid a fu' y mae angen ei ddiogelu mewn cerdd arall o eiddo Valentine, 'Yr Arwisgo'. Y 'gwegi hwn', meddai Valentine sy'n, 'llychwino'r glendid drud a fu'.[152]

Nodwyd eisoes i Valentine gyfaddef iddo gael deunydd

pregeth neu anerchiad yn sylw Saunders ar ymateb y 'gwragedd duwiol' i'r Atgyfodiad – 'Yr oedd yr Atgyfodiad yn ddychryn mwy aruthr i'r gwragedd duwiol na'r Croeshoeliad ei hun.' Ond nid rhoi iddo ddeunydd pregeth oedd unig ddylanwad Saunders ar grefydd Valentine; fe'i hachubodd rhag culni. Bu llawer o'i gyfoeswyr crefyddol yn ffiaidd eu beirniadaeth o Saunders Lewis oherwydd ei Gatholigiaeth a hynny'n gwylltio Valentine. Sawl tro yn ei lythyrau mae Valentine yn cymeradwyo'r Catholigion. Cofiwn iddo ddweud wrth D.J. yn 1943, wedi i Saunders golli etholiad y Brifysgol, na allai yn ei fyw weld perygl yn ei Gatholigiaeth. Nodwyd hefyd ei ymateb cadarnhaol i gylchgrawn Cymraeg y Catholigion dan olygyddiaeth Saunders, a fyddai, yn ei farn ef, yn lles i Brotestaniaeth. Meddai wrth D.J. yn 1946:

A gefaist di'r *Efrydiau Catholig?* Y mae ynddo ddarn gwych o ysgrifennu diwinyddol ar 'Grist ynom ni', – nid oes raid cytuno â'r ysgrif i ganfod ei gwychter ...[153]

Ac roedd erthygl Saunders 'Efrydwyr a'r Offeren' wedi cynhyrfu Valentine fel y gwelsom. Yn yr erthygl hon mae Saunders Lewis yn pwysleisio mai creadigaeth Duw yw'r bydysawd ac mai act bwysicaf crefydd yw addoliad. Yna cofiwn iddo ailadrodd ei safbwynt ar bwysigrwydd addoliad yn 1962. Meddai wrth Valentine, wrth gyfeirio at ei araith pan fu'n Llywydd Undeb y Bedyddwyr:

Coelwch chi, a chymryd eich pwynt cyntaf chi o saith arwyddnod Luther: "pennaf act addoli ydyw Pregethu'r Gair", – dyna'n union yr hyn na fedraf i ei dderbyn. Dyna'r pam yr wyf yn rhyw fath anfuddiol o Gatholig neu babydd. Yn union yr hyn a yrrodd Luther a Chalfin allan o'r Eglwys Gatholig yw'r hyn a'm tynnodd i i mewn iddi. Dyneiddwyr oeddynt hwy; dyneiddiaeth y Dadeni

yn ail-lunio'r Ffydd a welaf i yn eu dysgeidiaeth. I mi, ail beth
yw cenhadaeth achub y Ceidwad. Y peth cyntaf yw rhoi dros
ddynion i Dduw addoliad na fedrid ei roi ond yn unig drwy
Galfaria.[154]

Ni chafwyd ymateb trwy lythyr gan Valentine i'r datganiad
hwn ond gellir hawlio ei fod yn parchu credoau Saunders
gan na fynnai anghytuno â'i ddaliadau. Serch hynny, ni
newidiodd ei farn am bwysigrwydd pregethu'r Gair. Meddai
yn ei nodiadau golygyddol yn *Seren Gomer* yn 1958, nodiadau
sy'n anghymeradwyo rhoi awdurdod maddau pechodau i'r
offeiriadaeth gan y Catholigion: 'Llefaru ydyw priod waith
yr apostolion a'u dilynwyr, llefaru am iachawdwriaeth fawr a
enillwyd i ddynion gan eu Harglwydd.' Ond myn Valentine,
efallai oherwydd i Gatholigiaeth Saunders Lewis unwaith eto
ei achub rhag culni, na ddylai'r Protestaniaid chwaith gyfyngu
ar lefaru'r gweinidogion. Hola yn ei sylwadau golygyddol
'A ydyw'r esboniad Protestannaidd arferol yn ddigonol? Ai
gorsaf bregethu yn unig ydyw'r Eglwys?' Ac wrth geisio ateb
ei gwestiwn ei hun daw Valentine i'r casgliad mai hawl pawb
ohonom yw llefaru'r Gair:

> Y mae'r gŵr neu'r ferch sy'n cynnal gweddi ac addoliad ac yn
> hyfforddi'r to sy'n codi yn yr Ysgrythur, ac yn denu'r ifanc i
> lwybrau ffydd yn gymaint o offeiriad ag Archesgob Caergaint
> neu Bab Rhufain.[155]

Trwy wleidyddiaeth y daeth Valentine i adnabod Saunders
Lewis. Bu'r cyfarfod cyntaf rhyngddynt ym Mhwllheli ar 5 Awst
1925 cyn cyfarfod lansio'r Blaid Genedlaethol. Synhwyrodd
Valentine ar unwaith fod rhywbeth arbennig yng nghymeriad
Saunders a sylweddolodd y byddai'n rhaid iddo roi ei deyrngarwch
llwyr iddo. Er mai Valentine oedd llywydd cyntaf y Blaid newydd,

Saunders roddodd gyfeiriad ac amcanion iddi. Wrth dderbyn gwahoddiad i fod yn is-lywydd iddi gosododd ddau brif amod ar y mudiad, sef yn gyntaf:

> Gorfodi'r Gymraeg: Hynny yw bod gorfod ar bob awdurdod lleol yng Nghymru drafod yr holl fusnes yn yr iaith Gymraeg, a bod yn rhaid i bob gwas a swyddog dan yr awdurdod sy'n ymwneud â chofnodion, ystadegau, rheolau etc yr awdurdod, ddefnyddio'r Gymraeg. Bod Cymraeg hefyd yn iaith addysg, hynny yw yn gyfrwng addysg yn holl ysgolion Cymru.[156]

Ac yn ail:

> ... torri pob cysylltiad hefyd â Senedd Loegr ... Rhaid i blaid genedlaethol weithio yng Nghymru, drwy'r awdurdodau lleol, troi Cymru yn Gymreig drwyddynt hwy, a gadael llonydd i Senedd Loegr, boicotio'r Senedd, ac felly wneud Cymru Gymreig yn ffaith ...

Ar sail yr amodau hyn yr ymladdodd Valentine sedd Caernarfon yn ystod etholiad cyffredinol 1929 a derbyn, fel y cofiwn, gymeradwyaeth wresog Saunders am ymgymryd â'r dasg. Ond oherwydd canlyniad hynod siomedig ymgyrch Caernarfon, teimlai rhai nad peth doeth oedd boicotio senedd Lloegr. Rhoddwyd cynnig gerbron i ddiddymu'r polisi, i'w drafod yn ysgol haf y Blaid ym Mhwllheli yn 1929. Roedd Saunders yn ddiysgog o blaid cadw'r boicot a gwelai bleidlais yn erbyn ei bolisi yn llwybr hawdd iddo ymddiswyddo o lywyddiaeth y Blaid ac ymddihatru rhag 'hunllef' hualau cenedlaetholdeb a'i cadwai rhag llenydda. Meddai wrth G. J. Williams:

> Damio'r cenedlaetholdeb yma ... Yn ddirgel bach, – mi garwn pe pesid yn fy erbyn i dros fynd i'r Senedd. Fe laddai hynny'r Blaid

wrth gwrs, ond pe'm rhyddheid innau, gallwn ymddiswyddo ac ymroi yn llwyr i lenyddiaeth.[157]

'Ond nid a hoffaf a wnaf,' ychwanegodd, 'mi ymwadaf ac yr wyf yn disgwyl curo'r amheuwyr a pharhau â'r polisi presennol.' Ni fu newid ar y polisi ond cafwyd ail ymgais i ganiatáu anfon aelodau i San Steffan yn Llanwrtyd yn 1930. Y tro hwn yr amheuwyr a orfu a chynigiodd Saunders ei ymddiswyddiad. Er i Saunders ddweud wrth Valentine y byddai newid polisi yn golygu chwilio am lywydd newydd fe'i perswadiwyd i aros yn y swydd. D.J. gynigiodd a Valentine a eiliodd ei fod yn dal ati i arwain y Blaid am flwyddyn. O'i anfodd, arweiniodd Saunders Lewis y Blaid tan 1939.

Oherwydd arafwch twf y Blaid yn ystod deng mlynedd cyntaf ei bodolaeth teimlai Saunders Lewis nad oedd areithio ac ymgyrchu cyfansoddiadol yn tycio. 'Arswydwn ac ymgroeswn rhag i'r Blaid fynd yn blaid o areithwyr huawdl yn unig', meddai yn rhifyn mis Ionawr 1936 o'r *Ddraig Goch*, gan ychwanegu wrth gloi ei sylwadau: 'Dechreuwn yr ail ddeng mlynedd drwy ddangos nad ein tafodau yn unig a gysegrwn ni i amddiffyn ein gwlad eithr ein cyrff hefyd.' Gwyddai Valentine am drywydd meddwl Saunders Lewis ac fe'i dehonglodd yn ddienw, yn y *Western Mail*, a hynny yng nghyd-destun sefydlu ysgol fomio yn Llŷn:

The time has come to do something, and if our bodies are broken or our lives forfeit what will it matter if the end is achieved? … I am urging Nationalists to go to Porth Neigwl and lay themselves across the road in front of the lorries taking building materials to the Air Station … There may be deaths. There will certainly be imprisonment. But it is only by martyring ourselves that we can arouse Wales to a sense of nationhood.[158]

Roedd dylanwad dwfn Saunders ar Valentine wedi ei wthio i ystyried yr aberth eithaf dros Gymru. Ond nid o du Saunders yn unig y bu'r ysgogiad i weithredu'n filwriaethus. Gwthiwyd Saunders gan adroddiad y *Western Mail* i fynd ati o ddifri i weithredu ym Mhenyberth. Cofiwn iddo, ym mis Chwefror 1936, ysgrifennu ei lythyr tyngedfennol at Valentine:

> ... bwriadaf siarad ar Borth Neigwl ... yn eich cynhadledd yn Sir Gaernarfon ... Fy mwriad yw dadlau a chymell fel dyletswydd ar y Blaid y priodoldeb o roi tân i awyrlongau, hangars a barics y llynges awyr os codant hwy ym Mhorth Neigwl. Fy nghobaith [*sic*] yw y cymer y plismyn wedyn achos yn fy erbyn gerbron ynadon.
>
> A ydych chwi fel is-lywydd yn fodlon imi ddweud hyn, ac yn barod i dderbyn y canlyniadau ...?[159]

Gwireddwyd y bwriad hwn yn yr oriau mân fore Mawrth, 8 Medi 1936, pan aeth Valentine (a oedd wedi mynnu'r hawl i fod yn rhan o weithred y llosgi), D.J. a Saunders i Benyberth a thanio'r adeiladau yno.

Ar ôl i Saunders Lewis roi'r gorau i arwain y Blaid yn 1939, symud tuag at wleidydda'n gyfansoddiadol a wnaeth Plaid Cymru a chanolbwyntio ar ymladd etholiadau seneddol. Rhoddwyd o'r neilltu y polisi cynnar o weithio yng Nghymru yn unig ac anwybyddwyd rhybudd Saunders na ddeuai rhyddid i Gymru yn ddiaberth trwy San Steffan. Nodwyd eisoes fod D.J. yn llwyr gefnogol i'r polisi newydd o roi blaenoriaeth i etholiadau seneddol, ond credai Valentine mai cam gwag oedd anghofio polisi gwreiddiol Saunders o ganolbwyntio ar gynghorau lleol Cymru. Er iddo geisio cefnogaeth D.J. i'w farn yn y llythyr a anfonodd ato yn 1949, nid oes tystiolaeth iddo ddilyn y trywydd hwn yn rymus er mwyn dylanwadu ar arweinyddiaeth y Blaid.

Ym mis Medi 1968 dangosodd Valentine nad oedd dylanwad

Saunders arno wedi pylu dim. Fe'i ffyrnigwyd gan ymgais swyddogion y Blaid i rwystro cyhoeddi ysgrif o'i eiddo yn cefnogi'r bomwyr a geisiai rwystro boddi cymoedd Cymru gan gorfforaethau grymus a chan lywodraeth Lloegr.[160] Serch hynny, dros gyfnod o ddau ddegawd a mwy, ni fu'n gyhoeddus hyglyw ei gefnogaeth i feirniadaeth Saunders o arweinyddiaeth y Blaid a'i ymdrechion i'w symud yn ôl at y polisïau gwreiddiol. Yn ei henaint yn 1981, wrth edrych yn ôl dros bamffledi cynnar y Blaid, ac wrth ystyried ei chyflwr yn y presennol, cydnebydd Valentine ei ddiffyg cefnogaeth i Saunders. Meddai wrtho:

Nid wyf yn deall y datblygiadau sydd yn y Blaid heddiw, a bûm yn meddwl mai derbyn y chwiw seneddol, yn groes iawn i'ch dymuniad oedd y caff gwag mawr a ddigwyddodd. Bûm yr wythnos ddiwethaf hyn yn darllen eich pamffledyn cyntaf, *Egwyddorion Cenedlaetholdeb*, a rhai o'ch ysgrifau cyntaf yn *Y Faner*, a daw rhyw deimlad o euogrwydd i mi. Pe baem wedi gwario'n hegnion a'n hadnoddau yng Nghymru a mynnu gafael yn sicr ar y cynghorau lleol byddai'n stori'n wahanol iawn ...[161]

Er mwyn gwneud iawn am y diffyg hwn, mi dybiaf, y mynegai Valentine dro ar ôl tro yn y saithdegau a'r wythdegau cynnar ei ddiolchgarwch i Saunders am ei gyfeillgarwch, ei ddylanwad a'i arweiniad iddo.

Diweddglo

Chwaer gyfrol i *Annwyl D.J.* yw'r llyfr hwn. Yn yr ohebiaeth a fu rhwng Valentine a'i ddau gyd-garcharor yn achos Cymru cawn olwg bellach ar ddatblygiadau gwleidyddol y cyfnod ac ar hynt a helynt y Blaid Genedlaethol a sefydlwyd ganddynt hwy a'u cyfeillion. Cawn hefyd olwg ar eu helyntion personol; weithiau eu gorfoledd yn wyneb llwyddiant, a'u haml siomedigaethau wrth ddioddef ymosodiadau a difrawder eu cyd-Gymry.

Mae tystiolaeth o ffyddlondeb anhygoel Valentine, D.J. a Saunders i Gymru yn hydreiddio'u llythyrau. Aberthodd y tri dros y ddelfryd o sefydlu Cymru Rydd ac fe'u carcharwyd am weithredu'n herfeiddiol ym Mhenyberth. Peryglodd Valentine ei yrfa gydag enwad y Bedyddwyr. Er iddo dderbyn cefnogaeth ei eglwys yn Llandudno yn dilyn ei garchariad, ni chafodd, oherwydd ei genedlaetholdeb, ei ddymuniad o swydd academaidd yng Ngholeg y Bedyddwyr ym Mangor rai blynyddoedd yn ddiweddarach. Ac ar ôl iddo symud i eglwys Penuel yn Rhosllannerchrugog, digon anodd fu ei arhosiad yno oherwydd mai Llafurwyr gelyniaethus i genedlaetholdeb oedd aelodau ei gapel. Bu D.J. hefyd, yn dilyn ei garchariad, yn ddigon ffodus i gadw ei swydd yn Ysgol Ramadeg Abergwaun. Serch hynny, bu wrthi'n ddiflino weddill ei oes yn cyflawni'r manion na wnâi neb arall dros Blaid Cymru. Yn ddiamau, cwtogwyd ar ei gynnyrch llenyddol o'r herwydd, ac ni allai yntau, mwy na Valentine, obeithio am ddyrchafiad swydd. Dyfalbarhaodd â'i waith gwleidyddol diddiolch hyd yn oed yn wyneb afiechyd. Saunders Lewis a ddioddefodd waethaf. Fe'i hataliwyd rhag darlithio yn dilyn gweithred Penyberth ac fe'i diswyddwyd gan Goleg Abertawe yn dilyn ei garchariad. Yna am bymtheng mlynedd gwrthodwyd iddo bob swydd y ceisiodd amdani yng Nghymru a thu hwnt.

Fel yn achos y llythyrau a gyhoeddwyd yn *Annwyl D.J.*, dyma gorff o ohebiaeth wefreiddiol sy'n ehangu ymhellach ein gwybodaeth am gyfnod unigryw yn hanes Cymru, ac a fydd, gobeithio, yn ein hysbrydoli i weithredu dros barhad ein cenedl a'n diwylliant cyfoethog – 'Fel y cadwer i'r oesoedd a ddêl y glendid a fu'.

Nodiadau

1 Tybiai D.J. iddo dramgwyddo Valentine trwy ddweud wrtho am beidio â gweiddi wrth bregethu. Gweler llythyrau rhif **112** a **113**.
2 Llythyr rhif **177**, 31 Ionawr 1967.
3 Gofynnodd D.J. i Valentine weithredu drosto pan fu'n ymgeisio am swydd prifathro yn y gogledd yn 1929, a D.J. oedd dewis Valentine pan oedd angen geirda arno yntau wrth ymgeisio am swydd darlithydd yng Ngholeg Bala-Bangor yn 1943. Gweler llythyr rhif **49**, Ebrill 1943. D.J. hefyd a ysgrifennodd deyrnged Valentine pan oedd yn Llywydd Undeb y Bedyddwyr yn 1962; gweler Atodiad **2**.
4 Llythyr rhif **207**, 21 Rhagfyr 1969.
5 Gweler Dafydd Ifans (gol.), *Annwyl Kate, Annwyl Saunders* (Aberystwyth, 1992), rhagymadrodd, t. xi.
6 Gweler *Annwyl D.J.*, rhagymadrodd, tt. 11–24, a llythyr rhif 165, 18 Ionawr 1962, tt. 264–6.
7 Llythyr rhif **1**, 9 Tachwedd 1925.
8 Llythyr rhif **18**, 28 Hydref 1930.
9 Llythyr rhif **21**, 21 Medi 1936.
10 Llythyr rhif **23**, 13 Hydref 1936.
11 Llythyr rhif **24**, Hydref 1936.
12 Llythyr rhif **23**, 13 Hydref 1936.
13 Llythyr rhif **28**, 2 Rhagfyr 1936.
14 Llythyr rhif **30**, 8 Medi 1937.
15 Llythyr rhif **31**, 28 Medi 1937.
16 Gweler Lewis Valentine, 'Beddau'r Byw', yn John Emyr (gol.), *Dyddiadur Milwr a Gweithiau Eraill* (Llandysul, 1988), tt. 111–67.
17 Llythyr rhif **39**, diddyddiad [1941].
18 Gweler T. Robin Chapman, *W. J. Gruffydd*, Cyfres Dawn Dweud (Caerdydd, 1993), 'Y Seneddwr, 1943–1950', tt. 176–92.
19 Llythyr rhif **45**, 18 Rhagfyr 1942.
20 Llythyr rhif **46**, 23 Rhagfyr 1942.
21 Llythyr rhif **47**, diddyddiad [Chwefror 1943?].
22 Llythyr rhif **65**, 26 Rhagfyr 1946.
23 [Dienw], 'Welsh Profile 4: Saunders Lewis', *The Welsh Review* (Gaeaf 1946).
24 Gwilym Davies, 'Cymru Gyfan a'r Blaid Genedlaethol Gymreig', *Y Traethodydd*, XCVII (Gorffennaf 1942), 97–111.
25 Llythyr rhif **66**, diddyddiad [Ionawr 1947].
26 Llythyr rhif **69**, 13 Ebrill 1947.
27 Llythyr rhif **70**, 18 Rhagfyr 1947.
28 Llythyr rhif **72**, 5 Mai 1948.
29 Saunders Lewis, 'Cwrs y Byd', *BAC*, 1 Rhagfyr 1948, 8.
30 Llythyr rhif **77**, diddyddiad [tua Hydref 1949].
31 Llythyr rhif **78**, 24 Hydref 1949.
32 Llythyr rhif **87**, diddyddiad [tua Ebrill 1951].
33 Llythyr rhif **91**, 15 Rhagfyr 1951.
34 Llythyr rhif **96**, 20 Rhagfyr 1954.
35 Ibid.
36 Llythyr rhif **98**, 18 Mawrth 1955.
37 Llythyr rhif **99**, 21 Ebrill 1955.
38 Llythyr rhif **111**, Nadolig 1958.

39 Llythyr rhif **112**, 6 Ionawr 1958 [recte 1959].
40 Llythyr rhif **118**, 1 Hydref 1959.
41 Llythyr rhif **119**, 9 Rhagfyr 1959.
42 Ymgom rhwng Aneirin Talfan Davies a Saunders Lewis, teledwyd ar 19 Mai 1960. Cyhoeddwyd y sgwrs yn *Taliesin* (Nadolig 1961), 5–18.
43 Llythyr **125**, 3 Mehefin 1960.
44 Gweler hanes gwahardd darlledu a llwyfannu *Excelsior* yn Ioan M. Williams, *Dramâu Saunders Lewis, Y Casgliad Cyflawn, Cyfrol II* (Caerdydd, 2000), tt. 275–90, 'Cyflwyniad *Excelsior*'.
45 Llythyr rhif **144**, 10 Ebrill 1962.
46 Llythyr rhif **145**, 13 Ebrill 1962.
47 Cyhoeddwyd araith Eisteddfod Genedlaethol Valentine yn Arwel Vittle, *Valentine* (Talybont, 2006), tt. 376–9.
48 Huw T. Edwards, *Troi'r Drol* (Dinbych, 1963).
49 Llythyr rhif **159**, 18 Rhagfyr 1963.
50 Llythyr rhif **166**, 17 Mehefin 1965.
51 Gweler *Annwyl D.J.*, llythyr rhif 178, 28 Mawrth 1965, t. 287, am ymateb Saunders Lewis i gais D.J. iddo fynychu dathliad hanner canmlwyddiant y Blaid. Meddai Saunders yn y llythyr hwnnw, 'ni fedraf ddyfod i Fachynlleth. Buasai'n brofiad chwerwach nag y gallwn ei ddal. Fe ddywedwyd yn blaen iawn wrthyf i amser Tryweryn na fynnai'r Blaid fynd yn ôl at fy nulliau i. Ni newidiais i fymryn ar fy argyhoeddiadau … Y Blaid a newidiodd.'
52 Llythyr rhif **171**, 5 Ebrill 1966.
53 Llythyr rhif **174**, 9 Rhagfyr 1966.
54 Llythyr rhif **177**, 31 Ionawr 1967.
55 Llythyr rhif **178**, 3 Chwefror 1967.
56 Llythyr rhif **193**, 14 Medi 1968.
57 Llythyr rhif **194**, 16 Medi 1968.
58 Llythyr rhif **40**, diddyddiad [Awst 1941?].
59 William Salesbury (1520–84). Prif gyfieithydd y Testament Newydd i'r Gymraeg, a gyhoeddwyd yn 1567.
60 Gweler Emyr Hywel, *Y Cawr o Rydcymerau* (Talybont, 2009), tt. 196–7, am sylwadau D.J. ar lyfr Peter Howard, *Innocent Men* (London, 1941).
61 Llythyr rhif **58**, 14 Mawrth 1946.
62 Llythyr rhif **59**, 21 Mawrth 1946.
63 Llythyr rhif **94**, 4 Medi 1953.
64 Lewis Valentine, 'Nodiadau'r Golygydd', *Seren Gomer* (Haf 1953).
65 Lewis Valentine, 'Sylwadau ar *Hen Dŷ Fferm*', *Seren Gomer* (Gwanwyn 1954), 37–40.
66 Llythyr rhif **95**, 12 Ebrill 1954.
67 Llythyr rhif **112**, 6 Ionawr 1958 [recte 1959].
68 Gweler *Annwyl D.J.*, llythyr rhif 100, 15 Ionawr 1950, t. 174. Meddai Saunders am gymeriadau storïau D.J. yn y llythyr hwn: 'mae'n gas gen i eich pobl dda chwi. Mae 'na wlanen yn eu heneidiau a'u hymennydd sy'n fy nhagu i. Dyna fi wedi ei dweud hi! Yr arswyd annwyl.'
69 Llythyr rhif **120**, 14 Rhagfyr 1959.
70 Lewis Valentine, 'Blas ar Lyfrau', *Seren Gomer* (Gwanwyn 1960), 34–5.
71 Llythyr rhif **128**, 15 Rhagfyr 1960.
72 John Rowlands, *Ienctid yw 'Mhechod* (Llandybïe, 1965).
73 Llythyr rhif **154**, 22 Ebrill 1963.
74 Lewis Valentine, 'Blas ar Lyfrau', *Seren Gomer* (Haf 1967), 47.
75 Llythyr rhif **183**, 28 Rhagfyr 1967.

76   Llythyr rhif **197**, 16 Mawrth 1969.

77   Llythyr rhif **203**, 1 Medi 1969.

78   Llythyr rhif **207**, 21 Rhagfyr 1969.

79   Llythyr rhif **38**, diddyddiad [1940].

80   Llythyr rhif **39**, diddyddiad [1941].

81   Llythyr rhif **41**, 27 Awst 1941.

82   Llythyr rhif **44**, 18 Ionawr 1942.

83   Llythyr rhif **47**, diddyddiad [Chwefror? 1943].

84   Llythyr rhif **49**, diddyddiad [Ebrill 1943].

85   Tystlythyr D.J. i Valentine, amgaeedig yn llythyr rhif **51**, 22 Ebrill 1943.

86   Llythyr rhif **51**, diddyddiad [diwedd 1943].

87   Llythyr rhif **58**, 14 Mawrth 1946.

88   Llythyr rhif **59**, 21 Mawrth 1960.

89   Llythyr rhif **64**, 18 Rhagfyr 1946.

90   Llythyr rhif **65**, 26 Rhagfyr 1946.

91   Gweler Arwel Vittle, *Valentine*, pennod 18: 'Bugeilio'r Ffin', tt. 262–77.

92   Llythyr rhif **89**, diddyddiad [tua Mehefin 1951].

93   Llythyr rhif **101**, 18 Rhagfyr 1955.

94   Lewis Valentine, 'Ann Cariad yr Iesu', *Seren Gomer* (Hydref 1955), 106–10.

95   Saunders Lewis, 'Efrydwyr a'r Offeren, *Efrydiau Catholig*, VII (1955), 3–5.

96   Llythyr rhif **105**, 15 Mai 1956.

97   Gweler Arwel Vittle, *Valentine*, tt. 295–6.

98   Llythyr rhif **123**, 20 Ebrill 1960.

99   Llythyr rhif **124**, 24 Ebrill 1960.

100   Llythyr rhif **127**, 13 Rhagfyr 1960.

101   D. J. Williams, 'Llywydd yr Undeb – Val'. Gweler Atodiad **2**.

102   Lewis Valentine, 'Araith Llywydd yr Undeb', *Seren Gomer* (Haf 1962), 50–3.

103   Llythyr rhif **150**, 26 Gorffennaf 1962.

104   Llythyr rhif **155**, 28 Awst 1963.

105   Llythyr rhif **156**, 30 Awst 1963.

106   Lewis Valentine, 'Gafael yr Eisteddfod', gweler Arwel Vittle, *Valentine*, Atodiad 2, tt. 376–9.

107   Llythyr rhif **176**, 29 Ionawr 1967.

108   Llythyr rhif **177**, 31 Ionawr 1967.

109   Llythyr rhif **178**, 3 Chwefror 1967.

110   Llythyr rhif **194**, 16 Medi 1968.

111   Llythyr rhif **2**, diddyddiad [Mehefin 1926?].

112   Llythyr rhif **210**, 14 Mawrth 1972.

113   Llythyr rhif **8**, 16 Mai 1929.

114   Llythyr rhif **15**, diddyddiad [Mehefin 1930].

115   Llythyr rhif **17**, diddyddiad [tua Mehefin 1930].

116   Llythyr rhif **20**, 11 Chwefror 1936.

117   Llythyr rhif **68**, 16 Ionawr 1947.

118   Llythyr rhif **146**, Sul y Blodau [15 Ebrill 1962].

119   Ibid.

120   Gweler *Annwyl D.J.*, llythyr rhif 100, 15 Ionawr 1950, t. 174.

121   Llythyr rhif **149**, 11 Gorffennaf 1962.

122   Llythyr rhif **175**, 22 Ionawr 1967.

123   Llythyr rhif **194**, 16 Medi 1968.

124   Sgwrs deledu rhwng Saunders Lewis a Meirion Edwards, gweler Atodiad **4**.

125   D. J. Williams, 'Welsh Economics and English Politics', *The Welsh Nationalist* (Medi 1946), 1. Gweler hefyd *Annwyl D.J.*, rhagymadrodd: 'Gwleidyddiaeth D.J. ac S.L.', tt. 11–21.

126 Llythyr rhif **208**, 21 Mawrth 1971.

127 Llythyr rhif **214**, 17 Ionawr 1975.

128 Gweler Emyr Hywel, *Y Cawr o Rydcymerau*, 'Detholiad o Gofnodion Dyddiadurol D. J. Williams', cofnod 23 Mehefin 1951, t. 238.

129 Llythyr rhif **209**, 7 Hydref 1971.

130 Llythyr rhif **214**, 17 Ionawr 1975.

131 Llythyr rhif **217**, 29 Gorffennaf 1975.

132 Llythyr rhif **219**, 3 Medi 1976.

133 Llythyr rhif **220**, 6 Medi 1976.

134 Llythyr rhif **222**, 20 Chwefror 1977.

135 Llythyr rhif **223**, 24 Mehefin 1977.

136 Llythyr rhif **225**, 20 Chwefror 1978.

137 Gweler *BAC*, 17 Mawrth 1978, 4.

138 Gweler Ioan M. Williams, *Dramâu Saunders Lewis, Y Casgliad Cyflawn, Cyfrol II*, t. 909, 'Cyflwyniad *1938*'.

139 D. Gwenallt Jones, 'Barddoniaeth Saunders Lewis', yn Medwin Hughes (gol.), *Saunders Lewis y Bardd* (Dinbych, 1993), tt. 76–86.

140 Llythyr **233**, 28 Mawrth 1982.

141 Gweler nodyn 44.

142 Llythyr **235**, 10 Medi 1982.

143 Cyflwynwyd gradd DLitt i Saunders Lewis yn ei gartref ym Mhenarth ar 18 Chwefror 1983.

144 Llythyr rhif **238**, Dygwyl Ddewi [1 Mawrth] 1983. Mae Valentine yn dweud mai 'graslon o weithred' oedd gweithred Saunders yn derbyn gradd DLitt gan Brifysgol Cymru. Diau ei fod yn gwybod iddo wrthod doethuriaeth er anrhydedd adeg ei ymddeoliad yn 1959.

145 Llythyr rhif **235**, 10 Medi 1982.

146 Llythyr rhif **217**, 29 Gorffennaf 1975.

147 Dewi Z. Phillips, 'Carchar Geiriau?', *Y Tyst*, 2 Mai 1974, 'Terfyn heb Dduw', 9 Mai 1974, a 'Gweddi'r Terfyn', 23 Mai 1974. Cyhoeddwyd 'Gweddi'r Terfyn' gyntaf yn *Y Traethodydd*, CXXVIII (Hydref 1973), 241.

148 Saunders Lewis, 'Am "Weddi'r Terfyn" ', *Y Tyst*, 13 Mehefin 1974, 1. Yn y darn hwn mae Saunders Lewis yn egluro rhai llinellau o'i gerdd:

> 1. 'Mor druan yw dyn … ddyddiau ei ymwacâd'
> … Fe ddaeth Duw yn ddyn, dyna'r ymwacâd. Cymerodd holl drueni dyn, trueni ei gorff, trueni ei enaid, trueni gwybodaeth ei oes. Heb hynny ni buasai'n ddyn; buasai'r ymgnawdoliad ond rhith. Gan hynny tra oedd ef yn ddyn ar y ddaear ni allai ef sôn wrth ddynion am ei Dad ond yn nhermau profiad dyn …
> 2. 'Mor ddigri yw datganiadau goruchaf ein ffydd'
> … onid yw ein hiaith ni, ein delweddau ni am "eistedd ar ddeheulaw" o angenrheidrwydd yn affwysol o druenus "ddigri"? Sut gallwn ni gyda'r iaith sydd gennym fod yn ddigonol i'r pethau hyn? Dynion ydym ni, bodau bach digri; does dim rhyw lawer rhyngom ni a llygod. Ond bod rhai ohonom yn mentro credu ddyfod Duw yn ddyn …
> 3. 'Ac o'n cwmpas … mynd yn fud at y mud'
> Sut felly mae mynd at Dduw? … mynd trwy ddisgyblaeth lem gweddi. Dechrau gyda geiriau a delweddau "cymdeithas ei ddioddefiadau ef" ac ymlaen heibio i eiriau a delweddau i dawelwch a mudandod gweddi undeb nid hyd yn oed undeb â natur ddynol Crist, ond â hanfod y duwdod … Y mae Morgan Llwyd yn dweud mai'r un yw'r profiad hwn â phrofiad marw. Rhoes hynny i minnau linell olaf y gerdd, sef y gall marw fod i bob truan ŵr yn brofiad tebyg, mynd yn fud at y mud, a bod marw ei hunan felly yn weddi, gweddi'r terfyn.

149   Gweler Arwel Vittle, *Valentine*, tt. 355–6.
150   Saunders Lewis, *Buchedd Garmon. Mair Fadlen* (Aberystwyth, 1937).
151   Defnyddiodd Valentine eiriau ei emyn 'Gweddi Dros Gymru' i gloi ei 'Araith
       Llywydd yr Undeb'. Gweler Lewis Valentine, 'Araith Llywydd yr Undeb', *Seren
       Gomer* (Haf 1926), 50–3.
152   Lewis Valentine, 'Yr Arwisgo', gweler Arwel Vittle, *Valentine*, Atodiad 3, t. 385.
153   Llythyr **58**, 14 Mawrth 1946.
154   Llythyr **149**, 11 Gorffennaf 1962.
155   Lewis Valentine, 'Nodiadau Golygyddol', *Seren Gomer* (Haf 1958), 33–6.
156   LlGC, Archif Plaid Cymru, llythyr Saunders Lewis at H. R. Jones, 1 Mawrth 1925.
157   LlGC, Papurau G. J. Williams, llythyr Saunders Lewis at G. J. Williams, 28
       Gorffennaf 1929.
158   'Policy of Action to Replace Policy of Protest', *Western Mail*, 31 Rhagfyr 1935.
159   Llythyr rhif **20**, 11 Chwefror 1936.
160   Llythyr rhif **193**, 14 Medi 1968.
161   Llythyr rhif **228**, 30 Ionawr 1981.

Y Llythyrau

Y dauddegau

Gweinidog eglwys y Tabernacl, Llandudno yn priodi

Sefydlu'r Blaid Genedlaethol

Valentine ei hymgeisydd cyntaf
mewn etholiad cyffredinol yn 1929

1

Papur swyddogol – 'Tabernacl', Eglwys y Bedyddwyr, Llandudno.

Croeso,
St Andrews Place,
Llandudno.

[Dyddiad ar yr amlen. Dydd Llun, 9 Tachwedd 1925]

F'annwyl Gyfaill,

Diolch yn fawr i chwi am eich dymuniadau da. Yr wyf newydd ddychwel yn ôl wedi bod ar hyd a lled y wlad ar fis, neu chwe wythnos mêl.[1] Tybed a oes rhywun wedi camgymryd? Yn ôl cais ysgrifennydd Eglwys Hermon, y Sul Cyntaf ym Mehefin y'm disgwylir i bregethu. Os felly ni fydd yn hwylus iawn i mi ddyfod i annerch y Cymrodorion ddydd Calan 1926.

Nid wyf wedi gweld H. R. Jones[2] wedi dyfod yn ôl, ond yr wyf yn anfon ato heno. Y mae gwaith mawr i'w wneuthur, ond y mae fy holl gred a disgwyliad yn yr Ysgol Haf.[3]

Cofiwch fi'n annwyl iawn at R.A. a J.J.[4] Edrychaf ymlaen am gael eu cwmnïaeth ddiddan pan ddelwyf i Abergwaun ym Mehefin.

Disgwyliaf air ymhellach gennych ynglŷn â'r dyddiad.

Cofion gloywon iawn, a diolch eto i chwi am eich dymuniadau da.

Yn gywir iawn,

L. E. Valentine.

Papurau D. J. Williams, Abergwaun, P2/40/1

2

Henffordd ar daith. [Mehefin 1926?]

Annwyl Valentine,

A wnewch chwi anfon yn syth at Prosser Rhys, *Baner ac Amserau Cymru*, Terrace Road, Aberystwyth, raglen yr ysgol haf i'w rhoi yn *Nraig Goch* Gorffennaf.[5] Yr wyf oddi cartref am wythnos yn rhoi gwyliau i'r teulu. Cychwynasom ddydd Llun, ac ni ellir anfon y llythyrau ar fy ôl hyd oni ddychwelaf i Abertawe y Llun nesaf.

Cofion gorau,

Saunders.

Papurau Lewis Valentine, 4/3/311/3/2

3

Croeso,
Llandudno
Dydd Llun. [Diddyddiad. Tua diwedd Awst 1926]

Annwyl D.J.

Diolch am eich llythyr a'ch dymuniadau da. Y mae'n dda gennyf ddywedyd fod y teulu bellach yn dyfod ymlaen yn gampus. Gresyn i'r peth ddigwydd yn union o flaen yr Ysgol Haf, a minnau wedi rhoddi fy mryd ar fod yn honno.[6] Medraf ddyfod i Abergwaun ar nos Wener, Hydref 15, os yw hynny'n hwylus i chwi, a rhoddaf anerchiad i chwi ar y testun a awgrymais y llynedd, sef, 'Ers Talwm Iawn'. Gwell fyddai rhyw destun felly na cheisio sôn am Genedlaetholdeb, neu bwnc crefyddol. Beth sydd haru pobl Cymru? Rhof fy nhroed yn y pair bob tro y ceisiaf ddarlithio ar bethau crefyddol. Cofiwch mai er mwyn eich cymdeithas a'ch cyfeillion yn unig y deuaf i Abergwaun. Byddaf ym Moncath (lle bynnag y mae hwnnw) o'r nos Fawrth i'r nos Iau. Gyrrwch air bach yn ôl i mi, os yw'r trefniant yma yn foddhaol gennych. Y mae H.R. wedi derbyn y swydd, ac y mae'n llawen iawn gennyf am hynny.

Cofiwch fi'n garedig iawn at Mrs Williams.

Cofion gloywon,
Yn gywir iawn,
L. E. Valentine

Papurau D. J. Williams, Abergwaun, P2/40/23

63

4

The University,
Swansea.
[4 Mai 1928]

Annwyl Valentine,
Anfonais lythyr at Joynson-Hicks heddi. Dyma gopi ohono.
Cewch glywed yr ateb pan ddelo.
Nid yw Moses Griffith[7] wedi'r cwbl i ddyfod, oblegid ei fod yn
swyddog Awdurdod Lleol.
Am y motor-beic, cytunaf â Moses Griffith y dylem fel plaid
gyfrannu £15 at gael un ail-law. Anfonaf i ddweud hynny wrtho.
Ond cymerwch ofal ohonoch eich hunan.[8]
Cofion lu,
Saunders Lewis.

[Yn amgaeedig ceir llythyr oddi wrth Saunders Lewis, Cadeirydd
Plaid Genedlaethol Cymru, at Sir William Joynson-Hicks,
Ysgrifennydd Cartref, Y Swyddfa Gartref, Llundain, yn gofyn
iddo dderbyn dirprwyaeth oddi wrth Blaid Genedlaethol Cymru i
drafod '...our views on the important matter of the Welsh Burial
Grounds, a matter that has arisen out of the administration of the
Welsh Church (Temporalities) Act 1919...']

Papurau Lewis Valentine, 4/3/311/3/5

5

University College of Swansea,
Singleton Park,
Swansea.
[Ionawr 1929?]

Annwyl Valentine,

Drwg gennyf fod pob nos Wener yn gaeth gennyf. A fyddai nos Fercher, Chwefror 22 yn dda i chi? Neu rhyw nos Fercher fis Mawrth? Hoffwn eich gweld i fynegi fy mawr ddiolch i chi am ymgymryd â sedd Sir Gaernarfon.[9] Gwn i yn dda gymaint aberth yw ef i chi mewn pryder, a blinderus drafferth.

Yn gynnes iawn,
Saunders Lewis.

Papurau Lewis Valentine, 4 / 3 / 311 / 3 / 4

6

9 St Peter's Rd,
Newtown,
Mumbles,
Abertawe.
Pnawn Sul, 28 Ebrill 1929

Annwyl Valentine,

Yr wyf newydd anfon *Draig Goch* mis Mai i'r wasg yn Aberystwyth ac wedi gofyn am gael proflenni fy hunan y tro hwn i'w cywiro fel y byddo'r anerchiad yn ddifefl. Yr wyf wedi ceisio gwneud y rhifyn yn un llawn propaganda etholiad. Gofynnaf i Brosser Rhys ei gael allan cyn y drydedd wythnos ym Mai yn sicr.[10]

Yn awr yr wyf am fynd ati i hel meichiafon a rhoddion at gronfa'r etholiad. Yr wyf hefyd yn gobeithio ymryddhau am bedwar diwrnod adeg yr etholiad i ddyfod i fyny i Sir Gaernarfon.

Sut mae pethau'n llunio erbyn hyn? Peidiwch ag ymflino ateb, ond mawr obeithiaf eich bod yn cael eich bodloni a bod eich cynorthwywyr yn mynd ati gyda brwdfrydedd.

Cofion lu a bendith ar eich llafur,

Saunders Lewis.

Papurau Lewis Valentine, 4 / 3 / 311 / 3 / 6

7

9 St Peter's Rd,
Newtown,
Mumbles,
Abertawe.
12 Mai 1929

Annwyl Valentine,

Fy mwriad i, dyfod i Sir Gaernarfon dydd Llun Mai 27. Gellwch drefnu cyfarfodydd neu unrhyw waith arall imi a'r modur y dyddiau Mawrth, Mercher wedyn, a'r dydd etholiad sef dydd Iau. – Gallaf aros hyd at fore Sul fel y byddwyf gyda chi ddydd Gwener i glywed canlyniad y cwbl.

Sut y mae'r cynllun casglu'n mynd? Y mae'r addewidion meichiafon am y deposit yn ddiogel eisoes, ond gobeithiaf am ychwaneg na hynny hefyd.

A allaf i helpu mewn rhyw fodd arall?

Cofion luoedd,

Saunders.

Papurau Lewis Valentine, 4 / 3 / 311 / 3 / 7

8

9 St Peter's Rd,
Newtown,
Mumbles,
Abertawe.
16 Mai 1929

Annwyl Valentine,

Anfonais ddoe at Foses Gruffydd yn gofyn iddo anfon £150 atoch chwi erbyn bore Sadwrn neu fynd i Gaernarfon ei hun fore Llun. Gobeithiaf y bydd popeth yn drefnus gyda H.R.J. ar ddydd y nominatio. Gwell i chwi eich hunan sicrhau hynny hefyd.

Gwelais yn y *Manchester Guardian* golofn o ymddiddan gyda chwi gan newyddiadurwr. Darllenai'n dda.[11]

Yr wyf yn argyhoeddiedig o un peth: bod y gwaith a wneir gennych yr wythnosau hyn – ennill neu golli – am adael ei ôl ar Gymru ac yn debycach o sicrhau dyfodol ein diwylliant nag un mudiad o fewn cof byw.

Gyda phob gweddi drosoch, a hyd nes y delwyf,

Saunders Lewis.

Papurau Lewis Valentine, 4/3/311/3/8

9

9 St Peter's Rd,
Newtown,
Mumbles,
Abertawe.
1 Mehefin 1929

F'Annwyl Valentine,

A hoffech chwi anfon ataf lythyr neu genadwri at 609 etholwyr Sir Gaernarfon i ddiolch am eu cefnogaeth, a'i roddi yn y *Ddraig Goch* nesaf un? Credaf y byddai'n fuddiol.[12]

Cofion tra chynnes, a'm diolch tragywydd i chwi am eich brwydr fawr,

Saunders Lewis.

Papurau Lewis Valentine, 4 / 3 / 3 1 1 / 3 / 9

10

[Cerdyn post. Diddyddiad a dim cyfeiriad]

A gaf i'r ysgrif ar Fadog ap Maredydd [*sic*] yn fuan?[13]
Saunders Lewis

Papurau Lewis Valentine, 4 / 3 / 3 1 1 / 3 / 1 0

11

Croeso,
St Andrew's Place,
Llandudno.
Dydd Gwener. [Diddyddiad, tua chanol Awst 1929?]

Annwyl D.J.

Dy lythyr yma heddiw. Yr wyf yn pregethu yn Llanelli y Sul a'r Llun nesaf, – y mae'n rhy hwyr i ti drefnu cwrdd bellach, a minnau'n gorfod dychwel i'r Gogledd ddydd Mawrth. Ond byddaf yn y De yng Nghyrddau'r Undeb yr ail wythnos ym Medi, a gallwn annerch Cwrdd yn rhywle ar y 12 neu'r 13 o'r mis hwnnw. Am Bwllheli, yr wyf yn adnabod tri o'r enwau a nodir, sef Marks, R. E. Jones a Dr Wm Williams, – gwelaf hwynt ar unwaith. Bydd cael William George o dy blaid yn hanner y gamp – y mae iddo fo ddylanwad mawr, a'i air yn ddeddf. Hei Lwc! Cael D.J. i'r Gogledd – rhaid cael gafael ar bob wifren a'i thynnu yn effeithiol.[14]

Gwych oedd i chi gael amser da yn Iwerddon. Yn adeg y rhyfel

y bûm i yno, a chefais amser tra dedwydd, a rhaid fydd cael taith
yno eto rhywbryd yng nghwmni D.J.[15]
Yr wyf newydd orffen darllen awdl yr Eisteddfod, ac yn ei
hoffi, nid wyf wedi cychwyn ar y bryddest eto. Mae eisio meddwl
cliriach nag sydd gennyf heddiw i'w hamgyffred.[16] Mwynheais
Bwllheli'n gampus – daeth pedair o ferched yr ysgol i'm gwrando'n
pregethu'r Sul dilynol, sef Cassie, Mai, Lilian Jones a Thegwen,
a minnau mewn gwewyr, canys bu'n gyfyng arnaf yn clwtio dwy
bregeth wedi dychwel o Bwllheli'r Sadwrn. Ond dyma gyrraedd
gwaelod y ddalen, yn iach![17]
Fy nghofion gloywaf at y ddau ohonoch a'm cyfeillion yn
Abergwaun,
Val.

Papurau D. J. Williams, Abergwaun, P2/40/7

12

Croeso,
Llandudno.
Difia [1929]

Annwyl D.J.
Gair mewn brys mawr. Efallai mai gwell fydd peidio â threfnu
cwrdd i mi yn Abergwaun yr wythnos ar ôl y nesaf, gan fod gorfod
arnaf ddychwel yn fuan i'r Gogledd.
Byddaf yn y Deheudir eto diwedd y flwyddyn a llawer diwrnod
segur gennyf y pryd hynny. Felly onid ydych eisioes wedi trefnu
rhywbeth gedwch y peth yn llonydd dros dro.
Sgrifennaf eto'n fuan i ddywedyd beth fydd canlyniad
f'ymweliad â'r cyfeillion sydd ar y bwrdd dewis ym Mhwllheli.
Fy nghofion cynnes at y ddau ohonoch,
Yn loyw fyth,
Val.

Papurau D. J. Williams, Abergwaun, P2/40/6

13

Croeso,
St Andrew's Place,
Llandudno.
Dydd Gwener. [Dyddiad ar yr amlen.] 6 Medi 1929

Annwyl Gyfaill,

Cefais dy lythyr y funud yma. Fel y dywedais yr oedd cyfeillion Llandudno ar ei gwyliau, ond yr wyf wedi gyrru llythyrau atynt a ddylai wneud argraff arnynt, mi dybia. Y mae Mr R. E. Jones, Caernarfon, gallaf gymryd fy llw, yn bendant o dy blaid.

Bydd yn anodd iawn i mi gyrraedd Abergwaun cyn dydd Gwener, ond os digwydd i mi fedru dyfod dydd Iau cei air gennyf o Dreorci. Yr wyf i yn siarad yno ar 'Y Blaid Genedlaethol ac Ymneilltuaeth' ac ofnaf mai dydd Iau y bydd y cwrdd hwnnw.

Fy nghofion gloywon atoch, ac hyd nes y gwelaf chwi,

Yn gynnes iawn,

Val.

Papurau D. J. Williams, Abergwaun, P2/40/5

14

Croeso,
St Andrew's Place,
Llandudno.
Dydd Llun [Diddyddiad. Medi 1929]

Annwyl D.J.

Dim ond gair yn frysiog, bydd popeth yn iawn, a deuaf yn llawen i Abergwaun nos Wener Medi 13.

Bûm yn ceisio gweld yr aelodau o'r Pwyllgor dewis, ond yn anffodus y maent ar eu gwyliau, a sgrifennais atynt.

Ond dyma air cyfrinachol: Fe glywais y Sadwrn fod Pwllheli wedi ei threfnu i W. J. Hughes sydd yn athro yng Ngholeg y Normal, ac y mae'n debig mai ef a gaiff y swydd. Efallai y caf wybodaeth fanylach eto, a chei dithau wedi imi gyrraedd Abergwaun air gennyf sut y cefais wybod hyn.

Maddau nodyn mor gwta, ond ar frys mawr y sgrifennaf o.

Fy nghofion gwiw,

Val.

Daeth gair i mi y bydd Bethesda yn debig o fod yn wag yn fuan.[18]

Papurau D. J. Williams, Abergwaun, P2/40/8

Y tridegau

Cynnydd araf i'r Blaid

Y Tân yn Llŷn

Saunders yn colli ei swydd

Saunders yn ildio llywyddiaeth y Blaid

15

9 St Peter's Rd,
Newtown,
Mumbles,
Abertawe.
[Diddyddiad. Mehefin1930]

Annwyl Valentine,

Newydd glywed yr wyf gan Miss Mai Roberts am farwolaeth H. R. Jones. Ni allaf ddyfod i'r angladd; deallaf mai dydd Sadwrn y cleddir, ac y mae cyfarfod arholwyr y B.A. a'r M.A. yma ddydd Sadwrn ac ni allaf fod yn absennol. Ond am hynny mi ddeuwn yno.[19]

A fyddwch chwi yn yr angladd? Os byddwch, a ymgymerwch chwi â chyflwyno'n swyddogol i'r teulu gydymdeimlad y Blaid a'm cydymdeimlad personol innau fel llywydd.

Erfyniaf un caredigrwydd arall gennych os caniatewch hynny, sef anfon *wreath* drosof ac yn fy enw. Amgaeaf siec ar y banc am ddegswllt i'r amcan. Gofynnaf i Foses Gruffydd anfon un yn swyddogol dros Bwyllgor y Blaid.

Cofion cynnes,

Saunders Lewis.

Papurau Lewis Valentine, 4/3/311/3/11

16

[Cerdyn post]
9 St Peter's Rd,
Newtown,
Mumbles,
Abertawe.
[Diddyddiad. Mehefin 1930]

Annwyl Valentine,

A ellwch chwi roi rhyw 200–300 gair o atgofion personol am H. R. Jones i rifyn coffa o'r *Ddraig Goch* iddo, sef rhifyn Awst.

Dymunaf ei gael yn barod erbyn Gorff 19, diwrnod mynd i'r wasg.
A wyddoch chwi am gyfeillion agos iddo a allai gyfrannu rhywbeth
pe sgrifennwn atynt?[20]

Cofion,

Saunders Lewis.

Papurau Lewis Valentine, 4/3/311/3/12

17

9 St Peter's Rd,
Newtown,
Mumbles,
Abertawe.
Pnawn Sul. [Diddyddiad. Tua Mehefin 1930.]

Annwyl Valentine,

Fe fydd ysgrif ar ysgol haf Llanwrtyd yn y rhifyn presennol
o'r *Ddraig Goch* pan fydd y *Cambrian News* mor hynaws â'i
ddwyn allan.[21] (Fis Awst, rhaid inni'n derfynol symud *Y Ddraig*
o Aberystwyth.) Mi gredaf y gwna'r ysgrif y tro i alw sylw at y
cyfarfodydd. Yna, yn rhifyn Gorffennaf, fe rown raglen yr ysgol
os bydd hynny'n barod ac yn bosibl gennych. Yr wyf yn credu y
cawn ni nifer go dda i gyfarfodydd Llanwrtyd.

Gyda llaw, ni ddiolchwch imi am yr ysgrifau ar Masaryk.[22] Eu
gwneud er mwyn llenwi lle a minnau heb ysgrifau i'r *Ddraig*, –
ond nid oes ynddynt ddim ymchwil na gwaith gwreiddiol ond yn
unig benthyg y cwbl o lyfrau ac erthyglau poblogaidd. Yr wyf yn
poeni fy meddwl lawer ynghylch cael llywydd newydd i'r Blaid.
Os newidir y polisi seneddol rhaid cael arweinydd fydd yn barod
i fynd i'r senedd ac i baratoi'r ffordd i hynny.[23] Os gaf i ddweud
fy meddwl yn agored wrthych, nid oes gennyf ymddiried yn
sadrwydd Bebb[24] y gwnai arweinydd. Ni welaf ymhlith aelodau'r
pwyllgor ond dau, dau hollol gymwys a mwy derbyniol nag wyf
i, ond nid wyf yn sicr ei bod yn deg syrthio'n ôl ar un o'r ddau

hyn, sef chwi a J. E. Daniel.[25] Yr wyf yn teimlo ar ôl i chwi fentro eich bywioliaeth yn etholiad Arfon, fod gennych hawl i dymor o ddiogelwch; beth am Daniel? Y mae defnydd gwleidydd rhagorol iawn yn Daniel ac fe allai ddwyn i mewn i'r Blaid wŷr fel Vincent Lloyd-Jones[26] a fyddai yn wleidyddion Cymreig ardderchog. A wnewch chi ymddiddan gydag ef a gweld sut y try ei feddwl, neu a ydych yn ystyried fod ei swydd yntau yng ngholeg Bangor yn ei gwneud hi'n anodd iddo? Yr angen yn awr yw am arweinydd a all fynd lawer o gwmpas y wlad i areithio ac i bregethu neges y blaid, nid llenor o arweinydd na all wneud dim ond sgrifennu fel myfi. Yr wyf yn poeni na fedrais i gadw'r Blaid ar gynnydd y flwyddyn ddiwethaf yma, a rhaid cael rhywun a fedr.[27]

Fy nghofion gwiw,
Saunders Lewis

Papurau Lewis Valentine, 4/3/3 11/3/13

18

Y Bristol Trader,[28]
Abergwaun.
28 Hydref 1930

Annwyl Val,

Paid â disgwyl ond nodyn byr, byr oddiwrthw i. Rwy'n glaf, heb godi o'r gwely bron, ers pythefnos. Cefais y *flu* i gychwyn; yna mentro gormod cyn llwyr wella, a dyma fi'n gwydyn o hyd heb brin ddechrau codi i'r llawr, sach rhagor.[29]

Gweli felly, ei bod hi'n llwyr amhosib i mi fod yn Amwythig y Sadwrn hwn. Eithr ni wêl neb eisieu fy noethineb yna. Fe syrth y coelbren yn hollol yr un fath o'm plegid i.

Fy nghenadwri i i'r Pwyllgor Canol, os oes hawl gan un a fwriwyd i ffos y clawdd, i gymaint braint, yw y dylid canolbwyntio o ddifri ar bropaganda draws y wlad. Fe gollwn ein cyfle yn sicr

oni wneir rhywbeth heb fod yn hir. Ni wna ysgol haf unwaith
y flwyddyn boed cystal ag y bo, byth argyhoeddi gwlad. Fe fydd
siawns arni'n awr gobeithio wedi cael trefnydd newydd.[30]
Maddeu nodyn mor bwt. Does gen i ddim syniad pa sawl cais
a gaed am y swydd o drefnydd. Cefais gylchlythyr oddi wrth ryw
Griffiths o Benrhyndeudraeth a roddai'r argraff y gallai fod yn
fachgen da neilltuol. Clywais hefyd fod J. E. Jones, Llundain yn
cynnig. Byddai efe'n sicr yn fachgen rhagorol gan iddo ddangos ei
werth eisoes.
Cofion cynhesa atat, a chofia'r fron gystuddiol hon at y
frawdoliaeth yn Mwythig.
Yn ddiffuant,
D.J.

Papurau Lewis Valentine, 4/3/3/4/1

19

49 High Street,
Abergwaun.
3 Chwefror 1935.

Annwyl Val,
Diolch yn fowr i ti am y bywgraffiad mor nodedig o'r
gwrthrych, yn y *Ddraig Goch*.[31] Rwyf am brintio hwnna mewn
llythrennau breision, clir. Yna pan fydd y 'disgybl annwyl' wedi
cwmpo mas yn ffluwch â rhai o hil lluosog Dic Siôn Dafydd
ar Bwyllgorau'r Steddfod yma, mi fydda'n estyn hwn iddynt,
'Drychwch beth mae Val, yn weud, y diawled 'ny a chauwch
ych pennau. Dyma dystiolaeth dyn sydd wedi ei alw i draethu'r
gwirionedd – tystiolaeth Bedyddiwr am y Disgybl Annwyl.'
Dyma rywbeth i'w ddangos i 'ngwraig hefyd, pan fydd hi am
awgrymu'n gynnil i mi weithiau nad ydw i ddim yn gwbwl
berffaith. Rhyngot ti ac Elis Dafydd roedd hi'n aros o'r blaen

p'un ohonoch a ofynnwn i fod yn gofiantydd. Ond nawr rwyt ti
wedi ennill y maes rwy'n ofni. Rhaid gadael y Dr Lloyd Owen
yn ysbail cofiannol i Elis rwy'n credu. Fe fedr Elis drin ei fwstas
e.[32]

Gyda llaw, a oes bywgraffiad o'r Dr wedi ymddangos yn
y *Ddraig*? Os nad oes, fe fyddwn i'n fodlon treio'n llaw arno;
ond fe fyddai'n ragfarnllyd ofnadw' – o du'r Dr gan 'y mod i'n
wirioneddol hoff ohono, er gwaetha'i hynodion annosbarthus.

Gyda llaw, Val, fe gawsom ni flas mawr, ein pedwar, fi a
'ngwraig a Morus a Kate, yn gwrando arnat yn pregethu'r Sul o'r
blaen. Yr oedd pregeth o wir feddwl ac eneiniad gennyt.

Gyda chofion cynhesa atat ti a'r wraig a Hedd. Oddi wrthym
ein dau,

Yn ddiffuant yr eiddot,

D.J.

Papurau Lewis Valentine, 4 / 3 / 3 / 4 / 2

20

9 St Peter's Rd,
Newtown,
Mumbles.
11 Chwefror 1936
Preifat

Annwyl Val,

Yr wyf yn anfon atoch yn awr fel at is-lywydd y Blaid a'r
arweinydd yn y Gogledd. Dyma fy nghais: bwriadaf siarad ar
Borth Neigwl yn bennaf yn eich cynhadledd yn Sir Gaernarfon,
Chwefror 29. Fy mwriad yw dadlau a chymell fel dyletswydd ar y
Blaid y priodoldeb o roi tân i awyrlongau, hangars a barics y llynges
awyr os codant hwy ym Mhorth Neigwl. Fy ngobaith yw y cymer
y plismyn wedyn achos yn fy erbyn gerbron ynadon.

A ydych chwi fel is-lywydd yn fodlon imi ddweud hyn, ac yn

barod i dderbyn y canlyniadau, – sef fy mod wedyn yn rhoi pob help a allaf i gario'r peth allan?[33]

Cofion cu iawn atoch fel teulu,

Saunders Lewis.

Papurau Lewis Valentine, 4/3/311/3/20

21

Y Bristol Trader,
Abergwaun.
21 Medi 1936

Annwyl Val,

Wel, yr hen gyfaill annwyl, hoffus, a'm cyd garcharor yn yr Achos Mawr, sut wyt ti?

Yr wyf i yn dal yn gadarn yn y ffydd ac weithiau bron yn gorfoleddu yn yr ysbryd. Gwnaent a fynnont â ni, rwy'n teimlo ein bod ni wedi ennill buddugoliaeth. Cawn, yn ôl a deimlaf i gosb ysgafn iawn neu gosb drom iawn, yn ôl tymer a meddwl y barnwr. Dangosai'r cyntaf y byddai ofn ein hachos arnynt; a byddai i'r ail yn sicr, gyffroi'r wlad yn erbyn y Llywodraeth.

Cofia fi a 'ngwraig yn fawr iawn at Mrs Valentine a Hedd a Gweirrul. Duw Israel a llyfr Job fyddo gyda ti'n dragywydd yr hen gyfaill caredig.

Yn ddiffuant,

D.J.

Papurau Lewis Valentine, 4/3/3/4/3

22

[Ar bapur swyddogol y Blaid]
Swyddfa'r Blaid Genedlaethol,
Caernarfon.
Dydd Llun. [Diddyddiad. Tua diwedd Medi 1936]

F'annwyl Gyfaill,

Yr oedd yn dda gennyf gael gair gennyt, a llawen iawn gennyf am y gorfoledd sydd yn d'ysbryd. Felly y mae yma, ond bod arnaf yr annwyd ffyrnicaf a fu arnaf erioed.

Y mae gobaith y byddwn yn ein cyfarfod ein gilydd ddiwedd yr wythnos hon – nid da bod yn rhy hir oddi wrth ein gilydd. Bûm yn aros am wythnos yn Llanberis i osgoi'r tyrfaoedd oedd yn galw acw i gydymdeimlo. Yr wyf yn pregethu yng Nghaernarfon heddiw – a phregethu ddoe yma hefyd, a welaist ti erioed y fath dyrfaoedd.[34]

Y mae'n dda gennyf fod Mrs Williams yn siriol – yn wir y mae'r gwragedd wedi bod yn wych ryfeddol – yr oedd yn werth i rywbeth fel hyn ddigwydd er mwyn i ni gael gweld y stwff dewr sydd ynddynt. Y mae'r arian yn dylifo i'r gronfa amddiffyn – y mae bellach dros bum cant.

Maddau nodyn cyn fyrred, a chofion filoedd,

Val.

A ydyw Mrs Williams yn bwriadu dyfod i'r Frawdlys? Nid wyf am i Mrs V. ddyfod ond dywedais y câi ddyfod os oedd Mrs Wms. yn dwad.

Papurau D. J. Williams, Abergwaun, P2/40/9

23

49 High Street,
Abergwaun.
13 Hydref 1936

Annwyl Hen Fal,

Diolch o galon am dy lythyr cynnes. Oni throdd pethau maes yn ardderchog! Nid yw fawr pwys beth a wna'r barnwr nesaf ohonom. Credaf yn sicr y down trwyddi'n fwy na choncwerwyr, gan fod gwŷr Arfon unwaith eto wedi dangos bod hen arwriaeth eu tadau yn parhau i fyw yn rhai ohonynt. 100 i 1 yn erbyn ein rhyddhau oedd hi'r tro diwethaf; 100 i 1 dros ein rhyddhau fydd hi'r tro nesaf rwy'n teimlo.

Wn i ddim beth a wna'r *governors* yma ohoni nos Lun nesaf pan gyfarfyddant gan eu bod hwy wedi ei chawlo hi'n druenus yn barod drwy wrando ar gymhellion rhai ohonynt nad oedd gormod brys yn bosib iddynt gael gwared arnaf.

Wel Val, cadarn fal y graig a fuost o flaen gorsedd ei fawrhydi symudliw. Ymennydd, cymeriad, didwylledd a boneddigeiddrwydd yn trechu'r Sais yn deg ar faes ei gyfraith ei hun ydoedd hi ddydd Mawrth.[35]

Rho fy nghofion cywiraf i Mrs Valentine a'r ddau blentyn. Nid oedd cyfle i gael gair gan neb y noson yna, gan i mi orfod troi am y De yng nghar Dafi Lewis[36] cyn gynted ag y cefais afael sicr arnaf fy hun.

Ydyw, y mae'r Blaid Genedlaethol ar ei thraed bellach yn gwbl ddiogel yng Nghymru.

Fy nghofion anwylaf atat a chofion Siân hefyd atat ti a Mrs V. a'r plant.

D.J.

Papurau Lewis Valentine, 4/3/3/4/4

24

[Ar bapur swyddogol y Blaid]
Swyddfa'r Blaid Genedlaethol,
Caernarfon.
Dydd Iau [Diddyddiad. Hydref 1936]

F'annwyl Gyfaill,

Yr wyf yng Nghaernarfon heddiw ac yn meddwl am danat. Y mae yma le rhyfedd a lles i'th galon a'th ben fyddai gweld y bobl yma. 'Goleuasom heddiw gannwyll yng Nghymru nas diffoddir byth'.

Newydd fod yn siarad wrth y bwrdd cinio am danat, – mor ddiysgog yr oeddit yn y bocs, – byth nid anghofiaf dy ateb a'th olwg pan ddywedaist 'Cywir' pan ofynnwyd a oeddit wedi derbyn cyflog am dy waith am ugain mlynedd gan y Llywodraeth.

Rhyw ŵr yn diflannu yr wyt ti y dyddiau hyn – ni chefais gyfle i ganu'n iach â thi, – a blin gennyf am hyn. Y mae yma le prysur iawn – y mae fel cynnwrf etholiad.

Wel, yr hen gyfaill, yr wyf yn gobeithio dy fod wrth dy waith bellach, a phawb yn dangos mwynder mwyaf i ti.

Bûm yn dychmygu llawenydd llesmeiriol Mrs Williams wrth dy groesawu. Cofia fi at y brodyr – Wil Ifan a Dafydd Ifans[37] – gresyn fod y gymdeithas mor fer a chwta.

Fy llaw a'm calon i chwi fyth,

Val.

Papurau D. J. Williams, Abergwaun, P2/40/11

25

Eglwys Y Bedyddwyr Cymraeg,
Llandudno.
Dydd Llun. [Diddyddiad. Hydref 1936]

F'annwyl Gyfaill,

Yr oedd yn dda gennyf gael dy lythyr, a byddaf yn meddwl yn ddwys am danat heno. Carwn gael gwybod ar unwaith beth a wna'r *Governers* – os ydynt ddynion ni allant ond gwneuthur un peth, ond efallai mai rhyw lymrigod[38] ydynt. A fyddi di yn mynd o'u blaenau i roddi dy apologia iddynt?

Y mae Bwrdd y *Ddraig Goch* yn gofyn i ti sgrifennu pwt o lythyr ar unwaith i'w gyhoeddi yn y *Ddraig* nesaf – llythyr i ddiolch am gefnogaeth a gafwyd, a gelli roddi a fynnych ynddo ond beirniadaeth ar weithrediadau y llys.[39] Yr wyf newydd ddarllen llythyr rhagorol gan Ellis Davies yn y *Guardian* heddiw.[40]

Gyr y llythyr i Swyddfa'r Blaid mor fuan ag y gelli, – yr ydym yn dechreu dwyn baich y *Ddraig Goch* oddi ar ysgwyddau J.E. Y mae gobaith y bydd gennym Swyddfa newydd yn fuan yng Nghaernarfon – yr ydym wrthi yn chwilio lle yr wythnos hon.

Fy nghofion mwynaf atoch, – digwydded a ddigwyddo bellach – 'Y mae'r genedl yn ein cynnal'.

Fyth yn loyw,

Val.

Papurau D. J. Williams, Abergwaun, P2/40/11

26

49 High Street,
Abergwaun.
26 Hydref 1936

Annwyl Val,

Diolch yn fawr am dy lythyr. Ufuddheais i'w brif orchymyn yn ddioed drwy anfon pwtyn bach o lythyr diolch i'r *Ddraig*; peth bach cwbl ddidramgwydd gan na wyddwn i'n iawn faint a ganiatâ'r amgylchiadau. Ar y clwt rwyf i yma, adref o'r ysgol. Llywodraethwyr yr ysgol wedi nacáu i mi fynd yn ôl, a'r Bwrdd Addysg yn gwrthod fy nhalu hyd nes cael gweld beth a ddigwydd yn y Frawdlys nesaf.

Gwnaeth fy nghyd-athrawon, a'm hen ddisgyblion ddeiseb gref i'm cael yn ôl. Ond bu dylanwad ab Domen a'r offeiriad yn rhy gryf – dialedd personol yn unig; am i mi fod yn ddraen yn eu crwyn hwy a'u tebyg fel Sais Gymry, cibddall, anobeithiol.[41]

Gwelaf fod Saunders yntau yn yr un cwch â minnau, a'r myfyrwyr yn deisebu i'w gael yn ôl. Fe bair Saunders i goleg Abertawe chwysu, hwyr neu hwyrach, oni chaniateir iddo ddychwelyd. Ei awdurdod uchaf ef yw llywodraethwyr ei goleg. Y Bwrdd Addysg Saesneg ydyw gyda mi.

Wel, Val, caf dy weld fore Sadwrn yn Aberystwyth yn ddiau.

Gobeithio'n fawr dy fod di a Mrs Valentine a'r plant yn dda. Gorfu i mi ruthro i'r De yn ddioed nos y frawdlys heb gyfle i newid gair â thi am brofiadau'r dydd mawr hwnnw, – un o'r dyddiau mwyaf ers canrifoedd yn ddios, yn hanes Cymru, er nad oedd gen i ond rhan y Simple Simon yn ei ogoniant.

Miloedd o gofion atoch fel teulu oddi wrth fy ngwraig a finnau.

Yn ddiffuant,

D.J.

Papurau Lewis Valentine, 4/3/3/4/5

27

9 St Peter's Rd,
Newtown,
Mumbles.
[Diddyddiad. Tua diwedd Hydref 1936]

Fy Annwyl Val,

Diolch am eich gair o gyfarch o'r Swyddfa. Hoffwn yn fawr glywed sylwadau'r barnwr ar ôl y llys. Gwelaf chwi yn y pwyllgor gwaith ddydd Sadwrn, ond odid. Gwir yw i Gyngor y Coleg yma fy atal rhag darlithio. Anhebig yw y dychwelaf i'r coleg, ond caf fy nghyflog hyd at y seisys nesaf.[42] Fy ngobaith i yw bod y Blaid yn mynd ati i raffu'r brwdfrydedd ar ôl y prawf a'i droi'n waith. Mynnwch fod paratoi'n awr ar gyfer etholiadau mis Mawrth.[43]

Cofion fil,
Yn gu iawn,
Saunders.

Ni chlywais gyfranc DJW ers y prawf.

Papurau Lewis Valentine, 4/3/311/3/21

28

49 High Street,
Abergwaun.
2 Rhagfyr 1936

Annwyl Val,

Rwy wedi meddwl amdanat ti a Mrs Val a'r ddau blentyn gannoedd o weithiau'n ddiweddar, ond heb roi hynny ar bapur a'i anfon i chi dan ddelw ac argraff ei Fawrhydi.

Wel, dyma air bach byr o'r diwedd, ynteu. Helynt yr Old Bailey yw hi'n awr, wrth gwrs.

'Drwy ddirgel ffyrdd mae'r Arglwydd Iôr[44] yn dwyn ei waith i ben.'

Ac efallai y bydd bygwth yr Old Bailey, beth bynnag a ddaw ohono, yn un o'r ffyrdd hynny.[45] Amgaeaf yma gopi o lythyr a gefais y bore yma oddi wrth Arthur Gray Jones, un o Ysgrifenyddion yr A.M.A., y cwrddais ag ef am eiliad yng ngwesty'r Deon [Abertawe?], ti gofi. Hen gyfaill coleg i mi ydyw Arthur, ac y mae wedi cymryd diddordeb arbennig yn ein hachos ni o'r cychwyn.

Yn rhyfedd iawn, brynhawn ddoe yn Abertawe ar fy ffordd i'r tŷ yma at fy chwaer, yr oedd Saunders a minnau yn siarad am bethau bron ar yr un llinellau ag a awgrymir yn y llythyr hwn, sef peidio ag ymddangos o flaen yr Arglwydd Brif Farnwr i ddadlau yn erbyn mynd i'r Old Bailey, a thrwy hynny beidio â chydnabod ei hawl i'n symud yno.[46] Ac hefyd o'n dwyn yno trwy drais, peidio â dadlau ein hachos o gwbl, a gadael iddynt wneud beth gythraul a fynnont ohonom. Gosodai hynny hwy mewn mwy o benbleth nag erioed; a phetruso'n fawr iawn rhag rhoi cosb drom arnom; canys ein cosbi a gawn gan nad beth a wnaem yn yr Old Bailey ni fyddai gennym unrhyw siawns am ddim arall. Yna pa ddiben fyddai i ni ddadlau ein hachos, ac wrth ei ddadlau, ganiatáu fod gan reithwyr o Saeson Llundain hawl i basio barn arnom?

Yr wyf wedi anfon y llythyr hwn ymlaen i Saunders gan awgrymu fy marn bersonol i, y byddai'n werth rhoi ystyriaeth ddwys i weithredu yn ôl ei gynllun.

Credaf y byddai gwrthod hawl yr Old Bailey arnom yn un o'r pethau gorau a allem ei wneud byth i gryfhau a chyfiawnhau achos y Blaid yng Nghymru. Fe gei di farnu drosot dy hun.

Gwych o beth yw gweld yr aelodau Seneddol Cymreig, yn enwedig y Major Goronwy Owen ac Ernest Evans, dy hen wrthwynebwyr di a Saunders yn torchi eu llewys i'ch amddiffyn ar lawr Tŷ'r Cyffredin.[47]

Rhoddodd yr Arolygydd Hughes[48] dy gofion cynnes i mi. Daeth o hyd i mi wrthi'n ddiwyd yn ceisio traethu ar ogoniannau hen lenyddiaeth y Cymry mewn capel bach gerllaw Trelech yng nghanol ucheldir Sir Gaerfyrddin, lawn 40 milltir o Abergwaun. Cafodd y gynulleidfa werth eu harian cyn y diwedd drwy iddynt gredu bod *detectives* wedi dod ar fy nhrac yno. Ond Old Bailey neu beidio, fedrwn i ddim torri fy nghyhoeddiad â'r bobl hyn, a hwythau wedi bod mor feiddgar â mentro gofyn i mi ddod atynt.

Cofion fil atoch i gyd,

D.J. a Siân

Papurau Lewis Valentine, 4/3/3/4/6

29

[Ar bapur swyddogol y Blaid]
Swyddfa'r Blaid Genedlaethol,
Caernarfon.
Dydd Gwener [Diddyddiad. Awst/Medi 1937]

F'annwyl Gyfaill,

Y mae gennyf hiraeth am danat, ac yn dyheu am dy weld, – y mae'n anodd byw hebot ar ôl yr wythnosau maith o gyfathrach agos, – mi rown, ar fy llw bum toc am dy weld a'r dyff triagl yn y fargen.[49] Dychmygaf lawenydd Mrs Williams o'th gael yn ôl, – yr ydym ni yma yn cofio'n annwyl iawn ati. Beth a ddigwydd yn Abergwaun, – y mae gennyf ryw hyder mawr y bydd pethau yn wych arnat, – ni faidd yr un taeog gynnig dy wrthod. Byddaf yn awyddus iawn i glywed – a elli di yrru'r newydd da, (canys ni allaf ddychmygu am ddim arall) yn unionsyth i J.E., a chaiff yntau yrru ataf finnau i Sir Fôn lle byddaf hyd y cyfarfod yng Nghaernarfon.[50]

Dyma'r ddogfen y peryglaist dy einioes i'w chael – fe ddaeth yma trwy rhyw ddirgel ffordd, a gwn mor llawen y byddi o gael yr ysgrif Danebawmaidd hon.[51]

Nid wyf wedi cael munud o lonydd na mynd allan ddim

– byddin o wŷr y wasg yn gwarchae arnom, a gwaedgwn
digydwybod ddigon ydynt, – y maent yn trio pwmpio'r plant
wrth fynd a dwad i'r ysgol. Cefais groeso mawr yma – Hedd yn
anfodlon fy mod wedi dwad yn ôl i'w fwrw ef o'r orsedd fel unben
yr aelwyd, a Gweirrul[52] yn deud ar ei llw mawr y daw hi i'r carchar
hefo D.J. a Dad y tro nesaf a golchi'r lloriau. Efallai y bydd gennyt
siawns y pryd hynny am 'V.G.'

Wel, yr hen gyfaill, nid oes neb yng Nghymru heddiw yn
dymuno'n well i ti, ac yr ymaflo ysbryd nerthol oddi wrth yr
Arglwydd yn y llywodraethwyr y dydd Mawrth nesaf.

Ein cofion annwyl atoch ill dau,

Fyth yn gywir,

Val.

Papurau D. J. Williams, Abergwaun, P2/40/11

30

Pengelly,[53]
Castell Newydd Emlyn.
8 Medi 1937

Annwyl Val,

Yr oeddwn yn falch rhyfeddol o gael dy lythyr diddan bore
ddoe, wedi ei anfon ymlaen i mi o fan i fan. Llwyddais yn berffaith
i osgoi gwŷr y wasg hyd neithiwr wrth symud fy ngwâl a'm
cyfeiriad o dro i dro. Neithiwr, nos Fawrth, bu fy achos o flaen
llywodraethwyr yr ysgol, ar ben blwyddyn union i noson y tanio.
Y mae'n llawenydd gennyf ddweud wrthyt i mi gael fy lle yn ôl yn
yr ysgol – pob un ohonynt yn pleidleisio drosof ond yr ab Domen.
Parhaodd ef, yn elyn ffiaidd, digymod i mi, hyd y diwedd. Ac ni
ddisgwyliwn ddim yn wahanol.[54]

Wel, yr hen Val annwyl, mynych y daw dy gopa dal a'th
wyneb rhadlon, hoffus yn ôl i mi, a'r siarsiau a'r ceryddon difrifol a
bentyrraist arnaf, druan tlawd o dro i dro. Ond does dim diwygio

ar hen dderyn y carchar fel y gwyddost. 'Y cyw a fegir yn uffern'.
Ar frys gwyllt rwy'n ceisio sgrifennu hwn, – wedi codi'n rhy hwyr,
er gwaetha hir godi bore'r carchar, ac am ddal trên yn Henllan
ar fy ffordd i'm hen gartref am ddiwrnod neu ddau, cyn dod i
Gaernarfon.

Rwyf wedi bod yn mwynhau hedd a thawelwch y wlad yma'n
fendigedig y dyddiau diwethaf yma.

Fy nghofion atat ac at Mrs V. a Hedd a Gweirrul. Rho fy
niolch caredicaf iddi hi am addo dod gyda ni'r tro nesaf, a cheisio
cael V.G. i D.J. y gŵr a gafodd gymaint o gam ar y pen hwnnw yn
ystod ei garchariad diweddar.

Annwyl Mr Valentine,
    Diolch yn gynnes iawn i chi am edrych ar ôl D.J. cystal. Synnais
ei weld yn edrych mor dda, er ei fod wedi teneuo peth. Rwy'n
credu y daw a [?] yn ôl i'w gynefin eto'n fuan gan fel mae e'n
bwyta – mae'n bleser ei weld wrth y ford! Gobeithio eich bod
chwithau, dan ofal Mrs Valentine, Hedd a Gweirrul, yn tewhau a
chryfhau.
    Rwy'n edrych ymlaen at eich gweld chi'ch pedwar dydd
Sadwrn nesaf.
    Fy nghofion cynhesaf atoch bob un hyd hynny. Dymuna Dai fy
mrawd gofio atoch hefyd. Bu raid i D.J. redeg cyn gorffen y llythyr
yn iawn fel y gwelwch.
    Yn ddiffuant,
    Siân Wms.

Papurau Lewis Valentine, 4/3/3/4/7

31

Y Bristol Trader,
Abergwaun.
28 Medi 1937

Annwyl Hen Gydymaith,

Rwy'n meddwl amdanat yn fynych, fynych, ac yn adnewyddu'r hen gymdeithas yn yr ysbryd. Mi welais yn y *Western Mail* i ti fethu pregethu y Sul diwethaf; ac yr oedd hynny'n ofid mawr i mi, gan y gallai olygu nad yw dy iechyd yr hyn y carem iddo fod. Rwy'n gobeithio yr hen Fal, nad wyt ti ddim yn ddrwg iawn; ac nad yw'r adwaith ar ôl y rhyddhad wedi bod yn ormod i ti.[55]

Fe fuost yn ofnadwy o anlwcus yn y gwaith a roed i ti.[56] Ond fe wyddwn i am werth yr adnoddau dirgel hynny a gaet yn dy gell bob bore cyn bod hyll waedd yr allweddi yn dy wneud yn ddyn rhydd am y dydd – y pethau nad adnabu'r byd. Yn y nerth hwnnw a'n cylchynodd mor wych drwy'r cyfan, y credwn i y gallet ti ei dal hi hyd y diwedd, ac nid yn nerth dy gorff yn gymaint. Y meddyg yn iachau eraill a fuost ti drwy'r amser, heb feddwl dim amdanat dy hun. Cynghoret Saunders a fi yn gyson am rywbeth neu'i gilydd: ond yr oeddet ti fel asyn pan oeddem ni'n dy gynghori di er lles dy enaid.

Wel, beth am dy gyhoeddiad i Fynachlog-ddu? Rho wybod os yw yn dal fel y gallom roi'r *kit* yn barod i ti a'r toc wedi ei bwyso fel caws Slarc[?]. Rwy'n gobeithio'n siwr dy fod di'n gallu dod fel y gallaf setlo peth o'm hen gownt â thi y tu allan i'r wal. Os daw'r bygythiad yn y *News Chronicle* heddiw i ben, sef fy mod i'n mynd i roi hanes y tu mewn i'r Scrubs,[57] gwyddost ymhle y byddi di'n sefyll weddill dy oes, sef ar dy, na, nid ar dy ben Fal. Ymhle y cafodd y *N. Ch.* y stori 'dwn i ddim; gan na soniais i air ond yn gyfrinachol hollol wrth un neu ddau am hynny. Buaswn i'n hoffi'n fawr treio'm llaw ar y gwaith. Ond nid wyf wedi gallu penderfynu'n iawn eto; gan fy mod i mor brysur wrthi dydd a nos yn treio cael gwaith yr ysgol dan law.

Wel, yr hen Val, hal air bach heb fod yn hir. Gobeithio i ti
a J.E. gael amser da iawn yn Iwerddon, ac i ti fod yn ddigon
call i orffwys yn hyfryd ddiog yno a gwledda ar briod seigiau'r
Gwyddel.[58] Gyda'r cofion cynhesaf atat ti a Mrs V. a Hedd a
Gweirrul.
Oddi wrthym ni'n dau,
D.J.

Papurau Lewis Valentine, 4/3/3/4/8

32

Llandudno.
Dydd Gwener. [Diddyddiad. Hydref 1937]

F'annwyl Gyfaill,
Dyna dda oedd gennyf gael gair gennyt. Lol y papur newydd
oedd awgrymu nad oeddwn i yn dda y Sul. Y cwbl a ddarfûm oedd
troi'r cyfarfod bore yn Gwrdd gweddi gan awgrymu yn gynnil nad
oeddwn yn teimlo yn ddigon dewr i bregethu heb yn gyntaf dorri'r
garw rhywsut. Yr wyf yn edrych ymlaen am weld 8988[59] Williams,
D.J. (neu 1/61) ddiwedd y mis yma, – ond y mae'n debyg mai yn
y Fynachlog-ddu y byddaf yn lletya – rhaid fydd i mi adael yn fore
iawn dydd Mawrth er mwyn bod yn ôl yma erbyn chwech.
Y mae'r Pwyllgor Golygyddol wedi gofyn i mi sgrifennu nifer
o erthyglau i'r *Ddraig Goch* ar fywyd y carchar. Nid wyf wedi
gwrthod gwneuthur hynny, ond awgrymais i ti wneud hynny. A
gaf i air gennyt ar y peth yn fuan. Y maent yn disgwyl i'r erthyglau
barhau am flwyddyn a rhaid fydd spinio allan yn helaeth. Y mae'n
debyg na wna Saunders mo hynny, felly un o ni'n dau a ddylai
wneud, – bu raid i mi ryw lun o gytuno gan fod J.E. mewn brys
i gael cyhoeddi y *Ddraig Goch* am Hydref y byddai'r erthyglau yn
dechreu ymddangos wedyn.[60]
Mi glywais dy fod yn cynnal arferion y carchar adref – yn codi'n
fore, a bod Mrs Williams yn llawenach nag y bu hi erioed gan mor

ystwyth a hawdd dy blesio yr wyt ti. Minnau yn methu yn lân â
setlo i lawr i ddim, – yn methu â diogi'n llwyddiannus. Ond dy
weld yw f'angen yn awr.
    Cofion annwyl iawn atoch,
    Val.

Papurau D. J. Williams, Abergwaun, P2/40/11

33

49 High Street,
Abergwaun.
5 Hydref 1937

Annwyl Val,
    Diolch i ti am dy lythyr. Da iawn gennyf feddwl y caf weld
dy wyneb o hyn i ddiwedd y mis yma. Ni wnaf dy boeni'n awr
drwy ofyn i ti annerch cwrdd y Blaid yma, gan y deallaf dy fod i
bregethu drwy'r Sul, ac yna darlithio nos Sul. Ddywedaist di mo'r
dyddiad y byddi ym Mynachlog-ddu yn iawn, ragor na dweud mai
diwedd y mis y byddet yno. Y 31ain fydd hynny wedyn, yn sicr.
    Wel nawr te, Fal, beth yw dy drefniadau di ar gyfer hynny? Ti
fyddi yn sefyll yn y Fynachlog, meddit, dros y Sul. Trefna'n awr
te, dy fod di'n dod i lawr yma ddiwrnod neu ddau yng nghynt,
fel y gallom gael amser i whilia dipyn am a fu. Neu allet ti drefnu
i aros yma nos Sadwrn a nos Sul, neu un o'r ddwy, neu ddod yn
ôl yma nos Lun, er mwyn bod yn gyfleus i'r trên fore Mawrth?
Trefnwch rywbeth fel y bo hi fwyaf cyfleus i chi Mr Valentine,
gan gadw golwg sicr ar ddau beth, sef yn gyntaf ac yn bennaf, i ni
gael cymaint o'th gymdeithas ag sydd modd; ac yn ail ac yn olaf,
dy hwylustod di dy hun. A'th fod di'n gallu dod lawr ddiwrnod
neu ddau ymlaen llaw, sicrhaf i ti bob llonyddwch o dan drothwy'r
Trader, drwy beidio â sôn dy fod di'n dod yma. Cei ddarllen a
mynd am dro bach i'r wlad, a siarad â Siân yn ystod y dydd; ac yna

byddaf innau'n ôl yn union wedi pedwar. Ond dim cario claps i
fod cofia, gan y gwyddost y dynged a'th fygythia.

Ynghylch y llyfr ar fywyd y carchar etc., rwy'n methu'n lân a
chael llonydd gan y syniad. Y mae cyfle propaganda gwych ynddo
rwy'n weld. Ond wada di bant a'th erthyglau i'r *Ddraig* ar bob
cyfrif. Y mae eisiau rhywbeth ar unwaith cyn i'r cawl ddechrau
oeri. Dydw i ddim wedi hollol fwrw'r draul eto, mewn amser a
llafur etc. gan fod yr ysgol yma'n mynd a'm hamser a'm hegni'n
llwyr hyd yma. Y mae Hughes a'i Fab wedi anfon ataf fwy nag
unwaith ynghylch y llyfr.

Wedyn parato di dy erthyglau Fal; ar gyfer *Y Ddraig*. Ni fydd hi
o'r un gwahaniaeth bod y ddau ohonom yn traethu ei farn ar ein
profiad. Byddaf i'n penderfynu'n bendant o hyn i'r Sul nesaf.

Gyda chofion Scrwbyn atat ac at Mrs Val a Hedd a Gweirrul.
Hal air o'th drefniadau ynglŷn â'r cyrddau ym Mynachlog-ddu cyn
gynted ag y gelli,

Yn ddiffuant,
8988

Papurau Lewis Valentine, 4/3/3/4/9

34

9 St Peter's Rd,
Newtown,
Mumbles,
Abertawe.
29 Hydref 1937

Fy Annwyl Val,

Diolch am eich cerdyn. Clywais eich bod i ddyfod i Sir
Gaerfyrddin cyn bo hir. Os bydd cyfle i chwi ddyfod atom ni
yma i fwrw noson bydd yn llawen iawn gennym, a bydd siawns i
seiat amgenach nag ar draws byrddau Neuadd D. Ac os gall Mrs
Valentine ddyfod gyda chwi bydd ein ffiol yn llawn. Cofiwch ni

ati, y mae Margaret yn dymuno ei chofio'n arbennig ati, ac y mae'r
tri ohonom yn anfon ein cofion at y plant hefyd,
    Yr eiddoch fyth,
    Saunders.

Cefais lythyr heddiw oddi wrth Heinrig Liefmann [?][61] sy'n holi
amdanoch yn gynnes a hwyliog.

Papurau Lewis Valentine, 4/3/311/3/22

35

49 High Street,
Abergwaun.
15 Tachwedd 1937

Annwyl Val,
    Balch iawn oeddwn o'th gwrdd am funud fer y dydd o'r blaen.
Ti wnaethost argraff fawr ar bawb a'th glybu ym Mynachlog-ddu,
yn ôl a glywais o amryw gyfeiriadau. Gwych iawn 8989.
    Pe buaset ti'n Fethodus, fe gawset Gwrdd Misol yn streit gen
i am y celwyddau athrodus y buost yn eu dweud amdanaf yn dy
lith gyntaf o 'Beddau'r Byw'. Ond myfi biau'r dial yn llwyr yn
y pen draw mal y gwyddost, gan mai myfi, o bosib, fydd a'r gair
diwethaf.
    Na, wir, Val, ar wahân i'r ffwlbri yna a'r celwyddau digywilydd
sydd gennyt amdanaf i, yr oedd yr erthygl yn darllen yn eithriadol
o dda a blasus. O ddifri'n awr, os ei di ymlaen fel yna, synnwn i
fawr na chaut ti gynnig arian da gan rai o'r papurau Saesneg am yr
hawl i gyfieithu dy lithiau. A dyna gyfle i ladd sawl deryn â'r un
garreg. 'Fallai taw ar staff y *Daily Mail* y gwnei di dy ffortiwn ac
ennill anfarwoldeb eto!
    Diau dy fod yn brysur fel arfer yn annerch cyrddau'r Blaid, yn
darlithio a phregethu etc. Ond cofia 'rhen Val, nad wyt ti ddim i
or-wneud pethau. Cadw eiriau'r bardd yn dy gof –

Gan bwyll bach a phob yn ronyn
Mae saco bys i din gwybedyn.

(Dydw i ddim yn siwr pwy yw'r awdur, ond rhyw was ffarm
gartre, yco, o'r enw Dan Llety-Llwyn-Whith, a glywais i'n ei
ddefnyddio gyntaf ar achlysur pwrpasol iawn.)

Wel, dim ond rhyw air bach wrth basio sydd fan yma, gan
obeithio dy fod di a Mrs V. a Hedd a Gweirrul yn dda eu hwyl a'u
hiechyd fel arfer.

Gyda'r cofion anwylaf atoch bob un oddi wrthym ni'n dau.

Yn ddiffuant yr eiddot,

D.J.

Papurau Lewis Valentine, 4/3/3/4/10

36

[Cerdyn post]
[Dim cyfeiriad]
29 Tachwedd 1937

F'Annwyl Val,

Af at J.E.D.[62] nos Fercher, felly arno ef y dibynna amser ein
cyrraedd ddydd Iau. Bydd yn hyfryd iawn cael sgwrs eto, – ond
dratia'r cyfarfod.

Cofion cuaf,

S.L.

Papurau Lewis Valentine, 4/3/311/3/23

37

49 High Street,
Abergwaun.
24 Ebrill 1939

Annwyl Val,

Gair yn fyr atat, gan obeithio dy fod di a'r teulu yn iach a hwylus.

Dyma neges atat y tro hwn heb i mi wastraffu dim huawdledd arnat. Ti gofi i ni siarad yn Aber. y dydd o'r blaen am y posibilrwydd i ti ddod heibio yma y tro nesaf y byddit yn y De ac annerch cwrdd i'r Blaid yma. Y Sadwrn diwethaf yr oedd gennym Bwyllgor Rhanbarth, ac y mae gwŷr gwaelod Sir Aberteifi ers tro hir yn dymuno dy glywed. Hefyd, yn wyneb y ffaith fod Aberteifi wedi mabwyso ymgeisydd ar gyfer yr etholiad nesaf, y maent am i ni yn Nyfed gynnal cymaint byth ag sydd modd o'n cyrddau o hyn i hynny yn Rhanbarth Aberteifi.[63] Soniais innau yn y Pwyllgor Gwaith y gellid efallai ystyried dy gael di i annerch cwrdd yn nhref Aberteifi pan ddoit i'r De yn gynnar ym Mai fel y dywedet. Yr oedd gwŷr Aberteifi yn falch iawn o'r awgrym hwnnw. Ond teimlai gwŷr Abergwaun yn wahanol.

Yn awr Val, ti weli'r pwynt, a sylweddoli'r gofyn sydd amdanat yn ogystal, a fydd hi rywsut yn bosib i ti ddod ag annerch dau gyfarfod, – un yn Aberteifi a'r llall yn Abergwaun? Byddai'n dda calon gennyf, a chan lawer eraill petai bosib i ti ddod. Y mae pawb a'th glywodd yn siarad yn y Dinas llynedd yn dweud yn fynnych am hynny o hyd.

Tyrd Val os oes modd yn y byd ac annerch ddau gwrdd i ni. Hal air ar y pen heb fod yn hir os gweli fod yn dda, fel y gellir mynd ynghyd â pharatoi'r tir.

Gyda chofion Scrwbaidd atat ti ac at y teulu.

D.J.

Papurau Lewis Valentine, 4/3/3/4/11

Yr Ail Ryfel Byd

Valentine a D.J. yr heddychwyr

Etholiad y Brifysgol 1943: gwrthod Saunders Lewis

Valentine yn ystyried cynnig am swydd darlithydd

38

Dydd Mercher. [Dim dyddiad na chyfeiriad. 1940]

Annwyl D.J.

Pa hwyl sydd ers llawer dydd, – ar siawns fe ddaw rhyw newydd yma am danat o dro i dro.

Cynigiais Tachwedd 10 i Gymrodorion Abergwaun a gyrrais air, ar d'awgrym di i R.A. – ni ddaeth dim gair ganddo yn cadarnhau'r peth – a chymerais yn ganiataol na'm disgwylir yna. Y mae teithio yn beth dychrynllyd a byddai'n gwbl amhosibl imi gyrraedd Abergwaun mewn undydd.

Nid oes yma fawr o gyffro – bûm yng Nghaernarfon y Sadwrn yn gwrando Lloyd George – disgwyl mawr am araith ddewr – ond pitw o beth ydoedd – wyth mil o heddychwyr yn gwrando arno – yntau yn ceisio rhedeg hefo'r cŵn a'r ysgyfarnogod – hen ddyn bach sur yn methu dygymod â bod yn neb yn y rhyfel hwn. Ond collodd gyfle mawr – câi filoedd i'w ddilyn ped arweiniai grwsâd heddwch – a marw mewn anrhydedd, – ond er i Saunders fod yn hael wrtho yn y *Faner* – nid ydym yn yr un cae – y Blaid ac yntau – o bell ffordd.[64]

Cafwyd Cynhadledd ragorol – Daniel yn siarad yn odidog – yn well nag erioed a Saunders fel arfer yn wych ac yn ddigymrodedd. Maddau i mi y pwt lythyr blêr hwn – y cofion gloywaf atoch eich dau,

Val.

Cyfrinachol.

Y mae rhywbeth wedi digwydd i'r BEBBYN – ni ddaeth i Gaernarfon y Sadwrn – a chlywais iddo fod yn siarad fel ynfytyn yng nghyfarfod y Gangen ym Mangor – o blaid rhoddi pob cefnogaeth i Loegr a Ffrainc yn y rhyfel etc.

Ni wn beth arall sydd yn ei gorn – ond y mae'n ddigon rhynllyd ers spel o amser, – ond cadw hyn yn gwbl gyfrinachol.[65]

39

Dydd Gwener. [Dim cyfeiriad na dyddiad. 1941?][66]

Annwyl Gyfaill,

Y mae'n ddrwg gennyf fod cyhyd yn ateb dy lythyr, ond dyma gais at hynny o'r diwedd. Byddai'n dda gennyf fedru dyfod i'r cylch yna i wasanaethu'r Blaid, ond pa fodd atolwg y gallaf hynny. Y mae gennyf gyhoeddiad neu ddau yn ystod yr Haf cynnar yma yn y De – yr wyf yn Ynys y Bwl ymhen rhyw bythefnos – pregethu y Sul a nos Lun, a gorfod fydd arnaf ddychwelyd erbyn nos Fawrth.

Gwaith gwych a wnewch yn Nyfed – esiampl i'r ardaloedd. Yr wyf finnau yn trio codi brwdfrydedd yn Sir Ddinbych, ond ow, ddofed ydyw pawb – pob un am gadw ei groen yn iach a chadw ei dipyn swydd, neu'n dadleu na thâl iddo fod yn rhy amlwg gyda'r Blaid.

Y mae R.E.[67] a minnau am ddechreu yr wythnos nesaf ar daith genhadol ymysg rhyw ugain o bentrefi na chlywodd hyd yma ein Hefengyl.

Ond os gwelaf y gallaf roddi noson yn y cyffiniau gyrraf atat a gelli drefnu cwrdd yn y man a fynnech.

Yr oeddwn yn gobeithio – yn wir yr oeddwn yn credu pe dodid mesur gorfodaeth ar y wlad na fuasai Cymru yn ei ddioddef, – ond wele'r Georgiaid yn ei gymeradwyo a phawb yn lastwraidd yn ei gylch. Beth sydd yn bod? A ydyw pob llygedyn o dân wedi diffodd yn ein bola? Onid gwych oedd gwaith y *Faner* yn gwrthod hysbysebau milwrol? Fe gyll y cwmni arian mawr oherwydd hyn – go dda Morris.[68]

Ar fin cychwyn i Fangor i bwyllgor – ei waith pennaf ydyw ystyried sut i amddiffyn gwrthwynebwyr cydwybodol yn ôl awgrym y Pwyllgor Canol yn Aberystwyth.

Yn y Pîl y bûm y ddeuddydd diwethaf yma – ardal o'r hyfrytaf, ond yn Seisnigeiddio'n gyflym iawn, ond llawer o Gymry pybyr yn aros, a lle aeddfed i bropaganda'r Blaid. Newydd da ydyw'r darogan bod *Y Tir Coch*[69] i ddod o'r wasg yn fuan – bûm yn ddiweddar yn darllen eto pob stori a sgrifennaist – nid eu segurddarllen, ond eu hastudio'n fanwl fel pe bawn i sefyll arholiad ar eu cynnwys – 'rhyw newydd wyrth' yn dod i'r golau o hyd – onid oes stori ynglŷn â'r carchar yn corddi yn dy feddwl bellach?

Gobeithiaf y caf gyfle i dy weld yn fuan, fy nghofion cynhesaf at y ddau ohonoch, Yn gywir fyth,

Val.

Papurau D. J. Williams, Abergwaun, P2/40/16

40

[Cerdyn post]
[Dim cyfeiriad na dyddiad – marc post annealladwy. Awst 1941?]
Dydd Gwener.

Can ddiolch, – gadael popeth i ddarllen y *Tir Coch* – llachar o gamp, fy hen gyfaill gwiw, a llongyfarchiadau.

Cei air meithach yn y man.

Cofion tirion atoch,

Val.

Papurau D. J. Williams, Abergwaun, P2/40/10

41

Llythyr Valentine i mi yn amgáu copi o Destament William Salesbury.

Llandudno.
27 Awst 1941
Dydd Sadwrn.

F'annwyl Gyfeillion,

Dyma air i'ch hysbysu fy mod wedi cyrraedd yn ddiogel, a chael taith eitha' cysurus hefyd, a dal pob býs a phob trên a glanio yma tua naw o'r gloch. Diolch yn fawr am y croeso a gafwyd. Yr oedd yn wir hyfryd cael hir ymddiddan unwaith eto, a dodi byd a betws yn ei le. Difyrrais y daith trwy ddarllen *Innocent Men* – yn wir, yr wyf yn unfarn â chwi eich dau – llyfr digon ysgeler, – ni allaf gredu fod y neb a'i hysgrifennodd yn Gristion … ar ei ddiwedd fe ddaeth ysfa arnaf i gablu.[70]

Ond dyma amgenach llyfr i ti – yr hen Salesbury – y mae hwn yn wych 'ta beth, ac 'ymyl y ddalen' yn rhoddi oriau o ddifyrrwch i mi. Nid oes gennyf gopi o lythyr i'r milwyr yn spâr, ond gyrraf un y mis nesaf yma.

Y mae hi'n hwrlibwrli mawr yma heno – rhyw ffug-landiad yn digwydd yma, – dyma ddynion yn y stryd yn chwislo chwibanoglau ac yn ysgwyd 'regen yr ŷd' (ein gair ni am 'rattle') – y mae yma gannoedd o filwyr yn chware plantos, a'r holl dref wedi ymroi i chware milwyr, a phery y ffwlbri trwy gydol y dydd yfory, – felly pregethaf i fy hen ffrindiau teulu'r 'pitch-pine' (alias, 'seddau gweigion').

Gwelaf fod peth Lladin ar ochr arall y ddalen hon – dyna fy nghyfraniad mwyaf i i fuddugoliaeth.★

Cyfarfod yn fuan eto a gaffom,

Myfi yw eich caredigawl ffrind, chwedl un o'r Morrisiaid.[71]

[★ Papur â'r Lladin wedi'i argraffu arno. Efallai cyfeiriad at y ffaith ei fod ef yn arbed papur adeg y rhyfel]

Papurau D. J. Williams, Abergwaun, P2/40/12

42

49 High Street,
Abergwaun.
2 Medi 1941

Annwyl Val,

Wel, wyddwn i ddim beth i'w ddweud pan agorais y parsel a gweld yno yr hen Salesbury o'm blaen. Ni allaset anfon dim i mi a werthfawrogwn yn fwy, ac y mae'r ffaith mai ti sy'n ei roddi yn ei wneud yn werthfawrocach byth. Does gen i ond diolch calon i ti yr hen gyfaill amdano.[72]

Rwyf eisoes wedi bod yn blewyna ar ei dalarau, ac yn wir y mae yno ddanteithion! Dyma air yn Luc X2 – ampl, y tynnodd Waldo[73] a ddigwyddai edrych ar dy gopi, fy sylw ato y dydd o'r blaen – 'Y cynayaf y sy ampl a'r gweithwyr yn anaml.' Mynnai Waldo i'r hen S. fod yn gyson yma drwy ddefnyddio anampl – gwelliant amlwg hefyd.

Gorffennais y stori honno ar gyfer y [?] Cymru, ac yr wyf wrthi'n ei thacluso ar gyfer ei theipio yn ei ffurf derfynol yn awr. Buasai'n dda gennyf petaet ti yma gerllaw i mi gael dy farn arni. Y mae ei hergyd braidd yn fachog ag ystyried mai ar gyfer Dewrion Feibion Gwalia yn lluoedd ei Fawrhydi y mae.[74]

Gwrthdaro rhwng dosbarth wladgarol mewn ysgol Sir ag athro o wrthwynebwr cydwybodol adeg y rhyfel o'r blaen sydd ynddi – hwylio gyda'r gwynt ar hyd y ffordd – hyd at y tac olaf oll. Cei ei gweld rywbryd gobeithio.

A welaist di lyfr Cyril Cule o gwbl – *Cymro ar Grwydr?*[75] Y mae'n darllen yn wirioneddol flasus, ac nid oes amheuaeth am ei onestrwydd gloyw. Bu'n aros yma nos Sadwrn, wedi dod i lawr o'r gwersyll yn Llangrannog. Hoffais ei wyleidd-dra diymhongar a'i ddi-dwylledd, a'r gwydnwch a ddangosir yn ei lyfr yn wyneb tlodi a dim gwaith, yn fawr iawn. Gwerthu ei lyfr ei hun y mae, a haedda bob cefnogaeth chwarae teg iddo.

Gyda chofion fil a diolch fwy na hynny. Siân yn cofio atoch,
D.J.

Papurau Lewis Valentine, 4/3/3/4/12

43

49 High Street,
Abergwaun.
22 Rhagfyr 1941

Annwyl Val,

Dim ond gair bach atat yr hen gyfaill gan obeithio dy fod di a'r teulu i gyd yn iach a dymunol eich hwyl yng nghanol y dyddiau tywyll, terfysglyd hyn. Da gennyf ddweud ein bod ninnau, drwy drugaredd, yn dda iawn.

Y mae arnaf hen ddyled i ti, Val, am y llyfrau gwerthfawr yr wyt wedi eu rhoddi i mi, a gwêl yn dda yn dy galon dderbyn y tamaid papur bach yma i fynnu rhywbeth i ti dy hun neu i'r teulu dros y Gwyliau yma.

Rwy'n mawr obeithio y gelli ddod i'r Pwyllgor Gwaith a fydd, yn ôl a glywais, yn Aber. y Gwener a'r Sadwrn cyntaf o'r flwyddyn newydd, fel y caffom y seiet honno sy'n anhepgor i'n bywyd.

Yn bur yr eiddot,
D.J.

Papurau Lewis Valentine, 4/3/3/4/13

44

49 High Street,
Abergwaun.
18 Ionawr 1942

Annwyl Val,

Y mae arnaf gywilydd o fod mor hir cyn sgrifennu atat i ddiolch o galon i ti am y rhodd amhrisiadwy hon o Feibl yr Esgob Morgan. Rhwng hwn a Testament William Salesbury a roist i mi yn barod mi ddylai fy meddwl a'm henaid fod yn weddol olau a diogel. Wel, diolch o galon i ti yr hen Val am dy haelioni a'th feddylgarwch yn cofio fel hyn am yr hen dderyn llwyd a fu'n cyd-bigo briwsion â thi ar fwrdd ei Fawrhydi.

Gobeithio dy fod di a'r teulu yn iach a dymunol fel arfer. Rŷm ninnau'n dau yn dda iawn drwy drugaredd. Heno bûm yn gwrando ar dy hen gyd-filwr y patriarch Currie Hughes yn traddodi'r genadwri – digon o ddawn ac iaith dda, ond ei efengyl yn glytwaith rhyfelgar basiffistaidd – a'r stwff arferol – y gweriniaethau tirion ym Mhrydain, yr Amerig a Rwsia yn ymladd dros iawnderau i'r gwledydd a'r cenhedloedd bychain!! Fe ddylid berwi pen a chydwybod bois fel hyn – pawb o'r gweinidogion yma bron yn chwarae i'r galeri. Rwyf bron a danto arnynt ambell dro.[76]

Newydd fod yn darllen llith y Proff. Dafydd Logic Phillips o'r Bala ar 'Achosion y Rhyfel' yn y *Traethodydd* hwn.[77] Yntau yn well nag yr ofnwn ond yn gadael rhan a berthynai i weithredoedd Prydain Fawr allan o'i gynsail wrth resymu … Rhyw ail ymgais swyddogol mwy neu lai yw'r llith hon, gallwn feddwl, i gyfiawnhau'r rhyfel, wedi ei seilio'n fwy cywrain nag eiddo'r Prifathro Emrys Evans yn *Y Llenor* y gwnaeth Jac Daniel lanast mor arswydus ohoni.[78]

Ti gofi i mi sôn wrthyt o ben fy mam fod rhyw hen dadcu i mi wedi bod yn weinidog ar Eglwys Aberduar, o'r enw William Williams. Drwy gyfrwng erthygl yn *Seren Cymru* am Awst 15 diwethaf, pe digwyddet ei gweld (gan y Parch. W. J. Rees,

Glandwr, Abertawe),[79] a hen feibl yn perthyn i deulu fy nhadau, tad fy mam, deuthum i ddeall y cysylltiadau. Ni thrafferthaf di yn awr â manylion ragor na dweud fod fy hen famgu i, sef mam fy nhadcu (o ochr fy mam) yn chwaer i David Williams (Iwan) athro Ieuan Ddu, mab Gomer, ac a fu farw o'r declein, newydd ei sefydlu'n weinidog mewn eglwys Saesneg yn Abertawe, ac yntau ond 26 oed. Priododd Anne Williams, gweddw John Williams (Penpompren, Llanwnnen, Llanbedr) yr ail waith â David Davies, Brynllo, gweinidog Aberduar ar y pryd hwnnw. O'r gŵr cyntaf, John Williams, yr oedd ganddi ddau o blant, sef Mary (mam fy nhadcu) a aned yn 1793 (yn ôl Beibl y teulu) a David Williams (Iwan) a aned yn 1796. Hen Llys-dadcu i'm mam felly, ac nid ei hen-dadcu iawn, a fuasai'n weinidog yn Aberduar.

Camsynied a wnaeth fy mam felly, y mae'n amlwg rhwng David Davies, ei hen lys-dadcu hi, a David Williams (Iwan) brawd ei mamgu a oedd yn dipyn o fardd fel y mynnai hi ddwedud yn ôl a glywsai gan ei thad. Cymysgodd hefyd yr enw David am William Williams, y mae'n amlwg. Ond rhwng y manylion sydd ar y Beibl ac ysgrif y Parch W. J. Rees, y mae'r hyn a fuasai'n benbleth i mi erioed wedi ei glirio'n gwbl eglur.

Dyma'r berthynas i ti petae e o bwys.

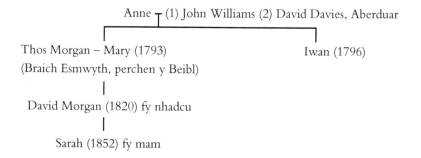

Maddau am y diagram di-lun yna a aeth mor flêr. Petai gen i amser mi eglurwn i ti'r modd damweiniol y daeth yr hen Feibl yna i'm sylw. Oni bai amdano ef ac i mi ar ddamwain ddigwydd darllen y llith ar (Iwan) yn *Y Seren* a dechrau synnu wrth weld yr

enwau cysylltiedig â'r mannau y clywswn fy mam yn sôn amdanynt
ynglŷn â theulu fy nhadcu – Bedyddwyr o hil gerdd – ni fuaswn
wedi gwneud y darganfyddiadau yna am fy mherthynas ag (Iwan) o
gwbl. Yr oedd mam Iwan yn nith i Enoch Francis, Castell Newydd
Emlyn, ac yn gyfnither i Benjamin Francis, Horseley, yn ôl W. J.
Rees. Mab Capel Iago ryw bedair milltir o'm cartref, a rhyw brin
ddwy o Aberduar ydoedd Thomas Francis fel y gwelaf, er na
chysylltais ef erioed â'r lle hyd nes darllen y llith yna.

Yn *Seren Gomer* am Fai 1923 [*sic*], gwelais yn y 'Nat Lib', yn
Aber, y dydd o'r blaen ysgrif goffa am Iwan gan Ddaniel Ddu
o Geredigion, a hynny mewn iaith enbyd o ddigystrawen fel
Cymraeg.[80]

Rhaid i ti basio heibio i mi, Val, am dy boeni'n ddiangen
fel hyn â'r manylion yma; ond yr wyf mor falch o allu clirio'r
cysylltiadau yn fy meddwl, ac wedi bod yn sôn wrthyt amdanynt
fel na allwn yn fy myw beidio â'u harllwys allan.

Gyda chofion fil atat, ac at y teulu,

Yn ddiffuant, gyda'm cofion gorau oddi wrthym ni'n dau

D.J.

Papurau Lewis Valentine, 4/3/3/4/14

45

Croeso,
St Andrew's Place,
Llandudno.
18 Rhagfyr 1942.

Annwyl Gyfeillion,

Dim ond gair bach o gyfarch y Nadolig hwn! Bûm ar fin gyrru
gair yna lawer gwaith, ond rhy ddi-sut a di-hwyl yr oeddwn, a
blwyddyn a fu hon a ddug lawer o anhunedd i mi, – rhyw lach
arnaf bob wythnos trwy'i chydol.

A pheth dybiwch chwi am bwnc yr etholiad hwn? Ni chyfarfûm â neb eto sy'n frwdfrydig dros W. J. Gruffydd. Credu a wneir yn y Gogledd mai un o ystrywiau Peate yw ei ymgeisiaeth. Rhyfedd na lynasai Gruffydd wrth y gwir, – y mae pob datganiad a wnaeth hyd yma – pob un a welais i yn cynnwys clamp o gelwydd. Oni bai am ei ymyrraeth buasai siawns Saunders yn un cryf anghyffredin; ond nid yw eto yn anobeithiol, a daw cefnogaeth iddo o leoedd annisgwyl. Clywed y ddoe ddiwethaf am un gwraig o bwys – o deulu cyfrifol iawn, – yn tystio mai i Saunders y dyry hi ei phleidlais, – bod bywyd y gŵr arall yn rhy bwdr.[81]

Newydd fod yn paratoi rhyw amddiffyniad i Elwyn Roberts (trysorydd y Blaid) – y mae ei achos ef o flaen yr ynadon yng Nghaernarfon wythnos i ddydd Llun nesaf, – yr 28 – am wrthod ufuddhau i orchymyn i fynd dan archwiliad meddygol. Hwn fydd yr achos cyntaf o'r fath o flaen y maer newydd.[82]

Dyma lyfryn bach i chwi i'w ddarllen dros y gwyliau yma, – y mae gennyf dipyn o feddwl o'r awdur, a chanddo ffordd newydd spon a thra gwreiddiol o drin pwnc.

Addewais i Mr Garnon[83] bregethu yn Abergwaun ar Ebrill 11, 1943 a phregethu yn ei cyfarfodydd hanner blynyddol Medi 10:1944. Dy law di sydd yn y cais hwn ataf, – ond odid na bydd gennyf ddigon o Saesneg erbyn hynny.

Cofion o'r mwynaf atoch, a gwych o beth fyddai cyfarfod ein gilydd yn o fuan.

Mawr hwyl i chwi ar y Nadolig a'r Flwyddyn newydd,
Val.

Papurau D. J. Williams, Abergwaun, P2/40/13

46

49 High Street,
Abergwaun.
23 Rhagfyr 1942

Annwyl Val,

Diolch yn fawr iawn i ti am dy rodd Nadolig werthfawr. *The Problem of Pain*. Nid wyf eto ond wedi cewco i mewn iddo yma a thraw, ac ymddengys yn llyfr gwerthfawr iawn. Gwelswn o'r blaen gyfeiriadau at y *Screwtape Letters*.[84]

Rwy'n falch neilltuol dy fod di'n gallu dod yma i bregethu ym mis Ebrill. Fe gawn eich cwmni diddan chi'r pryd hynny Mr Valentine.

Rwy'n clywed gair o'th hanes yn awr ac eilwaith, ac yn flin iawn gennyf i ti orfod dioddef llawer o boen corfforol yn ystod y flwyddyn. Rwyt ti wedi bod yn feddyg ac yn nyrs dda i bawb ond i ti dy hun ar hyd dy oes, yr hen gyfaill. Gobeithio'n fawr y cei di amser gwell yn ystod y flwyddyn nesaf.

A fyddi di yn y Pwyllgor Gwaith yn Aber y tro hwn, wn i. Y mae mis Ebrill yn amser hir i dowlu heb dy weld, cofia.

Dyna rifynnau gwych yw'r *Ddraig* a'r *Nationalist* ar gyfer yr etholiad yma. Y mae'r rhagolygon i Saunders yn bur dda yn y cylch bach yr wyf i'n troi ynddo yma – y mwyafrif yn rhwydd iddo, a'r gweinidogion, ychydig ŷnt y mae'n wir, bron yn llwyr iddo, er gwaethaf y bwgan Catholig.[85]

A wyt ti'n gyfarwydd â Watts Williams, gweinidog newydd y Goedwig, Goodwick, wn i? Clywais ei fod ef yn dioddef gan ofn y bwgan – euthum i'w weld y dydd o'r blaen a'r ffurflen enwebu gennyf. Ond nid oedd adref; cefais y ffurflen yn ôl ddeuddydd wedyn, heb ei llenwi gyda gair o neges yr hoffai fy ngweld. Hyd yma, nis gwelais; ond rhof gynnig arni eto. Ef yw'r unig un o'r gweinidogion nad yw'n gefnogol i Saunders.

Onid aeth W.J. yn druenus mewn gwirionedd – y proffwyd tua diwedd ei oes yn llusgo ei fantell yn y llaid; Samson yn malu ŷd i'r

Philistiaid.[86] Cofion fil atat ac at y teulu. Rho'r tamaid papur yma
(£1) rhwng y plantos.
D.J. a Siân.

Papurau Lewis Valentine, 4/3/3/4/15

47

Croeso,
St Andrew's Place,
Llandudno.
Difia. [Diddyddiad. Chwefror? 1943]

F'annwyl Gyfeillion,
Dyma gyfle o'r diwedd i yrru gair yna. A oes maddeuant am oedi
cyhyd. A pha esgus sydd gennyf? Dim ond un digon eiddil, a hwnnw
yw DIOGI, ie diogi, syr. Yn gyntaf canmil diolch am y Nadolig ged
i'r plant yma, – rhy hael a fuost, gyfaill. Yr oedd yn ddrwg gennyf
fethu â dyfod i Aberystwyth. Nid gwiw i mi gael oerni mawr pan
fyddaf newydd fod dan driniaeth, a rhaid i bob ffoedigaeth o'r dref
hon fod yn yr haf, yn gyson a chyfarwyddyd yr Ysgrythur.
Wel, aeth yr etholiad heibio. Yr oeddwn i bron crio gan siom
pan ddaeth y newydd, ond wedi ymbwyllo beth ac ystyried nid
oeddwn mor siomedig, neu o leiaf medrais ddygymod ag ef.
Efallai y dylwn ni lawenhau i dros dair mil ar ddeg [*sic*][87] roddi ei
pleidleisiau i S.L. ar adeg fel hon. Truan o Gruffydd yn ennill ar
gefnogaeth y gwŷr a gasaodd trwy gydol ei oes. Ond pam gebyst
y mae dynion yn ein casáu ni mor chwerw? Yn y wasg yn unig y
gwelir y casineb. Yr oedd y derbyniad a gafodd Saunders y ffordd
hon i'w ryfeddu, a hyfryd oedd clywed hen wladwyr ar dro yn
y dref hon yn bloeddio ar draws y stryd arnaf, 'Sut hwyl sydd ar
y dyn bach, – gobeithio yr eiff o i mewn ar i ben'. Mi garwn,
pe bai gennyt awr segur rhywdro, [i ti] draethu dy farn wrthyf ar
gwestiwn y Babaeth yma, – ni fedraf yn fy myw weld y perygl,
a gwyllt[i]af wrth y bobl yma a gyfyd y bwgan hwn, a dywedyd

dim am y paganiaeth rhonc sydd ym mhentrefi Cymru heddiw.
Meddwl am le fel Llanberis – un o'r lleoedd mwynaf cyn y rhyfel
hwn, – daeth yno griw o Croydon, ac y mae yno uffern fach
heddiw, a phobl – nid hoedennod ifainc chwaith, – a gyfrifid yn
gall a syber gynt, wedi eu heintio gan y paganiaid.[88]

Fe fu un o'r bechgyn a godais i bregethu yn yr eglwys hon yna
y Sul o'r blaen yn pregethu hefo'r Saeson. Os gwn i a alwodd ef
heibio i ti – cefais lythyr ganddo echddoe, nid yw yn sôn iddo
wneud hynny. Galwodd hefo Wyn Owen, – os gwn i a roes
hwnnw ei bleidlais i S.L. Y mae'r cyfaill hwn yn awyddus i symud
o'i eglwys bresennol yn Llangollen (lle ar y naw i neb), – a charai
ddyfod yna. Y mae'n heddychwr ac yn genedlaetholwr. A glywaist
ti rhyw si o'r sut y plesiodd gan Garnon.[89] Y mae arnaf ofn na
chawn seiat tan fis Ebrill – ac edrychaf ymlaen amdani hefyd. Gwêl
mor awchus wyf am dy gwmpeini – yr wyf yn barod i bregethu'n
Saesneg er mwyn ei chael.

Nid oes fawr o newydd y ffordd hon. Y plant yma yn tyfu'n
gyflym – Hedd yn gawr talach na'i dad, ac yn filitarydd rhonc, –
diolch i'w Ysgol a'i dylanwad, – y mae'r crwt yn dyheu am weld y
dydd y gelwir ef i'r fyddin. Y mae'n ddirfawr siom i mi yn hyn o
beth. Gwyn eu byd y di-blant y dyddiau hyn.

Cofion o'r mwynaf atoch, a chan diolch eto,
Val.

Papurau D. J. Williams, Abergwaun, P2/40/3

48

49 High Street,
Abergwaun.
1 Ebrill 1943

Annwyl Val,

Dylaswn fod wedi ateb dy lythyr diwethaf ers tro, ond daeth tipyn
o brysurdeb diwedd tymor i'm rhwystro ar ben fy niogi naturiol.

Rwy'n edrych ymlaen gyda llawnder ysbryd am gael tipyn o'th gwmni diddan yn union deg. Felly, nid llythyr o fath yn y byd sydd gennyf yma, ond yn unig siars i ti fod yn ŵr doeth a threfnu dy fyd yn deidi'n awr fel ag i aros yma am ychydig ddyddiau. Dwyt ti ddim yn cymryd llawer o ddyddiau'n rhydd mwy na finnau. Felly, dere lawr yn weddol gynnar yr wythnos nesaf, hyd y gellid drefnu, ac aros wedyn, cyd y bo modd yr wythnos wedi'r cyrddau ar y 11fed.

Yn ffodus bydd ein hysgol ni yn torri i fyny y dydd Gwener cynt. Felly, bydd gennym amser rhydd i fynd dros yr holl faterion sy'n haeddu cymaint o'n sylw. Nawr te, Val, trefna dy fyd yn ddoeth am ychydig ddyddiau o seibiant tawel yng nghanol y berw a'r ynfydrwydd sydd ym mhobman. Gyda'n cofion cynhesaf ni'n dau atat ti a Mrs Valentine a'r plant.

D.J.

Papurau Lewis Valentine, 4/3/3/4/16

49

Croeso,
St Andrew's Place, Llandudno.
Friday. [Diddyddiad. Ebrill 1943]

My very dear Christian Friends,

Here I am home again after the most tedious journey I have ever had. A sturdy baby screamed the whole way from Shrewsbury to Cardiff, or rather from Cardiff to Shrewsbury. But I would willingly bear greater tediousness in return for the inestimable joy of your companionship. It was for me a very delightful stay, and your hospitality was kingly. I wish I knew your beautiful tongue, for then I am sure I could express adequately all I think and feel. I wish fate would plant me nearer to you so that I could experience such delights oftener. After the war I may be able to buy an aeroplane – a very swift one – cheaply, and pop over of an evening.

Ond yn wir yr wyf yn dra diolchgar i chwi, a faint o lanast a adawyd ar ôl gan draed y seiadwyr? Cefais gerdyn y prynhawn yma gan y Williams' o Gwm Ogwr yn fy ngwahodd yno i de y prynhawn Sadwrn nesaf, a Mrs Miles[90] hefyd yn wahoddedig yno, ond yn anffodus ni allaf gyrraedd mewn pryd – rhyw ychydig funudau fydd gennyf wrth gefn cyn cychwyn yr oedfa. Euthum i weld T. Ellis Jones,[91] Llwynhendy nos Fercher, – nid yw ef eto wedi penderfynu ceisio am y swydd ym Mangor. Os gwna – ef fydd piau hi, – a dim mymryn o obaith gennyf i. Clywais hefyd yn Llanelli bod y gelynion eisioes ar waith yn codi bwgan, – dyma un ohonynt, – 'bod un Cenedlaetholwr (sef Jac Daniel) yn ddigon ar staff y colegau diwinyddol, heb fod un arall eto yn mynd yno! Yr wyf am drio yn bendant am dani, ond nid wyf yn disgwyl ei chael bellach. A rhaid i mi ddygymod am spel eto i fyw yn y lle diflas hwn, oni thrugarhao Duw wrthyf drwy gymell eglwys i'm galw oddi yma.[92]

Cewch lythyr eto yn fuan, – ni allaf ddywedyd mor annwyl yr wyf yn meddwl am danoch. YR WYF AM Y GYMERADWYAETH YNA GAN D.J.[93]

Fy llaw a'm calon,

Val.

Papurau D. J. Williams, Abergwaun, P2/40/2

50

49 High Street,
Abergwaun.
22 Ebrill 1943

O.Y. Gyda llaw, Val, a wyt ti wedi cofio am y cyfeiriadau hynny i Mrs Sneaton. Rhag ofn na wyddost ei chyfeiriad, dyma ef – 98 Presbury Road, Macclesfield, Cheshire.

My Dear Mr Valentine,

We were simply overwhelmed by the genorosity of your

sentiments expressed in the charming letter we received from you early in the week. It was most sweet of you, Mr Valentine, so reminiscent of old days when we enjoyed the luxury of a flat in the same block of buildings in the Metropolis, and were constantly dining out. As you remarked, there was but one drawback to your beautiful letter, namely, that you have not yet sufficiently mastered our beautiful tongue so as to write in it. But I do hope you will persevere. Caradar's books are very helpful you know.[94]

Wel, Val, fe gawsom lawer o hwyl wrth ddarllen dy lythyr. Ni threuliais i ddyddiau gwyliau dedwyddach ers y gwn i pa bryd na'r ychydig ddiwrnodau y buost yma; a mwynhaodd Siân dy gwmni gymaint â minnau ond i mi gael rhagor ohono. Dewch eto'n fuan, Mr Valentine, os gwelwch fod yn dda.

Dyma'r dystysgrif i ti; Ceisiais fod mor gwbl resymol ag y gallwn wrth ei hysgrifennu. Petawni'n sgrifennu llith amdanat yn dweud fy marn fel yr hoffwn fe ddrylliwn y llyffetheiriau a osodid arnaf gan y ffurf hon o dystiolaeth i'r *Theological Board*! Ofni yr wyf o ddifrif y gall rhagfarn rhai o'r Brodyr Duon yn fy erbyn i fod o fwy o niwed i ti nag o les. Ond yr wyf yn ymwybodol na ddywedaf sill yn ormod, dim ond yr union wir na all neb amau dim arno yn yr ychydig eiriau hyn. Pob hwyl i ti, Fal, gan fawr ddymuno o galon y llwyddi yn dy gais. Gobeithio yr wyf na fydd i Tom Ellis Jones gynnig gan y byddai ei ymgeisyddiaeth ef yn sicr yn beryglus i ti, oherwydd y rhagfarn a fynnai rhai pobl ddiwerth ei chodi yn dy erbyn. Pwy a'm gwared i yw'r Blaid i bob pleidiwr gonest pan ddaw hi'n gwestiwn o geisio am unrhyw swydd.

Am y Parch. Metcalf,[95] ofnaf ei fod wedi ei phobi hi yn barod yn Bethel, y Sul diwethaf. Bûm yn siarad neithiwr a Mr Williams, yr arweinydd canu. Yr oedd yn 8.15 ar y gynulleidfa yn cael ei gollwng ganddo wedi gwasanaeth Cymundeb nos Sul – a'r oedfa yn dechrau am 6. Pawb o'r aelodau wedi laru'n enbyd ar y meithder meddai Mr Williams, er ei fod ef yn gefnogydd pendant iawn i Metcalf. Dyna'r unig un y bûm i'n siarad ag ef wedi hynny o Bethel.[96]

Rwy'n anfon y llythyr hwn ymlaen i ti drwy Pegi fy chwaer, gan y gwelaf mai dyna'r unig ffordd i ti bellach ei gael cyn y Sul.

Gyda chofion cynnes iawn, iawn, atat oddi wrthym ni'n dau, gan ddymuno pob bendith i ti ar dy bregethu y Sul,

D.J.

Papurau Lewis Valentine, 4/3/3/4/25

[Tystlythyr]

Deallaf fod y Parch. Lewis Edward Valentine, M.A., yn ymgeisydd am le athro ar staff Coleg Bala Bangor.[97] Hyfrydwch mawr i mi yma, yw dwyn tystiolaeth i'w gymwysterau anghyffredin i gyflawni swydd o'r fath, yn ôl fy syniad i am hanfodion y swydd honno.

Am ei safle academaidd fel ysgolor Hebraeg o nod, a'i draethawd am ei M.A. yn ennill iddo Anrhydedd gan Fwrdd Arholi Prifysgol Cymru y mae eraill a dystia. Fel lleygwr yn unig, ag iddo ddiddordeb gwirioneddol ym mywyd diwylliannol, moesol, ac ysbrydol Cymru y mae i mi le i dystiolaethu.

Cyfunir yn rhyfeddol yn y Parch. L. E. Valentine y doniau meddwl a'r doniau ysbryd hynny a wnaeth ei gyfraniad eisoes i fywyd ei genedl yn rhywbeth gwerthfawr ac arhosol. Fel llenor, ac fel darlithiwr, a chanddo wybodaeth eithriadol o lwyr o'r clasuron Cymraeg y mae iddo enw ymhlith ysgolheigion; ac y mae ei gyfieithiad o'r Salmau yn ychwanegiad o bwys at ein llenyddiaeth gysygredig.

Ac fel pregethwr, oherwydd coethder ei arddull, angerdd ei ddoniau ysbrydol, a dwyster ei argyhoeddiadau, fe'i cydnabyddir yn rheng flaenaf pulpud ei ddydd yng Nghymru. Medd ar weledigaeth a phroffwydoliaeth ddiamheuol i'w oes; ac y mae glendid ei fywyd ar ei hyd, a gloywder didwyll ei gymeriad, wedi ei addasu yn arbennig i'w gyflwyno'n ddi-lychwin i'w genedl. Y mae ganddo bwyll a doethineb mewn cyngor, ynghyda haelfrydedd ysbryd a mawredd personoliaeth a'i gwna'n naturiol yn arweinydd dynion.

Wedi tuag ugain mlynedd o adnabyddiaeth agos o'r Parch. L. E. Valentine, yr wyf o'r farn bersonol bendant nad oes yr un swydd yng Nghymru lle y gallai ef gyflawni gwasanaeth gwerthfawrocach a mwy pwysig i'w oes na'r swydd y mae ef yn ei cheisio ar hyn o bryd ar staff Coleg Bala Bangor [*sic*]. O'i ddewis, fe gadarnheid drachefn, mewn modd gwirioneddol ddiogel, yr arweiniad dewr a graslon y mae'r Coleg hwn wedi ei roddi i Gymru ers cenedlaethau, drwy sicrhau ohono athro arall a gyfunai ynddo'i hun mewn modd arbennig iawn, orau ysgolheictod a gorau dawn pulpud Ymneilltuol Cymru. Credaf ymhellach, y byddai'r dewisiad hwn wrth fodd calon enwad, a chenedl gyfan.

D. J. Williams, B.A.(Cymru), M.A.(Rhydychen).

Papurau Lewis Valentine, 4/3/3/4/25a

51

Croeso,
St Andrew's Place,
Llandudno.
Difia. [Diddyddiad. Diwedd 1943?]

F'annwyl Gyfaill,

Pa le pa fodd dechreuaf ddiolch i ti am dy wiwged? Yr oedd yn dda gennyf gael y llyfr campus hwn. Darllennais dipyn o'i waith wedi dychwelyd o'r carchar, – yno y clywais i am Berdyaev gyntaf, gan fab i rhyw weinidog gyda'r Annibynwyr. Ni chofiaf ei enw awran, ond bu'n traethu wrthyf yn helaeth arno, yr oeddwn innau wedi darllen peth ar y gyfrol hon, ond bu yn rhaid i mi ei dychwelyd cyn cael crap iawn arni. Ond dyma fo bellach yn eiddo i mi, ac ar hwn y bydd fy nhrwyn am yr wythnosau nesaf. Rhwng Niebuhr a Kierkegaard, fy meunyddiol gymheiriaid ers wythnosau, a'r newydd ddyfodiad hwn i'r seiat, siawns na ddeuaf yn ŵr doeth. Ac eto y mae'n dda gennyf yn aml gael troi at Eseia neu Ieremeia oddi wrthynt ar adegau.[98]

Y mae'n ddrwg gennyf na chaf ddwad i Aberystwyth. Y mae'n flin gennyf golli'r Pwyllgor Gwaith, ond beth a all dyn? Ni cheir sicrwydd y gellir dychwelyd hefo'r trên y Sadwrn, ac y mae'r Sul o'm blaen, a hwnnw yn Sul go bwysig yn ein calendr ni yma, sef Sul cyntaf y flwyddyn. A dyma'r hogyn Hedd yma yn cychwyn yfory am Gaernarfon i listio yn y Welsh Guards. Y mae hyn yn ddirfawr loes i mi. Mor falch a fuaswn i heno pe âi'n wrthwynebydd cydwybodol ac yn wynebu ar dribiwnlys yfory! Clywais di, gyfaill, yn rhyw hiraethus drydar unwaith nad oedd plant gennyt, ond yn wir 'gwyn eu byd yr amhlantadwy' meddaf fi heno. Yr wyf erioed wedi ei gynnwys i feddwl a gweithredu trosto ei hun, ac y mae'r llwdn wedi gwneuthur hynny, a fy nghroesi yn fy naliadau anwylaf. Bu dylanwad ysgol yn aruthrol arno. Nid oes ynddi neb â mymryn o 'saf' ynddynt, – y diwygiad addysg a fynnwn i i Gymru a fyddai dileu pob ysgol a choleg am ddeng mlynedd, – byddai amgenach cenhedlaeth yn dilyn. Tinc go chwerw ynte?[99]

Gwelais yn y papur echdo am farw brawd i wraig Wil Ifan, – yn ŵr gweddol ifanc hefyd. Gobeithio bod Siân yn dal yn rhwydd iachus, – bu swrn o ffliw y ffordd hon. Gynnau fach yr oeddwn yn claddu diacon o ddyffryn Conwy a'i fam mewn unbedd undydd, – y ffliw a'u cipiodd.

Dyma flwyddyn arall ar fin gwawrio – beth fydd yn ei chôl, – pa ryw dynged ofnadwy? I chwi dymunaf iddi fod yn flwyddyn gysurus a thangnefeddus. Beth a ddywed yr hen Forgan Llwyd?

'Oni fedri roddi taw ar eraill, distawa dy hun, a pho mwyaf sŵn yn y byd, bydded lleiaf yn dy galon.'[100]

Cofion o'r mwynaf atoch, a gwae fi na fuasai Abergwaun onid taith Sabath oddi yma, yna cawn bician atoch a chael sgwrs ac ymddiddan ac ysbrydiaeth.

Ein cofion cynhesaf atoch, ac unwaith eto, diolch,

Val

Papurau D. J. Williams, Abergwaun, P2/40/4

52

F'annwyl Gyfaill,

Yn fynych iawn arfaethais ysgrifennu atat, ond Satan a'm lluddiodd, a phe gellid troi fy meddyliau amdanat yn llythyrau, nid wyf yn tybied y cynhwysai holl ddroriau'r tŷ y llythyrau a ysgrifennid. Y mae arnaf hiraeth am dy weld yn wir, rwy'n gweld yn wir y dyddiau'n hir, heb fwynhau cyfeillach â thi. Bûm droeon yn y De ar neges bregethu, ond Llanelli oedd cwr eithaf y teithio, ac yn gorfod troi adref ar frys gwyllt i rhyw angladd neu'i gilydd. Yn wir, cyn gynted ag y clywo'r bobl hyn fy mod ar fin troi am y Deheudir gofynnir ganddynt, 'Pwy tybed a gaiff yr alwad y tro hwn?'

Blwyddyn ddiflas a fu'r flwyddyn ddiwethaf, – aeth to'r capel â'i ben iddo. Y tywydd, medd rhai, eraill a ddywed mai'r mynych saethu o'r gynnau mawrion sydd wrth droed Cyngrheadr Fynydd, ac eraill a ddywed mai ymyrraeth unionsyth Rhagluniaeth a'i parodd er mwyn rhoddi cyfle i ni atgyweirio'r adeilad. Myfinnau a ddywed mai y pregethu nerthol a geir o Sul i Sul oedd yr unig achos. Blwyddyn o ymgiprys a'r awdurdodau a fu, a chafwyd cennad o'r diwedd i drwsio'r lle, ond dyna gyndyn a fu'r Tepyn Coch, ond taerineb a orfu yn y diwedd.

Pe bawn yn glydach f'amgylchiadau, a Chymru yn amgenach gwlad a chenedl nag ydyw buaswn yn ei meudwyo hi mewn rhyw gwr unig o fynydd-dir Sir Ddinbych. A cofi di stori'r ffraeth Ffred Jones, yn un o'r etholiadau, am y gŵr hwnnw a fu'n dost bymthegnos, ond a ddewisodd aros yn ei wely am bedair blynedd ar ddeg. 'Pam na chodwch chi?' medd y Parchedig Ffred wrtho ar un ymweliad. 'I beth Mr Jones bach?' medd yntau.[101]

Pe bawn i'n Babydd, ti weli gyfaill, buasai'n rhaid i mi chwilio am fy newis offeiriad a chyffesu fy mod yn euog o un o'r saith pechod marwol – ni allaf gofio'r funud yma yr enw Groeg arno.[102]

Ond dyma ddigon o fratu anal, chwedl chwithau. Amcan hyn o lythyr oedd dymuno i ti a'th fwynferch Nadolig dedwydd a blwyddyn newydd newydd dda. Amgaeaf ddeulyfr a brynais yn ail-law – argraffiad cyntaf y dywedir ei fod yn werthfawr gan ei brined, – nage nid argraffiad cyntaf ond ail, ond dywed gŵr cyfarwydd wrthyf ei fod yn werthfawr. Ni wn i pa werth a osodi di ar Walter Pater, ond dyma eu cyflwyno i ti yr hen gyfaill, gan dy fod yn gymaint awdurdod ar y clasuron Seisnig.[103]

Deued y flwyddyn newydd â gwell byd inni, – a chyfle i adnewyddu yr hen gyfeillach.

Cofion o'r mwynaf atoch ill dau, – ni all fyd ddelio â chwi yn drugarocach na'm dymuniad i.

Val.

Papurau D. J. Williams, Abergwaun, P2/40/14

53

[Ar amlen blaen heb gyfeiriad arni y nodyn hwn yn llaw D.J.]

Llythyr y dois i o hyd iddo heddi, wrth chwilio am rywbeth arall, yng nghrombil *Marius yr Epicuriad* rhodd a gefais gan fy hen gyfaill annwyl Val, Nadolig 1944.[104] Mor hyfryd fu ei ddarllen wedi 23 blynedd.

D.J.W. Tach 27, 1967

Papurau D. J. Williams, Abergwaun, P2/40/15

54

49 High Street,
Abergwaun.
22 Rhagfyr 1944

Annwyl Val,

Y mae'n ddrwg iawn gen i na chei di mo'r nodyn hwn cyn
y Nadolig; a gad i mi esbonio i ti pam y bûm mor hwyr cyn ei
anfon. Yr oeddwn wedi erchi tipyn o lyfr ar dy gyfer, un arall o'r
eiddo Berdyaev, *Freedom and Slavery* [*sic*][105] – gan Martin, fy ffrind
gorau yma, sy'n llyfrwerthwr a gwerthwr clociau etc. ar y Sgwâr,
os wyt ti'n cofio amdano. Fe'i herchais ers yn agos i dair wythnos
yn ôl; ond heb gyrraedd y mae, ysywaeth, o hyd. Ond fe ddaw
rai o'r dyddiau yma, ac fe'i cei. Y mae gen i gopi ohono ers tipyn,
er nad wyf ond wedi rhyw flasu ambell flewyn yma thraw ynddo,
a'i gael fel popeth o waith Berdyaev, i mi'n eithriadol o dda a
threiddgar. Y mae Siân wedi darllen rhannau go helaeth ohono.
Hithau'n ei ganmol yn fawr. Gobeithio nad wyt ti wedi ei brynu,
nac wedi ei ddarllen.

Petai'n bosib i mi bwdu wrthyt ti, fe fuaswn wedi pwdu'n gorn
wrthyt yr haf diwethaf, pan ddywedwyd wrthyf gan Mr Williams,
ysgrifennydd Bethel, dy fod wedi tynnu'n ôl y cyhoeddiad a oedd
gennyt ti yno fis Medi diwethaf, a minnau yma wedi bod yn
edrych ymlaen gymaint am dy gwmni drwy'r flwyddyn. 'Now
Mr Valentine, you must not do wicked things like that any more;
otherwise Mr Williams will never speak to you no more. You
know what a savage gentleman he is, when he is in that mood. He
do eat the carpet and all, like Hitler in the English newspapers.'

Yr oedd hi'n wir flin gennyf nad oeddit ti'n dod, Val; ond fe
wyddwn y rhaid fod gennyt ryw resymau arbennig i'th gadw rhag
dod. Wel heb fugail, y mae'r ddiadell fechan yna ym Methel o hyd,
ac mor ddi-lewyrch ag erioed am wn i, – rhyw ddyrnaid o Sais-
Gymry Cymraeg, di-awen a di-ysbrydoliaeth. Rywsut ni fu graen
arnynt erioed.

Wel, yr hen gyfaill, mynych ac aml y daw'r cof amdanat i'm bryd; gresyn mawr na fyddet o fewn pellter rhesymol i ni ddal pen rheswm weithiau. Pa bryd y byddi di yn y De nesaf? Onid oes modd i ti'r tro hwn ddod heibio yma, gan roi siars bendant i'r aelodau fihafio'n deidi yn dy absenoldeb. Wel, Val, does gen i ond diolch o galon i ti am dy rodd dra phrin a gwerthfawr o'r ddwy gyfrol o *Marius*. Y mae Pater yn un o sgrifennwyr gorau'r ganrif ddiwethaf fel beirniad llenyddol.

Gwych o beth yw fod Gwynfor wedi cydsynio i sefyll dros Feirion. Bu Wynne Samuel yma yn Nyfed am wythnos, dipyn yn ôl, ac yn siarad yn odidog hefyd. Bydd yntau'n ymgeisydd rhagorol yn Nedd.[106]

Cofion filoedd atat yr hen gyfaill mwyn, ac at Mrs Valentine a Hedd a Gweirrul.

Yn ddiffuant, yr eiddot,

Davy John.

Papurau Lewis Valentine, 4/3/3/4/17

55

Llandudno
Difia. (Diddyddiad) [?]

F'annwyl Gyfeillion,

Dim ond gair byr – yr wyf yn edrych ymlaen am eich gweld, gan obeithio bod Siân yn llawer iawn gwell.

Disgwyliaf fedru cyrraedd yn gynnar gan fy mod yn cael 'pass' gan Tom Ellis Jones yn ei fodur buan. Yr wyf wrthi yn chwys diferu yn paratoi araith ar gyfer yr Undeb, a ffei ohonof heddiw yr wyf yn ei dechreu. Y mae *circus* y brenin yn Neganwy yn ymyl yma, a mawr yw Arglwydd y lluoedd, y mae'n treisio bwrw, laus Deo am agor ohono ffenestri'r nefoedd.[107] Pe bawn heb addo siarad yn Abergwaun buaswn yn ddyn dedwydd heddiw.

Cofion gwiw iawn atoch,
Val.

Papurau D. J. Williams, Abergwaun, P2/40/17

56

Llandudno.
[Diddyddiad ?]

Annwyl D.J.
Y mae arnaf ofn na allaf ddyfod i Fangor ddydd Gwener. Cefais fenthyg y papur hwn gan y Dr D. J. Davies ar yr amod fy mod yn ei ddychwelyd yn ebrwydd.[108] Y mae'n aros gyda Jarman,[109]– a wnei di ei gyflwyno iddo? Gobeithio eich bod yn cael amser wrth eich bodd. Bu'r Ysgol Haf eleni yn galondid mawr i mi, a chefais fy siomi er gwell.
Cofion annwyl i chwi ill dau,
Val.

Papurau D. J. Williams, Abergwaun, P2/40/18

57

Llandudno.
Dydd Mercher. [Diddyddiad. Rhagfyr 1945]

F'annwyl Gyfeillion,
   Hanbych gwell it, unben ac unbennes! Pa rhyw hwyl sydd arnoch tua Abergwaun yna? Os cofiaf yn iawn – neu o leiaf y mae gennyf rhyw synied dy fod yn rhoi d'arfau i lawr y term hwn.[110] Os gwn i beth yw dy deimladau! Wel, fy hen gyfaill, os gwir y chwedl dyma ddymuno hir segurdod(!) braf i ti, – gwych iawn a fu dy ddiwrnod gwaith, a gwybydd hyn bod un 'ta beth yn diolch i Dduw am d'adnabod erioed, a phan ddaw y falan wyllt heibio

iddo sy'n cofio am rhyw D.J. tua Abergwaun ac yn ymsythu ac ymsirioli. Llawer gwaith y meddyliais yrru hir lith atat, ond yn wir blwyddyn i'w ryfeddu o brysur a fu hon, – bu gweinidog inni yn y pentref cyfagos yn wael am ddeunaw mis a chymerais dripharth ei orchwylion ar f'ysgwyddau. Bellach fe gafodd ryddhad o boenau ingol a bu farw rhyw fis yn ôl, ond rhwng ymweld â'i bobl a chymryd ei le fel caplan yn y tloty a chynnal seiadau drosto fe aeth fy hamdden yn ddim.

Fe glywaist am Jac Daniel – ni wn beth a ddigwyddodd yn iawn, – yr wyf yn mynd i Fangor y prynhawn yma, a chaf efallai beth o'r stori. Ond Jac yn INSPECTOR – yr argian fawr![111] Y mae ddrwg iawn gennyf am y peth – Jac oedd diwinydd disgleiriaf Cymru o ddigon, ac y mae'n diwinyddion ni'n brin, – tystiolaeth bechgyn Bangor oedd mai gan Daniel yr oeddynt yn cael fwyaf o help ar gyfer eu gwaith, – Vicisti, O Peate, a'i griw.[112] Gwelais gip ar Saunders yn Aberystwyth ym mis Hydref – yr oeddwn wedi bod yno yn pregethu a gelwais heibio iddo – yr oeddit wedi galw ar ôl yr Ysgol Haf, meddai, a dywedodd iti gael rhyw brofiad od yn y llety wythnos ar ôl yr Ysgol Haf. Beth a ddigwyddodd, a hwythau mor fwyn hefo ni gynt?

A oes storïau ar y gweill? Yr oeddwn wedi perswadio un o aelodau claf yr eglwys yma i ddarllen dy waith – gwraig weddw tua'r trigain oed a gollodd ei gŵr yn ddiweddar, a'r cwestiwn cyntaf a gefais ganddi y bore yma oedd 'Beth yw caseg gyfeb?'[113]

Y mae Hedd mewn lle o'r enw Southwold[114] a rhyw ddisgwyl yr ydym y daw adref dros y Nadolig er nad oes ganddo ddim gobaith ei ryddhau hyd 1947. Maddau rhyw air blêr fel hwn, ond rhaid dal y trên yna am Fangor.

Cofion o'r mwynaf a Nadolig llawen iawn i chwi,
Val.

Papurau D. J. Williams, Abergwaun, P2/40/19

58

St Andrew's Place,
Llandudno.
14 Mawrth 1946

F'annwyl Gyfaill,

Darogenais yrru pwt o lythyr atat ganwaith, ond daeth rhyw gennad Satan i'm rhwystro. Yr oeddwn yn siomedig na chefais gyfle am ysgwrs yng nghynhebrwng Morris Williams,[115] ond pa siawns oedd i hynny ar y fath hyrddlaw? Gwlychais yn domen dail a chefais drawiad o'r lymbago ar ôl hynny. Bûm droeon yn rhyw ffug gydymdeimlo â rhai o'm haelodau dan y dolur hwn, a phob amser yn tybio bod llawer o ystymiau ynddynt, ond cânt wir gydymdeimlad gennyf o hyn allan, a'm gweddiau ar eu rhan hefyd. Yna cafodd y wraig y ffliw, a ffliw ar ben ffliw drachefn, a bu raid ymorol i lanhau'r tŷ a golchi llestri, a hyd y oed roddi praw ar olchi crys a smwddio, a bu dda i mi wrth ddisgyblaeth Meriannaeth y Wermwd.

Cefais rhyw ddwyawr o ymddiddan â Saunders yng Ngwesty'r Bwl yn Ninbych ar ôl y cynhebrwng, – ymddiddan digon brawychus a syfrdanol hefyd. Y mae Saunders fel Affrica – rhyw newydd wyrth yn hanfod ohono o hyd. A gefaist di'r *Efrydiau Catholig?* Y mae ynddo ddarn gwych o ysgrifennu diwinyddol ar 'Grist ynom ni', – nid oes raid cytuno â'r ysgrif i ganfod ei gwychter, ond y mae llinell neu ddwy yn yr awdl yn dywyll iawn i mi. Y mae'n dda gan fy nghalon i bod y Cylch Catholig yn dechreu cyhoeddi yn Gymraeg, – fe fydd yn lles i Brotestaniaeth ac Ymneilltuaeth.[116]

Yr wythnos ddiwethaf bûm yn hybu ymgeisiaeth Wynne Garthewin am sedd ar y Cyngor Sir – cawsom gyfarfod go dda, ond yr oedd ei wrthymgeisydd yn rhy gryf ac yn rhy boblogaidd, a hwnnw a enillodd.[117]

Cefais noswaith a darn diwrnod yn ddiweddar yng nghwmni Ellis D;[118] yng Nglyndyfyrdwy. Yn y f[e]llan wyllt yr oedd y cyfaill

– yn ei wely yn solet ers tri mis. Rhyw ddolur od sydd arno, a
rhoes ei swydd i fyny, a bwriadu dyfod i fyw i Sir Gaernarfon at
Nesta nes ceir tŷ. Amdanat ti y bu'r sgwrs trwy gydol yr amser –
rhyw ymddiddan yn troi ar un colyn oedd hi.

Yr wyf y dyfalu llawer sut yr wyt ti yn treulio dy ddyddiau i
ben, nid stocio'r briws[119] â chynnud gobeithio fel y gŵr enwog
oedd yn byw yna o'th flaen? Cefais flas anghyffredin ar lyfr
diweddaraf Massingham,[120] yn wir y mae'r awdur hwn yn gafael
ynof, a cheisiaf ddarllen popeth a ysgrifenna, a rhag ofn bod amser
yn faich arnat dyma hala'r llyfr i tithau, rhag ofn nad yw'n digwydd
bod gennyt, a rhag ofn bod Siân yn cael trafferth i'th gadw'n
ddiddig.

Y mae'n debyg mai aros yn Abergwaun a wnei bellach! Yr
oeddwn i yn pregethu yn fy hen bentref – yn Llanddulas – y Sul
o'r blaen, a lladdodd hynny pob awydd oedd gennyf, – a bu'r
awydd yn gryf – am gael gorffen a mynd yno i fyw. Ond nid oes
yno mwyach 'hen wynebau' – y mae'r llancesi mewn trowsysau
i gyd yn smocio sigareti, ac yn rhuthro i Fae Colwyn neu Rhyl i
rhyw ddawns neu i chware chwist neu i yfed cyffonnau ceiliogod,
a rhyw silod bach dof sy'n arwain yn yr eglwysi.[121]

Y mae Hedd ar y ffordd i wlad Canaan – cawsom air ganddo
o Toulon bore heddiw yn achwyn yn dost ar gyflwr Ffrainc a'i
phobl. Bydd yn dda gennyf ei weld yn rhydd o'r fyddin, ond nid
oes obaith am hynny tan y flwyddyn nesaf. A Duw a ŵyr beth a
ddigwydd cyn hynny.

Gresyn na fuasech yn nes – y dref hon ydyw'r unicaf yng
Nghymru i Gymro a'r fwyaf di-gymdeithas. Pa hwyl sydd ar
gyfeillion Abergwaun. Ai byw y Bola? Ai dewr Wyn Owen?[122]

Cofion annwyl atoch ill dau,

Dy hen gyfaill,

Val.

Papurau D. J. Williams, Abergwaun, P2/40/20

59

49 High Street,
Abergwaun.
21 Mawrth 1946

Annwyl Val,

Diolch yn fawr iawn i ti am dy lythyr, ac am lyfr Massingham. Ni allaset fod wedi anfon llyfr mwy wrth fy modd na hwnnw; er nad wyf i'n gyfarwydd o gwbl ag e, ragor nag i mi ddarllen ambell erthygl o'i eiddo – un rwy'n gofio'n dda, yn y *New Statesman* flynyddoedd lawer yn ôl, ar 'Y Gigfran'. Saif honno'n rhyfedd o glir rywfodd, hyd heddiw yn fy meddwl. Edrychaf ymlaen gyda blas am egwyl i ddarllen y llyfr hwn. Ei fenthyca yr wyf cofia. Nid wyf am fod mor ddigywilydd â'i gymryd oddi arnat, a minnau'r Nadolig diwethaf wedi cael llyfr mor wych gennyt. Cefais flas anghyffredin ar *Without My Wig*. Yr oedd yn yr hen Artemus wir ddawn chwilotwr. Gresyn na allasai fod wedi rhoi mo'i amser i ddilyn trywydd rhagor o bethau diddorol.[123]

Cefais innau'r *Efrydiau Catholig*. Barnaf fel tithau y gallant fod o werth i Gymry rhagfarnllyd fel ag iddynt weld os gallant weld o gwbl, mor debyg yw'r Catholig a'r Protestant yn hanfodion eu credo. Yn wir, y mae lle i gredu nad yw mwyafrif pobl ein heglwysi ni yn trafferthu rhyw lawer i gredu mewn dim o gwbl.

Credaf innau nad yw'r 'Awdl i Esgob Mynyw' â chystal camp arni â phethau arferol Saunders. Teimlaf rywsut mai ymarferiad yw'r gynghanedd iddo; heblaw ei fod yn gwneud arbrofion o hyd. Rhyddiaith yw gorchest bennaf Saunders rwy'n gredu, er gwyched yw *Buchedd Garmon* ac *Amlyn ac Amig* a'r ddrama anorffen honno, *Culhwch*.[124]

Y mae'r erthygl ar Dudur Aled[125] yn ddios yn waith arhosol bwysig fel pob dim o ffrwyth ysgolheictod Saunders – yn rhoi dirnadaeth werthfawr o newydd ar ei le fel bardd cymdeithasol cyfnod y newid trychinebus yng Nghymru. Dyma ddefnyddiau di-hysbydd sydd i ddramaydd neu nofelydd hanesyddol yn hen

fywyd Cymru! Bûm yn meddwl am Rys ap Gruffydd, aml dro,
ŵyr Syr Rhys ap Tomos – yr olaf o'r uchelwyr Cymreig i gael
ei ddienyddio oherwydd iddo herio awdurdod y Sais.[126] Ond
gwaredir ef rhag *Dial* Bebb arno. A ddarllenaist di *Dial y Tir?* Nid
wyf i wedi darllen ond rhannau ohono. Rhois ei fenthyg i eraill.
Ond bu Siân yn fy niddanu a darnau ohono ryw noson a minnau
wrth rywbeth arall ar y pryd – y golygfeydd a'r ymddiddan caru a
ddigwyddai fod ar waith yn y mannau hynny. A theimlwn y gallai
pob cymeriad yn y stori – yn wryw ac yn fenyw – dyngu mai ei
waith ef ydym a defaid ei borfa – gan mai Bebb ei hun ac nid neb
arall oedd yr holl gymeriadau. Y mae Bebb yn rhy iach a thalsyth
ac ysgyfala i allu mynd i mewn i groen neb arall. Disgrifio'n fyw
a lliwgar allanolion pethau yw ei ddawn fawr ef. Nid myfyrdod
na rhesymeg na greddf yw ei gryfder ef – ond parodrwydd llithrig
ymadroddus.[127]

    Y mae cant a mil o bethau gen i i'w dweud wrthyt, na wiw i
mi ddechrau meddwl am eu gosod ar bapur. Ofnit fy mod yn blino
ar fy segurdod. Gallaf dy sicrhau na fu dim erioed yn cytuno'n well
â mi; ac na fûm i'n brysurach erioed chwaith hyd y caf lonydd i
fod yn brysur gan fod rhywrai, yn eu caredigrwydd neu fel arall,
yn mynnu troi i mewn o hyd – heb sôn am gyfeillion yn aros yma.
Dros y Sul diwethaf a rhan o'r wythnos yr oedd Waldo Williams
gyda mi – dyna i ti *genius* gymaint â Saunders, ond o natur hollol
wahanol. Y Sul cynt yr oedd Nora Isaac yma, santes fwyaf Cymru
heddiw, efallai.[128] A'r nos Lun cyn hynny wedyn, yr oedd Douglas
Young yma – un o wŷr mwyaf Sgotland, yn gorff a meddwl.
Cafodd gwrdd bendigedig yma, a'r lle dang sang.[129]

    Ceisio symud ymlaen a gorffen paratoi defnyddiau ar gyfer
sgrifennu tamaid o bamffled ar Mazzini yr wyf i. Nid dyna fy lein
i, o gwbl, ond fy mod i wedi addo ers rhai blynyddoedd gwneud
hynny i J.E. A rhaid i mi gadw fy ngair; ac fe fydd yn ddisgyblaeth
arnaf, heblaw fod hanes yn ddiddorol i mi bob amser.[130]

    Wel, yr hen Val, rhaid i mi gael diwrnodau ati yn nes ymlaen
yma i osod y byd mewn trefn. Ni wn i a yw'r rhestr yn gyflawn ar

gyfer yr Undeb gan wŷr caredig Hermon eto, ai peidio. Ond yr wyt ti yn uchel dy fri ar y rhestr ganddynt fel rwy'n deall. Ac yr ydym ni wedi bwcio ystafell 17 ar dy gyfer ers tro yn y 'Bristol Trader'. Ie, gresyn yn wir, fod Hedd yn gorfod mynd i Ganaan i hyrwyddo bryntwaith y Sais a'r Iddew yno. Y mae gen i bob cydymdeimlad â'r Iddew a Hen Wlad yr Addewid. Ond y mae troi'r Arab o'i hen gartref heddiw lle bu ef am gyhyd o amser ag y bu'r Sais yn Lloegr – a hynny drwy rym arfau a dichell – yn gwbl ddienaid, debygwn i. Ond dyna fe, ti yw'r awdurdod mawr ar Foesen a'i iaith a'i dylwyth.[131]

Gyda chofion cynnes iawn atat ti a Mrs Val. a Gweirrul, a Hedd hefyd pan fyddi'n sgrifennu atat [sic], oddi wrthym ni'n dau. Gresyn enbyd i ni ei golli y dydd Iau hwnnw yn Eisteddfod y Rhos.

Yn ddiffuant yr eiddot,

D.J.

Papurau Lewis Valentine, 4/3/3/4/18

60

49 High Street,
Abergwaun.

3 Mai 1946

Annwyl Val,

Gwelais yn yr *Echo* dy fod di i bregethu yng nghyrddau mawr Treletert nos Fawrth a dydd Mercher nesaf. Buaswn wedi anfon gair atat ers tro yn gofyn i ti ddod i aros atom ni yma dros y cyrddau oni bai fod fy ngwraig yn sâl yn y gwely ers wythnos, ac wedi bod yn boenus iawn – yn methu cyffro gan y rhiwmatics yn ei phenliniau. Bûm yn lwcus iawn i Gwen, merch Parri Roberts, a ddaethai i lawr yma i roi help llaw gyda'r *spring cleaning*, ddigwydd bod yma. A byth er y Sul diwethaf y mae hi a finnau wedi bod bron yn *full timers* yn gweini ar y claf.

Wn i ddim sut y byddi di'n dod i Dreletert, ai drwy

Abergwaun, ynteu disgyn yn Mathry Road. Gan nad p'un am hynny, does ond pum milltir o Dreletert yma, galw heibio ar bob cyfri. Y mae yma Feri Ann gref fel y gwyddost a wna gwpanaid o de yn ddigon teidi. Os bydd fy ngwraig yn well dipyn, a Gwen yn gallu aros ymlaen dros yr wythnos nesa, mi fydda i'n dod i'th glywed yn pregethu.

Dim ond gair ar frys sydd yma felly i egluro'r amgylchiadau. Fel y dywedais wrthyt yr ŷm ni wedi trefnu'n barod gyda'r 'awdurdod lleol' mai gyda ni yma y byddi di'n aros dros yr Undeb, os byddwn byw ac iach.[132]

Gan ddymuno i ti fawr hwyl yn dy waith, a chyda'r cofion cywiraf at Mrs Valentine a Gweirrul a Hedd, gan nad ble mae ef ar hyn o bryd.

Yn ddiffuant yr eiddot,

Dai.

Papurau Lewis Valentine, 4/3/3/4/19

61

49 High Street,
Abergwaun.
11 Mai 1946

Annwyl Val,

Dim ond gair yn amgau'r llythyr yma yn ôl i ti. Fe'i cedwais heb ei ail gyfeirio ar unwaith gan gredu, efallai, y cawn air oddi wrthyt yn dweud i ble i'w anfon – ond i ni'n dau anghofio y cyfeiriad i'w anfon ymlaen iddo. Fodd bynnag, gobeithio na wna'r oedi unrhyw wahaniaeth mawr i ti.

Wel, yr hen gyfaill ni gawsom egwyl fer o'r hen gymdeithas hyfryd: ond mor fer yn wir. Ni ddaethost heibio ddydd Iau fel y lled-drefnwyd gennym. Ond teimlwn mai dy garedigrwydd ystyriol di a gyfrifai am hynny, gan fod Siân yn sâl.

Y mae'n dda iawn gennyf ddweud wrthyt ei bod hi wedi codi'r

bore yma, – wedi pythefnos o orfod gorwedd. Gobeithio y daw hi bellach bob dydd.

Edrychwn ymlaen, gyda bendith Duw, am dy gwmni mwyn gyda ni dros yr Undeb. Ac os y bydd modd yn y byd i ti ddod heibio i ni yma pan fyddi di ym Mhenuel, Cemaes, – byddi['n] pasio drwy Abergwaun oni fyddi – wel rhagorol fydd hynny, yn wir.

Gyda chofion cynhesaf atoch fel teulu, gan obeithio fod Hedd yn iach a diogel wrth ofalu am yr Iddewon boliog yna.

D.J.

Papurau Lewis Valentine, 4/3/3/4/20

62

49 High Street,
Fishguard.
18 Gorffennaf 1946

Dear Mr Valentine,

Just had your p.c. announcing your arrival on Monday evening, and we are looking forward with great eagerness to your visit. Had you been able to notify the train by which you expected to arrive I could arrange a car to meet you. We usually make arrangements of that kind when very distinguished visitors arrive at our hotel. The small fry can walk of course, and I usually walk with them.

Os oes modd i ti Val, wybod gyda pha drên y byddi di'n debyg o gyrraedd hal b.c. wnei di.

Ces lythyr diddorol oddi wrth Saunders ddoe, yn dweud y byddai'n dda gydag e petai e'n Fedyddiwr, er mwyn i ni'n tri fod dan yr un to unwaith eto. Gresyn, yn wir, na chaem ni gwrdd y flwyddyn hon, i ddathlu deng mlwyddiant Penyberth, Medi 7, 8.

Galwodd Jack Daniel yma'r wythnos ddiwethaf hefyd – ar ei wyliau yn Nhyddewi hyd ganol yr wythnos nesaf. Daw i fyny nos Fawrth nesa i ni gael treulio noswaith gyda'n gilydd.

Gyda chofion cywiraf atat ti a'r teulu, hyd nos Lun, os byddwn byw ac iach.

Yn ddiffuant,

D.J.

63

[Cerdyn post]
49 High Street,
Abergwaun.
1 Medi 1946

Annwyl Val,

Diolch yn fawr iawn i ti am dy lythyr y bore yma, ac am y rhodd werthfawr i Siân yn ôl dy addewid. Fe roddodd brawf arnynt yn ddioed, a chred yn sicr y gallant fod o help iddi.[133]

Do, fe ddaeth llythyr i ti yma ag arno *bost mark* Llandudno yr union ddiwrnod y gadewaist. Ail gyfeiriais innau ef mewn inc coch, tra swyddogol yr un dydd, ac fe'u postiwyd gan y crotesi. Gobeithio y daw i law yn ddiogel.

Cofion cu,

D.J.

64

Llandudno.
18 Rhagfyr 1946

F'annwyl Gyfeillion,

Gair byr i'ch cyfarch y Nadolig hwn gan ddymuno i chwi bob mwynder. Yr wyf yn darllen yn eiddgar hanes y frwydr am Breseleu, a gwyn fyd na fedrwn ni daro ergyd o'ch plaid. Gwelais air yn y papur heddiw bod ymchwiliad lleol yn cael ei addo gan y llywodraeth i bwnc lladrad y tiroedd.[134] Yr oedd ofn arnaf yrru llyfr Cymraeg i chwi rhag ofn ei fod gennych eisioes, ond dyma lyfr am Ysgotland a ddichon eich diddori chwi dros yr ŵyl.

Byddaf yn treulio'r Nadolig i dorri dadl go fawr, – yr wyf wedi derbyn galwad i Beniwel, Rhosllannerchrugog, yn olynydd i'r Parch. D. Wyre Lewis,[135] ac y mae'n ddigon tebyg mai ei derbyn a wnaf. Yr wyf wedi hen ddiflasu ar y dref hon a'i Chymry-Eingl a'i Heingl tordynion, a chyn fy marw yr wyf am brofi blas byw yng Nghymru Gymraeg, – y mae'r chwe blynedd diwethaf yma wedi llwyr dorri fy nghalon, ac y mae cyfle gwych yn y Rhos. Yng ngwlad yr Addewid ddi-addewid y mae Hedd o hyd, ac yn achwyn ar ei fyd, a minnau'n llwyr anniddig ei fod yno. Y mae brwydr Aberdâr wedi cynhyrfu dipyn ar y wlad, – onid yw'n rhyfedd bod y Gogledd mor araf?[136]

Nid oes gennyf newydd a dâl ei adrodd, – addewais bregethu yn y Gwdig ym mis Mai, a threflan yw honno ger Abergwaun lle mae fy nghyfeillion mwyn yn byw.

Fy llaw a'm calon i chwi,
Val.

Papurau D. J. Williams, Abergwaun, P2/40/21

65

49 High Street,
Abergwaun.
26 Rhagfyr 1946

Annwyl Val,

Mi gefais lyfr godidog o ddiddorol yn ôl tystiolaeth fy ngwraig, o leiaf, oddi wrthyt, a dyma finnau wedi oedi hyd heno cyn anfon gair o ddiolch i ti amdano. Nid wyf ond wedi cael pip arno hyd yma. Y gwir yw fy mod i wedi ordro llyfr i ti ers rhyw dair wythnos neu ragor fel ag i'w anfon yn rhodd Nadolig.

Ond nid yw wedi dod eto. Llyfr diwethaf Aldous Huxley, *The Perennial Philosophy* yw e.[137] Gobeithio nad yw gennyt, ac nad wyt wedi ei ddarllen chwaith. Os yw gennyt gyr air wnei di, fel y gallwn, o bosib, gan na chyrhaeddodd hyd yma, ei newid am rywbeth arall.

Diddorol oedd clywed dy fod di yn ystyried derbyn yr alwad i'r Rhos. Ni allaf i feddwl am le yng Nghymru gyfan y byddit ti'n debyg o fod yn fwy dedwydd ynddo nag ymhlith pobl anfarwol y Rhos, – Rhondda'r Gogledd. Fe hoffson ni'n dau hwy yn rhyfedd pan fuom yn aros yno wythnos yr Eisteddfod, – pobl gynnes galon, byw o feddwl ac ysbryd, a ffraeth a phert eu hymadrodd fel Jemeima o fendigedig goffadwriaeth. Buom yn ei thŷ hi sawl gwaith yn ystod yr wythnos gan mai yno yr arhosai Morus a Kate.[138]

Wel, Val, ti yn unig a all benderfynu mater fel yna. Rwy'n teimlo am Abergwaun yma, weithiau, fel y teimli di am Landudno – wedi syrffedu ar y lle, ar ôl ymladd cyd yn erbyn ei ysbryd; ac mai gorau oll iddynt hwy ac i minnau ymadael â'n gilydd. Ond yma yr ŷm ni o hyd, gan ymddiried yn nhrefn Rhagluniaeth mai yma y dylem ni fod am dipyn eto.

Dichon dy fod di wedi penderfynu y naill ffordd neu'r llall erbyn hyn. Bendith y nefoedd fo ar dy ddewisiad, gan nad beth y bo. Does neb ond tydi, dan arweiniad yr ysbryd, a all wneud y dewis. Os byddi'n teimlo felly, er nad ŷm ni fawr o ohebwyr â'n gilydd, hal air bach ar y pen.[139]

Af i fyny i Aber. bore fory i'r Pwyllgor Gwaith nos yfory am 6. Hwyrach y gwelaf Saunders yno, neu fynd i'w weld y Sadwrn. Gwelais ef ryw fis yn ôl wedi i mi fod yn annerch Cangen y Coleg o'r Blaid. Yr oedd yn dra digalon, ac yn sôn am adael Cymru, pe cai swydd yn Lloegr neu America lle y mae brawd ganddo fel y gwyddost. Y mae wedi syrffedu ar sgrifennu i'r *Faner* wyth mlynedd ar ei hyd o newyddiaduraeth o'r godidocaf. Teimla fod Cymru wedi ei wrthod. Fe'i sicrheir yn bendant yn y gred honno, o roi coel arni, yn y rhifyn presennol o'r *Welsh Review* yn y llith

'Welsh Profile: Saunders Lewis' – y peth diffeithiaf ei fwriad er llith Gwilym Davies yn y *Y Traethodydd* ryw dair blynedd yn ol.[140] Fel honno, ei amcan y mae'n amlwg, yw troi Saunders Lewis yn llwyr allan o fywyd cyhoeddus Cymru – gan gyfiawnhau cachgwn y Brifysgol yn ei wrthod. Clywais si am wneud tysteb iddo. Credaf pe trefnid tysteb iddo y cai filoedd o bunnoedd mewn dim o dro, a byddai'n haeddu pob dimai ohonynt. Gresyn na fyddai modd iddo fod yn annibynnol ei amgylchiadau fel y gallai roi o'i athrylith ddihafal i gyfoethogi ein llenyddiaeth.[141]

Dyna enbyd o beth ei bod hi'n rhaid i Hedd beryglu ei fywyd yng Ngwlad yr Addewidion yn ceisio cadw'r ddysgl yn wastad rhwng carnladron y Saeson a'r Iddewon.

Wel, Blwyddyn Newydd Dda Iawn, a phob bendith i ti ac i'r teulu ar ei byd yw'n dymuniad cywiraf ni'n dau.

D.J.

Papurau Lewis Valentine, 4/3/3/4/23

Y pedwardegau ar ôl y rhyfel

Derbyn gofalaeth eglwys Penuel Rhosllannerchrugog

Cytuno â Saunders ar dactegau gwleidyddol

66

Eglwys y Bedyddwyr Cymraeg,
Llandudno.
Dydd Sul. [Diddyddiad. Ionawr 1947]

F'annwyl Gyfaill,

Ar dy gais dyma fi yn hala gair i ti i'th hysbysu fy mod wedi derbyn yr alwad i Beniwel, Rhosllannerchrugog, ac y mae'n debyg y symudaf yno ym mis Mawrth. Bydd yr anfarwol Jemeima yn un o'm haelodau, a byddaf wrth fy modd yn yr ardal. Yr wyf newydd yrru gair at Kate, – blwyddyn i heddiw y daeth Dafydd yma i'm hysbysu am farw Morris. Drwg a thrist a ddywedaist am Saunders – caiff pob ceiniog a feddaf i'w dysteb, – ond ni all[af] weld Saunders yn caniatáu tysteb. Baw i bob anrhydedd a safle pe'm perchid a'm caru gan yr etholedigion sy'n parchu a charu Saunders. Bûm gynnau yn darllen 'Meca'r Genedl' er mai Sabath yw hi – beth am stori ynglŷn â'r carchar?[142] Blwyddyn o'r mwynaf i'r ddau ohonoch,
Val

Papurau D. J. Williams, Abergwaun, P2/40/22

67

49 High Street,
Abergwaun.
7 Ionawr 1947

Annwyl Val,

Rhoddodd dy lythyr y bore yma yn dweud dy fod di wedi penderfynu derbyn galwad y Rhos lawenydd gwirioneddol i ni'n dau. Ni allai neb fentro awgrymu i ti beth i'w wneud, gydag unrhyw hawl: ond yn fy nghalon yr own i'n mawr obeithio mai ei derbyn hi a wnait, am fy mod i'n credu'n bendant y gelli di a phobl y Rhos wneud pethau mawr gyda'ch gilydd. Mewn ychydig bach o amser ni hoffais i bobl erioed fel yr hoffais i bobl y Rhos, gyda'u brwdfrydedd a'u naturioldeb syml, heb sôn am y talentau disglair a roed i blant y Rhos erioed.[143]

Wel, bendith yr Arglwydd fyddo ar dy ddewisiad di a hwythau yr hen gyfaill. Dyna yw dymuniad diffuant ein calon ni'n dau.

Yr ŷm ni'n falch neilltuol dy fod di i ddod i bregethu i'r Goedwig, Goodwick, y mis Mai yma. Cawn dy gwmni di yma yn y Bristol Trader dros y Sul hwnnw, a phardwn sicr pobl y Goedwig am yr hawlfraint arnat.

Gan na ddaeth y copi o'r *Perennial Philosophy* er ei erchi wythnosau cyn y Nadolig i law eto, rwy'n anfon y copi hwn i ti, gan nad wyf wedi darllen dim ohono, ond yn unig droi ychydig ddalennau. Fe ddaw'r copi arall yn sicr cyn y bydd gen i amser i'w ddarllen, yn yr unig ffordd y gellir darllen llyfr fel hwn.

Gyda'n cofion cynhesaf ni'n dau atat ti a'r teulu. Onid yw'n enbyd o beth fod Hedd yn gorfod bod yna yng nghanol sgarmes y Sais a'r Iddew yng Ngwlad yr Addewidion y dyddiau hyn?

D.J.

Papurau Lewis Valentine, 4/3/3/4/24

68

Llygad-y-glyn,
Llanfarian,
Aberystwyth,
Ceredigion.
16 Ionawr 1947

Annwyl Val,

Newydd glywed yr wyf i eich bod wedi derbyn galwad i fynd i'r Rhos yn olynydd i'r Parch. Wyre Lewis. Dyma finnau'n dymuno i chwi bob bendith ar y mudo a gobeithio y byddwch yn hapus yn eich gwaith yno ac y bydd eich dyfod yn fudd mawr i'ch pobl yno ac i'r ardal. Bydd yr awyrgylch yn od o wahanol i ddim a fu o'ch cwmpas yn Llandudno. Fe gollwch ffrindiau hefyd. Ond fe wnewch rai newydd, a bydd y newid yn adfywiad i chwithau – fe ddylai fod bywyd a bywiogrwydd yn y Rhos. Fy nghofion atoch yn gynnes iawn ar gychwyn y flwyddyn newydd, ac at Mrs Valentine a'r teulu.

Fe ddylech chwi a mi a Dai gyfarfod y mis Ionawr yma i ddathlu ein myned ynghyd fis Ionawr ddeng mlynedd yn ôl i alwad arall yn y modur hwnnw o'r Old Bailey i'r Scrubs. Efallai y gallwn drefnu cinio dathlu cyn diwedd yr haf, o leiaf.[144]

Yn gu iawn, annwyl gyfaill,
Saunders.

Papurau Lewis Valentine, 4/3/311/3/24

69

49 High Street,
Abergwaun.
13 Ebrill 1947

Annwyl Val,

Diwedd yr wythnos diwethaf derbyniasom gerdyn yn ein gwahodd i'th gwrdd sefydlu di yn y Rhos – oddi wrth yr Ysgrifennydd Mr Thomas. Y pellter yn unig sy'n ein rhwystro ni rhag dod yno. Dymunwn ddiolch yn gynnes iawn i'r eglwys am y gwahoddiad.

Wel, yr hen Val, does gennym ni'n dau ond dymuno bendith y nef i ti a'r teulu ac i'r eglwys ar yr amgylchiad arbennig hwn o bwysig yn hanes pawb ohonoch. Gall fod yn bwysig yn hanes y gororau i gyd.

Yn sicr, y mae pobl y Rhos yn bobl ar eu pen eu hunain. Nid apeliodd pobl ataf i erioed gymaint ag y gwnaeth pobl y Rhos mewn cyn lleied o amser – rhyw dri neu bedwar diwrnod dros yr Eisteddfod Genedlaethol. Yr oedd eu caredigrwydd, eu croeso cynnes, cartrefol, a'u hiwmor diball, a Jemeima – y mae'n ddrwg genny nad ydw i'n cofio Mrs Peth yw hi, yn coroni'r cyfan – yn ennill serch dyn ar unwaith. A theimla Siân yn hollol yr un fath. Arhosem ni gyda Mrs James a'i gŵr, 10 Hill Street, a'r ddau blentyn ffel – Gwyneth a Philip. Cliper am wneud *chips* yw Mrs James. Pan gei di gyfle ryw dro galw heibio iddyn nhw wnci di gan ein cofio ni yn fawr atynt fel teulu; ac os cei di gyfle am gwpwl o *chips* gyda Mrs James, cofia beidio â dweud yr un fath a William Jones wrthi.[145] Cofia ni hefyd at Jemeima a'r teulu a Mr a Mrs Jones, y llyfrwerthwr.

Wel, yr hen Val, bendith yr Arglwydd fyddo arnat ti ar ddechrau dy waith yn y maes newydd hwn. Gobeithio'n fawr fod dy iechyd yn dal yn dda. Fe fyddai'n dda gennym ni'n dau fod yn bresennol yn cyfranogi o ysbrydiaeth y cyrddau sefydlu. Fe fyddwn yn meddwl amdanoch yn ystod y dydd.

Meddylia, yn wir, am ddewis yr Idris Bach Foster yna yn lle Saunders i lanw cadair Syr John Rhys yn Rhydychen! Ifor Williams yn awgrymu gosod ei gyw bach ei hunan yn y nyth, y mae'n debyg; a'i air ef yn derfynol.[146] Ond ŷm ni'n genedl o ddewrion, mewn difrif? Onibai fod yna eithriadau mor wych, a'r rhan fwyaf o'r rheiny fel y mae'n digwydd, yn y Blaid, fe fyddai'n ddigon i ddanto dyn ar ei genedl ei hunan.

Pa bryd yr wyt ti i bregethu yn Goodwick? – rwyf wedi anghofio'r dyddiad yn awr. Disgwyliwn ymlaen am dy gwmni yr adeg honno yn fawr – then we can discuss abstruse problems in English as usual, Mr Valentine.

Gyda'r cofion cynhesaf; a'n dymuniadau gorau ni'n dau ar ran pawb ohonoch,

Yn ddiffuant,

D.J.

Papurau Lewis Valentine, 4/3/3/4/26

70

49 High Street,
Abergwaun.
18 Rhagfyr 1947

Annwyl Val,

Wel, shwd wyt ti, yr hen gyfaill, ers tro hir bellach? Yn iawn gobeithio, a Mrs Valentine, a Hedd a Gweirrul yr un modd. Gobeithio'n fawr fod Hedd allan o fusnes leuog yr Iddew a'r Arab a'r Sais yng Ngwlad yr Addewidion erbyn hyn.

Does gen i ond gair byr i ti yma i gyflwyno dymuniadau gorau'r tymor i chi fel teulu. Gobeithio nad wyt ti yn lladd gormod arnat dy hun yn dy eglwys newydd. Gallaf ddychmygu, â'r holl weithgarwch sydd yn y cylch ymhob rhyw faes fod y Rhos yn lle sy'n difa egni y rhai mwyaf byw ynddi yn enbyd. Ond y mae'r Arglwydd a Jemeima gyda thi o hyd i droi atynt ambell dro am gysur a thipyn o seibiant. Gyda llaw, rhag i mi anghofio, cofia ni'n dau at y teulu caredig yna i gyd yn fawr iawn.

Rwyf wedi erchi, ers tro, rhyw lyfryn bach gan Aldous Huxley i'w anfon i ti, gan obeithio nad wyt wedi ei ddarllen; ond fel popeth y mae mor hir yn cyrraedd. Ond yn ôl y llyfrwerthwr fe ddylai ddod.

Y mae cyflwr y byd yn rhy druenus i ddechrau sôn amdano. Y mae eisiau i ti ddod yn ôl i Bwyllgorau'r Blaid eto, Val; ac i'r Ysgol Haf. Y mae dy eisiau yno'n fawr, heblaw y caem gwmni ein gilydd yn fwy mynych drwy hynny. Tybed a fydd yn ddewisach gan Gymru lwfr, bensucan gael ei hudo gan y Pleidiau Saesneg eto, na throi at Blaid Cymru. Os felly, dyna ben draw arnom rwy'n ofni, yn wir, weithiau. Ac eto, chreda i ddim ym mêr fy esgyrn, y try yr Arglwydd ei gefn yn llwyr ar yr Hen Genedl.

Gyda chofion cywiraf yr hen ddyddiau atat, ac at y teulu.

D.J.

Papurau Lewis Valentine, 4/3/3/4/27

71

49 High Street,
Abergwaun.
1 Ionawr 1948

Annwyl Val,

Wel, fe ddylai fod cywilydd arnaf na fuaswn wedi anfon gair atat i ddiolch i ti am dy rodd hardd ac anrhydeddus i mi adeg y Nadolig. Mi dreuliais ran helaethaf o'r dydd nodedig hwnnw yn ei ddarllen yn dawel a myfyrgar. Ac yn wir Val, ni ellasit byth fod wedi anfon llyfr a roddai fwy o hyfrydwch ac o adeiladaeth ysbrydol i mi. Roedd pob paragraff o'r bennod gyntaf yn wledd i mi. Yn araf, araf, gan gnoi fy nghil ar bob tamaid ohono y byddaf i'n darllen llyfr da, bob amser. Diolch o galon i ti, yr hen gyfaill amdano.

Methais a chael y llyfr bach hwnnw gan Aldous Huxley – *Science, Liberty and Peace*.[147] Nid yw ond bach o bris, 3/6, a maint – ond ei gynnwys yn rhagorol iawn fel dadansoddiad o'r cyfnod hwn. Cefais wybod, yn rhy ddiweddar, ei fod allan o brint. Yn ei le, rwyf wedi erchi *The Native Never Returns* i'w anfon i ti, – llyfr Tom Jones, gan obeithio nad yw gennyt. Llyfr sydd a'i ddirnadaeth o Gymru yn druenus ac anobeithiol ydyw; ond eto, wedi ei sgrifennu'n dda a diddorol. Paid a'm rhegi cyn ei gael am ei ddewis – oherwydd y mae'r wybodaeth sydd ynddo am lawer iawn o bethau yng Nghymru yn fuddiol iawn. Ei bennod gyntaf lle y mae'n ymdorheulo gerbron Cymrodorion parchus Caerdydd a darnio'r Blaid sy'n wir druenus, ac anonest hefyd hyd y gallaf i farnu.[148]

Addewais innau lith ar Saunders i'r Dr Pennar. Nid wyf yn chwennych y dasg fwy na thithau, ac awgrymodd Pennar fod Saunders yn gwrthwynebu ymdriniaeth bersonol arno. Hyd yma nid wyf wedi sgrifennu gair, er fod yr ysgrif i fod yn barod erbyn diwedd y flwyddyn. Teimlaf i fel tithau, mi wn, fod gennyf gymaint i'w ddweud amdano. Y gamp yw gwybod sut i'w ddweud.

Cofion fil atat,
O.N. Cei'r llyfr bondigrybwyll yn fuan gobeithio,
D.J.

Papurau Lewis Valentine, 4/3/3/4/28

72

49 High Street,
Abergwaun.
5 Mai 1948

Annwyl Val,

Y mae arnaf ddyled i ti o lythyr, ac o'r llyfryn hwn er dechrau'r
flwyddyn yma. Ond gwyddost y fath ohebwyr gwael yw'r ddau
ohonom, – a hynny, o'm hachos i, rwy'n credu, oherwydd dy
fod di'n croesi fy meddwl mor fynych. Mae'r meddyliau hyn
yn gwneud y tro yn lle llythyron. Y maent yn gyflymach ac yn
rhatach. Ond hel esguson yw'r cyfan hyn, o bosib, oherwydd fy
oedi cywilyddus yn anfon y llyfryn yma i ti, a minnau wedi ei
gael bron yn union wedi i mi anfon atat yn ei gylch ddiwedd y
flwyddyn ddiwethaf.

Y mae'r *Native Never Returns* yn darllen yn ddigon diddorol,
ond fod ei syniadau am rai pethau, ac arwynebedd [*sic*] ei sylwadau
am y Blaid yn druenus mewn gwirionedd – mentaliti'r *flunkey* i'r
dim. Mi sgrifennais lith ar gais Pennar ar Saunders yn union wedi
darllen *Canlyn Arthur* a *The Native Returns*. Teitl fy llith yw 'Dau
Ddehonglydd Cymru' sef y Dr Tom Jones a Saunders Lewis. Nid
yw'r llith ar ei hyd, yn ddim amgen na chymharu gweledigaeth y
ddau ŵr yma am Gymru fel yr amlygir hi yn y ddau lyfr yma. Wn i
ddim beth fydd pobl yn feddwl ohoni fel ysgrif ar Saunders o gwbl,
na pheth fydd Saunders ei hun a'i drwyn hir beirniadol yn ei ddweud.

Llith bersonol o'm hadnabyddiaeth i o Saunders fyddwn i'n
garu'i wneud, oni bai i Pennar anfon gair i ddweud fod Saunders ei
hun yn bendant groes i'w drin ef felly. Boddlonodd i drin ei waith,

os mynnid, ond ef a'i achos – dim. Wedyn, gorfu i mi gwympo 'nôl ar y ddyfais uchod.[149]

Diau i tithau fod wrthi fel minnau yn sôn am y gŵr bach balch, hoffus yma sydd wedi bod yn fwy o ddraenen yn ystlys Philistiaid Cymru hyd yn oed nag Emrys ab Iwan.[150] Clywaist yn ddiau iddynt beidio â'i roi hyd yn oed ar y rhestr fer am swydd Trefnydd Dosbarthiadau Allanol dan Goleg Bangor. Alun Llywelyn Williams[151] yn ei chael hi. Y mae sôn mawr am ddarlithiau Saunders i ddosbarth Cymraeg tref Aberystwyth y gaeaf diwethaf – cyrddau mewn bob un ohonynt y mae'n debyg. On'd ydym ni'n genedl druanaidd ein bod ni wedi dioddef cadw Saunders allan o bob swydd drwy'r blynyddoedd? A dau sgowndrel arall o'r un carchar yn cael cadw eu swyddi yn ddigon talog.

Gelwais yn nhŷ Saunders y Pasg; ond nid oedd adref. Mae Mair, y ferch druan, yn *sanatorium* Galltymynydd yn ymyl fy hen gartref i. Clywais ei bod yn well, diolch i'r Arglwydd.

Wel, Val, os da y cofiaf, credaf dy fod di i bregethu yn y Groes Goch, Tyddewi, rywbryd tua'r Sulgwyn yma. Ni wn y dyddiad. Wel, nawr te, bydd yn rhaid i ti, yn sicr, fynd drwy Abergwaun. I lawr gyda'r bws o Aberystwyth, y doi yn ddigon posib. Wel, nawr te, yn lle dy fod di yn treio gweud na chest di ddim gwahoddiad i aros yma, fel y gwnaethost y llynedd, dyma'n gwahodd ni'n dau i ti yma'n awr ar ddu a gwyn, mewn papur ac inc, fel na elli di'i wadu ef, – Trefna dy fod di'n dod yma i fwrw diwrnod neu ddau, ar y ffordd i lawr, neu yn ôl, neu ddau o ran hynny, fel y bo'n fwyaf cyfleus i ti. A hal wybod dy drefniadau gynted byth ag y gelli.

Gobeithio fod pawb ohonoch yn iach a dymunol arnoch. Ymhle y mae Hedd erbyn hyn wn i. Wedi dibennu bod yn was i'r Sais a'i ddiawlineb gobeithio, drwy orfod cadw'r ring i'r Arab a'r Iddew i neidio at yddfau'i gilydd.

Gyda'n cofion cynnes ni'n dau atoch fel teulu.

Yn gynnes iawn,

D.J.

73

49 High Street,
Abergwaun.
23 Mai 1948

Annwyl Val,

Hen dro enbyd i ni golli dy gwmni y Llun diwethaf, a ninnau yma wedi dy ddisgwyl gymaint. Gresyn yn wir i'r Parch. R. S. Rogers fynd yn sâl. Ond roedd fel petai croen 'i din e ar 'i dalcen e, – maddeua'r gymhariaeth – nos Sadwrn, fel rwyt ti'n cofio yn ddiau. Rhaid fod yr hen bwr ffelo yn ddi-hwyl y pryd hwnnw; dyna pam yr oedd e mor ddiras, fel y teimlwn i.

Fodd bynnag, fe ddaw cyfle yn fuan eto i ni gael dy gwmni, gan dy fod di i bregethu yn Hermon, bythefnos i heddi, sef, Mehefin 6, yn ôl a ddeallwn! Ddywedaist di ddim gair am hynny, cofia.

Rŷm ni eisoes wedi trefnu gyda phobl Hermon, mai gyda ni yma y byddi di'n aros. Wedyn, fe gawn gyfle i wneud lan am yr hyn a gollasom y dydd o'r blaen.

Fe gawn wybod gennyt ti eto, gyda pha drên y gallwn ni dy ddisgwyl di.

Heb ymhelaethu yn awr, te, a chyda'n cofion cynhesaf ni'n dau atat.

Yn ddiffuant yr eiddot,

D.J.

Papurau Lewis Valentine, 4/3/3/4/30

74

[Cerdyn post. Dim dyddiad na chyfeiriad, o bosib wedi'i bostio mewn amlen. Dyddiad – tua dechrau Mehefin 1948]

Annwyl Gyfeillion,

Diolch am y llythyr – yr oedd yn ofid gennyf fethu a dyfod yna y nos Lun o'r Groesgoch. Bûm yn ffodus iawn bore dydd

Mawrth, – yr oedd car yn danfon milwr ieuanc i Fathry a chefais innau bas yn ei gysgod, a chyrraedd adref mewn amser gweddol ar gyfer cwrdd oedd gennyf yma. Bydd yn orfoledd arnaf dros y Sul nesaf yn 49 unwaith eto. Deuaf trwy Aberystwyth – af i Landudno dydd Mawrth – oddi yno i Lŷn ac oddi yno i Aber, a bws o Aber. i Aberteifi ac i Abergwaun, – fe ddylwn fod yna tua phump o'r gloch. Clywed heddiw bod hen gyfaill i mi – gweinidog Aberdaugleddau wedi marw, – rhyfedd na chlywswn ynghynt, – J.T. wrth ei enw. Clyw-ryfeddod! – y mae gennyf gân yn *Y Faner* dydd Mercher i'w huchelder y Dywysoges Lisi Lonydd ar ei siawnt ym Mharis ... oni chaf O.B.E. amdani yna corwynt a'm cipio.[152]
Yn wych y boch hyd y Sadwrn,
Val

Papurau D. J. Williams, Abergwaun, P2/40/24

75

49 High Street,
Abergwaun.
16 Rhagfyr 1948

Annwyl Val,
Wel, gair atat, yr hen gyfaill mwyn ar ddiwedd blwyddyn eto. Gobeithio eich bod chi i gyd fel teulu yn weddol iach a hwylus. Shwd mae'r boen yna a arferai dy flino di, yn awr, Val? Yn llawer iawn gwell, gobeithio. A shwd mae Hedd yn leicio yn Aber? Rwy'n clywed ei fod yna – mae nith i Siân yma, merch i un o'r rhocesi hynny, a oedd yma adeg yr Undeb yn digwydd bod yn yr un dosbarth ag e, yn cyd eistedd wrth draed Gwenallt a Parry-Williams, os gellir derbyn y ffigwr yna am y chwech a phedair.[153]
Shwd mae Jemeima a'i thŷ a'i thylwyth? Cofia fi atynt i gyd.
Amgaeaf y copi yma o *Freuddwyd Rhonabwy* [sic] i ti, gan obeithio'n fawr nad wyt ti wedi digwydd ei brynu. Y mae nodiadau Melville Richards yn ddiddorol iawn. Peth trawiadol

iawn ynte yw mai Ceiriog wedi ei Seisnigeiddio yw'r gair Chirk am Gastell y Waun. Sylwaf fod yr awdur yn cyflwyno'r llyfr yn ofalus iawn i'r 'Athro Anrhydeddus a Chyfaill Cywir' Henry Lewis.[154]

Beth fydd barn Cymru'r dyfodol am y ddau ansoddair dewisol yna, wn i.

Y mae Saunders yn sgrifennu mor loyw ac ysbrydoledig ag erioed yng 'Nghwrs y Byd' onid yw. Roedd ganddo gleiniau gwych ar y Cyngor Cymreig yn y rhifyn diwethaf – 'y tŷ bach'.[155] Rown i wedi clywed yn bendant dy fod di'n golygu dod i gwrdd croeso De Valera.[156] Gresyn na fyddet yno.

Gyda chofion diffuant at bawb ohonoch oddi wrthym ni'n dau.

Papurau Lewis Valentine, 4/3/3/4/31

76

49 High Street,
Abergwaun
Nos y Nadolig 1948

Annwyl Val,

Wel, wn i ddim beth i'w ddweud wrthyt ti am y rhoddion rhyfeddol o hael yma – y tri llyfr yn drysorau mewn gwirionedd. Wyt ti'n nabod y Dr Ifan Huw Jones yma, awdur *Mygyn gyda'r Meddyg*? Onid oes yma ddoethineb, synnwyr cyffredin da, a llawer o wybodaeth werthfawr wedi ei grynhoi yn y llyfryn bach hwn?[157] Bydd darllen hwn yn iechyd i gorff a chalon pob Cymro. A dyna'r hen Hooson fwyn ac annwyl, wedi mynd! Roedd ef a Collwyn Morgan a Gwenallt yn aros yn yr un tŷ a fi adeg Eisteddfod Colwyn Bay y llynedd – cymdeithas ddiddan yn wir. Anfonais air i'w longyfarch wedi i Brifysgol Cymru roi ei gradd iddo.[158]

Er rhagored bardd ydoedd pe digwyddasai fod yn aelod o'r Blaid nid yw'n debyg y byddai'r Brifysgol o'i Holympia difrycheulyd wedi darostwng ei golygon gymaint ag i weld digon o deilyngdod i roi gradd anrhydeddus iddo. Y mae llawer mwy o fenter a mawrfrydedd yn y Bwrdd Addysg Seisnig sy'n gallu rhoi swyddi i bobl fel Cassie, Jack Daniel, a Saunders nag sydd yn ein Prifysgol bondigrybwyll Cymru! Coleg Pry Genwair Cymru y galwodd Parry-Williams, gyda'i ddawn arferol i chwarae ar eiriau, Goleg Prifysgol Cymru yn Aberystwyth yn nyddiau ei wrthryfel cynnar. Y mae lle i ofni ei fod ef ei hun wedi hynny, wedi helpu'r Brifysgol i haeddu'r teitl hwnnw.[159]

Wel, Val, ni allaset ti byth fod wedi rhoi rhodd werthfawrocach i fi na'r *Apocryffa Cymraeg*. Nid oedd gennyf gopi ond yng nghlorwth mawr Beibl Peter Williams. Wel diolch calon gywir i ti yr hen gyfaill.[160]

Cofion ein dau,

D.J.

Papurau Lewis Valentine, 4/3/3/4/32

77

Penuel,
Eglwys y Bedyddwyr,
Rhosllannerchrugog.
Difia. [Diddyddiad. Tua 12 Hydref 1949]

F'annwyl D.J. a Siân (neu, mi ddylwn fod wedi enwi Siân yn gyntaf),

Mi synnwch yn fawr derbyn llythyr gennyf mor annisgwyl, ond y mae'n rhaid i mi fwrw ar rhywun y boen hon sydd ar fy meddwl. Yr oedd yn chwith iawn gennyf golli Machynllaith, ond beth wna dyn – yr oedd gennyf hen gyhoeddiad yng Nghwmbwrla ers dwy flynedd, ac oedfa nos Sadwrn yn cychwyn am 6.30. Chwithicach na hynny oedd colli'r Ysgol Haf a'r Eisteddfod, ond cefais rhyw ddeng niwrnod o ffliw a'm hysigodd yn lân, ac y mae marc y gwalch arnaf o hyd, ac yr wyf yn diferu

o chwys ar y peth lleiaf. Ond at y boen yma! Yr wyf newydd
ddarllen a hir ddarllen, a gadael pregeth ar ei hanner a methu
mynd ymlaen â hi wedi fy nghythruddo'n fawr gan GWRS Y
BYD YR WYTHNOS HON. Erthygl dra phwysig – ac ar ei
chorn dylid galw cyfarfod arbennig o'r Pwyllgor Canol i ystyried
ein polisi etholiadol yn ei golau. Cytunaf yn rhwydd â Saunders,
– ymladd dau etholiad – un yn y Gogledd ac un yn y Deheudir, a
chrynhoi pob tipyn o ddawn sydd gennym ar y ddau a siawns na
chawn ddilynwyr lawer. Effaith hynny ar bobl fydd hyn:– credu
mai canlyniadau cyffelyb ped ymladdesid ymhob etholaeth, ac
yna ystyried awgrym Saunders o daro ar y Cynghorau Sir. Mynd
yn ôl i'r polisi gwreiddiol o weithio yng Nghymru yn unig ynte?
Beth a ddywedwch, gyfeillion mwyn? Yr wyf wedi gyrru gair at
J.E. gyda'r un post â hwn yn crefu am sylw i'r awgrymiadau hyn,
ac ail ystyried ein polisi etholiad – y mae Atli wedi rhoddi amser i
ni wneuthur hyn trwy ohirio'r etholiad tan y gwanwyn. Os yw'r
peth yn eich corddi chwithau efallai y gyrrwch chwithau air ato
i'r un perwyl.[161]

Bûm yn Ninbach ddoe yn ymweld â'r Seilam a galw i weld
criw *Y Faner*, – Gwilym R.[162] yn cytuno â mi, – yr oedd Kate wedi
gadael am Baris.

Maddeuwch rhyw haden o lythyr fel hwn, – yr wyf wedi
paratoi ar gyfer taith i'r Felinfoel dros y Sul ... cofion o'r mwynaf
atoch ... buasai'n dda gennyf fedru dyfod i Gyfarfodydd dathlu
pumed pum mlwydd Parri bach yn y Fynachlog-ddu,[163] ond rhaid
fydd dychwelyd ar gyfer oedfaon yn Llanrwst.

Fy llaw a'm calon,
Lewis Episcopus Rosiensis+

Papurau D. J. Williams, Abergwaun, P2/40/27

78

49 High Street,
Abergwaun.
24 Hydref 1949

O.Y. Llongyfarchion ar dy gân brydferth a dwys yn *Y Faner*. D.J.[164]

Annwyl Esgob y Rhos.

Diolch i chi, O ardderchocaf Ludvicius! am eich cyfarchion caredig y dydd o'r blaen. Buaswn wedi ateb eich neges ddiddorawl ers tro, oni bai i mi fod ar daith bell ac annisgwyl ddechrau'r wythnos ddiwethaf, a diwedd yr wythnos gynt. Bûm yn Iwerddon, yn yr Oireachtus [*sic*] yn Nulyn, os gwelwch yn dda, a hynny ar rybudd o ryw ddau ddiwrnod yn unig, yn un o bedwar yn cynrychioli U.C.A.C. Bebb fel llywydd yr Undeb neu'r Dr Evan J. Jones oedd i fod i fynd rwy'n credu, er na wyddwn i mo hynny ar y pryd pan bwyswyd yn drwm iawn arnaf am fynd gyda Gwyn Daniel yr Ysgr., Vic Jones, sylfaenydd U.C.A.C. a Mati Rees, Llanelli.[165]

Fodd bynnag cefais i a'r lleill groeso teilwng o haelioni hoffus y Gwyddel ar eu gorau.[166] Ond rhaid gadael y cyfan yna'n awr gan y byddai cymaint i'w ddweud. Bûm wedyn, nos Wener diwethaf yn Birmingham, yn rhoi tipyn o ddarlith dan nawdd y Dosbarthiadau allanol, i'n cyd genedl – nifer dda chwarae teg iddynt, wedi dod ynghyd dan dywysiad cyson Delwyn Phillips[167] sy'n gwneud gwaith rhagorol ymhlith Cymry'r Canoldir. Ond rhaid peidio â chwrso'r sgwarnog honno ymhellach ychwaith, er mwyn dod yn ôl at dy lythyr di.

Yn awr te, beth ar ôl Machynlleth? Diau i ti gael gair gan J.E. am 'Bwyllgor y Llywydd' fel y'i geilw i'w gynnal yn y Llandre, nos Wener a bore Sadwrn, wythnos i'r nesaf. (Gresyn enbyd, gyda llaw, i ti fethu dod i'r Rali i Fachynlleth, ac i'r Ysgol Haf eleni. Roedd yna ddisgwyliad cyffredinol amdanat ti ym Machynlleth, a siom na fyddet yno. Wrth gwrs, ni allet help fel y nodai dy lythyr; waeth does neb am dorri cyhoeddiad hyd y gallo. Ond yr oedd colli Kate a tithau oddi yno, heb sôn am Saunders wedyn, yn gadael gwagle amlwg i'r gynulleidfa yn y rhai ar y llwyfan. A'r hen Ellis Bach, wedyn, dyna un a fyddai yno, yn ddios, petai modd iddo!)

Mae'n rhaid crynhoi holl adnoddau'r Blaid at ei gilydd ar gyfer yr etholiad hwn. Dyma'r prawf llymaf ar ein gwerth a fu o gwbl.

A elli di ddod i'r Pwyllgor yn y Llandre wn i? Gobeithio'n fawr y medri fel y caffom drafodaeth gyflawn ar y sefyllfa. Fy syniad i yw y dylem ymladd pedair etholaeth, – Arfon, Meirion, yn y Gogledd, a Dwyrain Myrddin ac Aberdâr yn y De. Petai arian yn caniatáu, fe gredwn i mai gorau po fwyaf o seddau a ymleddid – am mai yn ystod etholiad pan ddaw pobl ynghyd, y ceir y cyfle gorau i roi rhaglen y Blaid gerbron, a thrwy hynny ennill aelodau newydd a all ddod yn gynghorwyr yn ddiweddarach. Dyna Aberdâr yn etholiad y Cyngor Tref eleni yn cael dros 3,000 o bleidleisiau i 4 o ymgeiswyr y Blaid. Oni bai y propaganda yno, ni safasai neb yn enw'r Blaid; waeth cyn hynny nid oedd ugain o aelodau swyddogol o'r Blaid yn yr etholaeth i gyd. Ac ni byddai canoli'r sylw ar ddwy etholaeth, o angenrheidrwydd, yn golygu y ceid rhagor o bleidleisiau yn y ddwy etholaeth hynny na phe'r ymleddid mewn nifer o etholaethau eraill. Pa ffordd mwy effeithiol wedi'r cyfan o fagu cynghorwyr ar gyfer y dyfodol nag ennill nifer luosog o bobl i gredu yn rhaglen y Blaid ym mhoethder etholiad seneddol. Meddylia am Gymru gyfan, ac eithrio mewn dwy etholaeth, heb glywed neges y Blaid yn ystod yr etholiad. Oherwydd ond lle bo ymgeisydd gan y Blaid, polisi cyfrwys y Pleidiau Seisnig yw gwthio polisïau Imperialaeth y Llywodraeth fel prif faterion y dydd ar etholwyr twp, diniwed, a di-asgwrn-cefn y Cymry, ac fe'u twyllir fel plantos.

Dyna un ochr iddi, mi wn. Y fantais fawr, wrth gwrs, yw arbed mynd i ddyled a fydd fel maen melin am wddf y Blaid hyd etholiad arall. Cyfaddawdu ac ymladd hyd yr eithaf mewn pedair etholaeth a deimlaf i ar hyn o bryd, fyddai orau.

Y mae un peth drwy'r blynyddoedd y teimlaf i fod y Blaid

yn dra diffygiol ynddo – sef ei ddiffyg ynni a phenderfyniad o gael rhagor o dderbynwyr i'n cylchgronau sy'n cynnwys propaganda rhagorol o fis i fis.

Nid mewn math o hunan gyfiawnder y mynnwn i ddweud hyn, – ond yn ystod y tair blynedd diwethaf yr wyf wedi anfon 100 o enwau derbynwyr newydd i'r swyddfa bob blwyddyn; ac yr wyf eisoes wedi anfon 62 am eleni (cadwaf enw a chyfeiriad a dyddiad pob enw a anfonaf i'r swyddfa, rhag bod camgymeriad yn ôl llaw) – gan obeithio ennill streip y canwriad unwaith eto, am y pedwerydd tro. Os mynnwn ni lwyddo rywbryd rhaid dygnu arni ddydd a nos fel y gwna J.E. a Gwynfor a Wynne ac eraill o'r swyddfa.

Rhaid i ni greu ysbryd bod o ddifri yn y genedl, ac nid disgwyl wrth ryw Ragluniaeth garedig i ymladd drosom. Dan arweiniad ysbryd Duw rhaid i ni fel Mazzini a Gandhi greu ein cyfle ein hunain.

Y mae Saunders yn gwneud ei wasanaeth amhrisiadwy ef yn ei nodiadau wythnosol yng 'Nghwrs y Byd'. Ond gresyn yn wir os na cheir ei gyngor a'i gymorth ef yn y cnawd, yn gystal ag yn yr ysbryd, yn yr etholiad hwn sydd ar ddod.[168]

Hyn ar frys ac ar led, gan fawr ddymuno cael dy gwmni yn y Llandre os bydd modd i ti ddod,

Gyda'n cofion cywiraf ni'n dau,

D.J.

Papurau Lewis Valentine, 4/3/3/4/33

79

49 High Street,
Abergwaun.
23 Rhagfyr 1949

Annwyl Val,

A dyma di wedi anfon rhodd anrhydeddus i fi'r Nadolig hwn eto, – tamaid blasus anghyffredin, gallwn feddwl, wrth gewco yma

a thraw ar ambell dudalen. Wel, diolch yn fawr i ti, fy hen gyd-
garcharor cu, am dy rodd, ac am dy lythyr diddorol gymaint â
hynny.

Dyma finnau'n anfon *Storïau'r Tir Du* i ti, yn ffres o'r Wasg.
Heddiw y cyrhaeddson nhw. Rwyt ti wedi gweld dwy ohonyn
nhw o'r blaen, – 'Meca'r Genedl' yn *Y Fflam* a'r 'Gorlan Glyd'
y buost ti yn'i difenwi hi yn y tŷ yma, rywdro, ti a Siân, gyda'ch
gilydd. Wn i a oes neb yng Nghymru gyfan a ddywaid air caredig
am *Y Tir Du* druan. 'I ddiarhebu e y mae fy nghyfeillion gorau i, i
gyd. Fy unig amddiffyniad i yw na fedrwn i byth sgrifennu storïau
gwahanol â phethau fel y maent yng Nghymru heddiw. Rhyw
chwerthin ar yr wyneb i guddio dagrau pethau yw hi. Ac eto,
y mae rhywbeth yn y gwaelod yn dweud wrthyf o hyd nad yw
hi ar ben arnom: fod yna ormod o ryw rinwedd ynghudd rywle
yn enaid yr hen genedl iddi drengu fel hyn mewn ddiffrwythdra
moesol.

Druan a'r hen George Davies, un o'r eneidiau mwyaf a
droediodd ddaear Cymru er dyddiau ei dadcu. O dristwch mawr
ei enaid dros ffolineb a rhysedd plant dynion fe aeth i ganol
llawenydd y cariad tragwyddol y rhoddodd ei oes i'w ddatguddio
ar y ddaear yma. Heddwch i lwch y gŵr mawr ac annwyl hwn.[169]

Wel, yr hen Val, y mae'n rhaid i fi dy adael yn y fan hon yn
awr, gan fy mod i am sgrifennu ambell nodyn arall at gyfeillion,
a dal y post olaf cyn y gwyliau yma. Gyda'r un post rwy'n anfon
copi o'r *Tir Du* i Saunders hefyd, gan nad beth fydd ganddo ef i'w
ddweud amdano.[170]

Gyda chofion caredig iawn atat ti a Mrs Valentine a Hedd a
Gweirrul, oddi wrthym ni'n dau,

Yn ddiffuant,

D.J.

Papurau Lewis Valentine, 4/3/3/4/34

Y pumdegau

Valentine yn derbyn swydd golygydd *Seren Gomer*

D.J. yn llenydda er gwaethaf salwch

80

49 High Street,
Abergwaun.
12 Mehefin 1950

Annwyl Val,

Rown i wedi clywed ers tro dy fod di i bregethu yn Jabez, Cwm Gwaun, ddiwedd y mis hwn, ac yn golygu anfon gair atat o hyd. Yn awr, y mae'r amser yn ymyl, a dyma air atat.

Gwelaf dy fod di i bregethu yn Jabez, nos Fawrth am 6.30, a thrwy'r dydd dilynol, am 10.20, 2 a 6.30.

Gan fod dy daith ymhell, ni elli gyrraedd ryw amser maith cyn y cyfarfod nos Fawrth, gan nad p'un gyda'r trên neu gyda'r bws o Aberystwyth y byddi'n dod. Felly, ni chawn lawer o'th gwmni ar y gorau brynhawn na nos Fawrth.

Dydd Mawrth, hefyd, mae Siân a fi, ar ôl gohirio ers peth amser, wedi trefnu i fynd gyda ffrind i ni, am y dydd lan i'm Hen Ardal i, yn Rhydcymerau – fe sy am fynd â ni, a dydd Mawrth nesaf yw'r dydd mwyaf cyfleus iddo ef am dipyn o amser. Trip am y dydd yn unig yno, – byddwn adre yn hwyr nos Fawrth. Yn hytrach na gohirio ei gynnig caredig ragor, derbyniasom ei awgrym am ddydd Mawrth nesaf, a hynny, heb gofio ar y pryd, dy fod di yn Jabez y noson honno.

Felly, gyda'th ganiatâd, dyma fy awgrym i, yn awr, a Siân yn cytuno, – dy fod di yn dod yma, i aros nos Fercher ar dy daith yn ôl.

Os daw cyfle fe dreiaf i ddod lan i Jabez erbyn y cwrdd whech; hwyrach yr hebrynga Mr Roberts di yn ôl i Abergwaun y noson honno, ar ôl y cwrdd, ac fe gaf innau 'nghario yn ych cysgod chi, Mr Valentine.

Do you agree to that proposal Mr Valentine, or do we better see the Governor about it? Then we can have a chat about the good old times, you see, Mr Valentine on Wednesday and the day after etc.

With kindest regards & best love to all the family, from us two –
Iwars. 8988

Papurau Lewis Valentine, 4/3/3/4/35

81

49 High Street,
Abergwaun.
1 Awst 1950

Annwyl Val,
Dim ond gair i'th atgoffa am yr Ysgol Haf yn ôl y siarad a fu
rhyngom. Mae'r manylion gennyt fel finnau'n ddiau – dechrau y
dydd Gwener hwn yn Ysgol St Julian, Casnewydd. A oes modd
cael dy gwmni diddan? Dywedais wrth J.E. am drefnu i ti a minnau
i aros gyda'n gilydd, os byddit yn dod, fel yr wyf yn gobeithio y
gelli.
Gyda'r gobaith gorau o'th weld brynhawn dydd Gwener yn y
Russel Hotel (13/6 – gwely a brecwast) Bridge St.
Cofion gorau ni'n dau,
D.J.

Papurau Lewis Valentine, 4/3/3/4/36

82

49 High Street,
Abergwaun,
Sir Benfro.
24 Medi 1950

Annwyl Val,
Gair bach yn sydyn ac annisgwyl. Mae llawer i'w ddweud fel
arfer, ond gwell rhoi'r neges uniongyrchol yn gyntaf.

Gwelaist mae'n debyg hanes y Dr Peter Hughes Griffiths (nai i'w gyfenw o Charing Cross gynt) wedi bod o flaen y Tribiwnlys Apêl yn Llundain fel gwrthwynebwr cydwybodol diymod ar dir cenedlaethol Cymreig – a'i droi i lawr gan y Llys hwnnw. Mae Peter yn aelod selog o'r Blaid er cyn gadael yr ysgol, ac wedi bod yn un o'i ffyddloniaid – yn un o'r goreuon o'i bechgyn ifainc. Mae ar hyn o bryd ar staff Ysbyty Bangor, ac yn agored yn nesaf i gael ei dreio gan yr ynadon am wrthod mynd o dan archwiliad meddygol – yr un proses ag yr aeth J. E. Jones trwyddo gynt.

Mae ei fam sy'n digwydd bod o Drefdraeth yn ymyl yma yn bryderus ac yn hen ffrind i ni yma yn gystal â'i dad, y Parch. Victor Griffiths, Llangadog, yn bryderus iawn yn naturiol, – ac yn awyddus i'w gadw rhag cael mynd i garchar, – yn orawyddus debygwn i, gan na chai ond rhyw dri i chwe mis o garchar fan pellaf. A beth yw hynny, gwed di, i fois bach a gafodd naw mis! – gyda'r rhagolygon unwaith o gael mwy na hynny o flynyddoedd fel gwesteion ei fawrhydi. Ond mam ydy mam, wrth gwrs.

Y gred ddirgel, cywir neu anghywir, yw y symudir ei brawf i Wrecsam gan ei fod yn rhy agos i fainc Bangor a Chaernarfon i gwrs y gyfraith gael whare teg i weithredu!

Daeth Mrs Griffiths, mam Peter, yma neithiwr, i ofyn a oeddwn i'n gyfarwydd â rhywun yng nghylch Wrecsam yn rhywle a allai fod yn gwybod sut mae'r awelon yn chwythu yn y cylch yna. Dywedais wrthi mai ti oedd fy ffrind pennaf i yn y cylch yna, ac na ellid gwell, ac yr anfonwn air o helynt Peter atat.

Cei gyfle i gadw dy glustiau'n agored, efallai. Dyna i gyd sy'n bosib, wrth gwrs. Gobaith mawr ei fam yw ei gael yn rhydd drwy dalu ffein – a'i gadw o garchar.[171]

Rown i wedi dirgel obeithio ar hyd yr amser bod yn yr Ŵyl Ddrama yng Ngharthewin. Ond wyddost ti, Val, rwyf wedi bod yn wir ddi-hwyl er canol mis Gorffennaf. Gwyddost ti beth yw cario poen cyson, ti a Saunders, drwy'r blynyddoedd, – a'r Arglwydd yn ei fawr haelioni ataf wedi'm harbed i, a rhoi iechyd rhyfeddol i fi drwy'r blynyddoedd.

Fodd bynnag yn sâl y bues i, a methu dod. Anfonais air at Saunders. Clywais oddi wrtho wedyn i ti ac yntau gael amser godidog megis yn y dyddiau gynt gyda'ch gilydd. Gwyddost gymaint y buaswn i'n leicio bod yn y gymdeithas megis yn nyfnder seiadau'r drindod Scrwbaidd gynt.

Gwych o lyfr yw'r llyfr ar Saunders onid e – a rhoi cromfach am y llith gyntaf am y tro. Gresyn na fai gennyt ti lith ynddo. Fe fyddai gennyt gymaint â neb i'w ddweud. Y drwg oedd na châi dyn ddweud dim yn bersonol amdano. Dyna pam y ces i'r cymhelliad i gymryd y llinell a wneuthum drwy gymharu dau lyfr. Doi'r ddau weledydd yn naturiol i mewn wedyn yn sgil ei syniadau yn eu llyfrau.[172]

Gyda chofion filoedd atat oddi wrthym ni yma. Blin oedd gennyf dy golli yn yr Ysgol Haf, wedi'r cyfan. Gwn am y gwaith mawr sydd gennyt beunydd ar dy ddwylo. Paid â thrafferthu i ateb y llythyr hwn, os na theimli fod gennyt rywbeth neilltuol i'w ddweud – peth na sy'n debyg, hyd y gwelaf i. Ond rown i wedi addo anfon atat.

Gobeithio fod Mrs Valentine a Hedd a Gweirrul yn dda, a bod dy iechyd dithau'n dal cystal ag yr oedd pan welais i di ddiwetha,

Yn ddiffuant,

D.J.

Papurau Lewis Valentine, 4/3/3/4/37

83

Rhos
Dydd Mawrth. [Diddyddiad. Medi/Hydref 1950]

F'annwyl D.J.

Diolch yn fawr am y llythyr, – oddi cartref yr oeddwn ar daith bregethu yn ynys Môn, a dyma daclo'r llythyr ar unwaith wedi dychwelyd. Y mae'n weddol sicr – yn ôl a fedraf gasglu yma, – y daw ei achos i Wrecsam, a gofynnir i Cyril Jones (hen Gymro iawn a gŵr sydd gennyf dipyn o feddwl ohono er waethaf ei Sosialaeth) a fydd yn ei amddiffyn, ond disgwyliaf gael mwy o fanylion yr wythnos hon. Euthum i weld Prif Gwnstabl neu Bryf-Copyn y Sir yma yn ei swyddfa i ymofyn ar y mater hwn, ond yr oedd yn digwydd bod oddi cartref, ac nid oeddwn am drafod y peth gyda'r clerc rhag ofn na fuasai hynny wrth fodd y Pryf, ond onid yw'r peth yn ddiawledig? A oes rhywbeth a allaf fi ei wneuthur i liniaru pryder rhieni y Doctor? Y mae'r Blaid yma yn barod i symud môr a mynydd yn yr achos, a rhaid pacio'r llys y bore hwnnw, a gyrraf wahoddiad i bob gweinidog yn y cylch i ddyfod yno, – y mae peth felly weithiau yn lliniaru dipyn ar doster y fainc. Y mae'n chwithig iawn nad ydyw J. T. Edwards mwyach ar dir y byw, – yr oedd ef yn Ynad, a buasai ef yn ymladd fel teigr yn yr achos.

Do, cefais wythnos hyfryd iawn yng Ngarthewin, a gorfoledd oedd cael cwmni Saunders unwaith eto – go biglwyd ydoedd ei wedd, ond taerai ei fod yn well nag y bu ers llawer dydd. Yr oedd yno gwmni o'r gorau, – ac actio gwych, ac aeth *Eisteddfod Bodran* yn odidog iawn ei hynt, a'r actorion ar eu deng ewin, – a Saunders ar bigau drain, – fel dyn ar fynd i'w briodi neu i'w grogi, a bu rhaid rhoi dau berfformiad a'r ysgubor yn lawn ulw y ddeudro.[173] Chwerw i mi oedd colli'r Ysgol Haf eleni – rhois fy mryd arni, ond dyma gnwd o gynhebryngau, – aelodau go dda hefyd, ac nid ydynt yn fodlon i mi ddirprwyo'r gwaith o gladdu i neb, ac yn wir nid oedd un gweinidog yn y llannerch ond yr anfarwol Walwyn,[174] ac y mae angau ei hun yn swil o'i gael ef i weini yn ei garnifalau.

Y mae Gweirrul wedi cychwyn ar gwrs nyrsio yn Lerpwl, a tholc mawr ar ei hôl yma, a Hedd wedi troi am Aber unwaith eto, a thŷ go wag sydd yma. Bûm pwy ddydd yn Ystradgynlais a gelwais yng Nghaerdydd hefo J.E., a chael ganddo addewid bendant pan ddêl y dydd i wrthsefyll trais Trawsfynydd y caf innau le yn y wagan, a gwych fydd cael eto herio meibion y fall![175] Y mae Jemeima yn sôn yn aml amdanat, a dywedais wrthi gynnau fy mod eisiau ysgrifennu atat, a siarsiodd fi i'w chofio atat, – y mae Emyr, mab Edward Jones, ŵyr Jemeima, wedi ei dderbyn i Fangor, ac aeth yno neithiwr, – yntau yn heddychwr go bybyr, ond caniateir iddo orffen ei gwrs cyn ei alw i'r llys.

Yr oedd yn wir ddrwg gennyf, fy hen gyfaill, glywed i ti fod yn wachul, – pa fodd y cwympodd y cadarn? (Wedi bod yn myfyrio Llyfrau Samwel yr wyf, a dyna pam y mae lliw y llyfr hwnnw ar fy mroddegau – ond gwych o ddarllen ydyw, yn arbennig yr ail Lyfr). Yr oedd Jemeima eisieu gwybod yn fanwl beth oedd natur y dolur, a mentrais ddywedyd mai rhyw ddolur ar d'elwlod, ond nid ydyw hyd angau, spo! Fe fyddwn i'n ddyn unig iawn pe'm gwaredid o boen bellach. Yr oedd Bob Owen, Croesor, yma nos Wener yn ei hwyliau mawr, yntau yn cael ei ddirdynnu gan gryd cymalau, – 'ond', meddai'r Bob, 'mi fedra i regi a diawlio yr hen gryd cymala ma, ond cyn gyntad ag y ca'i boen yn fy mol yr wy'n troi'n dduwiol.'[176]

Y mae llyfr Saunders yn rhagorol, a champus o erthygl yn wir sydd gan y bloc bach yna o Abergwaun!

Cei air eto am y doctor, a chofia, – od oes unrhyw beth a allaf ei wneud dros y rhieni – yna gorchmyna dy was.[177]

Gwd bei yr hen gyfaill a chymer ofal mawr ohonot dy hun, a fy nghofion mwynion at Siân, a thruan ohoni a thithau'n ŵr llesg, – ni allaf ddychmygu amdanat yn ŵr claf wrth fodd unrhyw famaeth.

Val.

Papurau D. J. Williams, Abergwaun, P2/40/25

84

Rhosllannerchrugog,
Dydd Gwener. [Diddyddiad. Hydref 1950]

F'annwyl Gyfaill,

Yr oedd yn ddrwg iawn gennyf weld yn *Y Faner* dy fod yn yr ysbyty, – nid oeddwn wedi clywed siw na miw o unman am y peth, – am rhyw reswm neu'i gilydd ni chefais *Y Faner* yr

wythnos gynt, ac yr wyf y deall bod yn honno hefyd gyfeiriad at
dy afiechyd. O ddifrif mawr beth sydd maes o'i le ar y peiriant
cadarn cydnerth yna, – llawer gwaith y dywedais i wrthyf fy hun,
'Bydd D.J. fyw i fod yn gant, ac ni ddaw crac arno' – yn wir, rhyw
ddirgel gredu yr wyf y bydd rhyw oruchwyliaeth arbennig ar dy
gyfer, ac fel y symudwyd Moses ac Enoc, y seithfed o Adda, y'th
symudir dithau, ac nid trwy'r heintiau a'r clefydau bwrsiwa[178] sydd
yn flinder i'r rhelyw ohonom.

Ond yr wyf yn anniddig wedi clywed y newydd mai yn yr
Ysbyty yn Aberteifi yr wyt ti, a phe bai gennyf well meddwl nag
sydd gennyf o Fedyddwyr Aberteifi fe gynigiwn roddi Sul am ddim
iddynt er mwyn cael cyfle i ymweld â thi.

Yr oeddwn yn y Deheudir hefyd yr wythnos ddiwethaf,
– yn y Twmbl, a phe gwypwn y pryd hynny buaswn wedi
teithio trwy Aberteifi yn ôl i'r Gogledd. Cawsom seiat ar gorn
dy afiechyd yn y Treflys, sef yn nhŷ Jemeima, a siarsiodd fi
i'w chofio hi a'i thylwyth atat, a'th rybuddio rhag disgyn i
wendid ffydd, sef ymadrodd y fro hon am y falan. Yn rhyfedd yr
oeddwn ar fin ysgrifennu atat i ofyn ffafr gennyt hefyd, – y mae
gennym eisteddfod yma bob Sulgwyn, a thybed a fuaset yn rhoi
beirniadaeth ar y storïau byrion ynddi, – mentrais ddywedyd wrth
y Pwyllgor y buasai'n wiw gennyt wneud hynny, – trio codi
eisteddfod ydym yma, ond caf ohebu â thi eto ar y pwnc hwn, –
dy gael ar dy draed o'r fan yna sy'n bwysig yrwan. Does dim affliw
o newydd i godi dy galon chwaith, – brwydr boeth sydd yma yn
erbyn traha yr awdurdodau milwrol hefo'r neuadd ddrilio, ac yr
wyf yn honno ar fy mhen, ac amgaeaf i ti gopi o glawr y ddeiseb
sydd i'w chyflwyno i'r senedd a arwyddwyd gan ddwy fil a hanner
o famau y Rhos. Y cam nesaf os metha hwn ydyw cyfarfod mawr i
lesteirio ricriwtio ac anogaeth i faglu pob ymgais i ddenu bechgyn
i'r fyddin. Bu Gwyn Griffiths a Dewi Powell yn ymweld â'r fro
yn ddiweddar a chafwyd dau gyfarfod, a'r ddau yn siarad yn wych
iawn.[179] Yr wyf yma fy hunan ers wythnos – ac yn bencampwr
bellach ar gadw tŷ, a lluniais ddull newydd o olchi llestri'n

llwyddiannus heb ddŵr poeth ac heb orfod lliain i'w sychu.
A oes modd cael gair – pa fyrred bynnag y bo, – i ddweud dy
hynt? Ond cofion o'r mwynaf, – cei air eto'r wythnos nesaf,
Val.

Papurau D. J. Williams, Abergwaun, P2/40/28

85

49 High Street,
Abergwaun.
21 Tachwedd 1950

Annwyl Val,
Wel, diolch i ti o galon gynnes am dy lythyron caredig – y
cyntaf yn ateb i'r hyn a anfonais atat ynghylch Peter Hughes
Griffiths, llythyr nad oedd ateb i'w ddisgwyl iddo, mewn
gwirionedd. Ond dyma di yn haelioni arferol dy ysbryd yn anfon
un o'r [*sic*] llythyr o'r doniolaf a chyfoethocaf a gefais oddi wrthyt
erioed, yn ôl i mi: a'r ail, yn holi am gyflwr fy nghorff, yn fwy
na'm henaid anfarwol, y tro hwn.
Wel, llawenydd a diolch i'r nefoedd sydd gennyf, wrth ddweud
wrthyt, i mi adael yr ysbyty yn Aberteifi wedi bod yno dair
wythnos, yn holliach, hyd y gallaf deimlo. Y drwg ydoedd fod yna
garreg fechan yn yr aren – rhy fach i'r *X Ray plate* ei dangos mewn
gwirionedd. Ond fe'm blinodd ers misoedd, er heb lawer o boen
corfforol; ond fe godai fy ngwres yn gyson a pheri i mi flino'n
fuan, heb gael unrhyw flas ar fwyd. Bûm felly, er mis Gorffennaf,
gan fod am ysbeidiau yn y gwely, a chodi gan gredu fy mod i wedi
gwella, ond yn gorfod rhoi gwaith heibio ac yn ôl i'r gwely am
nifer o ddyddiau wedyn; ac felly o hyd.
Fodd bynnag mynnodd y Dr, hen ddisgybl a chyfaill hoff
genny, i mi fynd i ysbyty, ysbyty Cymraeg trwyadl Aberteifi, drwy
lwc, o dan sylwadaeth y doctor yno – *Surgeon* D. C. Williams,

gŵr ag enw da iawn iddo. Fodd bynnag, fe friwiwyd y garreg rywsut oddi mewn, heb angen y *cutting up operation* ys dywedodd y *Surgeon*, er mawr gysur a diolch – gweinyddiaeth y corcsgriw yn hytrach na'r gyllell, i'w chael oddi yno.

Cof gennyf am Liepmann, yr Iddew a'r llenor o Hamburg,[180] yn dweud wrthyf yn Wormwood Scrubs am driniaeth o'r fath yn hen beth yn yr Almaen, y pryd hwnnw; ond nis gwneud hi gan feddygon Prydain, meddai ef. Roedd ef yn dioddef gan yr un peth, ac yn feddyg ei hun fel y cofi.

Wel, dyma fi, yr hen Val, eto fel cricsyn drwy fawr drugaredd, – ac wedi dechrau ar waith eto, rhyw fath ohono ond heb ailgydio yn yr hunangofiant yr own i wedi ei gychwyn yr haf diwethaf, gan fod angen clirio'r byrddau'n gyntaf. Cefais ugeiniau ar ugeiniau o lythyron, a gwiw cydnabod hyd y gallaf bob un o'r rheini. Bu pawb yn garedig anghyffredin i fi. Cefais agoriad llygaid o'r newydd i waith meddygon a nyrsis yn gyffredin. Credaf mai'r nyrsis yw'r dosbarth mwyaf hunan-aberthol o bawb yn y wlad, a'r lleiaf eu cydnabyddiaeth am hynny. Dywed wrth Gweirrul ei bod hi i'w chanmol a'i hedmygu yn fawr am ddewis yr alwedigaeth honno. Ond dyna fe, mae'r reddf yna'n gryf iawn yn ei thad.

Llongyfarchion Val; i ti am arwain y gad yn erbyn y Sais a'i gasgen gwrw foldew yn y cylch. Mae'r ddeiseb wedi ei geirio'n brydferth iawn.[181] Gyda chofion fil atat oddi wrthym ni'n dau yma, D.J.

Papurau Lewis Valentine, 4/3/3/4/38

86

49 High Street,
Abergwaun.
16.12.50

Annwyl Val,

Gair bach yn fyr atat ar ddiwedd y flwyddyn i gyflwyno ein holl ddymuniadau da i ti ac i'r teulu. Amgaeaf y llyfr yma, *Mary* i ti. Y Sul diwethaf fe welais adolygiad hynod o werthfawrogol ohono yn yr *Observer*, a mentrais anfon amdano at Griff, Llundain, ac fe ddaeth gyda'r troad. Bechgyn da'r ydw i wedi gweld y rheina, os bydd angen rhywbeth ar unwaith, neu rywbeth ma's o'r cyffredin ar ddyn. A barnu wrth yr hyn a ddywedir gan adolygwyr am y llyfr hwn a'r llyfrau eraill gan Sholem Ash [*sic*] fe ddylai fod yn dda. Caf dy farn amdano, rywdro, o bosib.[182]

Onid yw'r Attlee bach yna a'r Truman llai na hynny, a'r holl rym ac awdurdod sydd y tu ôl iddynt yn rhyw *puppets* o ddynion, mewn gwirionedd, yn cael eu sodli ymlaen gan falchder a ffolineb y rhai y maent yn arweinwyr iddynt. Er yn gweld fod Rhyfel Byd arall yn golygu diwedd gwareiddiad y Gorllewin y mae arnynt, fel pawb bron a fu mewn awdurdod mawr o'u blaen, yn ofni aros ac ystyried. Rhyfedd yn wir yw gweld yr India eisoes yn arwain mewn gwladweiniaeth, wedi bod ddwy ganrif yn sglyfaeth i'r Sais; a digri yw gweld yr Iancs yn rhedeg nerth traed o ffordd y Chinks dirmygedig ganddynt gynt.[183]

Maddau nodyn byr y tro hwn, a chymaint i'w ddweud, ond y mae rhai pethau eraill gennyf i'w gwneud erbyn y post. Beth a wnaed, wedyn, wn i, ynglŷn ag achos Peter Hughes Griffiths? Shwd mae Gweirrul yn leicio ei gwaith fel nyrs, wn i. Yn dda gobeithio. Chwarae teg iddi. Gyda'n cofion cywiraf ni yma at bawb,
D.J.

Papurau Lewis Valentine, 4/3/3/4/39

87

Tŷ Penuel,
Rhos.

Dydd Mawrth. [Diddyddiad. Tua Ebrill 1951]

F'annwyl gyfaill,

Darogenais ysgrifennu atat droeon, ond fe'm lluddiwyd gan rhyw aflwydd neu'i gilydd bob tro y tynnais y gorchudd oddi ar y teipydd yma. Gwelais K.R., yn wir gwelaf hi'n weddol fynych, ac unwaith soniodd am rhyw hir ddisgwyl a fu ar rhyw *station*, a bod llid i ysgyfaint neu elwlod neu bledren wedi dilyn hynny. Yna yr wythnos ddiwethaf gwelais J.E. a Gwynfor yn Amwythig, a dywedasant dy fod yn bwriadu dyfod i Drawsfynydd, (a chyda llaw yr wyf yn anghymeradwyo dy fwriad, – fe fyddaf fi yn ddirprwy trosot yno, ac fe ymddygaf yn union fel ag y buasai ti'n ymddwyn, – eithaf dul[184] i benglog y swyddogyn cyntaf a ymyrro â ni, – dwyn dau dan fy ngheseiliau a'u bwrw i'r merllyn bryntaf). Yr wyf felly yn rhyw loffa tipyn o'th helynt hwnt ac acw, ar aelwyd Treflys y mae mynych holi amdanat gan Jemeima. Dywedwyd wrthyf neithiwr bod cyfrinach Trawsfynydd wedi ei bradychu, – a bod yr *Herald of Wales* wedi dadlennu'r bwriad! A allai diawl ei hun wneud yn amgenach?[185]

Ond at fy neges! Peth amser yn ôl trefnwyd i gynnal Eisteddfod yn y Rhos y Llungwyn, – addewais innau y gohebwn â thydi ynglŷn â beirniadu'r stori fer a'r ysgrif, … yn ôl f'arfer oedais, a dyma'r cynhyrchion i law. Yr wyf innau, yn ddigon anghwrtais, yn eu gyrru yna, gan obeithio y cei amser i fwrw golwg trostynt, a gyrru beirniadaeth fer arnynt. Peth digywilydd iawn i'w wneuthur, y mae arnaf ofn, a da ydyw cofio mai gŵr maddeugar iawn ydwyt.

Y mha ardal fydd dy lety tua chanol mis Gorffennaf? Addewais bregethu ym Maenclochog, ac nid yw hynny yn rhy bell o Abergwaun. A glywaist ti am yr hwyl a fu ar gorn Maen Scone. Digwyddais fod yn Llandudno, – amryw o Saeson yn y cwmni, – un o uchel swyddogion y llywodraeth yn eu plith, a ditectif o safle go uchel, a daeth y Maen i'r bwrdd, – hyn wythnos cyn adfer y maen. Mewn cellwair taerais mai yng Nghymru yr oedd y maen, – ac mai'r Blaid oedd ei gwarcheidwad hi, a'i bod i'w hadfer yr wythnos ddilynol i Genedlaetholwyr Ysgotland. Cydddigwyddiad go od oedd hyn a ddigwyddodd yr wythnos wedyn, a chyhoeddwyd cellwair Llandudno fel gwir yn y *Daily Post*, a chred llu mawr bod gennym ni ran yn yr helynt.[186] Cefais aeaf tost, – mis heb bregethu oherwydd y ffliw, a rhywbeth a eilw'r meddyg yn *fibrositis* yn anniddigo llawer ar fy myd, ond daw haul a haf yn y man, a dyna'r feddyginiaeth, medd y doctoryn.

Gobeithio bod Siân yn dda ei hwyl fel arfer.

Cofion annwyl iawn atoch,

Val.

Papurau D. J. Williams, Abergwaun, P2/40/29

88

49 High Street,
Abergwaun.
12 Mai 1951

Annwyl Val,

Methais a chael amser i sgrifennu gair gyda'r cyfansoddiadau. Gobeithio i ti eu derbyn yn ddiogel. Cefais ryw bwl o anhwyldeb sydyn, gwres uchel etc. Wedi bod yn gwrando ar yr hen gyfaill difyr ei stori, ond anobeithiol hir ei bregeth mewn capel oer, Rhys Owen, Rhymni, nos Lun diwethaf. Paid â phregethu'n rhy hir byth Val – dwyt ti byth yn gwneud o ran hynny. Yn anffodus fe dowlodd y bregeth honno, er bod ei chynnwys yn ddigon da, a'r oerni enbyd, fi maes o'r gêr am ddau ddiwrnod, a rhagor.

Dyna sy'n egluro aflerwch y feirniadaeth ar y stori fer. Petawn i yn fy hwyl iawn fe fyddwn yn ail sgrifennu a thacluso gwedd y feirniadaeth yna. Ond rown i'n wir awyddus i bostio'r cyfan yn ôl brynhawn Iau, rhag digwydd o ryw anghaffael yn y post dros

y Sulgwyn ac i'r pethau fethu cyrraedd mewn pryd. Gofyn i'r
Ysgrifennydd am esgusodi'r olwg ddi-lun ar y gwaith y byddwn yn
barod i'w chondemnio mewn cystadleuydd, – wnei di?

Roedd y gystadleuaeth o lefel uchel drwyddi, a chefais flas ar ei
darllen.

Drwg gennyf glywed i ti gael y ffliw yn gas. Da dy fod yn go dda
erbyn hyn eto, a llawenydd oedd clywed fod gobaith am dy gwmni
dihafal unwaith eto yn y pwyllgor y clywaist fel finnau am ei ohirio
yr wythnos nesaf yma. Rhaid cynnal y pwyllgor hwn, fel yr oedd
yn rhaid cynnal y pwyllgor o'r blaen. Ni ellir, yn ddibrotest, wneud
sarnfa ar fywyd hen genedl. Gan ddymuno i ti bob iechyd a bendith
hyd nes y cawn gwrdd. Fe fyddi, yn dy hen gartre, yn Ysgol Haf
Abergele, yn siwr. Fe drefnir am lety i ni gyda'n gilydd, gobeithio,
    D.J.

Papurau Lewis Valentine, 4/3/3/4/40

89

Penuel,
Eglwys y Bedyddwyr,
Rhosllannerchrugog.
Dydd Mawrth. [Diddyddiad. Tua Mehefin 1951]

F'annwyl Dafydd,

A oes maddeuant llawn a rhad am oedi cydnabod
beirniadaethau Eisteddfod y Sulgwyn, a diolch amdanynt, a
myfi a ddirprwyodd drosot a'u darllen, a hyfrydwch mawr oedd
gwneuthur hynny. Bu gorfod arnom eleni gwtogi dipyn ar yr
Eisteddfod a'i chynnal ar raddfa fechan iawn, ond yr oedd ei safon
yn dda. Amgaeaf siec gan y Pwyllgor, a gofidio yn fawr na fuasai'n
llawer iawn mwy. Cefais ail drawiad o'r ffliw a bûm yn llegach
iawn a thrachil [gwachul?] fy myd, ond yr wyf yn dechrau ailafael
mewn pethau, ond gwannaidd iawn wyf. Gobeithio dy fod ti wedi
mendio'n reiol erbyn hyn, – gyrrais enethig o'r eglwys hon i'th

gyfarch yn ystod Eisteddfod yr Urdd yn Abergwaun, ac y mae hi cyn falched â Phwns ei bod hi wedi cael dy gyfarch. Y mae peth gobaith y caf innau hynny hefyd ym mis Gorffennaf, – yr wyf dan amod i bregethu ym Maenclochog yn esgobaeth Mathias Davies yn ystod y mis hwnnw, a gobeithio y caf siawns i ddywedyd 's'mai'. O ddechrau'r flwyddyn nesaf yr ydys yn newid cymeriad *Seren Gomer*, – ei droi'n chwarterolyn, a minnau fydd yn gyfrifol am ei olygu trwy gydol 1951, – yr wyf eisioes wedi dechreu ysgrifennu'r nodiadau golygyddol eleni, – aeth yn beth gwael iawn, a bydd gwaith ei godi a rhoi sclein arni. Craffa ... y flwyddyn nesaf ..., misoedd ymlaen ... tybed a allaf ddwyn perswad ar Galfin mor bybyr i roddi pwt o erthygl ar gyfer un o'r rhifynnau. Cofiaf i ti draethu'n ddiddorol ar dy dras a llawenychu o'i herwydd, – disgyn (os gwiw y cofiaf) o Williams Aberteifi, a thithau wedi credu mai o Bantycelyn y disgynnaist, – testun erthygl go ddiddorol, – 'Hela tras' neu rhywbeth felly. Beth am dani? Neu, fel un a fu'n ymhel â'r grefft nid anniddorol a fuasai truth gennyt ar 'Bregethu' neu 'Bregethwyr', ond Duw a faddeuo fy hyfdra yn awgrymu testun i ŵr sydd ganddo lonaid byd ohonynt.[187] Ond cawn ysgwrs am hyn ym mis Gorffennaf neu yn yr Ysgol Haf yn Abergele.

Cofion annwyl iawn atoch ill dau, – yr oeddwn yn siop Jemeima gynnau ac yr oedd Williams y gŵr yn wên o glust i glust yn darllen 'Blac' yn y Genhinen.[188]

Val.

Papurau D. J. Williams, Abergwaun, P2/40/30

90

49 High Street,
Abergwaun.
4 Gorffennaf 1951

Annwyl Val,

Diolch yn fawr i ti am dy lythyr, beth amser yn ôl, ac am y siec am gini, hefyd, peth nad oeddwn wedi meddwl amdano, o gwbl.

Rho ddiolch drosof i bobl garedig yr Eisteddfod, os byddi cystal.

Dywedet dy fod di'n pregethu ym Maenclochog rywbryd yng Ngorffennaf, heb nodi'r dyddiad. A oes modd dy weld di, o gwbl, yr hen gyfaill Scrwbaidd? Dyw Maenclochog ond rhyw naw milltir o Abergwaun yma, ond bod y Preseli rhyngddynt. Oes dim modd i ti alw heibio yma, wrth fynd neu ddod dywed, gan i ti gael dy rwystro y llynedd o Gwm Gwaun, ac o Fathri'r flwyddyn gynt, fel y cofi. Hal air ar y pen hynny, yn fuan, wnei di.

Gyda llaw, fe fyddi yn yr Ysgol Haf yn Abergele, gobeithio. Rwyf wedi anfon at J.E. ers tro, yn fy hyfdra, iddo drefnu i ti a finnau i aros gyda'n gilydd, os bydd modd.

Llongyfarchion cywir i ti ar dy ddewis yn olygydd *Seren Gomer*. Cei gyfle, fan 'na o'r diwedd, a gollaist drwy'r blynyddoedd, er y byddo iddo ychwanegu eto at dy waith. Rwyt ti'n gweithio'n afresymol, yn barod, Val. Byddai'n dda i ti gymryd dalen o ddyddiadur ambell weinidog rwyf i'n ei nabod. Os wyt ti'n gofyn am erthygl, rywdro, does genny ond ufuddhau, wrth gwrs. Ond fe fyddai'n dda genny gael bod yn rhydd i fynd ymlaen a'r tipyn hunangofiant yma sy'n llethol o araf ei gynnydd.

Gyda chofion cywiraf oddi wrthym ni yma atat, ac at y teulu, D.J.

Papurau Lewis Valentine, 4/3/3/4/41

91

49 High Street,
Abergwaun,
Sir Benfro.
15 Rhagfyr 1951

Annwyl Val,

Wel, dyma hi'n Nadolig unwaith eto, Val, yr unig dro y byddi di a finnau'n gohebu'n swyddogol â'n gilydd.

Mae'n hifridwch mawr gen i, ys dywed gwŷr Sir Benfro yma

anfon y llyfr yma i ti, *The Rising* gan Desmond Ryan.[189] Darllenaist dithau, fel finnau'n ddiau, rai o'i lyfrau o'r blaen fel un a gysegrodd ei fywyd i astudio brwydr fawr Iwerddon am ei rhyddid. O fod yn aelodau o genedl lwfr a difrifol wasaidd ein hunain gwych yw cofio fod y Gwyddyl yn gefndryd i ni.

Wel, fe wnaethoch yn dda iawn i ychwanegu mil arall at rif pleidleisiau'r Blaid yn yr etholaeth yna y tro hwn. On'd yw dyn fel Bob Richards yn bwdr a diwerth trwyddo, o safbwynt Cymru! Diau ei fod yn gynrychiolydd digon cywir, ysywaeth, o naws ei etholwyr, fel aelodau gwlatgar eraill Cymru.[190]

A dyna Saunders wedi cael ei ail gychwyn yng Ngholeg Prifysgol Cymru. Dyna ddigwyddiad go bwysig, yn sicr, oherwydd gallaf ddychmygu am rai o oreuon ein pobl ifainc yn dyheu i fynd o dan ddysg ac ysbrydiaeth Gruffydd John a Saunders i Gaerdydd.[191] Mor ddiwerth yw'r Brifysgol wedi bod fel arweiniad i Gymru, – cyflog a safle a llond gwniadur o ryw fath o wybodaeth i sicrhau y cyfryw bethau a fu eithaf ei hamcanion ar y cyfan, gellid meddwl. Ond beth dâl siarad!

Gan ddymuno i ti ac i'r teulu bopeth da am y Nadolig a'r flwyddyn newydd, oddi wrthym ni'n dau,

Yn ddiffuant,

D.J.

Papurau Lewis Valentine, 4/3/3/4/42

92

49 High Street,
Abergwaun,
Sir Benfro.
27 Mai 1952

Annwyl Val,

Mae arnaf whant mynd i Ŵyl Ddrama Garthewin yr wythnos nesaf, Mehefin 2–6. Mae'r rhaglen yn llawn yn *Y Faner*, fel y gweli.

Anfonais at yr Ysgrifennydd i ofyn a oedd siawns am docyn a lle i aros; ac yn wir dyma docyn yn ôl yn syth a sicrwydd am le i aros. Ac os caf air oddi wrthyt ti yn dweud y gallaf gael tipyn go dda o'th gwmni, os oes modd yn y byd, fe ddof yno'n ddiffael, – er mai tipyn yn ansicr yr own i wrth anfon am y manylion ymlaen llaw.

Bydd Saunders yno, wrth gwrs gan fod ei ddrama *Gan Bwyll* yn cael ei hactio nos Fawrth.[192]

'When shall we three meet again?' ys dywedodd y tair gwrach 'slawer dydd. Anfon air ar y pen hwn, cyn gynted ag y cei di gyfle, Val, fel y gallaf ei gael erbyn y Sadwrn, wnei di. Bydd yn wych o beth gael dipyn o'th gwmni eto; a chael triawd y seiadau gogoneddus hynny, ym Mhlas y Brenin.[193]

Maddau lythyr mor gwta. Daeth ffrind yma pan own i'n dechrau ei sgrifennu; a rhaid ei orffen a'i gau'n frysiog yn awr, er mwyn dal y post.

Gobeithio'n fawr fod y teulu'n iawn i gyd, bawb ohonoch.

Yn ddiffuant, cofion fil atat,

D.J.

Papurau Lewis Valentine, 4/3/3/4/43

93

49 High Street,
Abergwaun,
Sir Benfro.
19 Rhagfyr 1952

Annwyl Val,

Gair bach atat ar ddiwedd y flwyddyn fel hyn, gan amgau i ti *My Europe* gan Bruce Lockhart.[194] Gobeithio nad wyt wedi ei gael yn barod. Yn bersonol, fe'i hystyriaf ef yn un o'r dehonglwyr mwyaf treiddgar o'r byd sydd ohoni yr awron, yn Ewrop. Rwyf wedi darllen ei lyfrau gan mwyaf, a chael blas mawr arnynt i gyd. Gobeithio y cei dithau flas ar hwn.

Wel, yr hen gyfaill hoff a diddan, sut mae'r hwyl, a sut mae'r teulu bob un – Mrs Val, Hedd a Gweirrul; a'th chwaer a'i gŵr a'r plant, a Jemeima & Co, – mae cymaint o gysylltiadau gennyt. Gormod o bethau gennyf i ddechrau mynd ar ei hôl yma. Gweld bod *Cerddi'r Gaeaf* Bob Parri wedi ymddangos.[195] Heb gael copi yr wyf, er i mi anfon am ddau gopi rhif, beth amser yn ôl.

Rwyf i wedi gorffen y llyfr cyntaf o'm hunangofiant bondigrybwyll, ond fy mod yn cymhwyso ambell ran ohono wrth ei ail ddarllen. Cyhoeddir ef gan Wasg Gomer dan y teitl *Hen Dŷ Ffarm* y flwyddyn nesaf yma rywbryd. Cefndir y bywyd y maged fi ynddo sydd yma, yn bennaf, gan fy mod i yn ei orffen yn chwech oed![196]

Clywais air o'th hanes y dydd o'r blaen yn ŵr gwadd ynghanol yr Hen Sir, – tua Llandyfeiliog onid e, neu yn y cylch. Gwelais Mr Walters, Y Garn Wen yng nghwrdd y Blaid yng Nghastell Newydd Emlyn y Sadwrn diwethaf – Wyn [Wynne Samuel] yn siarad yn odidog fel arfer yno.

Rhaid ei gadael hi y fan hon yn awr, er y gellid ymhelaethu llawer.

Gyda chofion diffuant, a'r dymuniadau gorau i ti ac i'r teulu am y Nadolig a'r Flwyddyn Newydd.

Cofion [*sic*] fi yn fawr iawn at y sawl a enwais ar y dechrau,

Yn ddiffuant,

D.J. a Siân.

Papurau Lewis Valentine, 4/3/3/4/44

94

49 High Street,
Abergwaun.
4 Medi 1953

Annwyl Val,

Dylaswn fod wedi sgrifennu ers dyddiau atat i'th longyfarch di a'r eglwys ar eich cymwynas fawr â ni y gwrandawyr drwy Gymru gyfan fore Sul diwethaf. Gwych o beth oedd clywed cynifer o donau newydd wedi eu dysgu'n arbennig ar gyfer yr amgylchiad, o bosib, gan y gynulleidfa, a'u canu'n odidog hefyd. A'th genadwri dithau, hefyd, yn rymus ac yn uniongyrchol i'r ifainc. Bendith arnat ti ac ar dy waith yr hen gyfaill diddan.

Mae dy sylwadau ar y *Llawlyfr Moliant* newydd yn *Seren Gomer* yn synhwyrol a gafaelgar hefyd,[197] yn ôl fy nheimlad i, ac erthygl Ben Bowen Thomas – yr unig bethau yr wyf wedi cael amser i'w darllen hyd yn hyn – yn dda neilltuol, hefyd.[198] Hyfryd oedd dy glywed di'n dweud fod *Y Seren* yn cynyddu yn ei chylchrediad: Arwydd da iawn yw hyn. Llewyrched fwyfwy o hyd o dan dy olygiaeth haelfrydig.

Rwyf i wrthi'r dyddiau hyn yn ceisio trefnu llond bws oddi yma i fynd i'r Rali Fawr yng Nghaerdydd. Po fwyaf y dorf a lletaf ei chynrychiolaeth o bob rhan o Gymru sicraf oll y bydd y Pleidiau Seisnig o ailystyried eu hagwedd at Gymru.[199]

Gyda chofion cynhesaf atat ac at y teulu, oddi wrthym ni'n dau. Hyfryd oedd dy gwmni am yr ychydig amser byr yna yn yr Wyddgrug, y dydd o'r blaen.

Yn ddiffuant yr eiddot,

D.J.

Papurau Lewis Valentine, 4/3/3/4/45

95

49 High Street,
Abergwaun
12 Ebrill 1954

Annwyl Val,

Diolch yn fawr iawn i ti am anfon *Seren Gomer* i fi yn gyson fel yna.

A gaf i dy longyfarch di yn ddiffuant ar y graen, y grym, a'r gras (gan ymddiheuro i Emrys Feb)[200] sydd ar bob un o'r rhifynnau

disglair yma o'r *Seren* o dan dy ofal tadol di. A yw Saunders yn
gweld copi ohoni drwot ti, fel yr wyf i'n gwneud yn ddiweddar,
wn i. Fe lonnai ei ysbryd i'w gweld mi wn. Rwyt ti'n cyflawni
cenhadaeth bwysig drwy'r *Seren* fel y mae'n awr: a bendith ar dy
waith gwych.

Wel, yr hen gyfaill, fe ddarllenaist, rhaid do fe, yr *Hen Dŷ
Ffarm* gyda llwyrfrydedd anghyffredin, gan i ti yn dy adolygiad
rhyfeddol o hael a gwych arno, allu crybwyll cynifer o bethau.[201]
Rwy'n gwerthfawrogi dy garedigrwydd yn fawr iawn. Diolch yn
ddiffuant i ti amdano. Fe'm synnwyd yn rhyfedd gan y derbyniad
a gafodd, gan nad oedd genny'r un syniad am y modd y cymerai.
Gofynnwyd i fi baratoi ail argraffiad ohono gan y Lewisiaid, ymhen
rhyw chwech wythnos wedi cyhoeddi'r argraffiad cyntaf o 2,000
ohono. Rhoddodd Saunders mewn llythyron, hefyd, deyrnged
anarferol o hael iddo fel tithau.[202] Wel, bendith arnat ti a phawb
ohonoch Val. Gyda'n cofion cynhesaf ni'n dau atoch,
D.J.

Papurau Lewis Valentine, 4/3/3/4/46

96

49 High Street,
Abergwaun.
20 Rhagfyr 1954

Annwyl Val,
Roedd yn flin iawn genny weld yn *Y Faner* yr wythnos
ddiwethaf dy fod di wedi bod dan driniaeth y meddyg yn Ysbyty
Maelor yn Wrexham. Ai yr un hen ddrwg a arferai dy boeni yn
nyddiau'r Scrubs yr arferit gael triniaeth iddo'n achlysurol ydyw wn
i. Gan nad beth ydyw rhaid ei fod yn ddigon annymunol, neu ni
fuasai raid i ti fynd i'r ysbyty. Fodd bynnag, llawen iawn oeddwn,
fel y gelli wybod, o weld yn ôl *Y Faner* dy fod di ar wellhad. Boed
yr awel o'th du yr hen gyfaill hoff i ni gael clywed dy lais croyw

megis erioed yn cyhoeddi'r efengyl fel un sy'n ei chredu hi â'th holl galon. A dyna'r peth mawr mewn pregethu. Mi wn i am ambell gennad sydd a'i bregethu'n ddigon di-fai ond fod dyn yn gwybod mai curo ceudod tabwrdd y mae e, a'i eiriau'n bethau rhwydd iawn iddo.

Dyma damaid o lyfr i ti i gnoi dy gil arno tra fyddi di'n ennill yn ôl dy gynefinol nerth dros y Gwyliau yma. Nid dyma'r llyfr a olygwn i ei roi i ti ond yn hytrach lyfr y gwelswn adolygiad clodfawr iawn iddo gan Harold Nicholson yn yr *Observer*; a dydi e ddim yn gwastraffu geiriau ar lyfr cyffredin ei ansawdd, sef – *End of an Exile* gan James Parkes (Vallentine, Mitchell)[203] – hanes dychweliad diweddar yr Iddewon i'w gwlad eu hunain ynghyd â chipdrem dreiddgar ar dreigl hanes y genedl fawr a rhyfedd honno. Teimlwn y byddet ti yn siwr o'i mwynhau. Erchais hi rai wythnosau'n ôl, ond roedd hi eisoes allan o brint. Rhaid bod Harold Nicholson wedi dweud y gwir amdani cyn y byddai'r argraffiad cyntaf eisoes wedi gwerthu allan. Rown i wedi meddwl cael un i ti ac un arall i Waldo, – ond rhaid i'r ddau ohonoch yn awr droi at *Yr Aradr Gymreig*.[204]

Nid wyf wedi gweld y rhifyn diwethaf o *Seren Gomer* eto. Diau ei bod hi mor loyw a'r *Sêr* o'i blaen hi. Dyma i ti gopi hefyd o *Mazzini* rhag ofn na chefaist un i'w adolygu.[205]

Ychydig o adolygiadau yr wyf i wedi eu gweld arno. Cafodd air da iawn gan Dyfnallt yn y *Y Tyst*[206] a chan T. Ellis Jones yn *Seren Cymru*[207] chwarae teg iddynt. Wn i ddim pa dderbyniad y caiff ef yn y pen draw; ond fe gostiodd lawer o drafferth i fi i'w osod wrth ei gilydd, er lleied yw e. Mae genny lawer iawn o bethau i'w dweud wrthyt pe caniatâi amser, ond y mae Siân wedi bod yn boenus iawn drwy'r wythnos yma, – athritis yn ei phenlin hi, a finnau'n gorfod bod yn nyrs ac yn ben-cogydd a phopeth o'r fath. Dim amser i sgrifennu na dim.

Gwelais Saunders yn ei gartref ym Mhenarth y dydd o'r blaen. Rown i wedi bod yn dweud gair wrth y myfyrwyr yng Ngholeg Caerdydd. Roedd ef yn dda iawn, ef a Mrs Lewis – yn dadcu a mamgu erbyn hyn. Mair wedi cael merch rhyw bythefnos cyn hynny: hi a'r ferch yn dod ymlaen yn hyfryd, mae'n debyg, ar ôl yr holl salwch y bu hi trwyddo.

Nid yw Saunders yn rhyw foddlon iawn ar ei swydd yn y coleg gallwn feddwl, – gormod o stwffio pethau i bennau'r myfyrwyr drwy ddarlithiau, yn hytrach na'u dysgu i feddwl, a chwilio pethau allan drostynt eu hunain.[208] A wyt ti'n gweld papur Sabathol newydd Cymru, yr *Empire News* wn i, y trash mwyaf o bapur a fu erioed, rhywbeth ar gyfer pawb ynddo. Mae gan Saunders ryw hanner colofn bob Sul ynddo sy'n bryfoclyd o ddisglair a diddorol bob tro. Denir fi i wario fy nwy a dimai arno, a threisio fy nghydwybod bob Sul er mwyn y tamaid blasus hwn.[209]

Cofion cynhesaf atoch fel teulu,

D.J.

Papurau Lewis Valentine, 4/3/3/4/47

97

Rhosllannerchrugog,
16 Chwefror 1955

F'hen gyfaill annwyl,

O'r diwedd dyma gyfle i yrru gair o gyfarch yna a diolch am lyfr campus Payne ar yr aradr a fu wrth fy mhenelin er y Nadolig. Yr oeddwn yn rhy lesg a chlwyfus i fedru gyrru gair at neb, – bu'r driniaeth yn un go arw, – helynt y *prostate gland*, – a oes Cymreigiad o hwn?, a thiwmor a phapiloma sef dafaden yn tyfu ar hyd barwyden y bledren, a hwn oedd yr helynt a ddechreuodd arnaf yn y carchar. Cefais drugaredd fawr – nid oedd dim cancr ar chwarren y *prostate*, ond yn araf deg y symudir y ddafaden, a rhaid imi ymweld â'r ysbyty am dro neu dri eto am dymhorau byr, – rhyw noson neu ddwy ar y tro. Am rhyw fis y bûm yno – tua diwedd Tachwedd yr euthum yno, ac nid wyf wedi gwneud strocan o waith byth oherwydd llesgedd mawr, ond yr wythnos hon daeth tro ar fyd, a bydd popeth ar ei lawn hwde gennyf tua diwedd y mis hwn.

Maddau imi am siarad cymaint amdanaf fy hun ac ni chyfeiriaf dim ond hyn at y profiad diddorol hwn a ddaeth imi. Euthum allan echdoe am y tro cyntaf i dŷ Jemeima sy'n gymorth hawdd i'w gael ymhob cyfyngder i eiddil gwan, a phwy oedd yn digwydd bod yno ond Elystan Morgan yr ymgeisydd yn yr is-etholiad a fydd yma toc, – bachgen hawddgar iawn yr olwg arno.[210]

Yr wythnos ddiwethaf bu'r wraig yn yr ysbyty trwy'i chydol, – rhyw dyfiant ar ei gwefus isaf o'i mewn, a rhyw fawr ddisgwyl yr wyf na fydd dim mwy yn dilyn. Y mae'n ddrwg gennyf na ellais yrru'r *Seren* iti, – a gefaist ti'r rhifyn cyn hwn? Cofia yrru gair imi os oes rhifyn yn eisiau. Y mae gennyf gyhoeddiad neu ddau yn Sir Benfro ym mis Mehefin (mi goeliaf), a siawns na chaf dy gyfarch y pryd hynny. Sut hwyl sydd ar Siân? Cethin o'r tywydd oeraf a geir yma, – modfeddi o eira heddiw, ac y mae hi'n odi'n drwm yrwan.

Cofion annwyl iawn,
Val.

Papurau D. J. Williams, Abergwaun, P2/40/26

98

49 High Street,
Abergwaun.
18 Mawrth 1955

Annwyl Val,

Dylaswn fod wedi sgrifennu atat ers tro hir i gydnabod dy lythyr dyddiedig Chwefror 16, sy'n rhoi hanes dy afiechyd, a'th ddioddefaint blin yn yr ysbyty. Gobeithio'n fawr iawn y bydd i'r cyfan roi nerth o'r newydd i ti i fynd ymlaen â'th waith gwych am gyfnod hir eto, wedi unwaith ddod dros effeithiau'r driniaeth lawfeddygol.

Salwch Siân o'm tu i a'm rhwystrodd yn bennaf rhag

sgrifennu'n gynt, – yr arthritis enbyd yma yn ei phenlin nes ei bod hi'n methu symud modfedd o'i chlun yn y gwely i safio'i bywyd, a hynny ers pythefnos gyfan. Cafodd fis o'r un dolur y Nadolig, o'r blaen; yna gwella'n bur dda i fynd o gwmpas gwaith y tŷ yma. Disgwyl arbenigwr i'w gweld yr ŷm ni'n awr. Gwyddost yn ddigon da nad oes modd gwneud dim, hyd yn oed, sgrifennu tamaid o lythyr, pan fo rhywun yn glaf yn ei wely mewn tŷ. Ond pan fo'r wraig yn orweiddiog mae hi'n *full time job* a blino'n enbyd erbyn diwedd y dydd.

Heno dyma gydio yn y *Seren* ddiwethaf, heb gael cyfle i'w darllen, a'th lythyr di ynddi, a'i ddarllen yntau unwaith eto, a diolch i ti'n fawr am anfon y *Seren* fel yma sy'n gloywi'n deg o dan dy law; hefyd i ddiolch i ti'n fawr iawn am dy eiriau hynod garedig am *Mazzini*.[211]

Dyma hefyd ddarllen crynodeb o Hunan-gofiant dy annwyl dad y cefais i'r fraint o'm cyflwyno iddo gennyt, un tro, ychydig cyn diwedd ei oes.[212] Rhaid fod cadernid corff aruthrol yn perthyn iddo i allu dal yr holl y bu trwyddo yn ifanc heb sôn am y nerth cymeriad anghyffredin i dyfu trwy, a gorchfygu'r holl rwystrau yna i gyd, a chodi plant tebyg i'r ddau ohonoch yr wyf i wedi cael y fraint o'u nabod, – dy chwaer yn Abergele a thithau. Cofia fi'n fawr iawn ati hi a'i theulu pan fyddi'n sgrifennu, os gweli di'n dda.

A dyna'r etholiad gennych yng Ngwrecsam i ddewis olynydd i Robert Richards a fu'n eistedd yn gysurus ddiwerth fel cynrychiolydd y Rhanbarth yna drwy'r blynyddoedd, debygwn i. Camgymeriad mawr oedd iddo fynd i'r Senedd o gwbl gallwn feddwl, gan fod iddo enw da fel *tutor* mewn dosbarthiadau allanol ac yn Harlech.[213] Wel, rhagorol a chalonogol yn wir ydoedd i'r Blaid fwy na dyblu ei phleidlais y tro hwn eto, ac i'r Sosialwyr golli ei 10,000 a'r Toriaid ei 7,000 o bleidleisiau. Dengys hyn fod dydd y pethau bychain 30 mlynedd yn ôl a'r dygnwch di-ildio a ddangoswyd gan y dyrnaid bach a gadwodd bethau i fynd, a J.E. yn bennaf ohonynt oll, bellach, yn dechrau dwyn ffrwyth. Er mor llwfr a difater ydym fel cenedl parthed ein tynged y mae rhyw 'ychydig weddill' yn aros o hyd gan lynu wrth y weledigaeth gynnar megis yn Israel gynt. Byddai'n hyfryd gael sgwrs â thi am y pethau hyn i gyd, yr hen gyfaill diddan. Gwelais Saunders am ryw ychydig fis Tach. diwethaf, fel y dywedais wrthyt rwy'n credu. Wyt ti'n gweld ei gyfraniadau sabathol yn yr *Empire News* o bob papur?

Cofion fil a phob bendith oddi wrthym ni yma,

D.J.

Papurau Lewis Valentine, 4/3/3/4/48

99

Penuel.
Eglwys y Bedyddwyr,
Rhosllannerchrugog.
21 Ebrill 1955

F'annwyl Gyfaill,

Gobeithio bod Siân yn llawer iawn gwell erbyn hyn, – hen greadur go filain ydyw'r arthritis yna. A thithau yr hen gyfaill, gobeithio dy fod yn llon iachus, – yr wyf yn mwynhau d'ysgrifau ar dy hen gyfaill yn y *Faner* yn fawr.[214] Y mae'n ddrwg gennyf bod *Seren Gomer* yn ddiweddar yn dyfod o'r wasg, – f'esgus ydyw'r etholiad a'm llesgedd, – af i'r ysbyty am driniaeth bob mis ac aros yno am ddwy noson, – ond yr wyf yn ymloywi'n ara' deg bach. Onid gwych ganlyniad yr etholiad, – yr is-etholiad? Tridiau arall a buesid wedi arbed talu'r ernes. Y mae hi'n hindeg ar y Blaid yma bellach. Neithiwr yr oeddwn yn annerch y gangen ar 'Saunders Lewis', – dros gant o aelodau a dal i ddwad y mae'r dychweledigion, ac y mae'r Sosialwyr yn ymwingo. Y mae naw o'r hogiau yn sefyll yn etholiadau lleol Mai – Cyngor Plwyf a Dosbarth. Go dda ynte? Gwnaeth Elystan Morgan ymgeisydd dan gamp, ac os gallwn ei gadw i'r etholaeth hon fe enilla lawer iawn

i'w ddilyn. Y mae gennyf gyhoeddiad yn Sir Benfro yn o fuan, –
dau yn wir, – un ym Mynachlog-ddu a'r llall ym Mlaen Llyn ym
Mehefin (14 a 15). Onid yw'r lle yn o bell o Abergwaun caf siawns
i'th weld gobeithio.

 Cofion o'r mwynaf atoch ill dau,
 Val.

Papurau D. J. Williams, Abergwaun, P2/40/31

100

49 High Street,
Abergwaun.
13 Mai 1955

Annwyl Val,

 Diolch i ti am *Y Seren* a'th lythyr caredig beth amser yn ôl. Da
iawn, iawn, yw clywed dy fod di'n araf ennill dy nerth yn ôl wedi'r
driniaeth enbyd o arw a gefaist. Nerth a nodded y nef a fo i ti yr
hen gyfaill annwyl i gael prydles newydd ar dy ddyddiau i sefyll
dros a chyhoeddi'r gwirionedd ble bynnag y byddi.

 Llythyr byr fydd hwn gan fy mod i'n llawn prysurdeb gyda'r
etholiad yma'n lleol yn ceisio dal trwynau'r Gwyddel a'r Cymro
sy'n ymgeiswyr yma ar y maen parthed bodolaeth Cymru.

 Amgaeaf y llith hon i ti a sgrifennais ar gyfer y papurau lleol i
gychwyn, – a mentro'i hanfon wedyn, wedi ail feddwl, i'r *Western*
[*Mail*]. Wn i ddim a dderbynnir hi yno ai peidio. Gofynnais am ei
chael yn ôl gyda'r troad, os na olygent ei chyhoeddi. Heb ddod y
mae hi hyd yma, beth bynnag.[215]

 Gan nad yw'r *Western Mail* yn cylchredeg rywle lawer yn eich
rhanbarth chi fe'i hanfonaf ymlaen i ti. Ac os credi y gall hi fod o
help i'r achos a'th fod di'n gydnabyddus â rhywrai o wŷr y wasg
i'w chynnig iddo [*sic*] y mae i ti groeso ohoni.

 Wel, llongyfarchion diffuant i gantorion dy eglwys ac i tithau
gyda hwy am ganu mor rhagorol a meddylgar, a gwasanaeth mor

eneiniedig ar ei hyd a gafwyd gennych brynhawn Sul diwethaf.
Bendith arnoch i gyd. Siân yn uno yn ei chofion atoch,

D.J.

Papurau Lewis Valentine, 4/3/3/4/49

101

49 High Street,
Abergwaun,
Sir Benfro.
18 Rhagfyr 1955

Annwyl Hen Val,

Rwyt wedi bod ar fy meddwl cyn amled â neb yn ystod y
flwyddyn hon. A dyma'r Nadolig wedi dod gan beri i mi eistedd i
lawr ac anfon gair atat. Fe ddaw llyfr i ti, hefyd, rwy'n gobeithio,
er na chyrraidd mewn pryd erbyn y Nadolig, o bosib. Fe'i herchais
ers tro, ond heb ddod y mae.

Wel, gobeithio dy fod [d]i a Mrs Val. a Hedd a Gweirrul yn dda
iawn eich hwyl bob un ohonoch. Clywais neu weld gair o'th hanes
yn awr ac yn y man. Mae mwy nag un, gyda llaw, wedi dweud
wrthyf mai dy ysgrif di yn *Seren Gomer* y rhifyn hwn, yw'r peth
gorau a welsant erioed ar Ann Griffiths. Ond heb weld y rhifyn
yr wyf i hyd yma. Ond gwelais ddarnau gwych o'i gynnwys yn *Y
Faner* rwy'n credu.[216]

Blwyddyn eitha caled fu hon i ni'n dau; ond lle i diolch sydd
gennym yn fawr iawn ei bod hi cystal arnom. Blwyddyn i'r amser
hwn cafodd Siân bwl enbyd o ddrwg gan y gwynegon, – yn y
gwely am wythnosau lawer; yna, gwella rhyw dipyn ac yna'n ôl
wedyn lawn cynddrwg.

Wedyn, pan oedd hi'n dechrau gwella tua dechrau Mehefin
dyma finnau, yn ddirybudd hollol, yn cael tipyn o straen ar fy
nghalon. Rwyf erbyn hyn, drwy drugaredd, dipyn mawr yn well;
ond heb wella, ac yn gorfod mynd yn araf. Nid wyf wedi gallu

sgrifennu fawr o ddim o'r llyfr sydd gennyf ar droed ers blwyddyn
gron. Maddau lythyr byr. Fe ddaw pethau'n well eto, gobeithio.
Yn ddiffuant,
D.J.

Papurau Lewis Valentine, 4/3/3/4/50

102

Tŷ Penuel,
Rhosllannerchrugog.
7 Ionawr 1956

F'annwyl gyfaill,
Yn gyntaf dymuno blwyddyn newydd ddedwydd i Siân a
thithau. Diolch yn fawr am dy lythyr a'r llyfr a ddaeth yma
heddiw, ac addawaf y bydd darllen mawr arno. Nid wyf fi wedi
medru taro ar lyfr a fyddai wrth dy fodd, ond daw rhywbeth yna
yn y man. Y mae cywilydd arnaf pan feddyliaf mor esgeulus y
bûm y llynedd o'm hen gyfaill annwyl, ond blwyddyn helbulus
iawn a fu'r flwyddyn ddiwethaf i mi fel i tithau. Yr oedd yn arw
iawn gennyf glywed mor llesg y buoch chi yna, a gobeithio bod
gwell byd arnoch erbyn hyn. Af i'r ysbyty am yr wythfed tro
wedi'r operesiwn dydd Llun nesaf, – rhyw ddeuddydd neu dri
ar y mwyaf yr arhosaf yno, a rhaid gweld meddyg llygaid difiau
hefyd. Ni chaf fynd i gynhebrwng Robert Williams Parry, o
anfarwol goffadwriaeth, – y mae chwaer i'w wraig yn aelod yn yr
eglwys hon, ac yma, yn y Rhos, y ganed ac y maged Myfanwy
ei wraig. Ni fu fawr o siâp arno er blwyddyn a mwy, ac yn y
diwedd cafodd drawiad o'r parlys, a marw dydd Mercher.[217]
Ar un cyfnod cefais lawer iawn o'i gwmni, – bu am gyfnod o
dair blynedd yn gadeirydd Pwyllgor Rhanbarth Caernarfon o'r
Blaid, a rhyfeddod i bawb oedd ei feistrolaeth ar y dasg honno.
Yn ystod etholiad seneddol y Blaid bu'n gerbydwr imi am un
wythnos gron, – yn dra pharod i wneud popeth ond siarad, –

rhannu llenyddiaeth, a chasglu, a gwerthu'r *Ddraig Goch*. Ac yr wyt yn cofio cystal a minnau am y cinio gorfoleddus hwnnw yn ei gwmni yn Soho y nos Sadwrn wedi ein rhyddhau o Lwyni'r Wermod, ac yntau yn fy hebrwng i Landudno o Lundain, ac mewn afiaith mawr ar hyd y ffordd yn canu hen ganeuon gwerin ac emynau Pantycelyn. Unwaith y gwelais ef wedi symud i'r Rhos, – galwodd yn ein tŷ ni am funud fer rhyw saith mlynedd yn ôl, a gelwais innau rhyw dair blynedd yn ôl yn ei dŷ ef ym Methesda ond yr oedd Bob yn ei wely a'i wraig allan. Yr oeddwn ni'n dotio ar y dyn a'i waith, – bendigedig fyddo Duw am Robert Williams Parry. A chofi hefyd am y noson fawr honno yn y Castell yn Llandeilo, ond ni thâl i ddyn ddechrau ar yr atgofion hiraethus yma. A welaist ti yr *Efrydiau Catholig* diwethaf, – Saunders yn taro'n drwm yn ei ysgrif fer ar 'Efrydwyr a'r Offeren', – cynhyrfodd i yn o sownd.[218] Dafydd bach yr oedd yn ddolur i'm calon weld dy anghofio yn anrhydeddau'r frenhines y tro hwn eto, ond daw dy ddydd, y mae rhyw chwant rhyfedd yn dyfod i galon ein llenorion am yr anrhydeddau hyn wedi iddynt adael y pump a thrigain yma, – gwelais R. T. Jenkins yn cusanu ei ail wraig ar stesion Fangor am naw o'r gloch y bore beth amser yn ôl, a dylai hynny fod wedi fy rhybuddio bod rhywbeth fel y C.B.E. yn y gwynt.[219] Cefais wahoddiad i bregethu yn yr Undeb yn Abergwaun ym mis Mai, – nid wyf wedi derbyn eto, ond rhaid penderfynu ddechrau'r wythnos, – nid oes eisieu dywedyd wrthyt mai unpeth yn unig a'm dwg i Abergwaun. Addawaf â'm llaw ar fy nghalon y byddaf yn sgwennu'n amlach atat eleni, – un o'm penderfyniadau ddydd Calan.

Cofion annwyl iawn atoch ill dau,
Val.

Papurau D. J. Williams, Abergwaun, P2/40/32

103

49 High Street,
Abergwaun.
9 Ebrill 1956

Annwyl Hen Gyfaill,

A shwd wyt ti, yr hen Val annwyl. Yn llawer iawn gwell o ran dy iechyd, gobeithio. Gwelais grynodeb o'th anerchiad da i gangen o'r Blaid yn *Y Faner* yn ddiweddar.[220] Arwyddai hynny dy fod yn go lew, gallwn feddwl.

Deallaf dy fod di i bregethu yn yr Undeb yn Abergwaun fis i'r wythnos nesaf yma. Gobeithio'n fawr y byddi di'n teimlo'n ddigon cryf ac iach i allu dod lawr, gan fod yna dorf fawr a garai dy glywed yma o lawer man, a'th fod di'n gallu dod – y mae Siân dipyn mawr yn well o ran ei hiechyd nag y bu, drwy drugaredd, ac yn teimlo'n ddigon cryf i'th wahodd i aros yma gyda ni fel arfer, fel y gallom gael rhai o'r hen seiadau gwerthfawr megis cynt.

Rwyf innau'n well o dipyn nag y bûm wedi'r straen yna a ges i ar fy nghalon ddechrau Mehefin y llynedd. Ond ddim yn ddigon cryf, gwaetha'r modd, i roi'r anerchiad yna ar Heddwch rown i yn amodol wedi addo ei roi os byddai fy iechyd wedi dod yn ddigon da erbyn yr Undeb, a thithau i fod yn gadeirydd i fi. Mae'n wironeddol flin gennyf fethu a'i roi. Ond does mo'r help.

Rwyf wedi gorfod tynnu'n ôl bob ymrwymiad a oedd genny – beirniadu yn Eisteddfod Aberdâr eleni a hefyd wrthod bod yn feirniad y Fedal Ryddiaith, yn un o dri yn Eisteddfod Genedlaethol Môn y flwyddyn nesaf.

Rhyw ychydig bach, bach, yn ysbeidiol yr wyf i'n gallu ei wneud ar y llyfr newydd yr own i wedi sgrifennu rhyw gwarter ohono cyn fy nghymryd yn sâl mor gwbl ddirybudd, – ond yn dyheu ac yn gweddio'n gyson, os Duw a'i myn, am gael nerth i fynd ymlaen ag ef, yn gystal ac aml beth y teimlaf eu bod yn fy nghrombil, pe gallwn ail ddechrau o ddifrif arni.

Mae'n syn fod yr hen Saunders Bach, yr eiddilaf o ran corff o'r

Tri Sgrwbyn yn cadw ei nerth a'i ynni fel y mae, diolch i'r Arglwydd am hynny, ac yn cyflawni ei rymusterau fwyfwy o hyd. Fe ddeil ei *Siwan* a'i *Sigaret* a sgrifennodd mewn dim o dro, mae'n debyg, fel popeth o'i waith i synnu'r oesoedd a ddêl.[221] Ac yr oedd ei draethiad ar Forgan Llwyd yn yr *Efrydiau Catholig* diweddar yn gampwaith o astudiaeth derfynol ar y pwnc mewn llaw, debygwn i.[222]

Wel, yr hen Val, hal air yn ôl cyn gynted ag y gelli i ddweud p'un a fyddi di'n gallu dod i Abergwaun atom – os gweli fod yn dda. Gan fawr obeithio y bydd dy nerth a'th hwyl a'th egni yn caniatáu i ti ddod, er mwyn yr hen ddyddiau dedwydd gynt pan oedd Elis Bach a D.J. Llanbedr a Bob Parry ar y ddaear.

Gyda'n cofio diffuant ni'n dau atat ac at y teulu,

D.J.

Papurau Lewis Valentine, 4/3/3/4/51

104

49 High Street,
Abergwaun,
Sir Benfro.
30 Ebrill 1956

Annwyl Val,

Diolch yn fawr i ti, yr hen gyfaill mwyn, am dy lythyr ac am *Rosllannerchruog* yn ei grynswth cadarn gan William Phillips.[223] Mae'n dechrau yn rhagorol o flasus yn ysbryd cynnes nodweddiadol Jemeima ei hun – oherwydd hyhi yw'r Rhos i fi. Nid wyf wedi cael amser i fynd ymhell iawn arno eto. Wel, diolch yn fawr iawn i ti am y rhodd, eto.

Yr ydym yn dy ddisgwyl yma'n eiddgar dros yr Undeb, – Siân, mae'n llawen gennyf ddweud wrthyt yn dda iawn ei hiechyd a'i hysbryd y dyddiau hyn. Ac fe fydd cael Mary Anne arall at y Mary Anne hanner llesg a diog sydd wedi bod yn y tŷ yma ers bron blwyddyn bellach yn atgyfnerthiad ychwanegol iddi. Felly, tyrd yma

yn llon dy galon, yr hen gyfaill, ac fe wnawn drefn o'r newydd ar
yr hen fyd yma, gwell na 'Bwlganin bolgynnes' a 'Kruschev [*sic*] er
croeso ac anwes' chwedl Waldo, mewn ychydig o ddyddiau.²²⁴
Gyda llaw, nid y fi ond Waldo, er mawr ryddhad i fi, sydd i
roi'r anerchiad yng Nghyfarfod Heddwch yr Undeb. Ar yr amod
y byddai fy iechyd wedi ei edfryd yn weddol bach erbyn hynny y
rhois i fy enw i'r Parch. Gwyn Thomas, Abercych, i ddweud gair,
mor bell yn ôl a'r Hydref diwethaf. Yn anffodus, nid wyf wedi
dod yn ddigon da, er yn dipyn gwell nag y bûm. Yn ôl a ddeallaf
byddi'n pregethu ym Mynachlog-ddu y Sul nesaf yma. Felly, cawn
dy weld gyda bendith Duw, brynhawn Llun.
    Pob bendith a chofion cu,
    D.J. a S.

Papurau Lewis Valentine, 4/3/3/4/52

105

Rhosllannerchrugog,
15 Mai 1956

F'annwyl Gyfeillion,
    Dyma gyrraedd yma'n ddiogel a chael taith eitha' gysurus a
diddorol, ond swrn o waith yn disgwyl, – dwy gynhebrwng a
galwadau i'r Ysbyty, ac yr oedd yn Gyfarfod Pregethu dros y Sul
hefyd, a dyma'r hoe fach gyntaf a gefais wedi dychwelyd. Wythnos
ddedwydd tu hwnt oedd yr wythnos i mi dan eich cronglwyd, – er
fy mhryder amdanoch mwynheais bob munud ohoni. Nid oeddwn
wedi disgwyl eich cael cystal, a mawl i Dduw am yr olwg a gefais
arnoch. Wythnos i'w chofio fydd honno, – wythnos o bleser yn
yr anial, – wythnos hî-frî-dol iawn, chwedl y perl yna o eneth gan
Gwen, a mawr ddiolch amdani.
    Wedi dwad yn ôl yma yr wy'n sylweddoli na ddywedais
hanner y pethau yr oeddwn wedi meddwl eu dywedyd, na gofyn
hanner y cwestiynau chwaith, – yn wir yr oeddwn wedi darllen

Hen Dŷ Ffarm am y bumed waith, ac wedi meddwl yn siwr cael seiad o groesholi yna, ond fe aeth yr amser yn rhy glau o lawer. Anrhydedd fawr oedd cael cyfle i gyfarfod â Waldo eto, – nid wyf wedi dyfod ataf fy hun yn iawn ar ôl ysgytwad ei anerchiad mawr yn y Cyfarfod Heddwch. A wnei di, Dafydd, f'hen gyfaill, ymorol am yr araith i mi ar gyfer *Seren Gomer*, – y mae Waldo wedi ei haddo, a charwn ei chael cyn diwedd y mis hwn, – gorau po gyntaf yn wir, – braint fawr i mi'r golygydd fydd ei chyhoeddi.[225] Yr oeddwn wedi meddwl goglais addewid am erthygl neu ddwy neu dair genti, – ond adferiad llwyr i gychwyn i ti, ac yna ymosod ar yr ail gyfrol o'r atgofion yna, ynte?

Efallai y caf gyfle i frathu fy mhen trwy ddrws fforti nein pan fyddaf ym Mhencaer, – yr wyf yn siwr y myn John Young egwyl i'm dwyn yna yn ei gar, y mae ef yn eithaf gŵr mwyn.

Gobeithio na chawsoch ddim niwed o nosau hwyr yr Undeb, buasai hynny yn loes i mi, – datguddiad mawr a thrist yr Undeb i mi oedd hwn, – fy mod wedi colli pob dawn oedd gennyf (os bu gennyf hefyd) i ddwyn perswâd ar D.J.:– fe fu'n llwyr anufudd y tro hwn ac yn *naughty boy*. Ond cymerwch ofal rhesymol ohonoch eich hunain, a haul yr haf a ddelo ag iechyd i chwi.

Cofion annwyl iawn a chlamp o ddiolch, – os yw'r ddeuddyn ieuanc yna, Vivian a Gwen wrth law, cofiwch fi'n hyfryd atynt,

Val.

Papurau D. J. Williams, Abergwaun, P2/40/33

106

Penuel,
Eglwys y Bedyddwyr,
Rhosllannerchrugog
Dydd Sadwrn. [Diddyddiad (1956?)]

F'annwyl Gyfaill,

Aeth peth amser heibio bellach er pan yr ymeflaist yn fy ngwar a'm gorfodi i aros dan dy gronglwyd am noson, a minnau fel arfer yn hir-ymarhous yn cydnabod yr hyfrydwch hwnnw a diolch amdano, – ond dyma ddiolch, – clamp o ddiolch i Siân a thithau yn awr, ... DIOLCH! Galwodd gŵr heibio'r fan yma ddoe, – gŵr o'r enw Pryce oedd yn gyd-fyfyriwr a chyd-letywr (coeliaf iddo ddywedyd hynny) yn Aberystwyth. Bu yn genhadwr yn yr India, a threfnydd ydyw yn awr gyda chymdeithas y Gwahangleifion, – Cymro di-Gymraeg ydyw. Y mae'n bygwth galw heibio i ti rhywdro ar ei daith yn y cylch yna. Addewais yrru i ti ffurflenni ynglŷn â Chenhadaeth sydd gennym yma, a dyma gwplau'r addewid, a dyma nhw, ond y mae amryw frychau arnynt, – ni allaf yn fy fyw gael fy nheipyn i gredu bod spelio yn bwysig, – y mae profiad yr ymwelwyr â'r eglwysi yn un diddorol iawn, a chredaf y daw lles mawr ohono.

Y mae'n debyg dy fod wedi cael stori newydd Kate Roberts, – yr wyf newydd orffen ei darllen ond ni wn i eto pa rhyw farn i'w roi arni, ond paham y mae'n rhaid i roddi barn o gwbl? Wedi troi ei dawn i drin cyflyrau eneidiau dynion! Ond rhaid i mi ei darllen eto yn arafach.[226]

Maddau y darn llythyr cwta, – y mae'n nos Sadwrn, ac yfory yr wyf yn dechreu cyfres o bregethau ar yr Effesiaid, – yn y Plasmwynwyr yr ydym yn addoli, y mae'r capel wedi ei drosglwyddo i'r adeiladwyr a'r paentwyr, a byddwn ar bererindod oddi yno am un pedwar mis o leiaf.

Fy nghofion annwyl atoch eich deuoedd,

Val.

Papurau D. J. Williams, Abergwaun, P2/40/34

107

Rhosllannerchrugog.
Difia. [Diddyddiad. (Rhagfyr 1956?)]

F'annwyl annwyl Gyfeillion,

O'r diwedd dyma'r mudan yn llefaru! Y mae cywilydd arnaf,
– oes ar f'encos i, y mae cywilydd arnaf na fuaswn wedi gyrru
gair ymhell cyn hyn, a minnau yn meddwl beunydd amdanoch,
a beunos hefyd. Ond bu['n] helbulus ddigon arnaf ers tro, – y
wraig yn wael ers chwe wythnos, a minnau'n gwarchod tŷ ac yn
ei meri-anio hi, ac yn dilyn triniaeth yn yr ysbyty, ac i ychwanegu
at helyntion dyn y mae rhyw anaf ar fy llygad chwith, a gwelais dri
arbenigwr eisoes, ac yn disgwyl galwad i Lerpwl i gael archwiliad
gan y pedwerydd gan fod y tri yn amau ai yn y llygad y mae'r
drwg. Hefyd bu fy chwaer (Mrs Hunt) yn yr ysbyty yn Lerpwl
am drimis, a chan fod fy mrawd yng nghyfraith yn bur llegach
yr oeddwn yn dirprwyo drosto ac yn ei gweld yno mor aml ag y
medrwn.

Ond sut y mae hi arnoch chi ill dau? Mi rown lawer am un cip
arnoch, ond nid oes obaith hyd y Pasg nesaf pan fydd Cyrddau'r
Undeb yn Aberteifi. Pan oedd y Cyrddau yno o'r blaen fe
ddeuthum i Abergwaun y dydd Iau ar neges go bwysig. Efallai y
caf achlysur y tro nesaf i'th wysio i ddyfod i Dryweryn. Rhois bic
i'n Cymanfa ni y dydd o'r blaen er mwyn cynnig penderfyniad
yn galw am gynorthwy pob corff crefyddol yn Lerpwl, yn
Brotestaniaid a Phabyddion, yn enw ein Cristnogaeth gyffredin, i
atal rhyfyg corfforaeth Lerpwl. Bydd yn ddiddorol gwybod beth a
wna'r arweinwyr.

Amgaeaf lyfr H. T. Edwards, – buom unwaith yn cydwrando ar
sgwrs felys ganddo yna. Y mae calon yr hen gyfaill yn iach ddigon,
ond ei blwc sydd wedi ei faglu.[227]

Dyma lyfr Waldo o'r Wasg, – disgwyl cyfle a wnaf bellach i
ymroi i'w fyfyrio, – bu hir ddyheu amdano.[228]

Dyma ddymuno Nadolig o'r dedwyddaf i chwi, a dedwydd

iawn fyddai'r Nadolig i mi pe clywn eich bod ill dau yn weddol
iachus.

Cofion annwyl iawn,
Val.

Papurau D. J. Williams, Abergwaun, P2/40/35

108

Post Office Telegram
3 Mehefin 1957
11.5 Rhosllannerchrugog.
Williams, 49 High Street, Fishguard.

Bendith ar y doctor,[229]
Val.

Papurau D. J. Williams, Abergwaun, P2/40/37

109

49 High Street,
Abergwaun.
29 Mehefin 1957

Annwyl Val,

Gwelais yn *Seren Gomer* dy fod di gyda chyfeillion eraill yn y
Cilgwyn, Castell Newydd Emlyn yr wythnos nesaf yma.

Gan dy fod di wedi mynd yn fudan, enbyd o brin dy eiriau ar
bapur, o leiaf yn ddiweddar, petai modd i ti redeg lawr yma am
dro byr ryw brynhawn ar y slei yn ystod yr wythnos, hwyrach y
caut ti afael ar dy dafod ffraeth yn sydyn eto mewn ymgom â'th
hen gydymaith 8988. Byddem yn falch iawn dy weld ein dau fel y
gwyddost, gan i ti fethu dod lawr yma o Aberteifi y Pasg. Mae'n
lled debyg i ti gael S.O.S. oddi wrth J.E. ddoe diwethaf fel finnau

parthed y pwysigrwydd o yrru cenadwrïau o bob man heb golli awr o amser ynglŷn â Mesur Boddi Cwm Tryweryn sydd i ddod o flaen y Tŷ yn sydyn ddydd Mercher nesaf – y negeseuon i'w hanfon i'n gwahanol gynrychiolwyr Seneddol.

Beth am ddwyn hwn i sylw dy gyd-weinidogion yn y Cilgwyn fel y gallont i gyd, o bosib, gydweithio a gweithredu ar unwaith. Rwyf i wedi bod wrthi yn Abergwaun yma yn dwyn y mater i sylw pobl o gydwybod, a phawb yn ewyllysgar iawn yn addo gweithredu, chwarae teg iddynt. Gyda'n cofion cynhesaf ni'n dau, gan ddymuno pob bendith ar y gwaith yn y Cilgwyn,

D.J.

[Amgaeedig: cylchlythyr gan Blaid Cymru oddi wrth J. E. Jones ar fater Tryweryn. 25 Mehefin 1957.][230]

Papurau Lewis Valentine, 4/3/3/4/53

110

49 High Street,
Abergwaun.
8 Mai 1958

Annwyl Val,

Dylaswn fod wedi sgrifennu atat ers llawer dydd, gan fy mod i'n meddwl amdanat yn fynych iawn, iawn. Ond neithiwr daeth sbardunad arall a'm gorfododd i anfon gair atat ti ac at Saunders yn ddiymdroi.

Wn i a fuost di mor lwcus oherwydd dy fynych ymrwymiadau ag y bues i o gael clywed darllediad godidog arall o *Fuchedd Garmon*[231] a'r traethiad treiddgar, goleuedig gan Saunders ei hun ar *Ddrych y Prifoesoedd*[232] a'r awdur yr ardderchocaf Theophilus.

Daeth y noson dywyll honno Ddydd Gŵyl Dewi 1937 yn fyw iawn i'm cof pan ganiataodd Llywodraethwr caredig y carchar drwy feiddgarwch dy ufudd was i'r triwyr llwydion ohonom fynd yn llechwraidd i'r ystafell ddethol i wrando ar *Fuchedd Garmon* yn cael ei ddarlledu am y tro cyntaf – ac eiddigedd distaw rhai o'n cyd-garcharorion o Saeson o'r herwydd, ac yn enwedig y Sgotyn ffraeth anwadal, hwnnw, Dr Maxwell, fy nghyfaill i yn y llyfrgell. Daeth y darllediad godidog neithiwr a'r cyfan hyn yn fyw ryfeddol yn ôl i mi, a'r seiadau hyfrydol hynny yn y Scrubs – y Catholig a'r Protestant yn cyfnewid barn yn naws yr Efengyl, a'r gŵr bach na a'i ddiwinyddiaeth yn ddigon niwlog yn bwrw ei big bwt i mewn yn awr ac eilwaith. Dyna rai o'r seiadau godidocaf a gefais erioed o ran eu difrifwch a'u digrifwch hefyd, a melys odiaeth yw'r atgof.

Wel, yr hen Val annwyl, diolch i ti am y Llyfr Pregethau gwerthfawr yn rhodd adeg y Nadolig – llyfr hardd a theilwng mewn gwirionedd. Ond hyd yma, Siân sydd wedi ei ddarllen yn bennaf a'i fwynhau'n fawr. Ceisio symud ymlaen yn ara deg o dudalen i dudalen yr wyf i ar y llyfr sydd gennyf ar y gweill ers blynyddoedd, a'm salwch i a salwch Siân wedi fy llesteirio'n hir ar y daith. Bydd dipyn go dda yn hwy na'r *Hen Dŷ Ffarm* a rhyw dri chwarter ohono wedi ei sgrifennu erbyn hyn. Rwy'n gobeithio, os Duw a'i myn, ei orffen yn dyfodol agos erbyn tua diwedd y flwyddyn hon. Drwy drugaredd a diolch i'r Arglwydd, mae fy iechyd i a Siân hefyd dipyn mawr yn well erbyn hyn, ac o ganlyniad rwy'n gallu gweithio ychydig o oriau bob dydd. Y drwg yw fod rhyw fân betheuach lleol y hawlio fy sylw er fy ngwaethaf o hyd – cymaint o bethau o'm cwmpas y dylid eu gwneud, a neb yn cael eu cymell rywsut i fynd ynghyd â hwy.

Wel, yr hen gyfaill, pryd y cawn ni dy weld di'n galw heibio i westy'r Bristol Trader yma fel y gallom eto ddwys seiadu, wedi ysbaid hir, uwchben problemau mawr y dydd – yng Nghymru a thu allan iddi. Hal air cyn gynted ag y cei egwyl. Cofio fil atoch i gyd.

Yn gywir,

D.J. a Siân.

Papurau Lewis Valentine, 4/3/3/4/55

111

Rhosllannerchrugog.
Nadolig 1958

F'annwyl Gyfeillion,

Yn wir y mae arnaf gywilydd ysgrifennu gair ar ôl oedi cyhyd, ac nid oes maddeuant i neb am esgeuluso ei gyfeillion, ond arswydus o haint i afael mewn dyn ydyw 'diogi'. Ond er nad oes haeddiant yma y mae digon o drugaredd yna. Yr wyf yn holi'n ddygn eich hynt o bob cyfeiriad, ac y mae'n rhyfedd cymaint o newyddion a gaf. Yr oeddwn wedi llunio dyfod yn slei bach i Abergwaun i aros yna, neu yn ymyl, am rhyw ddeuddydd neu dri, a threulio oriau beunydd hefo chi, ond y mae rhyw alwad yn dyfod i ddrysu cynlluniau dyn o hyd yn y lle hwn, a gwae fy nyfod yma erioed. Yr oeddwn yn pregethu yn Llandudno yr wythnos gyntaf yn Nhachwedd, a chefais gyfle i edrych ar y telediad pan oedd D.J. yn ŵr gwadd, a dyna lawenydd a gafwyd. Yr oeddet ti'n wych i'w ryfeddu, 'rhen gyfaill, ac mewn hwyliau mawr, – seiat orfoleddus oedd hi, ac nid bach o waith ydyw sefyll praw o flaen y tair ffuret yna, – onid ydynt hwythau'n wych? Dyma ddarllen heddiw yn y papur bod Cassie'n ymddeol. Yr wyf wedi dilyn rhaglen y *Gŵr Gwadd* yn o gyson, ond heb weniaith y prynhawn hwnnw yn rhagori o dipyn, a daeth andros o hiraeth drosof hefyd.[233]

Y mae gennyf obaith y caf gyfle i alw yna yn o fuan, – yr wyf wedi addo pregethu yn Llandysul ym mis Chwefror, a chaf siawns pryd hynny i ddyfod yna, a chael seiat go faith. Dyna fy mwriad, a pheidio â brysio yn ôl. Onid oes rhyw symud rhyfedd yng Nghymru heddiw? Y mae John bach newydd alw yma – y mae'n weinidog ym Mhenycae yn ymyl, – a chynnig Bevan yn codi gloesi arno,[234] a gwaith Syr Ifan ab Owen yn ei yrru'n gynddeiriog.[235] Nid oes yr un ohonom ni'n dau yn rhyw esmwyth na fuasai'r Blaid yn gwneud llawer iawn mwy i ymladd etholiadau lleol, – os cofiaf yn iawn yr wyt ti'n cymeradwyo y polisi seneddol yn fwy na mi, ond waeth heb ddechrau trafod hyn mewn llythyr a fwriedir i fod yn gyfarchiad Nadolig yn unig. Y mae Saunders yn cerdded o nerth i nerth, a chefais flas ar ddarllen *Brad*,[236] a disgwyl cyfle yr wyf i weld ei pherfformio rhywdro. A fyddi di'n cael gair ganddo weithiau? Cyfarfum â nifer o bobl ieuainc yn y De yn ddiweddar oedd wedi eu tanio gan ei araith yn yr Eisteddfod yng Nglyn Ebwy.[237]

Priododd y ferch, Gweirrul, ddechrau'r flwyddyn hon, a dechrau'r flwyddyn nesaf yma disgwyliaf fod yn daid. Athro Cymraeg yn fy hen ysgol i ym Mae Colwyn yw ei gŵr. Bu fy chwaer a Nia heibio i ti a chefais dy negeseuon ganddynt, ac y maent yn dy hanner addoli, – y mae llawer iawn yn gwneud hynny, ac y mae arnat gyfrifoldeb go fawr dy fod yn cymell hyn mewn pobl. Yr oeddwn yn sôn amdanat – yn gwneud hynny'n aml – hefo Jemeima ddoe ddiwethaf. Bu hi'n ddigon llegach trwy gydol y flwyddyn, ond y mae ei thafod mor ffraeth ag erioed, ac y mae'n cofio atoch. Wel, fy hen gyfeillion mwyn, dyma ddymuno Nadolig llawen i chwi, a chaf innau ei dreulio'n meddwl amdanoch, ac yn benditho'r ffawd a roes i mi eich hadnabod.

Cofion annwyl iawn, a phob nerth i gyflawni'r gwaith, – da'r gair ar y telediad y cwpleir[238] ef yn fuan,

Val.

Papurau D. J. Williams, Abergwaun, P2/40/36

112

49 High Street,
Abergwaun,
Sir Benfro.
6 Ionawr 1958 [recte 1959][239]

Annwyl Val,

Rhoddodd dy lythyr adeg y Nadolig fwy o lawenydd ysbryd i fi ac i Siân hefyd, lawn cymaint a hynny, nag y gallaf ei ddweud wrthyt. Oherwydd yr oedd y syniad y gallai dim bellhau neu

oeri dy hen gyfeillgarwch di a fi wedi'r blynyddoedd maith yn
anghredadwy i fi. A llwyr argyhoeddodd dy lythyr fi fod y peth
yn amhosib. Ond rhag i fi anghofio hefyd yn fy llawenydd o hyn
– gad i mi ddiolch i ti, drosom ni'n dau eto, am y dei hardd yma a
anfonaist i fi a'r neisiedi hyfryd iddi hithau. Unwaith yn unig hyd
yma yr wyf i wedi gwisgo'r dei i'r cyhoedd gael golwg arni; ac yr
own i'n teimlo fel dandi drwy'r dydd gwyn hwnnw!

Wel, mae'n dda gen i ddweud wrthyt fy mod i wedi gorffen
y llyfr a fu cyd ar y gweill gennyf – salwch ac anhwylder Siân
a finnau wedi arafu llawer ar fy arafwch cynhenid i. Ond cefais
nerth yr Arglwydd, o'i fawr drugaredd Ef, i'w orffen. Ac ysgafnhad
rhyfeddol i'm hysbryd i a fu hynny. Fe'i gorffennais dair wythnos
i ddoe, sef dydd Llun, Rhag 15, – am 2.10p.m.; i ti gael gwybod
y funud fel mater o bwys i hanes llenyddiaeth y dyfodol!! Cefais
andros o bwl o annwyd ac anhwyldeb ar ôl hynny, a newydd
ddechrau gwella yr wyf, neu fe fyddwn wedi sgrifennu atat ers tro
cyn hyn.

Heddiw, dechreuais ei ddarllen drosodd – mae'n tynnu at
ddwywaith hyd *Hen Dŷ Ffarm* – ar gyfer ei gyhoeddi gan Wasg
Gomer, er nad oes dim pendant eto, wedi ei drefnu. Rhyngot ti
a fi fel hen gyfaill, rwy'n gallu mentro dweud hyn – ond rwy'n
teimlo hyd yma, o leiaf, ei fod yn darllen yn ddigon da. Diau y
newidiaf fy marn amdano lawer tro, cyn ei orffen.

Do, mi welais Sand. yr hen gyfaill anfarwol ddiddan ddydd y
darlledu hwnnw yng Nghaerdydd. Anfonais ato i ddweud fy mod
i o flaen fy ngwell a daeth yno ataf i dy'r darlledu: a chawsom seiet
fendigedig fel seiet Wormwood Scrubs gynt, a sôn amdanat, fel y
disgwyliet, lawer tro.

Gyda llaw, canmolai dy olygiaeth wych o *Seren Gomer* yn fawr.
I mi, gresyn yw bod Saunders wedi cymryd at y dramau Cyfandir
yma'n ddiweddar, er disgleiried y grefft arnynt. Ond mae'n well
genny *Flodeuwedd, Buchedd Garmon* (wyt ti'n cofio amdanom
ni'n gwrando arni yn y Scrubs? ac eiddigedd y bradwr ffraeth o
Sgotyn, Maxwell, fy nghyfaill i yn y llyfrgell!) a *Siwan* gymaint

a'r un ohonynt. Ond gyda phob haeddiannol barch i athrylith greadigol gyfoethog Saunders rwy'n teimlo yn bersonol, o hyd, mai fel beirniad llenyddol, gwleidydd, ac athronydd crefyddol y rhagora Saunders yn bennaf oll.[240] Oni bai am frad W. J. Gruffydd a'r cynffongwn gwael hynny iddo, fe allai Saunders fod wedi mynd i'r Senedd fel cynrychiolydd y Brifysgol yn 1943. A hwyrach y byddai Cymru ar fin bod yn genedl rydd, erbyn hyn. Ond fe ddaw yn rhydd eto, neu drengi o'r ffordd, os dyna ei haeddiant, – o dan arweiniad uchelfrydig ond arafach Gwynfor. Oherwydd, y mae Gwynfor yn ddyn mawr arall, mewn gwirionedd.[241] Bu tynged yn greulon wrth Saunders drwy beidio â rhoi iddo gyfle teilwng o'i athrylith. Wel, Val. fe gawn dy gwmni llawen yma, lond y tŷ, pan ddoi di i Landysul, y mis nesaf.

    Cofion fil,

    D.J. a Siân.

[Nodyn ar yr amlen yn llawysgrif Lewis Valentine]
Pwl hir o afiechyd a barodd na fedrais ohebu am spel a D.J.

Papurau Lewis Valentine, 4/3/3/4/54

113

[Dim cyfeiriad na dyddiad. Ionawr 1959?]
Dydd Sul.

F'annwyl Gyfaill,

    Wel yn y byd mawr yma – ddaru i ti erioed gredu y cymerwn i dramgwydd wrth hen gyfaill yr wyf yn ei hanner addoli! Ac yn siwr ddigon ni thramgwyddwn am bethau mor bitw.[242] Y fi, f'hen gyfaill, a dramgwyddodd am na fuaswn wedi bod yn llawer mwy ystyrgar nag a fûm, ond addawaf ddiwygio, a daw gair yna yn y flwyddyn newydd. Am *Seren Gomer*, – yn wir, – gwyddwn bod gennyt ddigon o waith, a phe buaswn wedi ei gyrru, buaset yn meddwl o gydwybod, y dylet ei ddarllen.

Ar garlam wyllt yr wyf yn scrifennu hwn, ac yn amgau llythyr a anghofiais ei roddi yn y parselyn a anfonais yna.

Popeth yn wych,

a chanwn,

Val.

Papurau D. J. Williams, Abergwaun, P2/40/45

114

Rhosllannerchrugog.

16 Chwefror 1959

F'annwyl D.J. a Siân,

Yr wyf wedi cael wythnosau anniddig iawn hefo'r 'bronteithus' (chwedl y bobl 'ma), ac yn rhy ddreng i feddwl sgwennu at neb. Pa hwyl sydd arnoch? Y Sul nesaf yr wyf yn pregethu yn Llandysul, a'm bwriad ydyw dyfod i Abergwaun ddydd Gwener, ac aros hyd ddydd Sadwrn. Nid wyf am i chi ymdrafferthu dim – dyfod yna yr wyf yn un swydd i'ch cyfarch ac i ymddiddan ac i ddrych arnoch. Os cofiaf yn dda y mae gwesty dirwestol heb fod ymhell oddiyna, ac os byddi di D.J., mor fwyn â gofyn am wely a brecwast i mi byddaf yn ddiolchgar, gan nad wyf, a chwithau'n llegach, am i chwi boeni dim.

Nid wyf yn gwybod eto pa ffordd y deuaf yna, – ai trwy Aberystwyth, a chael bws i Aberteifi, a bws arall oddi yno i Abergwaun, ynteu dyfod gyda thrên drwy Gaerfyrddin, – trwy Aberystwyth, mi gredaf, ydyw'r ffordd orau, a'r ffordd fyrraf.

A minnau i'ch gweld mor fuan, ac yn wir yr wyf yn dechrau cyffro'n barod wrth feddwl am y pleser, 'waeth i mi heb ddechrau trafod newyddion. Y newydd mwya ydyw fy mod yn daid, a chan Gweirrul glamp o hogyn braf, llygatlas, gwineufrig,[243] – y mae ei gŵr yn athro Cymraeg yn fy hen ysgol i ym Mae Colwyn.

Y mae newydd frathu i'm meddwl, – beth pe baech chwi'n digwydd bod oddi cartref? Yn y Borth neu rhywle arall! Ond digon o waith i chwi fentro oddi yna ar dywydd cethin fel hwn. Pa fodd bynnag mentraf y daith.

Hyd ddydd Gwener ynte!

Llaw a chalon,

Val.

Papurau D. J. Williams, Abergwaun, P2/40/41

115

Dydd Gwener [dim dyddiad][244]

Annwyl D.J.

Diolch yn fawr am dy lythyr, – fel y dywedais yr wyf ym Maenclochog y Sul (tair oedfa'r Sul yn unig), a bydd rhaid arnaf ddychwelyd dydd Llun. Yr wyf newydd glywed bod fy chwaer yn Llandudno wedi cael damwain go ddifrifol, – torri ei chlun, ac amryw gleisiau eraill, ac yr wyf yn anesmwyth iawn, a rhaid brysio'n ôl a mynd yno. Y mae arnaf ofn felly, fy hen gyfaill, na chawn ymgyfarfod y tro hwn. Ond byddaf yn Abergele, ag eithrio'r dydd Sul, – rhaid dychwelyd yma ar gyfer y Sul hwnnw, ond gallaf ddychwelyd eilwaith i Abergele y nos Sul. Pe bawn yn dyfod trwy Aberystwyth, a chyda bws drachefn i Aberteifi gallwn roddi pic yna y Sadwrn, ond trwy Gaerdydd y teithiaf, hyd Clunderwen, a daw Mathias Davies i'm cyfarfod yno. Hai ati yn wir a deng ewin ar yr hunangofiant, ni ddodaf hawl arnat hyd nes cwblau'r llyfran hir-ddisgwyliedig. Maddau gwteued y llith, ond cofion tirion atoch ill dau.

Val.

Papurau D. J. Williams, Abergwaun, P2/40/39

116

Tŷ Penuel,
Rhosllannerchrugog,
26 Mehefin 1959

F'annwyl Gyfeillion,

Y mae'n debyg i chwi ddisgwyl gair gennyf cyn hyn, ond dyma'r cyfle cyntaf o hamdden a gefais ar ôl dychwelyd o Sir Benfro. Yn wir nid esgus ydyw dywedyd hyn, ond gwir mawr. Y mae'r cylch hwn yn trefnu ei gyrddau pregethu yn un rhes i ddilyn ei gilydd, a rhaid oedd mynd i'r rheini i roddi dipyn o hwb i frodyr da, – dydd Llun diwethaf bûm yn gwrando ar gymydog i chi, – y Parch E. J. Williams o Drefdraeth, a'r Llun nesaf disgwyliaf gwmni gorfoleddus Parri Roberts ym Mhen-y-cae yn ymyl yma ... Diolch yn fawr ichi am fy nerbyn unwaith eto i lawnder a llawenydd y 'Bristol Trader', – cordial i ben a chalon dyn oedd cael eich cwmni unwaith eto, a rhyfeddu hefyd eich gweld yn ymgynnal mor dda. Rhoddodd y wraig yma glod i mi gynnau am olchi llestri, rhyw awgrymu fy mod yn gwella yn y grefft, a bach y gŵyr hi imi gael gwersi buddiol yna. Wiw imi gyffesu hynny iddi neu fe fydd [yn] awgrymu llawer tasg arall i mi. Yr wyf eisoes, ar awr wan, wedi datguddio dawn paentio oedd gennyf, a dyna fwrw arnaf baentio'r gegin gefn mewn deuliw, y nen o liw pinc ysgafn (yr un fath a'r tu allan i 49 High Street) –, a'r paradwydd o liw llaeth gwartheg Jersey.

A welsoch chi ddatganiad y Dr Kate yn y *Faner*, – y mae plwc y ferch hon yn codi cywilydd mawr arnaf weithiau.[245] Bu yn teledu yn aml o Fanceinion yn ddiweddar, ond y mae'r hwrdd hwnnw yn dibennu am yr Haf, ac er saled rhaglen Rhydwen yn aml, yr oedd yn Gymraeg, a llawer yn edrych ac yn gwrando arni.[246] Yr oeddwn wedi meddwl cael dy farn ar y cytundeb newydd o du'r llywodraeth ynglŷn ag ysgolion enwadol, – fedra i yn fy myw godi stem yn erbyn y peth rhywsut, – y mae crwt mor dda a Gwyn Thomas (Abercych) yn galw i'r frwydr yn ei erbyn, ond ein dynion salaf ni (y Bedyddwyr) yn gyffredin sydd am godi'r ysgyfarnog hon o hyd.[247] Af i'r Cilgwyn yr wythnos nesaf, a chaf gyfle i weld Ben Owen, a gobeithio nad yw'r trawiad a gafodd ddim yn dost iawn, – un arall o'n cyfeillion sydd yn blwc i gyd.

Dyma *Seren Gomer* i ti, – anerchiad Clement ydyw'r peth pwysicaf ynddi y tro hwn, – y mae ysgrif Harding Rees ar Richard Morris, Llandysul yn un dirion iawn hefyd.[248] A welaist ti Wyn Owen? Cofia ddywedyd wrtho ein bod wedi galw heibio iddo.

Cofion annwyl iawn atoch ill dau, a gobeithio y ceir cyfle i gyfarfod yn fuan eto.

Val.

Papurau D. J. Williams, Abergwaun, P2/40/40

117

Rhosllannerchrugog.
15 Medi 1959

F'annwyl Gyfeillion,

Gobeithio eich bod ill dau yn rhwydd iachus, a bod yr haf ardderchog yma wedi eich sirioli a'ch cryfhau. Y dydd o'r blaen daeth gwraig i siarad hefo fi ar yr heol, – y wraig lle buoch chi'n aros yn ystod yr Eisteddfod Genedlaethol, – y mae hi'n cofio yn annwyl iawn atoch, ac yn dal i gael blas ar yr atgof am y gymdeithas felys a gafwyd.

Dyma hanes yr Eglwys yr wyf fi'n digwydd bod yn weinidog arni, – y mae'n hanes digon diddorol os cewch amynedd i'w ddarllen, – newydd ddwad o'r ffwrn y mae.[249]

Wel, gwelwch y mae'r Eisteddfod yn dyfod yma, a bydd yn rhaid inni oll ladd nadredd am y misoedd nesaf, – os oes gennyt rhyw syniad am destun i gystadleuaeth llwybreiddia fo yma pan

geir hamdden. Maddeuwch nodyn cwta, ond yn wir yr wyf yn
brysur y dyddiau yma.

Coflaid o gofion,

Val.

[Ar gefn y papur] Hwyl fawr i'r cyfaill Waldo Williams yn yr
etholiad – O! na chawn fod yna hefo chi!

Papurau D. J. Williams, Abergwaun, P2/40/39

118

49 High Street,
Abergwaun.
1 Hydref 1959

Annwyl Val,

Wel, yr hen gyfaill diddan, y mae arnaf ddyled o lythyr i ti ers
dyddiau, wythnosau yn wir, i gydnabod dy rodd garedig o Hanes
Eglwys Penuel, sy'n darllen mor ddiddorol, ac wedi ei olygu mor
dda gennyt.

Fel y gwyddost daeth y lecsiwn fawr ar ein pennau mor
sydyn; a chymerais innau fy rhan ynddi mor llawn ag y gallwn fel
ysgrifennydd yr Apêl ariannol, a phob rhyw fanion eraill perthynol
i'r gwaith – ac eithrio siarad. Dwywaith yn unig, a hynny'n ddigon
di-effaith rwy'n ofni y bûm i wrth hynny; gan na bu'r gwaith yn
cytuno rhyw lawer â fi erioed, a llai byth yn awr. Fe wnaeth Elystan
a chithau'n dda iawn ohoni, a Waldo gyda ninnau yma, yn ddigon
da, ac ystyried na pharhaodd yr ymgyrch ond rhyw fis yn unig – a
De'r Sir, lle mae dwy ran o dair o'r bobl, mor llwyr Seisnig.[250]

Yr unig wers, yn sicr, fel y teimlwn ni bawb yma, yw y rhaid
dyblu a threblu'r ymdrechion i ddeffro ein cyd-genedl, os yw
Cymru o gwbl i oroesi'r argyfwng enbyd hwn, – gan gofio aberth
hyd angau bron pob cenedl arall am ei bywyd. On'd aeth sbarbils
Rhyddfrydwyr Sir Feirionnydd yn gywilyddus i Gymru gyfan yn
eu hagwedd at Gwynfor![251]

Hen foi rhagorol yw Samuel Rowley a gasglodd ddefnyddiau hanes yr Eglwys mor dda a gofalus at ei gilydd, a rhywbeth mor hyfryd yn ei ysbryd ar hyd yr amser. Ond dim ond dechrau'r llyfr a ddarllenais i, hyd yma, gan i'r Etholiad ddod fel corwynt a'm cipio oddi wrth bopeth. Caf hamdden i'w fwynhau yn nes ymlaen yma. Ond cyn hynny, y mae pentwr proflenni'r llyfr newydd wedi dod i'r tŷ y prynhawn yma, – gyda siars bendant i'w cael yn ôl y cyfle cynta posib. Cei gopi pan ddaw o'r Wasg, rywbryd cyn y Nadolig, gobeithio. Rown wedi mawr obeithio ar hyd yr amser y byddai'r llyfr wedi ei gyhoeddi cyn yr Etholiad. Ond y mae pethau ynddo a fydd yn debyg o gynhyrfu'r dŵr lawn cymaint, a'r Etholiad bellach drosodd! Cei [sic] dy farn ar y cyfan yng nghyflawnder yr amser. A dyma ddymuno'n dda o galon i ti yn awr, cyn dechrau ar y proflenni, o ddifri – hen waith sy'n fy mlino'n lân, bob amser, ar ôl bod wrthi am yn hir.

Gan ddymuno pob bendith i ti a Mrs Valentine. Gwelais Nia, hi a Wynn ei gŵr, lawr yn y cownt yn Hwlffordd gyda ni ddydd yr Etholiad, – a holl harddwch a boneddigeiddrwydd y teulu wedi eu cyfuno ymhob osgo o'i heiddo.

Yn ddiffuant yr eiddoch,

D.J.

Papurau Lewis Valentine, 4/3/3/4/56

119

Rhosllannerchrugog.
9 Rhagfyr 1959

F'annwyl Gyfeillion,

Diwrnod i'w gofio ydyw hwn. Gyda phost y prynhawn cyrhaeddodd yma YN CHWECH AR HUGAIN OED a bwriwyd popeth o'r neilltu i ddarllen y bennod gyntaf, a gwelaf y bydd y Nadolig hwn yn un gwir ddedwydd, ac y caf dy gwmni yn ei ystod am oriau bwygilydd. Diolch o galon iti am dy rodd ragorol iawn,

ac yr wyf yn cydlawenhau â thithau am i ti gael nerth i gyflawni'r
gwaith, ond drapit glas ulw ar d'addewid na cheir cyfrol arall.[252]

Ond yr holiad cyntaf ydyw hwn, – sut y mae eich iechyd eich
deuoedd? Clywais am dy brysurdeb mawr yn ystod yr etholiad, a
naw wfft am ben y pesimistiaid yma sy'n darogan tranc y Blaid, a
Stephen Tudor yn eu plith yn *Y Cymro*.[253] Rheitiach iddo fo, ac
yntau wedi gwamalu cymaint, oedd tewi. Yn wir, pe gallwn fforddio
hynny, a phe cawn dipyn mwy o egni, mi rown bopeth heibio i
genhadu'r Gogledd yma dros y Blaid, ond y mae'n henwad ni'n
gofalu na chaiff dyn ddim ymddeol. Gobeithio nad yw hyrddiadau
a'r pyliau mawr yma o waith ddim wedi mennu ar eich iechyd.

Y mae'n lladd nadredd yma ynglŷn â'r Eisteddfod, – y maent
wedi mynnu ei chael hi, er y bydda'n well ei gohirio hyd 1963.
Pwyllgora chwyrn sydd wedi bod yma, ac yr ydym ni wedi
gorffen ein gwaith ar y Pwyllgor Llenyddiaeth, a bydd gofyn i
ti feirniadu yn yr adran honno, ond ni fydd yn rhy drwm i ti,
a gobeithiaf na wnei di ddim gwrthod. Gobeithio na fydd neb
yn codi cwestiwn gwahodd y frenhines yma, – y mae rhai hurt
iawn ymhlith y Sosialwyr yma. Bûm yng nghyffiniau Abertawe
ddwywaith yn ddiweddar, – cael cymdeithas Beasley a'i wraig yn
Llangennech,[254] a Wynne Samuel. Y mae'r helynt yn Ystalyfera
ynglŷn â'r gweinidog wedi bod yn faich mawr ar Wynne, ac y
mae rhai a ddylai wybod yn well, o lid at y Blaid, yn dyrnu arno.
Rhyw enwad od ar y naw ydym ni, ac weithiau byddaf yn meddwl
bod barn Duw arnom oherwydd ein culni. Y mae Hughes Jones
(*Sgweiar Hafila*)[255] yn gydswyddog a mi ar y Pwyllgor Llenyddiaeth,
a byddwn yn sôn llawer amdanat, – rhoddodd ddarlith ffres i'w
ryfeddu i'r Gymdeithas Gymraeg yma yn ddiweddar ar 'Llyfrgell
Mari Lewis'. A glywaist ti'r darllediad o *Esther*? Yn wir, i'm tyb
bach i dyna'r peth gorau gan Saunders eto, ac yr oedd yr actio
yn fendigedig. Euthum ati i lunio pregeth ar Esther ar gyfer y Sul
wedi'r darllediad, ac yr oedd Mordecai (Meredydd Edwards) yn
gwrando arnaf.[256] Yr wyf yn meddwl bod y Pwyllgor Drama am
gynnig iddo ysgrifennu 'drama gomisiwn' ar gyfer 1961.

Y mae gennyf ofn mai rhyw glonc od ydyw'r llythyr hwn,
ond hel fy mhac yr wyf i fynd i'r ysbyty yfory, – dim ond am
ddeuddydd, gobeithio, oblegid yr wyf yn darlledu gwasanaeth o'r
eglwys hon bore Sul am unarddeg. Waeth i mi heb feddwl am yrru
llyfr i ti dros y Nadolig hwn, – mae dy ddiwinyddiaeth di bellach
yn ddigon iach, ond i Siân y mae'r lliain hwn, a'r 'sanau bach i
tithau gyda dymuniadau am Nadolig o'r dedwyddaf i chwi ill dau.
Cei air gennyf eto wedi i mi fwydo fy meddwl yn y llyfr.
Cofion annwyl annwyl atoch,
Val.

Papurau D. J. Williams, Abergwaun, P2/40/38

120

49 High Street,
Abergwaun.
14 Rhagfyr 1959

Annwyl Val,
Yn gyntaf dim, ynteu, gair o ddiolch cywir i ti am y gwasanaeth
bendithfawr o Eglwys y Penuel bore ddoe, a'r bregeth ddwys a'r
canu gogoneddus.
Fe gollais i'r rhan ddefosiynol ar y dechrau oherwydd i mi fod
yn y cwrdd deg yn fy nghapel fy hun yn gyntaf – wedi bod yn
gwrando yno ar y bardd James Nicholas o'r Bala gynt (Tyddewi yn
wreiddiol) yn pregethu gydag angerdd ac argyhoeddiad.[257] A dyna
dy bregeth rymus di yn yr un cyweirnod yn dilyn. Ond fe ddywedai
Siân a fu gartref yn gwneud cinio ac yn gwrando o'r dechrau fod y
rhan ragarweiniol yn wirioneddol brydferth ac effeithiol.
Wel, diolch yn fawr iti yr hen gyfaill mwyn a diddan am y cyfan
oll. Rhaid dy fod di wedi dod dros y driniaeth boenus yna yn yr
ysbyty ddeuddydd yn gynt yn rhyfeddol o dda, oherwydd yr oedd
dy lais di fel cloch y llan o soniarus.
A dim ond diolch yw fy lle y tro hwn – Siân i ddechrau yn

diolch yn fawr iawn i ti am y tywel hardd, esmwyth ei deimlad. A finnau'n diolch am y 'sane bach fel y'u gelwit – enw da iawn am *socks*. Fe ddylwn gerdded yn ysgafnach yn awr o gofio fod y rhain, dy rodd di, am fy nhraed.

Cefais air oddi wrth Saunders heddiw – ef ar hanner darllen fy llyfr, ac yn cael hwyl arno, gallwn feddwl. 'Wn i a wyt ti eto wedi dod at y rhan honno am Bili Bach Crwmpyn a'r Northman Mowr y ceisiais ei hadrodd wrthyt ti a Saunders ryw brynhawn Sul yn y Llwyni Wermwd, – ond yn torri lawr fel arfer dan y straen. Bûm yn petruso peth a ddylwn ei chynnwys yn y llyfr – Siân yn bendant yn erbyn. Fodd bynnag, dyma ddedfryd Saunders arni y bore yma:

'Diolch i'r nefoedd eich bod chi wedi cael calon i'w sgrifennu hi (sef y stori hon). Mae hi'n siwr o roi canrif arall o einioes i'r iaith Gymraeg.'[258]

Caf air o feirniadaeth lawnach eto gan Sand. wedi iddo orffen y llyfr.

Ie, yr wyt ti'n eitha reit am y Stephen Tudor yna. On'd oes gan hwnnw wyneb – a dwbwl groen crocodeil – efe sydd wedi bod yn gwamalu fel chwyrligwgan gyda phob awel o wynt – rhyfelwr, passiffist, rhyfelwr, Pleidiwr, gwrth-Bleidiwr, Tori Seisnig, a Duw a ŵyr beth nesaf, yn mynd i bwyso a mesur gwerth Plaid Cymru a'i chael hi, wrth gwrs, mor enbyd o brin, yn ôl safonau simsan ei glorian ef. Ond y mae ef wedi gwneud lles mawr i'r Blaid yn ôl pob tebyg drwy'r nifer o lythyrau cryfion sydd wedi ymddangos fel canlyniad i'w ymosodiad. On'd yw'r *Cymro* wedi dod yn glamp o bapur, mawr a diddorol i bawb – er mai gweledigaeth y gŵr sobr, Goronwy O. Roberts[259] sy'n ei liwio, mae'n amlwg, gan na welaf i fod yno fawr o gysondeb polisi ond [polisi] y Blaid Lafur bondigrybwyll.

Gyda chofion cynnes iawn atoch a'r[?] dau a'r teulu o'r[?] allan oddi wrthym ni'n dau,

[Gyda chofion cynnes iawn atoch eich dau a'r teulu oddi wrthym ni'n dau,]

D.J.

Y chwedegau

Llywydd Undeb y Bedyddwyr

Llywydd yr Eisteddfod Genedlaethol

Aduniad llosgwyr yr ysgol fomio

121

Rhosllannerchrugog.
6 Ebrill 1960

F'annwyl Gyfeillion,

Y mae cymaint o bethau wedi digwydd er pan yrrais air yna o'r blaen, a waeth heb imi ddechrau cyfeirio atynt. Y mae'r Eisteddfod a'i threfniadau yn llyncu hamdden dyn, a mwy na hamdden hefyd, ac y mae y pentrefwyr hyn wrth eu bodd yn pwyllgora, – peth i'w ymestyn am oriau ydyw pwyllgor a'i fwynhau, ac oni phery pwyllgor am ddwyawr o leiaf nid yw'n werth mynd iddo.

Yr wyf yn dal i gael porfa fras yn *Yn Chwech Ar Hugain Oed*, ac yn dal i ryfeddu. Yr wythnos nesaf af i gyfarfodydd yr Undeb ym Mhen-y-bont ar Ogwr, a chefais air y ddoe yn fy hysbysu mai gyda Mr a Mrs Miles, 20 Park Street, y'm lletyir dros y cyfarfodydd. Oni fyddai'n wych pe galwai rhywun i ymweld â'i chwaer yr wythnos hon?

Sut siâp sydd arnoch ill dau yr wythnos hon, a'r wythnosau hyn? Aeth y gaeaf heibio o drugaredd, a chydag ef llinierir fy mronteitus, a'ch anhwylderau chwithau, mi weddïaf. Helynt fawr arnaf heddiw – cynhebrwng dwbl, – gŵr a gwraig, y wraig yn aelod yma, a Phwyliad ei gŵr, y ddau wedi eu lladd ei hun, a gwneud cais ar einioes y plant hefyd.[260] Maddau felly air cwta, ond dyma gyfle i yrru *Seren Gomer* i chwi.

Fy mendith arnoch,

Val.

Papurau D. J. Williams, Abergwaun, P2/40/42

122

Annwyl Val,

Gair bach i ddiolch i ti o galon am yr adolygiad mor gyfoethog
a hael a roist ti i'r *Chwech ar Hugain Oed* yn y rhifyn gwerthfawr
yma o *Seren Gomer* yr wyt ti yn ei golygu mor wych ar hyd
yr amser.[261] Gallaf dy sicrhau y gwerthfawrogaf ei gynnwys yn
wirioneddol er mor annheilwng y teimlaf o rai o'r pethau a
ddywedi amdanaf yn dy afiaeth caredig.

Fe wyddost ti beth yw poen corff gymaint â neb. Fe sgrifennais
innau ddwy ran o dair o'r llyfr yna, er dechrau Mehefin 1956,
mewn poen cyson, a phoen go drwm ar adegau, rhyngot ti a fi,
er fy mod yn gobeithio na all neb deimlo hynny wrth ei ddarllen.
Ond yr wyf yn diolch i'r Arglwydd am gael nerth i'w orffen, a
thrwy hynny gael cyfle i gyflwyno peth o'r neges y mynnwn ei
roi i Gymru o dan y cyfan arall a all fod yn y llyfr. Ac y mae fy
iechyd, diolch i'r nefoedd eto, wedi bod yn well wedi i fi orffen ei
sgrifennu. Ac yr wyf yn gobeithio am nerth i sgrifennu rhagor eto.

Gyda llaw, rwyf wrthi ar hyn o bryd, ynghanol gwaith arall, yn
sgrifennu llith goffáu am yr anfarwol Ben Owen[262] druan, dyn wrth
fodd fy nghalon bob amser.

Wel, yr hen gyfaill annwyl, rwy'n falch dy fod di'n aros gyda
Pegi fy chwaer – hithau hefyd druan yn dioddef gan ei chalon fel
finnau. Rwy'n credu'n siwr y cei di whare teg gyda hi, fel y ces
innau gyda dy chwaer dithau, diolch i'w hysbryd hael hi, yn Ysgol
Haf y Blaid yn Abergele rai blynyddoedd yn ôl bellach. Ac y mae
Emlyn gŵr Pegi yn hen foi net hefyd yn ei fyd ei hun.

Wel, gobeithio y cewch chi amser da gyda'ch gilydd yn yr
Undeb, yn mwynhau'r gymdeithas a'r doniau ymhob agwedd
arnynt fel y mwynheais innau'r ddau Undeb, 1946 a 56 yn
Abergwaun, cystal a'r un Bedyddiwr, yn ysbryd rhai o'm teidiau

bedyddiedig selog.

Cofia fi at Wynne Samuel, y Cadeirydd newydd. Dyna lun godidog ohono gyda'r ysgrif arno yn *Seren Gomer*.[263] Blin calon oedd gennyf weld fod Phylis druan yn ysbyty Treforus. Rhaid anfon gair ato. Bûm yn gwrando ar bregeth odidog Eirwyn Morgan o'r Tabernacl Llandudno fore Sul diwethaf ac anfonais air ato yntau i ddiolch iddo ac i ddymuno'n dda iddo yn yr Undeb.

Pa bryd y byddi di yn y cylch hwn yn pregethu nesaf Val? – rwyf wedi anghofio'r dyddiad yn awr – fel y gallom gael parhad o'r hen seiadu bendigedig eto. Brysio wnelo'r dydd, a'r nos i'w helpu.

Cofia ni'n dau at Pegi fy chwaer hyd nes y cawn i egwyl i sgrifennu ati, – Siân yw'r gohebydd teuluol fynychaf.

Yn ddiffuant gyda phob bendith arnat oddi wrthym ni'n dau,
D.J.

Papurau Lewis Valentine, 4/3/3/4/58

123

49 High Street,
Abergwaun.
20 Ebrill 1960

Annwyl Val,

Dim ond nodyn sydd gen i yma yn amgau'r ysgrif hon am yr hen gyfaill annwyl Ben Owen a sgrifennais i rai o'r papurau lleol yma. Os teimli y gall fod o ryw ddiben i ti ar gyfer *Seren Gomer* y caraswn yn fawr fod wedi helpu dy waith gwych erddi, y mae i ti groeso ohoni. Newidiais air yn y frawddeg gyntaf fel y gweli er mwyn ei haddasu'n well ar gyfer rhifyn nesaf y *Seren* a'th fod di am ei chyhoeddi.[264]

Wel, yr hen gyfaill, gobeithio i ti a'r Undeb gael amser da ohoni ym Mhen-y-Bont-ar-Ogwr. Nid wyf wedi gweld neb a fu yno hyd yma. Ni fu Wynn Owen yno, eleni, gan nad yw ef a Mrs Owen yn dda iawn eu hiechyd.[265] Mae ef yn ymddeol yr haf hwn.

Gresyn na fyddet wedi dod yma flynyddoedd yn gynt, pan oedd yr eglwys yn wag. Fe fyddem, gyda nerth yr Arglwydd, a gwynt y nef o'n tu, wedi taflu'r bêl i'n gilydd lawer tro. Mae rhyw ofnusrwydd ofnadwy a phechadurus ar y mwyafrif o'r gweinidogion yma – sôn am her yr efengyl mor herfeiddiol yn eu pulpudau, ac ofn eu cysgod arnynt o'r tu allan. Ond dyna fe, pwy wyf i i farnu, wedi'r cyfan?

Gyda chofion diffuant. Clywais fod dy chwaer i lawr yn y cylch. Gobeithio yn wir y cawn olwg arni.

D.J. a Siân.

Papurau Lewis Valentine, 4/3/3/4/59

124

Rhosllannerchrugog.
Dydd Llun, 24 Ebrill 1960

F'annwyl Gyfaill,

Llawer o ddiolch am dy lythyr a'r ysgrif dirion ar yr hen gyfaill Ben Owen, – braint fydd ei chyhoeddi yn *Seren Gomer*. A newydd da iawn i mi oedd y frawddeg hon yn dy lythyr, 'ac yr wyf yn gobeithio am nerth i sgrifennu rhagor eto', ac y mae cannoedd yn cydobeithio a thi.

Cefais groeso rhagorol gan dy chwaer ym Mhen-y-bont, yn wir, a mwynhau pob munud o'r tridiau y bûm yno, a hoffi'n fawr hefyd ei gŵr. Rhyw heth o dywydd a gawsom, ond yr oedd y croeso yn Park Street yn iawndal am bopeth. Yr oeddwn wedi disgwyl cael cyfarch Wil Ifan, ond yn anffodus nid oedd yn rhyw wych, a rhwystrwyd ef rhag galw heibio. Ni chefais weld yr hen gyfaill Eliseus Howell ychwaith, Ond yr wyf yn pregethu yn Ruhamah (dyna i ti enw) ym mis Hydref, ac efallai y caf gyfle arno y pryd hynny.

Cafodd Wynne Samuel amser reit dda (a phrin y buaswn wedi mynd i'r Undeb eleni oni bai amdano ef), a rhoes araith gadarn (cei ei darllen yn *Seren Gomer*),[266] ac yr oedd dan straen fawr, oherwydd helynt diflas yn Soar, Ystalyfera, ac mae arnaf ofn na bu pawb yn rhy garedig wrtho, a Wynne ydyw'r olaf yn y byd i wneud cam â neb, heb sôn am wneud hynny â'i weinidog.

Mewn dipyn o helbul y dyddiau hyn, – fy mrawd ieuengaf wedi ei daro a *coronory thrombosis*, ac yn bur wael yn yr ysbyty yn Mae Colwyn, – rhyw drafaelio yn ôl ac ymlaen yno yr wyf, ond y mae genny bob ffydd y daw trwyddi. Y mae'r hen gyfaill Pitar, Canol Dre, Abergele, yn llegach iawn mewn ysbyty yn Lerpwl, a rhaid rhoi pic yno. Yr oedd Mrs Jones (bu farw rhyw ddwy flynedd yn ôl), ac yntau, yn driw iawn i ti.

Gobeithio y ceir dyn go dda i ddilyn Wynn Owen yn Hermon, ond go ddu yw'r rhagolygon am ddyfodol y weinidogaeth hefo ni, a'r peth a fawr ofna eglwys heddiw ydyw cael gŵr yn weinidog a faidd bregethu'r EFENGYL iddi. Yr oedd fy chwaer yn y cylch yna, ond efallai ei bod wedi dychwelyd ar ei hunion ar ôl clywed am selni 'mrawd. Yr oeddwn yn holi am Siân ym Mhen-y-bont, a dywedodd dy chwaer ei bod yn 'disgwyl' yn lled dda pan welodd hi. Chawn ni ddim golchi llestri gan dy chwaer er imi bledio'n daer fy mod wedi bwrw fy mhrentisiaeth yn y Bristol Trader a chael cymeradwyaeth fawr.

Llaw a chalon i chwi,
Val.

Papurau D. J. Williams, Abergwaun, P2/40/43

125

Rhosllannerchrugog.
3 Mehefin 1960

F'annwyl D.J.

Dyna wych oedd dy gael ar yr aelwyd hon neithiwr, a chafwyd telediad rhagorol a naturiol iawn, fel yr oedd dyn yn medru anghofio'r cyfrwng yn llwyr.

Yr oeddwn wedi cael Saunders yr wythnos gynt hefyd, a rhagorol oedd yntau, ond go drist oedd o yn cyffesu ei fod wedi methu'n druenus ym mhopeth, – gresyn na fedrai rhywun gyfieithu i Saunders y parch sydd iddo gan filoedd ar filoedd o Gymry da, y Cymry y mae'n werth cael eu parch,[267] ac 'ni waeth beth a ddywed ffyliaid', chwedl Morgan Llwyd, 'nid eu gair hwy a saif'.

Gair byr cyn brecwast yw hwn i ddiolch o galon i ti am delediad mor obeithlon, ac am iti unwaith eto godi cywilydd arnaf am fy mod yn gwneud cyn lleied dros fy nghenedl.

Sut y mae Siân y dyddiau yma? A derbyn fy niolch am un o'r telediadau gorau a gawd eto.

Llaw a chalon,
Val.

* Bydd *Seren Gomer* o'r wasg diwedd y mis hwn, a chan fod gennyf rifyn go drwm fe gaiff dy deyrnged dlos di i'r hen gyfaill Ben gymryd lle'r Nodiadau golygyddol … llawer o ddiolch i ti am yr ysgrif wiw.

Papurau D. J. Williams, Abergwaun, P2/40/44

126

Penuel,
Eglwys y Bedyddwyr,
Rhosllannerchrugog.
Difia. [Diddyddiad][268]

F'annwyl D.J.

Diolch yn fawr i ti am y llyfr a'r llythyr, – caf hamdden i ymosod ar y llyfr rhywdro, ond lladd nadredd yw hi arnaf i ar hyn o bryd. Bûm yng Nghaernarfon ac yn Llanelian, a dyma'r cyfle cyntaf a gefais i sgwennu pwt atat. Yr wyf yn y Groesgoch y Sulgwyn a'r dydd Llun yn dilyn, ond ni allaf adael yma hyd ddydd Sadwrn, a rhaid fydd dychwelyd ddydd Mawrth, ac enbyd o siwrnai yw hi i'r Groesgoch yna, ac ni fûm erioed yn nes i dorri cyhoeddiad, ond gan na wneuthum i hynny erioed y mae eisieu cryn blwc i ddechreu, er bod y doethion yn taeru mai 'facilis decensus Averno'.[269] Yr oedd yn ddrwg gennyf glywed am helbul Saunders, – nid wyf wedi ysgrifennu gair eto at Pennar, fe'm dychrynwyd gan ffiat Saunders iddo, ond siawns na chawn hamdden i drafod hyn. Tybed a ddichon i mi ddyfod yn ôl o'r Groesgoch i Abergwaun nos Lun! Cofiaf i Mrs Phillips ddywedyd eu bod yn bwriadu dyfod yno, ac y mae gan Mrs Phillips gar, ac os cofiaf yn dda corrach o gar ydyw ond ar dro fe ddeil gawr fel fi nghyd â phwysau ei gnawd a phwysau ei bechod.

Y mae chwant arnaf weithiau deithio hefo trên yr holl ffordd i Abergwaun, – ofni ar dymor gŵyl fentro bws yr wyf rhag fy ngadael ar ddidro yn Aberystwyth, a siwrnai erchyll yw'r siwrnai o Aber i Aberteifi. Ar fy nghyfyng gyngor yr wyf, ond pa ffordd bynnag a ddeuaf caf amser i frathu 'mhen yn fforti nein, a dweud 'Smai' wrth y ddau ohonoch.

Nid oes gennyf newydd a dâl frwynen i'w adrodd, ond bod y byd yn helbulus ddigon, a rhyw satanigrwydd rhyfedd ar gerdded drwyddo. Y mae gennyf rhyw fisolyn bychan yn yr eglwys hon – yr oeddwn wedi meddwl gyrru copi'n gyson i chwi, ond y mae'n rhy ddibwys i hynny, ond dyma gopi o'r rhifyn cyfisol.

Cofion annwyl iawn a mawr obeithiaf y caf hamddena yna am ychydig oriau.

Val.

Papurau D. J. Williams, Abergwaun, P2/40/46

127

Rhosllannerchrugog.
13 Rhagfyr 1960.

F'annwyl Gyfeillion,

Dim ond gair byr i'ch cyfarch y Nadolig yma, gan fawr obeithio eich bod yn rhwydd a iachus. Cefais genadwri gennych trwy fyfyriwr ieuanc a fu yna'n pregethu 'ar brawf'. Ei adroddiad ef – nid wrthyf fi ond wrth rhai o'i berthynasau – oedd mai pobl oeraidd oedd yn yr eglwys yna AG EITHRIO D. J. WILLIAMS. Y 'Steddfod yma sydd yn mynd a holl hamdden dyn, ac y mae'r gwaith yn ddifyr, ond bod y cythraul canu ar ei lawn hwde yma, ond na chyhoedder hyn yn Gath ychwaith, y mae'n rhaid ei fwrw allan ddechrau'r flwyddyn yma neu ni bydd siawns am gôr.

A dyma'r Mesur Trwyddedig yma yn galw i frwydr (ac i bwyllgora).[270] Fy marn i ydyw y dylwn ni ymladd i'r carn yn erbyn Adran 6, ond ofni yr wyf mai plwc pwyllgor yn unig sydd yng Nghymru bellach, ac y mae Anghydffurfiaeth yn rhy llibin.

Buom ar fai na fuasem wedi di-iddew-eiddio'r Sul hefyd, a dwyn mwy o ryddid llawen i'n gwaith crefyddol ar y dydd, ond taw piau hi rwan a brwydro. Oni fu S.L. flynyddoedd yn ôl yn dadlau dros hyn?

Fe ddaeth i'm meddwl yn ddiweddar rhyw funudau go felys yn cofio am y cyfnodau difyr hynny ar ôl cinio'r Sul yn y Llwyni Wermod uwchben y llyfr emynau, a dyma rhywbeth yn sibrwd wrthyf am yrru copi o'r *Llyfr Emynau Newydd*[271] i ti y Nadolig yma, – sut na fuaswn wedi meddwl am hynny cyn hyn? A dyma ddarn o siôl i Siân i gadw ei hysgwyddau'n gynnes y tywydd cethin yma, – Gaeaf go galed fydd hi, medd y proffwydi.

Cofion annwyl annwyl atoch,

Val.

Papurau D. J. Williams, Abergwaun, P2/40/47

128

49 High Street,
Abergwaun,
Sir Benfro.
15 Rhagfyr 1960

Annwyl Val,

Wel, yr hen gyfaill diddan, y mae hi wedi dod yn Nadolig
arnom i gyd unwaith eto. Diolch i ti am y ddwy *Seren* ddisglair dan
dy olygiaeth ddyfal a graenus.

Rwyt ti'n llwyddo'n rhyfeddol i gael gwŷr glew i ufuddhau i
ti fel cyfranwyr drwy gydol yr amser, er mawr glod i ti ac iddynt
hwythau.

On'd yw hi'n ofnadwy o beth fod llyfr fel *Lady Chatterly's
Lover*[272] mewn cyfnod mor isel a phenchwiban yn cael y fath
gyhoeddusrwydd! Fe ddaeth i'm llaw i yn yr *expurgated edition* ryw
ddeng mlynedd ar hugain yn ôl yn union wedi ei gyhoeddi gyntaf;
ac yr own i'n meddwl ei fod e'n ddifrifol yn ei gochni yr adeg
honno mewn cyfnod cymharol syber.

Ac y mae'r llenorion ifainc o Gymry yn blysio am yr un
dragwyddol heol, hefyd, gallwn feddwl. Ond fe fu cyfnodau
fel hyn o'r blaen, er enghraifft y *Restoration Drama* ryw dri chan
mlynedd yn ôl. Teitl un ohonynt gyda llaw ydoedd *It's a Pity She's
a Whore*. Teitl tra phriodol i *Lady Chatterly* hefyd, gyda llaw. Fe â'r
chwiw lygredig hon heibio eto, fel eraill o'i thebyg, gan nad pryd
y daw'r llanw ysbrydol i mewn ar ei hôl i olchi ei haflendid ymaith
fel y daeth Ymneilltuaeth Biwritanaidd diwedd yr ail ganrif ar
bymtheg a'r Diwygiad Methodistaidd a'i dilynodd yng Nghymru ar
ôl ffieidd-dra Siarl yr Ail a'i gymrodyr.[273]

Ond, dyna fi wedi crwydro yn ddifeddwl ymhellach lawer nag
y bwriadwn.

Shwd mae'r byd yn mynd gyda thi a Mrs Valentine a Hedd a
Gweirrul? Yn dda gobeithio. A shwd deimlad yw bod yn dadcu
a mamgu? Does yna'r un o'r cyfryw i'w cael yn y cylch hyn
ers blynyddoedd yn awr. Maent i gyd wedi mynd yn *grannies* a

grandpas! A welais ti erioed y fath wendid penfflat! Pryd y daw dy gyhoeddiad di i'r cylch hwn eto i ni gael golwg arnat, unwaith yn rhagor. Rown i'n credu fod gennyt gyhoeddiad yn yr Eglwys Saesneg honno gerllaw Hwlffordd yn ystod y flwyddyn hon rywbryd. Ond ni chlywais ddim ymhellach am hynny.

Caf air yn achlysurol oddi wrth yr hen gyfaill, Saunders – ef yn brysur iawn o hyd gyda'i ddramâu. Dyna drueni iddo ein gadael fel gwleidydd, ac ymneilltuo i dŵr ifori llenyddol, er gwyched ei orchestion yno.

Wrth sôn am y cyfieithiadau o'i waith – clywaf oddi wrtho weithiau – dyma a ddywedai yn ddiweddar: 'Mi gefais i dipyn o brofiad o gael fy nghyfieithu i Saesneg. Y mae pob un cyfieithiad o'm dramâu i yn ddincod ar fy nannedd i, *Esther* a'r cwbl; brawddegau y bûm i'n ei naddu megis o farmor yn troi'n floneg di-liw a di-lun'. On'd yw yw e yn 'i gweud yn ofnadw?

Wel, yr hen gyfaill rhaid dirwyn i ben yn y fan hon, er mor rhwydd y byddai cadw ymlaen yn hir.

Rwy'n amgáu y llyfr hwn i ti, *Wales Through the Ages* cyfrol II,[274] gan fawr obeithio nad wyt wedi ei gael yn barod, – a dymuno i ti a'th briod a phawb o'r teulu bopeth da a bendithiol am y flwyddyn newydd ar ran Siân a finnau.

Yn ddiffuant,

D.J.

Papurau Lewis Valentine, 4/3/3/4/60

129

49 High Street,
Abergwaun.
27 Rhagfyr 1960

Annwyl Val,

Wel, diolch yn fawr iawn i ti am dy rodd werthfawr ddrud o *Lyfr Moliant Newydd*[275] y Bedyddwyr a hwnnw mewn diwyg mor odidog o hardd. Fe'i trysoraf fel y gwyddost, oherwydd y rhodd ynddi ei hun a'r rhoddwr yntau ymhlith fy mhethau gorau. Oherwydd godidog o ged yw hon i wynebu blwyddyn newydd a hi dan fy nghesail, a darnau ohoni; yn fy nghalon hefyd, er lleied o gerddor ydwyf, fel rhan o'm hen etifeddiaeth ysbrydol o deulu fy mam, Bedyddwyr glannau Teifi, Aberduar a'r cylch. Gwelais yn ddiweddar fod fy hen dadcu, Thomas Morgan, Fraich Esmwyth, yn ymddiriedolwr Capel Aberduar, yn 1837 pan oedd tadcu y Parch. Williams Hughes, yr hen John Williams yn weinidog yno. Roedd yr un Thomas Morgan hefyd yn un o sefydlwyr capel Caersalem, Llanbedr ac yn ysgrifennydd yr eglwys yno. Gwelais ei lyfr cyfrifon, fel copor plat o deidi a manwl gan y Parch. Geraint Owen yn ei dŷ ryw flwyddyn a hanner yn ôl, pan oedd e'n weinidog yno. Ond yr oedd gan y gwalch bach gofalus, chwarae teg iddo, ormod o olwg ar y llyfr bach hwn i roddi ei fenthyg i fi, er rhoi pob gwarant am ei ddychwelyd yn ddiogel iddo. Roedd ef wrthi, mae'n debyg, yn sgrifennu hanes Eglwys Llanbed ar y pryd. Ni allaf ei feio, felly, gan fod cymaint o ddynion difraw, esgeulus i'w cael.

Wel, yr hen gyfaill diddan, pob bendith arnat ti a'r eiddot am y flwyddyn newydd, a diolch cywir i ti eto,

D.J.

Papurau Lewis Valentine, 4/3/3/4/61

130

Tŷ Penuel,
Rhosllannerchrugog,
29 Rhagfyr 1960

F'annwyl Gyfaill,

Llawer o ddiolch i ti am dy rodd Nadolig, *Wales Throughout The Ages*. Yr oedd y gyfrol gyntaf gennyf, a da iawn gennyf gael yr ail yn gymar iddi. Y mae'n wych iawn, a dyna waith i'w ganmol yn hael a wna Gwasg y Dryw. Y mae'n debyg dy fod wedi darllen *Y*

Lôn Wen[276] gan Kate, – diddorol tu hwnt, ond gobeithio bod rhyw
Lôn Goch neu Lôn Ddu i'w dilyn.

Bûm yn yr ysbyty yn cael triniaeth i'm llygad dde cyn y
Nadolig, ac yn unllygeidiog y bûm tan ddoe. Bu'r cnafon am
bedair mlynedd [*sic*] ar drywydd y drwg, a rhyw fis yn ôl y
canfuwyd ef, ac y mae addewid na chaf y boen ysol oedd hefo mi
beunydd.

Heddiw yr wyf yn dechrau darllen ail gyfrol Llwyd ar Sir
Benfro, – y mae ei osgo ef ymhob brawddeg, a'i anwyldeb ymhob
paragraff, – y mae'n anodd dygymod â'i golli,[277] 'Duw ne'n dwyn y
dynion da'.

Nid oes fawr newyddion a dâl eu hadrodd ar drannoeth yr ŵyl,
ond boed 1961 yn flwyddyn ddedwydd i chwi ill dau.

Cofion tirion iawn,
Val.

Papurau D. J. Williams, Abergwaun, P2/40/48

131

158 Westbourne Rd,
Penarth,
Morgannwg.
17 Ionawr 1961

Annwyl Val,

Mae hi'n bedair blynedd ar hugain yr wythnos hon er pan
aethom ni i Wormwood Scrubs gyda'n gilydd. Dyfalwch felly
ddaed oedd gen'i gael eich llythyr.

Yn gyntaf – er mwyn gorffen â busnes – na, ddof i ddim i
ddarlithio yn y babell lên. Maddeuwch hynny imi, ond mae'n gas
gen'i ddarlithio ac nid wyf odid fyth yn mynd i eisteddfod.

Yr ydych yn daid, chithau! Wel, mae dyn yn dysgu dygymod
â phopeth, hyd yn oed rheidrwydd, ond y ffaith yw mai'r neiniau
sy'n ymieuangu pan gaffont wyrion, ac yn gadael i'r teidiau

heneiddio faint a fynnom! Felly mae Margaret yn holi o ddifri sut y mae Mrs Valentine? Ydy ei hiechyd hi'n dal yn weddol? A rhowch wybod a rhowch iddi gyfarchion Margaret. Pe cawn i wybod gennych pa bryd y byddwch yn pregethu nesaf yng Nghaerdydd mi ddown i'ch gwrando os cawn i fod yno'n ddienw a di-sôn. Wedyn gallwn eich hebrwng yma am sgwrs.

Dydd calan bu farw fy mrawd yn yr America. Cyfreithiwr oedd ef, a chyda'r cyfnewid llywodraeth cawsai gynnig mynd yn is-dwrnai Talaith South Dakota. Cefais air ganddo fore'r Nadolig yn dweud ei fod yn gwrthod y swydd am na fynnai fynd i brifddinas y dalaith i fyw.[278] Union wythnos wedyn dyma deligram yn dweud iddo farw. Yr oedd ddwyflwydd yn hyn na mi. Gadawodd weddw ond nid oedd ganddynt blentyn. Myfi bellach yw'r olaf o'm teulu ac yn aros y wŷs; 'tra gallaf rhodiaf fy rhych'.

Bydd D.J. yn sgrifennu ataf o bryd i bryd, a dywaid fod Waldo wedi trosi'r *Hen Dŷ Ffarm* i Saesneg a bod Harrap ar fin ei gyhoeddi.[279] Campus fel y mae D.J. yn dal.

Fy nghofion atoch yn gynnes gynnes,
Saunders

Papurau Lewis Valentine, 4/3/311/3/25

132

158 Westbourne Rd,
Penarth,
Morgannwg.
Sul 26 Chwefror 1961

Annwyl Val,

Gwn eich bod yng Nghaerdydd ddydd Mercher. Pa bryd y cyrhaeddwch? A oes siawns imi ddyfod i'ch cyfarfod yn y stesion a chael awr o sgwrs ac wedyn fynd â chi i ble bynnag y byddwch yn aros?
Saunders

Papurau Lewis Valentine, 4/3/311/3/26

133

49 High Street,
Abergwaun.
25 Mai 1961

Annwyl Val,

Bûm lan yn Aberystwyth y Sadwrn diwethaf yn yr orymdaith a'r cyfarfod protest yn erbyn y bom niwclear, – y cyfan yn rhyfeddol o dda ac effeithiol. Arhosai Siân a fi yn y Borth gyda Maggie chwaer Siân a'i gŵr dros y Sul, gan ddod yn ôl yn hwyr nos Fawrth.

Wedi cyrraedd yma roedd llythyr yn fy nisgwyl oddi wrth Glyn Ifans, Caerfyrddin, Prifathro newydd Ysgol Sir Tregaron trwy fawr fendith, yn dweud iddo fod yn gwrando arnat ti yn pregethu y Sul diwethaf yn Ninorwig – pregethu yn fendigedig hefyd, meddai ef, a neges angerddol i'n dyddiau ni yn dy bregeth fel sydd bob amser, chwarae teg i'th galon fawr Gristionogol di a'r dwyfol dân yn llosgi ynddi.

Ond yr hyn a dristaodd fy nghalon oedd clywed gan Glyn y newydd trist dy fod di yn cael poenau enbyd yn dy lygad, a'th fod di yn gorfod mynd heddiw, dydd Iau y 25, yn ôl ei lythyr, o dan driniaeth yn ysbyty Wrexham.

Wel, yr hen gyfaill annwyl, gobeithio'n fawr iawn nad oes dim drwg arhosol yn y llygad, ond mai dros dro byr yn unig y bydd iddo roddi poen i ti. Dyna yw ein gobaith a'n dymuniad mawr ni'n dau. Rhyw air bach fel yna sydd yma, gan fawr obeithio y byddi di'n llawer esmwythach yn fuan. Bydd yn haws sgrifennu'n llawnach atat, yr hen gyfaill annwyl a fu mor gu gennyf erioed er pan gwrddais â thi y cyntaf tro. Gyda'r cofion cynhesaf atoch eich dau oddi wrth Siân a finnau,

D.J.

Papurau Lewis Valentine, 4/3/3/4/62

134

49 High Street,
Abergwaun.
6 Awst 1961

Annwyl Val,

Gair bach i ddiolch i ti yn ddiffuant am dy bregeth, y canu a'r gwasanaeth i gyd o gapel Penuel y bore yma. Yn anffodus iawn ni ches i ond rhyw chwarter awr olaf o'th bregeth. Ond yr oedd honno yn ddwys angerddol, yn gwasgu gartref y neges y mae cymaint o'i hangen ar Gymru heddiw. Dywedai Siân fod y bregeth trwyddi o'r un naws aruchel.

Roedd cyn weinidog yr eglwys yma, y Parch. John Wynn Williams, yn awr o Hen Golwyn, yn pregethu ym Mhentowr, ein capel ni, y bore yma, a bedydd – taenelliad i ti wrth gwrs, a hwnnw'n Saesneg hefyd ar ôl [y bregeth?].

A chan mai gor-ŵyr i gyd-flaenor â fi, a hwnnw rai blynyddoedd yn iau na fi, cofia, oedd yn cael ei gyflwyno i'r eglwys yr oedd yn rhaid i fi aros.

Wel, mi ges dy neges drwy gynrychiolydd Hermon yng Nghaergybi, a deall felly y rhaid fod dy lygad y bu raid i ti fynd i'r ysbyty am driniaeth o'i blegid yn llawer iawn gwell. Gobeithio'n fawr ei bod wedi dod yn iawn, gennyt. A bod iechyd y gweddill o'r teulu gartref ac i ffwrdd yn dda iawn.

Byddai'n dda gennyf allu bod yn yr Ysgol Haf ac yn yr Eisteddfod yr wythnos yma. Ond gwaetha'r modd nid yw iechyd Siân yn ddigon da i fi allu ei gadael wrthi ei hunan, er ei bod yn codi bob dydd a mynd oboutu'r tŷ yn go lew bach.

Gyda chofion cywir iawn atoch, diolch am dy bregeth fawr, a phob hwyl i'r Rhos ar gyfer yr Eisteddfod,

D.J. a Siân.

Papurau Lewis Valentine, 4/3/3/4/63

135

49 High Street,
Abergwaun,
Sir Benfro.
12 Rhagfyr 1961

Annwyl Val,

Diolch yn fawr i ti, yr hen gyfaill caredig, am y ddau rifyn olaf o *Seren Gomer* a llongyfarchion diffuant ar y graen sydd arnynt a'r cynnwys gwerthfawr ymhob un.

Rwyt ti'n gweithio'n galed a chydwybodol ryfeddol i'w cadw nhw i fynd mor wych fel hyn bob chwarter, ac yn gorfod sgrifennu llawer iawn dy hunan er mwyn hynny, fel y gwelaf.

Pwy yw Ronald Pardoe sy'n sgrifennu'n neilltuol o dda ar 'Dyn a Dyfais' 'wn i.[280] Mae ei enw'n ddieithr i fi.

Mae enwad y Bedyddwyr, yn anad un o'r enwadau eraill, yn haeddu byw a goroesi'r cyfnod tywyll hwn ar gyfrif yr ymdrech a'r egni a geir yn ei chylchgronau. Caf y ddwy *Seren* yn gyson. Mae 'Dyddiadur' Eirwyn yn hynod o ffres a threiddgar ac awgrymog o wythnos i wythnos. Caf y *Dysgedydd* yr Annibynwyr a *Thraethodydd* y Methodistiaid yn gyson hefyd, er mwyn bod yn deyrngar i'm gwreiddiau ysbrydol i gyd. Ond dieithr ydwyf i arlwy gyfyngedig yr Hen Fam, neu Lysfam, efallai. Gresyn yn wir i Gylchgrawn gwych y Catholigion, – ni chofiaf mo'r enw y funud yma – dan olygiaeth wych Saunders ddarfod a'i gyhoeddi.[281]

Gwelaf wrth dy sylwadau byw ar gynifer o lyfrau y sonnir gennyt amdanynt dy fod yn darllen yn eang o hyd. Methu cael amser i ddarllen rhyw lawer ydwyf i.

Rwy'n amgau'r llyfr yma ar Sir Fflint i ti,[282] gan fawr obeithio nad yw gennyt.

Ein cofion cynhesaf ni atoch,

D.J.

O.Y. Rwyf wedi anfon gair bach at y chwaer ddiddan Jemeima, wedi clywed am farw ei phriod druan. – Jemeima, Rhos-

Llannerch-Rugog – yw'r unig gyfeiriad oedd gennyf. Tebyg ei fod yn ddigon, D.J.

Papurau Lewis Valentine, 4/3/3/4/64

136

Rhos,
Nadolig 1961.

Gyfeillion annwyl,

Dim ond gair bach i ddweud eich bod yn uchaf ar fy nghalon y Nadolig hwn. Dyma anrheg fach i chwi – menyg i Siân a'r dei i ti, Dafydd. Y mae'r gwerthwr yn deud eu bod yn wahanol i ddilledyn y Beibl canys 'ni ddarfuant yn dragywydd'. Ymsioncodd Jemeima drwyddi pan gafodd dy lythyr, ac y mae hi yn ei ddangos i bawb a ddigwyddo alw. Tymor o ladd nadredd yw hwn i mi, a rhaid gohirio'r llythyr a fwriedais tan ar ôl hwrli-bwrli y Nadolig.

Llaw a chalon i chwi,

Val.

Papurau D. J. Williams, Abergwaun, P2/40/49

137

[Nodyn ychwanegol ar bapur ar wahân]

Gobeithio bod y lliwiau'n iawn – llwyd y socs i gofio y Wermod Lwyd, a glas y menyg, medd y Seicdreiddwyr, yn lliw sy'n arwyddo iechyd. Nid oeddwn am fentro gyrru llyfrau yna, a Siân, mi wrantaf, eisioes yn achwyn ar eu llanastr, os yw hi fel y wraig yma.

Papurau D. J. Williams, Abergwaun, P2/40/50

138

49 High Street,
Abergwaun.
26 Rhagfyr 1961

Annwyl Val,

Dim ond gair atat cyn bod cynhesrwydd ysbryd y Nadolig
drosodd er oered yr hin allanol, i ddiolch i ti ar ran Siân a finnau
am dy anrhegion pert a da i ninnau'n dau, – y menig lliw gwisg
brenhines Seba i Siân a'r sanau yn sylfaen cyfeillgarwch cadarn
rhyngot ti a finnau, y ddau ohonom felly, Siân a fi, â'n traed a'n
dwylo'n ddiogel i wynebu tywydd y flwyddyn newydd arall, 1962.
Wyt ti'n cofio tywydd rhewllyd Ionor 1937 yn oerni'r gell yn y
Llwyni Wermwd. Fe fues i bron â rhewi'n gordyn yno, a 'nghell
i'n digwydd bod nesaf at y *recess*, a oherwydd hynny'n oerach, yn
ôl y gwŷr profedig – a'r tri philyn tenau hynny drosom. Er gwisgo
fy nillad amdanaf y nos, aml dro y bu raid i fi godi o'r gwely a
chymryd ymarferion corff mwyaf chwim i ddawnsio o gwmpas
y gell 7'x11' am ychydig funudau i gadw'n hunan rhag sythu'n
lan, yna'n ôl i ryw hanner cwsg, ac yna deffro wedyn yn llawn
mor rhynllyd. Difyr edrych yn ôl heddiw dros y chwarter canrif
a chofio o Ionor hyd ddiwedd Awst 1937, er nad oeddent mor
ddifyr y pryd hwnnw! Hawdd manylu ar yr atgofion, ond rhaid
ymatal. Diolch am dy gwmni bendigedig di a Saunders yr adeg
honno. A diolch i ti eto am dy roddion caredig eleni.

Gwrando nawr Val. gwn am dy brysurdeb, – a phaid â meddwl
anfon gair yn ôl i gydnabod hwn na dim arall.

Gyda'n cofion cywira' ni'n dau atoch,

D.J.

Papurau Lewis Valentine, 4/3/3/4/65

139

49 High Street,
Abergwaun,
Sir Benfro.
22 Ionawr 1962

Annwyl Val,

Bydd yn bleser mawr gennyf gydsynio â'th gais i sgrifennu gair am Lywydd parchus enwad parchus y Bedyddwyr am y flwyddyn nesaf. Drwg gennyf nad atebais yn gynt, ond ddoe, brynhawn Sul, y sylwais i ar dy lythyr a oedd ymhlyg rywsut rhwng tudalennau'r *Seren*.

Felly, hal dipyn bach go lew o'th hanes, yn enwedig hanes cynnar y teulu a'i enw Valentine etc. Mi geisiaf lunio'r llith erbyn diwedd y mis, a bod modd, er na fu'r un mis yn llawnach o waith ers tro na'r un mis, fel y mae'n digwydd. Ond rhaid rhoi'r *priority* i'r llywydd.

Maddau nodyn byr y tro hwn os gweli'n dda.

Gyda chofion cywir iawn atoch eich dau oddi wrthym ni yma.

D.J.

Papurau Lewis Valentine, 4/3/3/4/66

140

[Cerdyn post]
49 High Street,
Abergwaun.
4 Chwefror 1962

Annwyl Val,

Rwyt wedi addo anfon tipyn o fanylion amdanat dy hun nad yw gennyf yn barod i fi ar gyfer y llith. Gan y byddaf yn fwy rhydd gobeithio, o ran amser y rhan olaf o'r wythnos hon nag y byddaf am dipyn ar ôl hynny, hoffwn glywed oddi wrthyt cyn gynted ag y bo modd, er mwyn i fi orffen y gwaith yn ôl dy gais erbyn diwedd y mis. Doe gofynnodd Eirwyn Morgan am lith arnat i'r *Seren* [*Cymru*]²⁸³ a finnau yn gorfod ateb fy mod i eisoes wedi addo un i *Seren Gomer,*

Cofion gorau,

D.J.

Papurau Lewis Valentine, 4/3/3/4/67

141

Rhosllannerchrugog,
6 Chwefror 1962

F'annwyl gyfaill,

Buaswn wedi gyrru gair ymhell cyn hyn, ond y bythefnos ddiwethaf bûm yn gleriach caeth a'r lembo gan y lymbego wedi fy hualu, ond heddiw y mae'n barsel yn well.

Wel, yn wir, ychydig i'w ryfeddu a wn amdanaf fy hun, ond dyma rhyw bytiau a wna'r tro, efallai:

Fy ngeni ym mhlwyf Llanddulas, Sir Ddinbych, yn un o saith o blant, fy nhad yn weinidog gyda'r Bedyddwyr, yn hen goliar, wedi ei eni a'i fagu yn y Drefechan, Penycae, ym mhlwyf Rhiwabon gynt. (Amgaeaf ddarn o Hunangofiant a ysgrifennodd fy nhad, ac a gyhoeddwyd yn *Seren Gomer*).²⁸⁴ Ef oedd y Piwritan hawddgaraf a gyfarfum erioed. Nid oes gennyf fawr o gof am ei bregethau, ond byth nid anghofiaf ei weddïau, a chadwasant fi rhag llawer rhemp trwy gydol fy mywyd. Yr oedd ei fam yntau yn weddïwraig anghyffredin, ac yn ôl y sôn yn yr hen fro ni châi un o hen weinidogion Penycae hwyl ar bregethu heb i Hannah Valentine weddïo yn yr oedfa. Rhoddodd fy nhad wasanaeth gwiw iawn i nifer o eglwysi bach yng Ngorllewin Sir Ddinbych.

Yn ardal Betws yn Rhos oedd gwreiddiau fy mam, ac yn Llanddulas, yn Wesleaid selog, a'i thaid Robert Roberts, Caellin,

a'i wraig yn sylfaenwyr yr achos yn Rhydyfoel, Llanddulas. Cofiaf
ewythr iddi hi, yn angladd fy nhaid, yn henwr praff pedwar a
phedwar ugain, a phob dant yn ei ben, yn chwerthin yn braf fel pe
bai mewn neithior. Yr oedd fy mam yn dipyn ieuangach na 'nhad,
a thôn ei chroen o liw ifori, a'i gwallt cyn ddued â'r frân.

Yr wyf dan ddyled i'r capel bach yn Nhynyffordd, –
chwarelwyr gan mwyaf, – yn Abergele y'm bedyddiwyd lle mae
gŵr fy chwaer, y Parch. W. J. Evans heddiw'n weinidog, a chefais
gefnogaeth gref ymhob tywydd gan y frawdoliaeth yno, – Llifon,
brawd Alafon,[285] a'm cymhellodd i bregethu, neu yn gywirach, ei
wraig, merch y Dr Hugh Jones, Llangollen.

Addysg yn ysgol y pentref, – ysgol Eglwys, – addysg cwbl
Seisnig, a bûm wedyn yn ddisgybl-athraw ynddi am ddwy flynedd,
– gofalu am bedwar dosbarth a deugain o blant, a rhoi'r holl wersi
iddynt yn Gymraeg ag eithrio rhifyddeg.

Yr ysgol arall y bûm ynddi oedd yr ysgol sydd heddiw yn Ysgol
Ramadeg, Bae Colwyn, y Prifathro Edwin Griffiths yn athraw
athrylithgar ymhell o flaen ei oes, yn parchu'r Gymraeg, ac yn
siarad Cymraeg â ni hogiau'r wlad, wrth hyfforddi a cheryddu. O'i
gwmpas criw o athrawon na fu eu gwell mewn ysgol erioed. Fy
nerbyn i Goleg y Bedyddwyr, Bangor, – graddio gydag anrhydedd
yn Hebraeg, a chael cyfeillgarwch mawr yr Athro T. Witton
Davies,[286] cael clod ac anrhydedd yn yr M.A. Cael fy ethol yn
llywydd yr S.R.C., a chael blwyddyn gyffrous a gorfoleddus.

Tor ar fy ngyrfa yn y Coleg ac ymuno â'r fyddin, – rhyfela am
bedair blynedd a hanner, fy nghlwyfo yn o dost yn un o ryfeloedd
y Somme, a blwyddyn mewn ysbyty yn ymiacháu. Blynyddoedd o
ddiflastod mawr, – cnofeydd cydwybod euog byth er hynny am y
bennod hon yn fy hanes.

Derbyn galwad i'r Tabernacl, Llandudno, a dechrau ar fy
ngweinidogaeth yno yn 1921, a byth ni allaf ddiolch digon am
oddefgarwch a charedigrwydd yr eglwys fonheddig honno, a
hawddgarwch yr hen weinidog, y Parch. David Davies.

Bwrw fy hun yn ddiymarbed i'r Mudiad Cenedlaethol, a chael

yr uchel fraint o fod yn gyfrannog mewn sefydlu Plaid Cymru, ac ymlad drosti yn ei hetholiad Seneddol cyntaf, a cholli arian yr ernes, a chael 609 o bleidleisiau.

Cael yn y Blaid y 'gymdeithas berffaith' a chael adnabod criw o oreugwyr Cymru a roes yn hael o bopeth oedd ganddynt er mwyn eu cenedl.

Ymuno'n frwd i wrthwynebu codi ysgol Fomio yn Llŷn, a chyda S.L. a D.J.W. fy ngharcharu am fy mhoen yn Wormwood Scrubs etc.

Derbyn galwad i Benuel, Rhosllannerchrugog yn 1962 [sic].

Priodi merch o Landudno, a hithau yn wyres i un o'r cymeriadau a anfarwolir gan Daniel Owen ... dau o blant, Hedd a fu'n gapten yn y fyddin ac yn fyfyriwr yn Aberystwyth, a Gweirrul, yn awr yn briod a'i gŵr yn athro Cymraeg yn fy hen ysgol ym Mae Colwyn, a'n hŵyr, Ian Gwyn.

Gobeithio bod digon o ben llinyn yn y nodion brysiog hyn. Cefais flas ar dy ysgrif yn y *Western Mail* yr wythnos diwethaf,[287] a llongyfarchiadau ar gyfieithu *Hen Dŷ Ffarm*.

Cei air eto reit fuan, a chofion annwyl iawn atoch ill dau, a pha fodd y gallaf ddiolch i ti am gymryd y boen o ysgrifennu ar bwnc mor anniddorol i *Seren Gomer*.

Val.

Papurau D. J. Williams, Abergwaun, P2/40/51

142

49 High Street,
Abergwaun.
23 Chwefror 1962

Annwyl Val,

Dyma damaid o ysgrif ar gyfer y *Seren* ar weinidog parchus Penuel, Rhosllannerchrugog, os wyt ti'n yn 'i nabod e.[288]

Nid yw'n dda o gwbl, ond fel yna y daeth hi i fi, wedi cosi

tipyn ar fy mhen, gan geisio bod mor gywir a gonest ag y gallwn i at fy hen gyfaill. Os oes yna wallau ffeithiau o ryw fath ynddi cywira hwy, os gweli di'n dda.

Gyda chofion cywir iawn at Mrs Val a thithau,

Yn ddiffuant,

D.J.

Papurau Lewis Valentine, 4/3/3/4/68

143

Rhosllannerchrugog.
27 Chwefror 1962

F'annwyl gyfaill,

Diolch o galon am yr ysgrif ar is-lywydd yr Undeb. Buost yn rhy hael, yn rhy hael fy hen gyfaill annwyl. Cei air buan gennyf eto, y mae hi'n lladd nadredd arnaf. Hen gyfaill, Humphrey Ellis, wedi marw, a rhaid mynd i'w angladd yng Nghaernarfon. Enbyd colli Jac Daniel, yr oeddwn yn ei angladd yntau ym Mangor a chefais rhyw dri chwarter awr o gwmni Saunders, – yr oedd yn edrych yn well nag y gwelais ef erioed, ond yn amlwg wedi ei ysgwyd gan y digwyddiad. Ysgydwyd fi gan ei ddarllediad a'r dinoethi ynddi sefyllfa'r iaith, ond rhaid i mi yrru gair yn fuan fuan ar hyn.[289]

Yr oedd criw y Blaid yn gryno ym Mangor, Gwynfor yno hefyd, ond dim ond gair neu ddau a gefais ag ef.

Ernes yw'r nodyn hwn o lythyr meithach sydd ar y ffordd.

Cofion annwyl iawn atoch ill dau,

Val.

Papurau D. J. Williams, Abergwaun, P2/40/52

144

49 High Street,
Abergwaun.
10 Ebrill 1962

Annwyl Val,

Diolch i ti am y copi o *Seren Gomer* y bore yma. Er mwyn cywirdeb sylwaf y dylai'r gair 'dad' fod i mewn ar ôl gan ar ddiwedd llinell 10 ar dud. 8, fel y byddai'n darllen 'gan dad Lewis Valentine' etc. Gall fod braidd yn ddryslyd i rywrai fel y mae.

Hefyd ar ddechrau'r ail bar. t. 10 'er (ac nid) ar ei aml arweddau' a ddylai fod. Ond brycheuyn yw'r ddau.

Rhag i fi anghofio dyma fi'n dychwelyd y rhifyn hwn o'r *Seren* sy'n cynnwys erthygl bwysig o hunangofiant dy dad.

Beth amser yn ôl, ar ôl angladd Jac Daniel druan, pan welaist di Saunders, fe'i gwelais innau ef yng Nghaerdydd a dweud wrtho fod gennyf damaid o lith ar ein hybarch gyd-garcharor yn y Scrubs i ymddangos yn *Seren Gomer* cyn bo hir.

Gan nad oes gennyf i ond y copi hwn, yr hoffwn ei gadw, a fyddi di cystal ag anfon copi iddo gan iddo ddweud yn bendant y carai gael copi. Rhag ofn nad yw ei gyfeiriad wrth law yn rhwydd gennyt, dyma fe, – 158 Westbourne Road, Penarth, Morgannwg.

Oni roddodd e fomsiel bendigedig i ysgwyd Cymru yn ei neges Gŵyl Dewi 'Argyfwng [*sic*] yr Iaith'. Ac oni fu'r *humbug* Llew Williams bach yna'n ffŵl perffaith i roi'r cap mor deidi ar ei ben meddal ei hun wrth brotestio. Petai e'n cau ei ben fe beidia pobl a'i gysylltu ag Arwr *Excelsior* er tebycaf yr hanes.[290] Yr hwyl orau posib yng Nghlydach.

Gyda'n cofion gorau ni'n dau atat,

D.J.

Papurau Lewis Valentine, 4/3/3/4/69

145

Rhosllannerchrugog.
13 Ebrill 1962

F'annwyl D.J.

Yr wyf wedi anfon copi o *Seren Gomer* i Saunders. Cytuno i'r Llewelyn Williams yna fod yn glamp o ffŵl, – cydwybod euog ynte? A naw wfft i'r Sosialwyr croendeneuon 'ma! Pam na adawan nhw'r dyn bach yn llonydd, – methu a goddef mawredd y mae'r cnafon. Pan anfonais *Seren Gomer* i ti UN copi oedd gennyf wrth law, – dyma dri chopi arall, – ac os wyt ti'n dymuno ychwaneg rho wybod i mi. Y mae cywilydd arnaf, hen gyfaill, dderbyn y fath glod haelionus genti, – nid wyt ti'n f'adnabod Dei bach. Bydd gennyf air yn fy araith am fy nyled i ti a Saunders, – pennaf fraint fy mywyd fu cael eich adnabod.

Maddau air mor gwta, – y mae gennyf lu o bethau i'w cwpla cyn gadael gartref dydd Llun, – fy mendith arnat ti a Siân.

Val.

Papurau D. J. Williams, Abergwaun, P2/40/53

146

158 Westbourne Rd,
Penarth,
Morgannwg.
Sul y Blodau 1962. [Ar yr amlen – 15 Ebrill 1962]

Annwyl Val,

Diolch yn wir am *Seren Gomer* ac ysgrif D.J., erthygl nodweddiadol ohono hefyd! Gyda llaw, rydw innau'n llwyddo i gael gweld eich *Seren* yn rheolaidd yn Llyfrgell Caerdydd ac y mae hi'n un o'r cylchgronau da. Hoffaf eich ymddiddan gyda'r matron y tro hwn, ond pam na ellir lluosog y Gymraeg i nyrs = nyrsydd yn lle nyrsus sy'n hyll.[291] Pe buaswn i wedi cael y fraint o sgrifennu

amdanoch yn Llywydd yr Undeb, ni fedrwn fod mor gynnes-frwd
a hoffus â D.J., na sgrifennu gyda'i wybodaeth ef chwaith, ond mi
roddwn bwys mawr ar y ffaith eich bod o ran eich Cymraeg yn
nhraddodiad meistri clasurol y pulpud Cymraeg, traddodiad John
Williams, Brynsiencyn a Puleston Jones, ie a Dyfnallt hefyd, yn
goeth a chyfoethog mewn geirfa ac idiom, – pethau erchyll o brin
yn y pulpud bellach.²⁹²

Mae gennyf un gair o ddiolch i'r Parch. Llywelyn Williams
M.P., am iddo brofi y gall dychan yn Gymraeg dynnu gwaed.

Bendith arnoch yng Nghlydach.

Yn gu,

Saunders.

Papurau Lewis Valentine, 4/3/311/3/27

_____

147

[Dim cyfeiriad na dyddiad. Dyddiad ar yr amlen 8 Mai 1962]

Annwyl Val,

Dim ond gair ar frys yn amgau'r llith hon i ti am y cyfarfod y
cyfeirir ato yma wrth dalu teyrnged i'r hen gyfaill W. R. Howell y
Lion.[*]

Clywais i ti draethu yn fendigedig dy neges fel Llywydd yr
Undeb yng Nghlydach y dydd o'r blaen.²⁹³

Cofion cywiraf atoch eich dau oddi wrthym ni'n dau.

Maddau'r brys mawr.

Mae Siân a fi'n mynd bant y bore yma am ryw ychydig
ddyddiau, ac yr own i am anfon hwn i ti cyn madael.

D.J.

[*Amgaeedig: toriad o'r *County Echo*, 3 Mai 1962: 'Tribute to a
Great Hearted Publican by D. J. Williams'. Hanes a theyrnged i
W. R. Howell, y 'Lion Hotel', Abergwaun. Yn yr erthygl gwelir

cyfeiriad at garchariad Niclas y Glais yn 1940 – am ei benwythnos yng nghelloedd yr heddlu yn Aberystwyth. Hefyd hanes tarfu ar gyfarfod Plaid Cymru yn Abergwaun a Lewis Valentine yn annerch, yn gynnar ym Mai 1940.]

Papurau Lewis Valentine, 4/3/3/4/70

148

Rhosllannerchrugog
10 Gorffennaf 1962

F'annwyl Gyfaill,

Dyma gyfle o'r diwedd i yrru copi o *Seren Gomer* i ti, heddiw y daeth i law a dim ond UN copi a gyrhaeddodd yma, a dyma ei yrru gyda throad y post i ti.

Sut yr ydych ill dau? Yr oeddwn wedi meddwl rhoddi sponc o'r Cilgwyn[294] yna – o'n Hysgol Haf – ond rhy gaeth yr oeddwn, a dim wyneb i ofyn cymwynas car gan neb gennyf, a pha werth fuasai brathu pen yna a dweud 'sut mae hi' a gorfod gadael ar unwaith?

A dyma gais i ti oddi wrth yr Ysgol Haf. Y mae'n arfer gennym wahodd lleygwr i'n hannerch am un sesiwn yn ei hystod hi, ac y mae'r Ysgol eleni yn dy wahodd di am y flwyddyn nesaf – yn daer a brwdfrydig – i annerch yr ysgol. Cei ddewis y testun a fynni. Thema gyffredinol yr ysgol fydd Pregethu, ac fel gwrandawr cyson ar bregethu, a ffrind mawr i bregethwyr gelli ddweud gair o'r ochr yna i'r pwnc, ond os deui nid oes dim cyfyngu ar dy destun. A DDOI DI, DAI? Os byddi'n gwrthod bydd yr Ysgol yn credu bod rhyw nam ar ein cyfeillgarwch. Y dyddiad – yr wythnos gyntaf yng Ngorffennaf 1963.

A wyt ti'n adnabod gweinidog Llangloffan? Emlyn Jones[295] ydyw ei enw, a hen grwt annwyl ydyw o Ddeiniolen yn Arfon. Bu ei deulu yn dda i'w ryfeddu wrthyf fi trwy'r tew a'r tenau. Yr wyf wedi ei gymell i alw heibio i ti, ond creadur go swil ydyw

heb ddiddordeb mewn dim ond pregethu. Fe ddaeth i'n hysgol
haf eleni am y tro cyntaf, a charwn ei weld yn ehangu dipyn ar ei
orwelion. Yr oedd Carey Garnon[296] yn dywedyd ei fod am alw
atat yn fuan a rhois hawl iddo fod yn llatai drosof a dwyn coflaid o
ddymuniadau da i chwi ill dau.
Mawr obeithiaf y caf gyfle i sleifio o un o'r pwyllgorau aml
sydd gennyf yn Abertawe yn ystod yr wythnosau nesaf a rhoi tro
amdanoch yna.[297]
Cofion annwyl iawn atoch,
Val.

Papurau D. J. Williams, Abergwaun, P2/40/54

149

158 Westbourne Rd,
Penarth,
Morgannwg.
11 Gorffennaf 1962

Fy Annwyl Val,
Mawr ddiolch am anerchiad Llywydd yr Undeb. Bûm yn
dotio ar gadernid ei Gymraeg a chadernid ei argyhoeddiad. Ac
yn wir i chi y mae'r cyfeiriadau ataf i fy hunan yn fy nychryn
braidd.[298] Rydych yn gofyn i mi anfon llith i'ch *Seren* wych, ond
ar ba destun? Coelwch chi, a chymryd eich pwynt cyntaf chi o
saith arwyddnod Luther: "pennaf act addoli ydyw Pregethu'r
Gair", – dyna'n union yr hyn na fedraf i ei dderbyn. Dyna'r
pam yr wyf yn rhyw fath anfuddiol o Gatholig neu babydd. Yn
union yr hyn a yrrodd Luther a Chalfin allan o'r Eglwys Gatholig
yw'r hyn a'm tynnodd i i mewn iddi. Dyneiddwyr oeddynt
hwy; dyneiddiaeth y Dadeni yn ail-lunio'r Ffydd a welaf i yn eu
dysgeidiaeth. I mi, ail beth yw cenhadaeth achub y Ceidwad.
Y peth cyntaf yw rhoi dros ddynion i Dduw addoliad na fedrid
ei roi ond yn unig drwy Galfaria. Hynny i mi sy'n gwneud

Cristnogaeth yn rhywbeth sy'n bosibl yn ail hanner yr ugeinfed ganrif.[299]

Feiddiwn i fyth ddweud pethau fel yna yn *Seren Gomer!* Yn wir, anaml iawn y sgrifennais i erioed ar bynciau crefydd.

A fyddai ychydig nodiadau ar Ann Griffiths yn destun posib?

Yn gu iawn,

Saunders Lewis.

Papurau Lewis Valentine, 4/3/3 11/3/28

150

49 High Street,
Abergwaun,
Sir Benfro.
26 Gorffennaf 1962

Annwyl Val,

Diolch yn fawr i ti am y copi o'r *Seren* rai dyddiau yn ôl yn cynnwys dy neges fawr a phwysig di i'th enwad yn yr Undeb eleni. Fe roist lond calon onest o neges iddo, a hynny yn goeth ac yn rymus. Gwerthfawrogwn mewn gwirionedd dy bwyslais ar y cyfrifoldeb arnom i gyd fel cenedl i ddiogelu ein treftadaeth amhrisiadwy werthfawr fel y rhoddaist ef yn rhan olaf dy adroddiad.[300] Gobeithio yn wir, yn wir, y bydd i'r araith gref hon adael argraff arhosol ar ei hôl. Clywais amryw yn talu teyrnged arbennig iddi, yr olaf un yr wythnos hon, – gan Mai Edwards, merch y diweddar Richard Edwards, Llangloffan. Mae hi ar hyn o bryd yn athrawes yng Nghastell Nedd, ond bu yma dros y Sul diwethaf.

Hefyd, fe gwrddais ag Emlyn Jones, a faged yn dy eglwys di, gweinidog presennol Llangloffan, yntau wedi gwrando'r araith a'r deyrnged ry hael o lawer a roist i'r truan gŵr hwn. Nid wyf i wedi cael rhyw lawer o gyfathrach ag Emlyn Jones, hyd yn hyn, – gŵr swil gallwn feddwl, fel y dywedit, ac yn cadw bant oddi wrth ddyn tebyg i fi, rhag ofn i fi ei lithio i gyfeiliorni ei ffordd. Ond y mae'n fachgen dymunol iawn gallwn feddwl, o gwrdd ag e, unwaith neu ddwy.

Buaswn wedi sgrifennu atat yn syth wedi derbyn *Y Seren* oni bai i fi fod wrthi am rai dyddiau'n ddiweddar yn cywiro proflenni'r *Bod Cenhedlig*,[301] a'u cymharu o'r newydd â'r gwreiddiol hefyd sef *The National Being* gan A.E. (George W. Russell) y gorffennais ei gyfieithu y Nadolig flwyddyn yn ôl. – Ond heb gael amser i sgrifennu Rhagair iddo eto. Rhaid i mi fynd ynghyd â hynny yn union yn awr.

Wel, gan mai ti sy'n gofyn i fi ddod atoch i ddweud gair yn y Cilgwyn wrth gyd-weinidogion dy Enwad y flwyddyn nesaf, mi addawaf ddod, os byw ac iach, gan ei theimlo hi'n anrhydedd gwirioneddol i dderbyn y cais oddi wrthynt. Cei wybod y testun rywbryd yn nes ymlaen, os gwna hynny'r tro. Ond nid testun trafodaeth yr Ysgol gennych chi, sef 'Pregethu' fydd e. Ond testun, er hynny, rwy'n gobeithio a fydd ar ganol y ffordd honno.

Dywedai Emlyn Jones wrthyf ei bod hi'n bosibl y byddi di yn dod i aros ar ei aelwyd ef yn Llangloffan yn nes ymlaen yma. Rown i'n falch iawn o glywed hynny, gan y cawn gyfle trwyddo i adnewyddu'r hen gymdeithas gyda blas unwaith yn rhagor. Petai iechyd Siân dipyn go dda yn well fe wyddost mai yma y byddet yn aros fel arfer. Ond pur fregus yw ei hiechyd ers rhai blynyddoedd yn ddiweddar fel nad yw'n bosib gwahodd neb o'n perthnasau agosaf yma i aros dros nos yn awr, gwaetha'r modd. Ond y mae lle i ddiolch o hyd gennym, gorau'r modd.

Gyda chofion Sgrwbaidd atat, ac at y teulu oddi wrthym ni'n dau,

D.J.

Papurau Lewis Valentine, 4/3/3/4/71

151

158 Westbourne Rd,
Penarth,
Morgannwg.
16 Awst 1962

Fy Annwyl Val,

Mi addewais ysgrif i chi i *Seren Gomer*. A chan mai chi ydych chi, dyma fi er mwyn yr hen amser gynt yn cyflawni f'addewid. Yr unig beth a ofynnaf gennych yw cael cywiro'r proflenni.

Cofion cu,

Saunders

Papurau Lewis Valentine, 4/3/311/3/29

152

158 Westbourne Rd,
Penarth,
Morgannwg.
15 Hydref 1962

Annwyl Val,

Diolch am y copïau. Byddant yn llawn digon i'm rhaid. Heddiw y daethant. Sgrifennais y bennod hon ar frys ar ôl addo ysgrif i chi; y mae'r mater, a llawer rhagor, yn fy meddwl ac mewn nodiadau ers blynyddoedd. Ond wedi ail-ddarllen yr erthygl yr wyf ymhell o fod yn fodlon arni – nid yw'n dadansoddi yn ddigon manwl ac y mae pwyntiau ar goll. Ond rwy'n llwyr gredu fod sylwedd y stori yn gywir.[302]

Cofion a diolch,

Saunders

Papurau Lewis Valentine, 4/3/311/3/30

153

49 High Street,
Abergwaun,
Sir Benfro.
[Diddyddiad. Dyddiad yr amlen 21 Rhagfyr 1962]

Annwyl Val,

Wel, diolch yn fawr iawn i ti am yr anrhegion Nadolig o dei a ffedog bert a anfonaist i Siân a finnau. 'Ni wisgwyd Solomon ...' fydd hi o hyn ma's yn fy hanes i, a Siân yn edrych yn rhoces bert yn ei ffedog newydd sbon. A phaid â synnu pan ddoi di yma nesa, a buan y bo hynny, na chei dithau hefyd wisgo'r ffedog yma am dro siawns i Ferianna uwchben y sinc yn ôl dy hen arfer yn y Bristol Trader.

A diolch i ti hefyd am y *Seren* a'r ymddiddan bywiog, ffraeth rhyngot ti a'th hen gyfaill, Parri bach Roberts.[303] Mae'r ysgrif hon yn wironeddol dda, Val, yn ôl teimlad Siân a finnau, y ddau ohonoch mewn afiaith mawr yn trafod pethau. Gyda llaw, gwelais Parri bach, a'i briod, neithiwr ddiwethaf, ar eu haelwyd eu hunain ym Mynachlog-ddu wrth fynd heibio gyda chyfaill i wneud cyrch olaf am Gronfa Gŵyl Dewi, eleni.

Cei dithau cyn gynted ag y daw allan, gopi o gyfieithiad o lyfr A.E. er yr ofnaf y cei di ef, fel y mwyafrif o'm cyfeillion, yn beth digon sych o'i gymharu â'r gwreiddiol, yn ôl fel y profais i ef o'r cychwyn cyntaf. Fodd bynnag, mae'r job o'i gyfieithu wedi ei wneud bellach, a rhaid iddo siawnsio'i effaith ar yr ychydig, yn ddigon posib, o'r rhai a'i ddarlleno. – Gyda'r dymuniadau gorau posib i ti a Mrs V. a'r plant am y tymor ar ran Siân a finnau,
D.J.

Papurau Lewis Valentine, 4/3/3/4/72

154

Seren Gomer
Golygydd – Y Parch. L. E. Valentine, M.A.
22 Ebrill 1963

F'hen gyfaill annwyl,

Llawer o ddiolch i ti am *Y BOD CENHEDLIG*, – yr oeddwn wedi prynu copi, ond prisiaf yn fawr yr anrheg a'th ysgrif ar y wyneb ddalen, a gobeithio y bydd fy nisgynyddion yn ei brisio a'i werthfawrogi.

Bu'n rhyfedd o lafur i ti, nid wyf eto wedi ei ddarllen drwyddo, – gwneuthur hynny yn araf a wnaf gan gymharu fesul cymal â'r gwreiddiol, a chael achos i synnu at gamp y cyfieithydd.

Yr oedd yn wir ddrwg gennyf glywed na fu Siân yn rhy wych ei hiechyd yn ddiweddar, ac O na bawn yn nes fel y gallwn frathu 'mhen yna yn aml, a'ch cynorthwyo trwy feriana dipyn.

Ar fin cychwyn yr wyf i Fae Colwyn i gynhebrwng hen gyfaill bore oes, – ffermwr o Lanfairtalhaearn a fu'n borth a phlaid i mi er pan ddechreuais bregethu, a gobeithio treulio noson yn y Bae gyda'r ferch a'r ŵyr sy'n lledfegyn doniol, a newydd ddechrau ei addysg yn yr Ysgol Gymraeg, ac osgo bod yn bleidiwr da arno. Amgaeaf gopi o *Seren Gomer*, – ysgrif gampus ar Gwili ynddo.[304]

Cofion annwyl iawn atoch ill dau, a byd gwell i Siân yn fuan,
Yn loyw fyth,
Val.

Bydd gennyf air ar *Y BOD* yn rhifyn nesaf *S. G.*

Papurau D. J. Williams, Abergwaun, P2/40/55

155

49 High Street,
Abergwaun.
28 Awst 1963

Annwyl Val,

Gair bach i ddiolch i ti yn ddiffuant am dy anerchiad yn y Steddfod Genedlaethol y clywais rannau ohoni ar y radio a'i chael yn llawnach wedyn yn *Seren Cymru*.[305]

Rwy'n cytuno'n llwyr â thi mai mater o ddeffroad crefyddol yw achub Cymru, ymhob agwedd ar ei bywyd yn y gwaelod, a dyna'r union nodyn y ceisiais innau ei daro o gael yr un cyfle a gefaist di, eleni, yn Llanelli llynedd.

Nid wyf wedi gwneud fawr o ddim yn ddiweddar ond darllen y *Faner* a'r *Cymro* etc sy'n sôn am weithgareddau'r Eisteddfod ynghyda'r *Beirniadaethau a'r Cyfansoddiadau*, a chael fy nghalonogi'n fawr gan mor rhagorol y sgrifennu a'r trafodaethau gwerthfawr sydd ynddynt. Oes, y mae swm da o lefain yn gweithio ym mywyd Cymru heddiw, hynny i gyd yn arwyddo fod yr ymwybod cenedlaethol, ein gobaith pennaf oll, yn dyfnhau 'Dos ymla'n, nefol dân!'

Dwed wrthw i, Val, a oes copi o'r rhifyn olaf o *Seren Gomer* yn digwydd bod yn sbâr gennyt y gallet ei anfon i fi. Os oes, fe fyddwn yn ddiolchgar iawn amdano, gan nad oes gennyf ond un copi, a thithau wedi dweud mor garedig ynddo am *Y Bod Cenhedlig*.[306]

Gan obeithio i ti gael amser godidog yn dy hen gynefin dros yr Eisteddfod, ac yn yr Ysgol Haf hefyd, os gallaist fynd yno.

Yr eiddot gyda'r cofion cywiraf atoch fel teulu oddi wrth S. a finnau,

D.J.

Papurau Lewis Valentine, 4/3/3/4/73

156

Rhosllannerchrugog.
30 Awst 1963

F'annwyl Dafydd,

Yn rhyfedd i'th lythyr gyrraedd yma heddiw, a minnau wedi meddwl amdanat yn gyson trwy gydol yr wythnos, ac yn teimlo'n gerlyn gwael na fuaswn wedi gyrru gair o ddiolch i ti am yr araith wych a gawsom gennyt yn ein Hysgol Haf, – yr oedd mawr sôn amdani a seiadu hyd oriau man y bore ar ei chorn.[307] Gobeithio bod Siân lawer yn well y dyddiau hyn, a bûm yn gweddïo lawer ar ei rhan, a gobeithio nad yw'r Arglwydd ddim yn fy ystyried yn rhy annheilwng i wrando ar fy nhipyn gweddi dros fy nghyfeillion.

Diolch i ti am dy eirda am anerchiad yr Eisteddfod, – darllen amlinelliad o dy araith di yn Llanelli (yn *Y Dysgedydd*)[308] a barodd i mi gymryd y cyfeiriad a wneuthum, a bu pawb yn dra charedig. Cefais dridiau o'r Eisteddfod a daeth côr o'r eglwys hon yn ail yng nghystadleuaeth y Corau Gwledig, – teithio yr oeddwn yn ôl a blaen i Hen Golwyn gan fod Gweirrul yn byw yno bellach, a threulio llawer o amser hefyd yn ysbyty Bae Colwyn gyda 'mrawd yng nghyfraith, y Parch. Elias Evans, Abergele, yntau wedi cael triniaeth go fawr yno, ac yn llegach iawn o hyd, a rhwng yr ysbyty a'r Babell Lên a Phabell y Blaid y treuliais fy amser. Yr anterliwt, *Tri Chryfion Byd* yn odidog, ac actio da dros ben.[309]

Dyma rifyn o *Seren Gomer* i ti – os wyt am ragor fe ymorolaf am danynt pan ymwelwyf nesaf ag Abertawe, – wrthi'n brysur yn paratoi'r rhifyn nesaf a'r ysgrifennwyr yn brin, ond does gennyf ddim lle i gwyno, a bu cyfeillion yn dda wrthyf. Cofia yrru gair i mi os wyt ti am gopiau ychwanegol o *S.G.*

Cofion annwyl iawn atoch ill dau,
Val.

Papurau D. J. Williams, Abergwaun, P2/40/56

157

49 High Street,
Abergwaun.
8 Medi 1963

Annwyl Val,

Diolch yn fawr i ti am gopïau arall o'r *Seren* yr oedd eu heisiau arnaf.

Blin iawn oedd gennyf glywed am salwch dy frawd yng nghyfraith, y Parch. Elias Evans, a hynny ar adeg mor arbennig â dathlu hanes ei eglwys. Darllenais â blas dy lith yn *Seren Cymru* yn traethu'n raslon ar yr achlysur.[310]

Da gennyf i ti gael hwyl ar bethau yng nghwmni dy hen gymdeithion yn y Babell Lên a mannau eraill yr Eisteddfod. Cefais innau rannau da ohoni ar yr awyr drwy ddawn nodedig Morfydd Mason Lewis[311] a Dyfnallt Morgan[312] ac eraill, a chefais fwy o amser nag arfer i fwynhau'r *Beirniadaethau* a chynnwys cyfrol yr Eisteddfod. Da iawn yn wir oedd ei gwerth yn ôl fy nheimlad i. Nid wyf yn cytuno o gwbl â'r beirniadu mawr sydd arni gan wŷr fel Gwenallt yn *Taliesin* ac Aneirin Talfan yn *Barn*.[313] Dyweder a fynner am yr Orsedd a'i seremoniau ffug hanesyddol etc. – ond fe wŷr pawb am yr ochr honno. Ond sefydliad mawr y Werin Gymreig yw'r Eisteddfod Genedlaethol, a pham na ddylem ninnau feithrin ein pasiant ein hunain? – yn ôl athrylith yr hen Iolo[314] a dyfeisiau cyfrwys Cynan i roi tipyn o liw ar ein bywyd unwaith mewn blwyddyn, gan fod y werin yn hoffi peth o'r fath. Ond dyna fe, rhaid ei gadael hi, mae'n bryd mynd i'r cwrdd.

Cofion fil S. a finnau atoch,

D.J.

Papurau Lewis Valentine, 4/3/3/4/74

158

[Dim cyfeiriad]
13 Rhagfyr 1963

F'annwyl Gyfeillion,

Gair bach i'ch cyfarch y Nadolig hwn, a mawr obeithio eich bod yn ddedwydd ac yn rhwydd iachus. Yr wyt ti Dai yn llawn egni – newydd ddarllen dy ysgrif yn y *Welsh Nationalist* a chael blas arni.[315]

Yr wyf wedi gorffen fy phrysurdeb [*sic*] mawr gyda'r enwad, a diolch am hynny, a chennyf obaith y caf hamdden i feddwl am fy hen gyfeillion bellach, ac ymweld â hwynt o dro i dro.

Treuliais brynhawn gyda hi [Kate Roberts] yn Ninbych yn ddiweddar, a chael ymddiddan ar ei llyfr *Tywyll Heno* a chyhoeddir yr ymddiddan hwnnw yn rhifyn nesaf *Seren Gomer*.[316] Y mae'n syndod ei bod hi'n medru bod mor brysur.

Sut y mae Siân y dyddiau hyn? Byddaf yn ymroi i feddwl y ddwys amdanoch y Nadolig yma, – a dyheu am gyfle buan i alw heibio i chwi yn y Bristol Trader. Yr oeddwn yn dweud gynnau wrth Jemeima fy mod eisiau gyrru gair yna, ac y mae hi'n cofio'n dirion iawn atoch, – musgrell yw hi braidd bellach, ond yr hen ffraethineb yn mynnu byrlymu i'r wyneb.

Llaw a chalon i chwi,

Val.

Papurau D. J. Williams, Abergwaun, P2/40/57

159

49 High Street,
Abergwaun.
18 Rhagfyr 1963

Annwyl Val,

Wel, diolch yn fawr i ti am dy dei bert, sy'n union wrth fodd fy llygad, a'r neisiedi yr un mor ddengar i Siân. Fe fyddwn yn awr yn dechrau ein blwyddyn newydd mewn steil ein dau! Diolch i ti hefyd am y rhifyn hwn o *Seren Gomer*, sy'n dda a sylweddol drwyddo fel arfer. Hyd yma nid wyf wedi darllen ond dy ysgrif di, 'Pendefig',[317] a'r Nodion 'Blas ar Lyfrau'. Rwyt ti ynghanol dy brysurdeb mawr yn gallu sylwi'n dda a chywir ar gynnwys y llyfrau hyn yn wastad, ac yn gwneud gwasanaeth gwerthfawr drwy hynny i bawb o ddarllenwyr y cylchgrawn. Ond fe ganiatei i fi ddweud fod un pwynt y tro hwn, na allaf o gwbl gydweld â thi yn ei gylch, sef dy sylw am *Droi'r Drol* Huw T. Edwards, y talai i'r Blaid roi ystyriaeth ddwys i'w awgrym ef y dylai'r Blaid gefnu ar y polisi o gystadlu am seddau yn San Steffan.[318] I fi dyna ddiwedd y Blaid fel Plaid Wleidyddol. Fyddai hi wedyn yn ddim amgen nag Undeb Cymru Fydd, neu'r Cymrodorion sy'n burion yn eu maes eu hunain.

Ond fe fyddai polisi H. T. Edwards[319] yn orfoledd pur i'r Pleidiau Seisnig ac yn rhoddi llonyddwch cydwybod i bob llwfrgi a chybydd sydd a rhyw naws gwlatgar yn eu calonnau. Waeth dyna'u tiwn hwy wedi bod erioed – gwastraffu arian trwy golli deposit etc. Ac os cân nhw hanner awgrym fod arweinwyr y Blaid yn gwanhau yn eu garrau ar y pen, dyna hwy mwy uchel eu gorohian a'r A.S.[au] Cymreig o weld yr un peth.

Heb ymhelaethu fe weli fy safbwynt i yn yr offprint hwn o'r papur lleol.[320] Ein hunig obaith ni yw cryfhau Plaid Cymru yn wleidyddol ymhob modd posib. Ac y mae Gwynfor yn wleidydd mawr mewn gwirionedd.

Ein cofion gorau atoch i gyd,

D.J.

Papurau Lewis Valentine, 4/3/3/4/75

160

49 High Street,
Abergwaun.
14 Ebrill 1964

Annwyl Val,

Mae arna i lythyr i ti ers tro hir, heblaw fy mod i'n ddyledus hefyd am rifyn arall o'r *Seren* o dan dy olygiaeth ofalus a chydwybodol di. Wel, diolch cywir i ti am y ddau, a maddau i fi am fod cyd cyn gwneud.

Hawdd yw hel esguson wrth gwrs, ond rwyf wedi bod yn dra phrysur drwy'r flwyddyn hyd yma, gan geisio gofalu orau y gallaf hefyd am Siân druan, wedi iddi ddod dros y pwl drwg iawn a gafodd gan ei chalon ddechrau'r flwyddyn yma, a'i effeithiau, er ei bod hi'n llawer iawn yn well, heb gilio o hyd.

A welaf i ddim argoel y bydd i'r prysurdeb yma gilio chwaith, gan fy mod i'n fath o Lywydd y Pwyllgor Rhanbarth yma ac yn Swyddog Cyllid cyfrifol am Gronfa'r Etholiad a Chronfa arferol Gŵyl Dewi ar ben hynny. Wel, mi wnaf fy ngorau tra gallaf, dyna i gyd, gan obeithio y daw rhywbeth ohoni rywbryd. Mae gennym fachgen bach da a chywir iawn yn ymgeisydd y Blaid yma, ac Emyr Llewelyn Jones yn agent iddo, cyd-letywyr yng Ngholeg Aber. yn arfer bod.[321]

Wel, fe ofynaist i fi a foddlonwn i ti chwilio fy lasog[322] ar goedd yn y *Seren*. Wel, fe wyddost na allaf i ddim gwrthod i ti, er fy mod i lawer tro bellach wedi gwisgo 'nghalon ar fy llawes yn ddigon digydwybod. I arbed trafferth dyna beth wnaeth Saunders a fi yn yr hyn a gyhoeddwyd wedyn yn *Crefft y Stori Fer*,[323] – gofyn nifer o gwestiynau i fi mewn llythyr a finnau i'w hateb, ac yntau i ymhelaethu rhyw gymaint yma a thraw wedyn ar ôl cael fy atebion i yn ôl.[324] Seiet bersonol fyddai'r peth delfrydol wrth gwrs, oni bai'r pellter. Petai ti'n digwydd bod ar daith yn y cylch gweddol agos, gellid ei drefnu'n rhwydd, mae'n siwr.

Gyda chofion cywir atat gan obeithio'ch bod chi i gyd fel teulu yn iach a dymunol – oddi wrthym ni'n dau,

D.J.

Papurau Lewis Valentine, 4/3/3/4/76

161

[Cerdyn post]
49 High Street,
Abergwaun.
31 Mai 1964

Annwyl Val,

Nac edrych ar yr inc pan fyddo coch! Y du sydd ar goll, a finnau newydd fod yn gwrando dy hyfrydlais cynefin mewn goslef mor eneiniedig ag erioed – yn cyflwyno'r emynau a'r côr llawn yn eu canu'n ogoneddus.

Wel, hyfryd yn wir i Siân a finnau a fu'n gwrando'r cyfan, a rhaid anfon gair o ddiolch cywir yn y pin agosaf at law.

Cofion cu atoch i gyd,

D.J

Papurau Lewis Valentine, 4/3/3/4/77

162

Rhosllannerchrugog.
31 Gorffennaf 1964

F'annwyl Gyfaill,

Dyma gopi o Rifyn Dathlu tri hanner canmlwydd *Seren Gomer*, ac y mae'n ddrwg iawn gennyf na allaf ddyfod yna i'w chyflwyno i chwi yn bersonol. Nid oes obaith imi fedru dyfod i Abergwaun i'r Ysgol Haf, y mae'n rhaid i mi fod yma ym

Mhenuel y Sul cyntaf yn Awst, ac oherwydd hynny ni chaf y
naill ben na'r llall o'r Ysgol, ac ni chaf yr Eisteddfod ychwaith.

Mawr obeithiaf eich bod ill dau yn weddol, rhaid i mi fodloni
ar feddwl amdanoch yn unig y dyddiau nesaf, yn lle, fel y carwn,
fod yna yn y seiadau, ac yn merianio (a wna hwn y tro am Mary
Ann-io) yn y gegin fach dan gyfarwyddyd Siân. Nid wyf wedi
anghofio yr addewid a gefais i Ymddiddan ar gyfer *Seren Gomer*, –
yr wyf yn darllen eto dy holl lyfrau ar gyfer honno, a chaiff hi gloi
y gyfres. Clywais lais Saunders neithiwr yn traethu ar *Brad*, yr oedd
y ferch fach oedd yn ei holi, debygwn, yn ddigon nerfus, ac y mae
eisiau gryn blwc i daclo S.L.[325]

Bu hi'n lladd nadredd yma yn ddiweddar, Hedd y llanc yn
priodi wythnos yn ôl, – merch o Wrecsam, di-Gymraeg, most
y piti, ond ei thad o'r Bala ac yn Gymro Cymraeg, a'i mam o
Gernyw, ac yn geiloges o Saesnes, gallwn feddwl.

Bûm am dros wythnos yn gwbl ddi-lais a di-lef, a gorfoledd
am hynny mewn llawer cylch, ond y mae'r llais yn dychwel
yn ara deg bach. Newydd fod yn ymweld â Rhiannon, merch
fy hen athro, Syr John Morris Jones, – druan fach y mae hi'n
grupl caeth o ran ei chorff. Y mae'n byw yn Wrecsam gyda'i
merch a'i mab yng nghyfraith, y mae ei gŵr hi hefyd yn
ddiymadferth. Bu rhwyg yn y teulu wedi marw ei mam, ac nid
oes ganddi ddim o greiriau ei thad, ac nid oes Cymraeg rhwng
ei chwiorydd yn Llanfair Pwll gwyngyll a hithau, – hen stori
drist, caf ei hadrodd eto wrthyt. Dethlir can mlynedd geni Syr
John Morris Jones ym mis Hydref, ac y mae'n debyg y bydd
TALIESIN yn trefnu rhywbeth.[326] Gweld nodyn yn y papur
ddoe am farw Simon B. Jones, hen gydfyfyriwr ym Mangor yn
nydd yr elwch mawr.[327]

Llwyddiant mawr ar yr Ysgol Haf, – Ysgol Haf D.J. fydd hon
yng Nghroniclau'r Blaid.[328]

Dyma fy llaw a'm calon i chwi ill dau,
Val.

Cyfeiriad neithiwr at y *Bod Cenedlaethol* [*sic*] ond trafodaeth salw
iawn oedd hi ar berthynas Cymru ac Iwerddon, ynte?

Papurau D. J. Williams, Abergwaun, P2/40/58

163

Rhosllannerchrugog.
1 Rhagfyr 1964

F'annwyl Gyfaill,
 Yn ddiweddar iawn dyma dalu fy nyled o lythyr i ti, gan
obeithio eich bod ill dau yn weddol gomfforddus. Fy nghalon wedi
ei chynhesu droeon wrth ddarllen amdanat, e.e. y croeso mawr a
gefaist yn yr Ysgol Haf, darllen cywydd Waldo i ti,[329] a'r glustan
haeddiannol a roist i 'Daniel'.[330]
 Y mae'n difar gennyf na chefais gyfle i ddyfod cyn belled ag
Abergwaun i'r seiat 'Rhwng Dau', – yr oeddwn wedi meddwl
cael yr ymddiddan hwnnw i rifyn y Nadolig, ond, os wyt ti'n
fodlon, fe'i ceir i rifyn cyntaf 1965 – rhifyn mis Mawrth, ac efallai
mai dyna fydd y rhifyn olaf a olygir gennyf fi o *Seren Gomer* os caf
gennad y Pwyllgor i gilio o'r gadair olygyddol.[331]
 Waeth heb ddechrau trafod yr etholiad mewn pwt o lythyr
brysiog fel hwn. Nid oeddwn wedi synnu cymaint â hynny wrth
y canlyniadau, – yr oeddwn yn ofni pleidlais isel, – yr etholiad
nesaf fydd yr etholiad pwysig i ni. Ein hen wendid y ffordd yma
ydyw segura rhwng yr etholiadau, a lladd nadredd pan ddelo
galw lecsiwn. Cawsom ni yma eithaf cyfarfodydd a derbyniad,
yn wir yn well o lawer na'r un plaid arall, ond pleidleisiau sy'n
cyfrif.
 Amgáu – yn ddiweddar iawn, bu rhyw stomp y tro hwn a
newydd gael y rhifynnau yr wyf – gopi o *Seren Gomer*. Credaf
y cei di flas arbennig ar araith Myrddin Davies o'r gadair.[332] Sut
y mae Siân y dyddiau hyn? Cofia fi'n dirion ati, a dyna biti fod

Abergwaun mor bell, a minnau yn deithiwr gwael, – taith hir yn hunllef arnaf, ac ni allaf fforddio modur na gyrru un.

Cofion o'r mwynaf,

Val.

Papurau D. J. Williams, Abergwaun, P2/40/59

164

Anghofiais roddi y llythyr hwn yn y pecyn.

[Dim cyfeiriad]
18 Rhagfyr 1964

F'annwyl Gyfaill hoff,

Un gair bach i'ch cyfarch ar yr Ŵyl!

Amgaeaf rhyw grafat bach i Siân, a llafnau ellyn i tithau, rhag ofn eu bod yn brin yna. Dyma'r llefnyn gorau a fu ar fy nghroen erioed, a phery bob llafn fis da.

Gobeithio y'ch cedwir y Gaeaf trwy ei oerni a'i rew nes delo'r Gwanwyn eto i godi calon dyn.

Llythyr da gennyt, Dei, yn *Y Faner*, yn dodi'r Deiniol ddigrif ac arwynebol yn ei le.[333] Nid wyf fi wedi canfod fawr o ddigalondid ymysg cenedlaetholwyr am ganlyniad yr etholiad, – digon o siomed [siom?], ond yn sgil [*sic*] hwnnw benderfyniad newydd hefyd i weithio'n ddycnach. Y mae'r dyddiau hyn yn rhai prysur iawn, – yr wythnos hon y mae galw arnaf, yn ôl hen ddefod, ymweld â rhyw drigain o weddwon gyda rhoddion.

Cofion annwyl iawn,

Val.

Papurau D. J. Williams, Abergwaun, P2/40/60

165

Rhosllannerchrugog
Bore dydd Sadwrn. [Diddyddiad. Mehefin 1965]

F'hen gyfaill annwyl,

Yr oedd yn ddrwg iawn gennyf glywed dy newydd am farw Siân[334] yn yr ysbyty yng Nghaerfyrddin. Nid oeddwn yn rhyw ffyddiog iawn amdani wedi ei gweld yn yr ysbyty, ac yr oedd hi mewn dirfawr boen, a thrugaredd Duw oedd rhoddi gollyngdod iddi. Rhown lawer pe medrwn fod gyda chwi dydd Mawrth ei harwyl. Yr oedd hithau'n orau o'r gwragedd. Yr oedd pum munud o seiadu gyda Siân yn fodd i fyw i ddyn. Ac am ei chroeso nid oedd mo'i debyg, ac nid oedd croeso Sycharth yn rhagori arno.[335] Dysgais lawer ganddi, ac yr wyf yn siwr fy mod wedi bod yn well dyn, ac yn well gweinidog am fy mod wedi ei hadnabod. Does dim mesur dy golled di, gyfaill, na deall arni. Ni allaf ond trio eistedd lle yr wyt ti'n eistedd heddiw, a chyfranogi o'th alar, ac y mae galaru ar ôl un fel Siân yn foddion o ras.

Fy llaw a'm calon i ti fyth,

Val.

Ar gychwyn oddi cartref yr wyf. Ysgrifennaf eto yn fuan.

Papurau D. J. Williams, Abergwaun, P2/40/61

166

49 High Street,
Abergwaun,
Sir Benfro
17 Mehefin 1965

Annwyl Val,

[Llythyr argraffedig]

Dymunaf ddiolch yn ddiffuant i chi am eich geiriau o gydymdeimlad dwys yn wyneb y brofedigaeth lem o golli fy annwyl briod, Siân, a fu'n rhannu'r baich â fi yn llawen am ddeugain mlynedd gyflawn.

Mynnwn, petai modd rhesymol o gwbl, ymateb yn bersonol i gynnwys pob llythyr a dderbyniais, a dechreuais wneud hynny. Ond lluosogodd y llythyron hyn i gymaint graddau fel y bu raid arnaf, er fy ngofid, roi'r bwriad hwn heibio.

Gwn y maddeuwch i fi, yn wyneb yr amgylchiadau oll, am gymryd y modd yma o ddiolch i chi am eich neges werthfawr o gydymdeimlad, a fu o gymaint cysur a nerth i fi ar awr drist iawn yn fy mywyd.

Yr eiddoch yn gywir,

D.J.

[Ychwanegiad yn llaw D.J.]

Diolch gyfaill annwyl am dy lythyr cyfoethog. Byddai'n dda gennyf allu ei ateb yn deilwng ohono, ond dim modd yn awr.

Cario ymlaen y gwaith fel arfer hyd y gallaf yw fy nhynged i i fod, a'r 'cwmwl tystion' a Siân yn eu plith yn estyn eu cyfarwyddyd a'u cymorth i fi, mi a fawr gredaf.

A fyddi di ym Machynlleth 'wn i. Fe fyddai'n fendigedig dy gael yno. Rwyf i'n golygu mynd. Ceisiais, rhyngot ti a fi, gael gan yr hen Sand, ystyried newid ei farn. Ond ni wnâi.[336]

Gyda chofion Sgrwbaidd atat.

Yours truly,

8898

Papurau Lewis Valentine, 4/3/3/4/78

167

Post Office Telegram
10.28 Colwyn Bay
[Dyddiad annarllenadwy. 26 Mehefin 1965?]
D. J. Williams, 49 High St, Fishguard.

Cyfarchion ar dy Benblwydd unig.
Valentine.

Papurau D. J. Williams, Abergwaun, P2/40/62

168

49 High Street,
Abergwaun
29 Mehefin 1965

Annwyl Val,
Diolch yn fawr i ti, yr hen gyfaill mwyn, am dy gyfarchion caredig.
Dyma englyn a gefais gan Wil Ifan ar y Pen-blwydd hwn:

'Difyrred, uched, yr hwyl – gwir loniant
Yn gorlenwi'i breswyl;
Ac e, er ei groeso gŵyl,
Yn unig heb 'run annwyl.'

Gyda phob bendith,
dy hen bartner,
Dafydd.

Papurau Lewis Valentine, 4/3/3/4/79

169

49 High Street,
Abergwaun.
26 Awst 1965

Annwyl Val,

Dylaswn fod wedi anfon atat ers tro hir i ddiolch i ti, yn gywir iawn, am y llith gynnes galon yr wyt wedi'i rhoi amdanaf yn y *Gyfrol Deyrnged*, er fod rhan dda ohoni'n gelwydd noeth, fel y gwyddost.[337] Rwyt ti wedi priodoli dy droeon caredig di dy hun i'n cyd-garcharorion i fi, yr hen gyfaill annwyl a diddan. Gennyt ti yn y *part worn stores* yr oedd y cyfle parhaus i wneud y mân gymwynasau a'n cyd-fforddolion o wahanol hyd, lled, a dyfnder! Roedd fy maes i, o dan T. J. Hopkins[338] garedig, yn y llyfrgell, yn gyfyngedig i ryw un cyfeiriad. Clywais yn ddiweddar bod y gŵr rhagorol hwnnw, Hopkins o'r Porth, Y Rhondda wedi marw druan. Coffa da amdano – Rown i wedi golygu, petawn i'n digwydd sgrifennu llyfr arall, peth go annhebyg bellach, gyflwyno'r llyfr hwnnw iddo ef. Oherwydd petawn i'n frawd iddo fe, allai e byth gwneud mwy drosof i nag a wnaeth e. Roedd e fel angel gwarcheidiol i fi yno, ac yn mynd â fi i weld Saunders, dan ryw esgus neu'i gilydd bob dydd, pan oedd e yn y bedlam honno yn yr ysbyty. Ti ac yntau oedd y gwŷr caredig, mewn gwirionedd yno, ac nid y fi.

Wel, yr hen Val, rown i, a phawb arall, ym Machynlleth, yn flin gwirioneddol i ti fethu dod i lywyddu yng nghyfarfod dathlu deugain mlynedd y Blaid. Fe wnaeth R.E.[339] ei waith, whare teg iddo, yn rhagorol iawn yn dy absenoldeb di. Ond ti yr oedd pawb wedi'i ddisgwyl yno, yn enwedig fi, gan i Saunders hefyd, fethu dod.

A beth wyt ti'n feddwl am Elystan, 'te, erbyn hyn?[340] Trueni mawr, mewn gwirionedd, ddywedaf, – sarnu'i holl fywyd, fel Emrys bach Roberts,[341] rwy'n ofni; gan nad yw'n debyg y gall yr un Blaid fod â rhyw ffydd mawr ynddo, bellach. Fy ngobaith pell i yw y gall y ddau eto ddod yn ôl i'r Blaid, rywbryd – gan dyna'u hunig gartref ysbrydol nhw.

Doeddet ti ddim yn y Steddfod mae'n debyg. Fe fues i yno

Mawrth, Mercher a Iau. Roedd Saunders yn orchestol, dyna'r unig air, fel byddet ti'n disgwyl, ar Ann Griffiths. Ond ches i ddim cyfle i gael gair ag e, gan iddo gilio bant drwy ddrws cefn y capel yn union ar ôl y cyfarfod, – yn rhy hapus luddiedig, wedi'r ymdrech, i fod mewn awydd i siarad â neb, gallwn feddwl.[342]

Nid wyf hyd yma, chwaith, mwyaf fy ngywilydd i fi wedi anfon gair o ddiolch iddo, am ei lith or-hael arnaf, fel chi i gyd yn y *Gyfrol Deyrnged*.[343] Rhaid gwneud heddi nesaf.

Gyda chofion cynnes iawn atat, yr hen gyfaill annwyl, ac at Mrs Val. a'r gweddill ohonoch,

D.J.

Papurau Lewis Valentine, 4/3/3/4/80

170

158 Westbourne Rd,
Penarth,
Morgannwg.
23 Ionawr 1966

Annwyl Val,

Kate Roberts fu mor garedig ag anfon ataf i ddweud am eich chwaer, Mrs Hunt.[344] Nid oedd yr hanes yn y *Western Mail*. Yr wyf innau'n anfon gair atoch i fynegi'n cydymdeimlad ni'n dau yma a'n bod ni'n cofio atoch ac at Mrs Valentine.

Yn gu,

Saunders

Papurau Lewis Valentine, 4/3/311/3/31

171

F'annwyl Gyfaill tirion,

Haulgawod wedi glaw oedd dy lythyr i mi y prynhawn 'ma.
Dyma'n fyr fy helynt – ar fy nhaith i bregethu yng Nghaernarfon
brathwyd fi gan boenau enbyd yng nghwr y galon, a phrin y
gallwn anadlu. Yr oedd y wraig gyda mi, – hi ar ei ffordd i ymweld
â Gweirrul yn Hen Golwyn, a minnau'n torri fy siwrnai yno.
Galwyd y meddyg ataf a mynnodd ef fy mod wedi cael trawiad
ysgafn o *coronary thrombosis* neu rhyw anghaffael ar fy nghalon.
Trwy daer ymhŵedd arno ces gennad i ddychwelyd i'r Rhos y
Sul ar yr amod fy mod yn teithio yn araf mewn car modur yr holl
ffordd. Bore dydd Llun rhuthrodd fy meddyg innau fi i'r ysbyty
yn chwap. Bûm yn yr ysbyty am wythnos a chael yr arbrofion
[*sic*] arferol, a chefais newydd da nad oedd dim *coronary* na haint ar
y galon o gwbl. Af i'r ysbyty eto yr wythnos nesaf am ddiwrnod
neu ddau i gael mwy o arbrofion [*sic*] ac yr wyf yn dra hyderus na
cheir trywydd ar ddim byd o bwys na pherygl, ac y darofun cadw
fy nghyhoeddiad yn Hermon. Yr wyf wedi rhoddi rhybudd o'm
bwriad i'r meddyg. Y mae'r wythnos lonydd braf a gefais yn yr
ysbyty wedi gwneud myrdd o les i mi eisoes, a'm barn bersonol i
ydyw mai llesgedd yn dilyn aml frathiadau gan y bronteitus oedd y
cwbl.

Rhyfedd i ti ddweud fy mod i 'yn llond dy feddwl', – hefo
ti yr wyf wedi byw a bod am y bythefnos ddiwethaf. Bu'n rhaid
i'r wraig roddi *Hen Dŷ Ffarm* ac *Yn Chwech ar Hugain Oed* yn fy
ysgrepan, a dyna unig faes fy narllen, ynghyd â llyfr ysgytiol J. R.
Jones *Prydeindod* yn ystod y bythefnos ddiwethaf.[345] Cefais fwy
o fwynhad nag erioed ar y ddeulyfr, a mwy na mwynhad, cefais
gyfathrach annwyl â thi, a chyfle i ddiolch i'r Rhagluniaeth fawr
garedig a'm dug i'th nabod.

A oes modd yn y byd ymweld â Rhydcymerau yn ystod fy

ymweliad ag Abergwaun, – ni bydd brys arnaf ddychwelyd i'r Rhos? Y mae'n gywilydd wyneb arnaf na fuaswn wedi mynnu cyfle i hynny ymhell cyn hyn. Yr wyf wedi rhoi fy mryd ar yr ymweliad yma – hefo ti. Bûm yng Nghaerdydd rhyw wythnos cyn yr etholiad a chefais fore melys yng nghwmni J.E., – does dim cymylu ar ei obaith na thorri ar ei galon braf. Nid oeddwn yn ddigalon ar ffrwyth yr etholiad i'r Blaid. Rhyw deimlo 'ym mêr fy esgyrn' fod y rhod am droi o'n plaid o'r diwedd.³⁴⁶

Newydd da hefyd am Eirwyn, ond nid da iddo dy ddychryn 'chwaith. Canmil diolch i ti am bopeth, – byw bellach hyd fis Mehefin.

Yn loyw byth,
Val.

Papurau D. J. Williams, Abergwaun, P2/40/63

172

[Cerdyn post]
49 High Street,
Abergwaun.
2 Mehefin 1966

Annwyl Val,

Blin iawn gennyf glywed am salwch Mrs Valentine ac nad wyt tithau'n teimlo'n rhy dda. Gobeithio'n fawr y bydd pethau'n well dros y Sul yma a'th bryderon yn llu.

Ar ddamwain hapus galwodd Rhydwen Williams sydd yn weinidog yn y Tabor, Dinas Cross yn awr, yma'r bore; ac y mae wedi trefnu, gyda balchder, i fynd â thi a finnau i'r Hen Ardal y Llun nesa. Gobeithio'n fawr felly y bydd pob peth yn ddymunol.

D.J.

Papurau Lewis Valentine, 4/3/3/4/81

173

Rhosllannerchrugog.
15 Mehefin 1966

F'annwyl Gyfaill o'r mwynaf,

Dyma fi wedi cyrraedd yn ôl i'r Rhos, ac yn ceisio ymroddi i waith unwaith eto ar ôl segurdod o chwech wythnos, ac yn teimlo'n well o lawer, a 'laus Deo' [clod i Dduw] y mae'r etholedig arglwyddes yma'n well hefyd.

A pha fodd y diolchaf i ti 'rhen gyfaill am y croeso mawr. Bu'r tridiau yn Abergwaun yn fodd i fyw i mi, ac yn 'bleser yn yr anial'. Byth nid anghofiaf y dydd Llun hwnnw a'r daith i ardal yr *Hen Wynebau*. Bûm yn dyheu am y daith hon, a chael ei theithio yn dy gwmni di a'r bardd, un o benlladau[347] bywyd, a byth ni chaf eto, yr ochr hon i'r bedd, daith â'i llonaid o hyfrydwch pur fel hon. Yr wyf wedi dechrau darllen eto dy lyfrau, er i mi eu darllen yn ddiweddar iawn, ond dyna wahaniaeth yr argraff y tro hwn a minnau wedi bod yn y fan a'r lle. Daw rhyw deimlad cyfrin i mi – yr wyf innau bellach yn teimlo bod gennyf wreiddyn yn yr hen ardal. Dyddiau o gnoi cil ar odidowgrwydd y dydd.

Onid oedd Rhydwen yn ŵr mwyn yn rhoi ei gar a'i gwmni inni am ddiwrnod cyfan.[348] Y mae gennyf un gofid na fuasai rhywun wedi medru tynnu'n lluniau o flaen Abernant, ac o flaen tŷ Dafydd yr Efail fach, ac wrth fedd teulu'r Llywele yn Llansewyl,[349] dyna'r tri a ddewisiwn. Na fe ddewiswn un arall – o flaen y capel yn Abergorlech lle pregethaist dy bregeth gyntaf (os cofiaf yn iawn).[350] Gresyn na fai gennym flynyddoedd ymlaen fel y gellid gwneud y daith hon yn bererindod flynyddol, ond i Dduw y bo'r diolch am i mi gael ei gwneud hi yr un waith hon. Dim ond gair byr yw hwn i ddatgan fy niolch, – ni allaf ddiolch byth ddigon am d'adnabod erioed.

Cymer fawr ofal ohonot dy hun, a dyma un CLAMP O DDIOLCH arall i ti,

Val.

Papurau D. J. Williams, Abergwaun, P2/40/64

174

F'annwyl Gyfaill,

Y mae arnaf ddyled o lythyr i ti, – yn wir, y mae arnaf ofn dyled
o lythyrau, a gŵr cyndyn iawn o dalu ei ddyledion ydwyf, – i ddyn
a Duw fel bo gwaetha'r modd. Deffrois bore heddiw ac addo na
châi'r dydd ddim cilio heb fod llythyr, neu lythyryn, wedi ei lunio
a'i lwybreiddio i'r Pysgarth. [?] Gwelais dy lun yn ddiweddar – yn
y *Cymro*? – a golwg braf iachus arnat,³⁵¹ ac os caf ddefnyddio gair
o'r Ysgrythur a gyfyngir gennym ni yn y Gogledd i ddisgrifio
anifeiliaid, yr oedd golwg 'pwyntus'³⁵² iawn arnat.

Nid yw'r eneiniad a gafwyd ar y daith ryfeddol honno ym mis
Mehefin diwethaf ddim wedi ymadael â mi eto. Gobeithio y cawn
ni fyw i'w hailadrodd rywdro – a'r un cwmni eto hefyd. Bydd yn
gwbl wahanol os cawn ni roddi tro am yr hen ardal unwaith eto,
– y tro nesaf taith â buddugoliaeth Gwynfor y tu ôl i ni fydd hi,
ac i mi y mae popeth yn wahanol ar ôl honno.³⁵³ Gresyn ei fod yn
gorfod bod yn gawr ynghanol corachod. Yr oedd Hudson Davies
a enillodd etholaeth Conwy i Lafur yn sgrifennu llith o'r Senedd
i'r *Daily Post* ac yn bwrw ei lach arno, – yn ei gyhuddo o siarad yn
rhy aml, ac o fethu a gwerthfawrogi ymdrechion ei gyd-aelodau
o Gymru yn y senedd dros Gymru.³⁵⁴ Cywilydd o beth fod rhaid
i ddyn deimlo wrth bwys y blynyddoedd ar funud fawr fel hon
yn hanes y genedl! Ond diolch i'r 'ddaeargryn' (gair arwyddocaol
iawn gan Søren Kierkegaard)³⁵⁵ ddigwydd cyn dyfod o'r alwad
olaf, a bydd y Nadolig hwn yn wahanol iawn i bawb ohonom o'r
herwydd. Byddaf yn meddwl am danat yn dy unigrwydd aml ei
gwmni i ti, – moliannus nifer yr hen wynebau, a gogoneddus gôr
dy edmygwyr a'th garwyr, y melyswyd bywyd iddynt gennyt, ac
ardderchog lu'r gweithiwr a sicrhaodd y fuddugoliaeth yn dy hen
sir.

Echdoe cafodd Gweirrul ei thrydydd mab, – teulu bellach o

dri mab ac un ferch, ac yn Gymry bach o'r gorau ac yn ddiysgog ynghanol Seisnigrwydd Bae Colwyn – gwaith gwych iawn yno gan yr Ysgol Gymraeg. Gwisg y crafat hwn rhag dwyreinwynt cethin, a phob tro y gwisgi ef cofia bod un yn ei hystyried hi'n fraint mawr ei fywyd ei fod wedi d'adnabod, a bod d'adnabod di wedi gwneud ei fynediad i Deyrnas nad yw o'r byd hwn yn sicrach.

Cawelliad o fendithion am dy ben y Nadolig yma,
Val.

O.N. Hwn ar wahân i'r pecyn – postio'r ddau yr un pryd

Papurau D. J. Williams, Abergwaun, P2/40/65

175

158 Westbourne Rd,
Penarth,
Morgannwg.
22 Ionawr 1967

Fy Annwyl Val,

Braidd na chefais ddychryn o weld eich enw ar lythyr. Ond profiad hyfryd serch hynny.

Cawsoch flwyddyn helbulus y llynedd. Da chi, cymerwch hi'n araf deg; nid peth i gellwair ag ef yw'r thrombosis. Pregethwch yn fyrrach; mae pregethu'n straen go fawr. *Asthma* a gefais i gyntaf, tua mis Ebrill a Mai, a'm rhuthro i ysbyty ar dri munud o rybudd. Bûm yno bythefnos. Dychwelodd yn yr hydref a'r eisglwyf [356] (pleurisy ar lafar gwlad) ar ei ôl, a rhyw chwe wythnos yn y gwely. Erbyn hyn yr wyf yn well o lawer, ac wedi ail-afael yn fy mhethau. Y mae *asthma*'n salwch ffasiynol dros ben, dyna'r pam y dewisais ef. Ond wedi ymbriodi ag ef, mae o fel gwraig yn aros yn ffyddlon, a rhaid bodloni. Does gen i ddim lle i gwyno.

Rhowch wybod o ddifri, pan fyddwch yn pregethu yng Nghaerdydd nesaf. Mi ddof i wrando arnoch os caf i fod yno heb

i neb alw sylw ataf, ac wedyn gallwn drefnu i gyfarfod. Y mae
gwaith yr esgobion Catholig yng Nghymru yn troi o'r Lladin i
Saesneg yn yr isel offeren wedi torri fy nghalon i a'm chwerwi yn
enbyd.[357] Yn wir, hen ŵr chwerw a sur-siomedig ydwyf i. Mae'r
Blaid wedi bwrw o'r neilltu holl bolisi cydweithredol y cyfnod
cynnar; rhyw blaid sosialaidd gyda chwt o bolisi Cymreig yw hi
rwan, ac yn credu o ddifri y daw hunan-lywodraeth i Gymru drwy
San-Steffan.[358]
    Mae Mair, y ferch, a'i theulu wedi dyfod i Landaf yng
Nghaerdydd i fyw. Mae'r ferch hynaf yn yr ysgol Gymraeg yn
Rhydfelen a'r ail yn yr ysgol Gymraeg yn Llandaf. Pedair oed yw'r
unig fachgen ac ni ddechreuodd o ar ysgol. Mae cael Mair yn agos
atom yn gryn gysur i Margaret; mae hi'n cadw yn rhyfedd er y
gofal a'r helbul a gaiff hi gyda mi.
    Yr wyf wedi rhoi'r gorau i adolygu Cymraeg yn y *Western
Mail*.[359] Addewais i Wasg y Brifysgol y golygwn weithiau
Ann Griffiths i'w cyhoeddi'n gyfrol a gobeithiaf fedru mynd
ati yn y gwanwyn.[360] Ar hyn o bryd gweithio ar ramadegau a
phrydyddiaeth y bedwaredd ganrif ar ddeg sy'n mynd â'm bryd
i. Mae gennyf ryw syniad mai Llywelyn Goch Amheurig Hen ac
nid Dafydd ap Gwilym piau codi'r cywydd deuair hirion i'w le yn
y gramadeg ac yn y canu pwysig, ac mai efo efallai a orffennodd
gynganeddu'r cywydd.[361] Nid wyf yn dal hyn yn gadarn, ond yn ei
synhwyro megis!
    Dyna fi wedi eich llethu!
    Fy nghofion a chofion y wraig yn gynnes atoch eich dau,
Saunders.

Papurau Lewis Valentine, 4/3/311/3/32

176

49 High Street,
Abergwaun.
29 Ionawr 1967

Annwyl Val,

Maddau i fi am dorri ar dy heddwch yn swrth fel hyn, a thithau'n llawn o feichiau gofidiau pobl eraill, mae'n debyg yn barod; fel arfer.

Ond yr hen Rydwen, ysgyfala, ddidoreth am fanion pwysig y byd hwn, fel y gwyddom yn dda, sy'n fy mhoeni yn awr. Gwelaist hanes ei bentwr dirwyon am droseddau modurol yn barod, mi wn – £112 i gyd, a'r hen bŵr ffelo ddigon o dan y dŵr yn barod.³⁶²

'Wn i a wyddost ti am ryw gyfaill hael ei galon yn dy gylch di, – nid ti dy hun, rwy'n ei olygu o gwbl, cofia, – a fyddai'n barod i roi help llaw i'w godi ar ei draed eto, heb ddioddef rhyw lawer wrth wneud hynny. Fe hales i rywbeth bach iddo pan glywais i am yr helynt gynta, ymhell cyn y prawf yn y llys. Ac yr wyf wedi cyffwrdd a rhai ffrindiau iddo'n barod ar y pen hwn ar ôl hynny.

Wedi iddo ddod i'r Dinas y dois i i'w nabod e; ac fel y gwyddost mae e'n hen foi diddan a hoffus rhyfeddol, a hael iawn, er gwaetha'r blerwch yn ei amgylchiadau. Ac y mae'n wir flin genny drosto.

Wel, dyna fi wedi dweud yr hyn a fynnwn. Mae'n debyg nad yw ei hen ffrind, Huw T. ac yntau'n rhy gyfeillgar ar hyn o bryd, – neu fe allai ef ei helpu'n rhwydd, yn ddiau.

Maddau i fi am boeni dy enaid cyfiawn di fel hyn, Val. Cofion cynhesaf atoch i gyd fel teuluoedd,

D.J.

Papurau Lewis Valentine 4/3/3/4/82

177

F'annwyl D.J.

Gwych o waith oedd i ti dorri ar fy heddwch. Mawr ddiolch am *Storïau'r Tir* – bydd yn un o'm trysorau pennaf, a bydd gair bach am y gyfrol yn rhifyn nesaf *Seren Gomer*.[363] Nid wyf yn blino ar ddarllen y storïau, a rhyfedd fel y mae'r daith a gawsom ym mis Mehefin yn rhoi golwg newydd arnynt, a blasusach llawer tamaid oherwydd profiadau'r daith honno.

Yr oeddwn yn disgwyl y basai rhywun yn sôn am gymorth i Rhydwen – disgwyl gair yr oeddwn o gyffiniau Dinbych.[364] Pleser fydd gwneuthur a fedraf dros yr achos.

Yn wir y mae'n flin gennyf innau amdano. Yr oeddwn wedi dwyn perswâd ar y diaconiaid tra piwritanaidd sydd gennyf yma i'w wahodd i'n Cyfarfod Pregethu y Sulgwyn nesaf yma, ac yntau wedi cytuno i ddyfod. Yr wyf yn deall fod rhai ohonynt yn chwyrnu yn arw, ac fe fyddai'n ddolur mawr i mi pe baent yn tynnu ei gyhoeddiad yn ôl, ond criw go ddialgar ydynt. Beth yw safbwynt Tabor? Rhyngot ti a finnau bu croeseiriau rhwng John Hughes, Mus.Bac, a minnau yn ei gylch nos Sadwrn.[365] Yr oedd ef yn llawdrwm ar Rhydwen, ac yn codi cant a mil o hen glecs, a gwylltiais innau'n gaclwm wrtho, ond 'un o bobl y Rhos' ydyw yntau, ac yn ddychrynllyd o hunangyfiawn yn y bôn. Nid yw J. T. Jones yn fawr gwell, ac ni ddywed ef ddim un gair o'i blaid. Y criw didosturi! Y mae arnaf ofn mai pur ddigydymdeimlad fydd D. B. Jones hefyd, – Rhosyn yntau hefyd. Os bydd pobl Tabor yn glynu wrtho ni all Cymanfa nac Undeb wneud dim, – yn ôl ein trefn y mae'r eglwys unigol yn sofran. Rho wybod i mi sut y mae'r gwynt yn chwythu tua Thabor yna. Yr wyf mewn anhunedd mawr yn ei gylch, ac wedi synnu bod cyn lleied o gydymdeimlad yn y Gogledd. Y mae ganddynt rhyw glecs amdano yn bur afreolaidd pan oedd tua Manceinion yn trefnu teledu, – y mae eu bychander yn ffieiddiach peth na dim a wnaeth ef erioed, mi wranta.

Cefais lythyr gan Saunders rhyw wythnos yn ôl. Yr oeddwn heb ysgrifennu ato ers hydion, a chefais lythyr maith yn ôl. Y mae wedi derbyn gwahoddiad y Brifysgol i olygu gwaith Ann Griffiths ac yn dechrau ar y gwaith ym mis Mawrth. Y mae'n bur ddreng – yn chwerw wrth Eglwys Rufain am ddodi Saesneg yn lle Lladin yn y gwasanaethau, – yn siomedig hefo'r Blaid am iddi gefnu ar bolisi 'cydweithrediad' y cyfnod cyntaf, ac am ei Sosialaeth a'i chred naïf y gellir ymwared trwy Senedd San Steffan. Y mae'n ofni ei fod yn 'hen ŵr chwerw'. Paid sôn wrtho fy mod i wedi cyffwrdd â chynnwys ei lythyr i mi.

Byddaf yn ei chael yn anodd ysgrifennu at Saunders, – yr oedd Kate yn dywedyd wrthyf ei bod hithau hefyd yr un modd. Efallai am fy mod yn ei hanner addoli. Ond yr wyt tithau gennyf ar yr un pedestl, ac ni chaf drafferth cyfnewid fy meddwl a barn hefo ti. Byw yn aml y dyddiau yma yn Llwyni'r Wermod, – buasai fy mywyd yn bur wahanol pe bawn heb adnabod Saunders a thithau, a diolch i'r Dynged a'm chwythodd trwy'r Blaid ar draws eich llwybrau. 'Cefais innau f'awr'.

Cofion annwyl iawn,

Val.

Papurau D. J. Williams, Abergwaun, P2/40/66

178

49 High Street
Abergwaun.
3 Chwefror 1967

Annwyl Val,

Diolch yn fawr i ti am dy lythyr caredig iawn parthed yr hen Rydwen druan y bore yma.

Anfon'swn at y Dr Gwyn Griffiths hefyd, un o hen ffrindiau

bore oes Rhydwen yr un pryd ag atat ti. Cefais air gwresog yn ôl
oddi wrtho gyda'r troad yn dweud ei fod wedi anfon £10 gyda'r
un post i Rydwen. Synnai yntau hefyd fel finnau at ragrith hunan
gyfiawn rhai gwŷr blaenllaw yn Seion. Beth pe cyhwfennid dirgel
weithrediadau rhai o'r rhain yn y gwynt, oherwydd y tipyn sgrap ar
ei gas, i gychwyn, fel y gwnaed i Rhydwen druan. Fel adeg y wraig
wrth y ffynnon, byddai rhai ohonynt, mae'n debyg, yn weddol fud
a distaw.³⁶⁶

Hyd y deallais i, nid oes unrhyw helynt wedi bod yn y Tabor,
ond pawb yn flin ac yn cydymdeimlo'n garedig â'r troseddwr
oherwydd yr anffawd.

Gan fod ysgrifennydd yr eglwys, Mr J. J. Rowlands a'i deulu,
y teulu gorau yn y Dinas i gyd, yn ôl fy adnabyddiaeth i ohonynt,
yn bendant o'i blaid. Ac aeth Rheithor y Dinas, y Parch. Gerwyn
Stephens. C.S; nai gyda llaw i'r Parch. Edryd Jones, – ac un o
ddynion gorau Sir Benfro i gyd, yn ôl barn llawer amdano, i fyny'r
holl ffordd i'r llys ym Mhenrhyn Deudraeth i ddwyn tystiolaeth o'i
du.

'Pawb a'i cenfydd lle bydd bai
A bawddyn er na byddai'
yn ôl un o'r hen feirdd yw hi o hyd.³⁶⁷

Diolch i ti am sôn am lythyr yr hen Sand. Rhagorol o beth yw
gwybod ei fod e'n bwriadu golygu gwaith Ann Griffiths.

Gresyn ei fod e mor chwannog i ffeindio pob bai ar y Blaid,
wedi iddo ef ddarfod ei gysylltiad personol â hi fel arweinydd.
Ond, dyna fe, gŵr angerddol ei weledigaeth a'i ddidwylledd
yw Saunders, ac ni all fod yn anffyddlon i'w ganfyddiad a'i
bersonoliaeth ei hun. Gan na lwyddodd i gael gan bobl i dderbyn
ei arweiniad personol ef, er disgleiried hwnnw, ni ddylai osod
rhwystrau ar ffordd Gwynfor sydd wedi llwyddo mor rhyfeddol
yn wyneb pob rhyw groesau i gael gan bobl i'w ddilyn ef – ac yn
debyg o wneud hynny bellach, Duw fo'n nerth iddo, fwy-fwy o
hyd, ni fawr obeithiwn, hyd ddydd gwyn ei rhyddid cyflawn hi,
wedi i ti a fi, a'r dorf fendigedig honno o'r gweithwyr cynhara'
fynd i'w hateb hi.³⁶⁸

Gyda chofion annwyl iawn atat, a phob bendith arnoch chi i gyd fel tŷ a theuluoedd.

Maddau i'r penbyliaid yma o offer sgrifennu sydd wrth law genny'r bore yma. Maen nhw'n fwy twp na fi'n hunan.

D.J.

Papurau Lewis Valentine, 4/3/3/4/83

179

[Cerdyn post]
Erwau Glas,
Borth,
Aberystwyth.
Nawn Gwener, 11 Awst 1967

Annwyl Val,

Dim ond gair i egluro i ti ac i ymddiheuro am na fuaswn wedi dod i'th gyfarfod i'r Steddfod y bore yma. Y bore yma tua 9.30 galwodd fy ngweinidog Stanley Lewis yn fy llety i ddweud ei fod yn gorfod mynd adref ar unwaith – ei frawd wedi cael ei daro'n wael yn sydyn ac yn ysbyty Aberystwyth.[369] Yn hytrach na cholli cyfle i fynd adre, fe es gydag e'n syth, a gorfod colli'r cyfle am sgwrs bellach. Mawr obeithio y cawn gyfle am seiat eto – 3 ohonom petai modd.

D.J.

Papurau Lewis Valentine, 4/3/3/4/84

180

[Brys/Urgent ar yr amlen]
49 High Street,
Abergwaun.
1 Medi 1967

Annwyl Val,

Gair bach atat wedi i fi weld yn *Y Seren* y byddi di yn yr Undeb yng Nghaerfyrddin yr wythnos nesaf, ac yn cadeirio yng Nghwrdd Gwynfor, nawn Mawrth am 5.30.

Anodd mewn lle fel y Steddfod Genedlaethol yw cael seiet gyflawn, ddi-fwlch fel y gwyddost gan y toriadau mynych arni gan gynifer cyfeillion.

Mae genny awgrym i'w wneud, os na fyddi di'n rhy rwym wrth bethau eraill. A dyma fe: Mae yna fws yn mynd o Blue Street, Caerfyrddin bob bore am 10.5 ac yn Aberteifi am am 11.55. A bws yn mynd yn ôl wedyn am 5.55, sef pum munud i whech – Caerfyrddin 7.45.

Petaet ti'n rhydd yn digwydd bod ddydd Mercher neu ddydd Iau fe ddown innau'n llawen iawn, i'th gwrdd di yn Aberteifi erbyn y bws 11.55 a.m. Caem wedyn ginio yn Aberteifi gyda'n gilydd a phrynhawn cyfan hyd bum munud i whech yn Aberteifi i roi'r byd yn ei le!

Mae 'na un posibilrwydd arall – y caut ti gyfaill o'r un anian i'th redeg di lawr i Abergwaun ryw brynhawn am sgawt.

Amgaeaf lythyr Saunders i ti wedi'r Steddfod sy'n awgrymu seiet fendigedig gyflawn i'r tri ohonom, – rywle tua Chaerdydd fyddai orau rwy'n credu,

Cofion fil,

D.J.

O.Y. Caf lythyr Saunders yn ôl gennyt rywdro. Caf air gennyt efallai ar y pen. [Amgaeedig – llythyr Saunders Lewis at D. J. Williams.]

181

158 Westbourne Rd,
Penarth,
Morgannwg.
18 Awst 1967

Annwyl D.J.,

Hyfryd oedd cael eich llythyr a chlywed eich bod mewn iechyd gweddol ac i chi gael gwyliau iawn yn Nolgellau a'r Bala. Yn enwedig clywed i chi gael seiet go iawn gyda Val annwyl. Yn wir byddwn innau wrth fy modd pe gallem ein tri gyfarfod unwaith eto am brynhawn a noson hir.

Gair da iawn yw y fogfa am *asthma*. Anaml y bydd yr anhwylder yma'n dechrau mewn henaint, ond felly y gwnaeth i mi, ac y mae'n drafferthus, yn rhwystro i mi fedru gweithio'n hir i'r nos fel y bûm yn gwneud drwy 'mywyd. Yn awr rhaid imi fod yn y gwely yn fuan ar ôl deg, canys yn gorwedd yn unig y gallaf anadlu pan ddaw'r cythraul arnaf. Ac y mae hynny'n peri imi regi llawer. Ond felly y bydd hi mwyach; ni ellir cael gwared o'r cyfaill, medd y doctoriaid, ond anaml y bydd ef yn lladd. Wn i ddim a ydy hynny'n ddim cysur. Yr wyf yn para i fedru mwynhau bwyd a gwin a chwmni a sgrifennu. Nid wyf, ysywaeth, yn optimist fel chi.

Gwrandewais lawer o'r Eisteddfod drwy 'docyn wythnos' y Gorfforaeth Ddarlledu. Clywais drafod fy nrama yn y Babell Lên; y cwbl a ddywedaf yw bod y drafodaeth yn druenusach hyd yn oed na'r ddrama. Am yr actio yr oedd y bachgen, John Hughes, yn addawol dros ben, ond buasai'n actio Jimmy Porter yn *Look Back in Anger*[370] Osborne yn union cyn dyfod i *Cymru Fydd*,[371] a thybiodd mai Jimmy Porter oedd Dewi Rhys, – ac nid felly y bwriedais i'r cymeriad. Am Lisabeth Miles, – y mae hi'n actores fach wir ddeallus, gwir alluog, a gwnaeth yn fendigedig yn rhan Bet. Ac y mae ganddi ddiwylliant Cymraeg, peth prin ymhlith ein hactorion. Mi gredaf i fod dyfodol go bwysig i Lisabeth Miles os tyf y theatr Cymraeg.[372] A sylwasoch mai thiatr a ddywedodd holl siaradwyr

y babell lên? Yn Saesneg y maent yn meddwl. Darllenwch
Gyfansoddiadau a Beirniadaethau'r Eisteddfod ac fe welwch mai
Saesneg yw ffynonellau syniadau bron pob beirniad – paham felly y
mynnwn gadw'r iaith Gymraeg?[373] Na, nid wyf i'n optimist.
Fy nghofion atoch chi'n gynnes er hynny,
Yr eiddoch fyth,
Saunders.

Papurau Lewis Valentine, 4/3/3/4/85(a)

182

49 High Street,
Abergwaun.
1 Hydref 1967

Annwyl Val,

Rwyf newydd fod yn gwrando arnat ti, gyda help Cantorion
Gogledd Cymru, yn rhoi eich rhaglen ar Emynau Israel, a rhaid
anfon gair cyn tynnu anadl i ddiolch o waelod calon i'r ddau
ohonoch am wledd ysbrydol mewn gwirionedd.

Roeddet ti'n ogoneddus Val. yn dy draethiadau ar le'r proffwyd
a'r offeiriad yn nhrefn addoli'r Iddewon gynt a'r côr yn fendigedig
o soniarus a hyfryd yn ei ddatganiadau; a'th neges di i'r dydd
heddiw, dydd y gwacter ysbryd, yn glo bendigedig ar y cyfan.

Byddai'n dda calon genny' gael awr neu ddwy o seiet gyda thi
heno yn yr unigedd yma: ond diolch i'r Arglwydd yr wyf yn cael
seiet fynych a'th ysbryd hael a hawddgar di. Rwyt wedi bod yn
agos iawn ataf erioed, Val, er pan gwrddais â thi gyntaf, heb fod yn
rhy hir wedi diwedd y Rhyfel Byd Cyntaf.

Maddau nodyn mor fyr, a bendith arnat ti a Mrs Val a'r plant a'r
wyrion,
D.J.

Papurau Lewis Valentine, 4/3/3/4/86

183

49 High Street,
Abergwaun.
28 Rhagfyr 1967

Annwyl Val,

Diolch yn fawr i ti yr hen gyfaill diddan a ffyddlon am dy lythyr caredig a'th Rodd Nadolig hael. Gan y gwn fod gennyt gynifer o lyfrau gwerthfawr yn barod, a hefyd dy fod yn cael y rhai diweddaraf gan y gwahanol gyhoeddwyr i'w hadolygu yn y *Seren* teimlwn na allwn wneud dim yn well nag anfon y papuryn a'r stampiau bach hyn yn ôl i ti i brynu a fynnit a nhw – rhag i'r naill ohonom robio'r llall.

Mae'n debyg dy fod di wedi cael cofiant G. M. Ll. Davies, *Heddychwr Mawr Cymru*, gan y Parch. E. H. Griffiths yn barod.[374] Rwyf i wedi ei ddarllen i gyd yn ddiweddar – ond y bennod olaf. A dyma un o'r llyfrau mwyaf cyffrous yn ysbrydol a ddarllenais erioed – onid yn wir, y mwyaf oll. Cywir y dywed Gwynfor amdano, – 'Ni welodd ein canrif ni un mwy nag ef.' Dyn wedi cymryd Crist ar ei air, a byw yn ôl hynny. Cefais i'r fraint o gael ei gwmni gryn dipyn o bryd i'w gilydd. A bu'n aros gyda fi yn fy llety am ddarn o wythnos un tro, cyn i fi briodi, yn union ar ôl y Rhyfel Byd Cyntaf, – a dwywaith neu dair wedi i fi briodi, a Siân yn mwynhau ei gwmni nefolaidd ddiddan lawn cymaint â fi. Yn un peth, roedd ganddo ddawn ryfeddol i ddynwared gwahanol fathau o ddynion yn siarad. Cofiaf amdano'n cysgu gyda fi yn fy llety un tro, – ac yn dangos ei bants hir isaf, a'i benliniau allan trwyddynt, 'A holy man in very deed', meddai a'i lygaid gleision hardd yn llawn o chwerthin. A dyna un o'r tri cherddwr harddaf a welais i erioed, – Dai Maes Gwyn, hen ddisgybl i fi, o fab ffarm yn Abergwaun yma ydoedd un, a Dafydd Ifans y Siop, yr olaf yn *Hen Wynebau* oedd y llall. Doi gweld un o'r rhain a Charadog yn cerdded y tu ôl gorymdaith fuddugoliaethus Augustus Caesar yn Rhufain, yn ôl fy narlun i o hynny yn blentyn, yn ôl i fi, yn syth bob amser.[375]

Ie, gresyn yn wir, dy fod di'n gorfod parhau ymlaen yn fugail eglwys fawr fel yna, a thithau wedi rhoi twrn caled di-ymollwng o waith i'th alwedigaeth ar hyd dy oes. Ond pe caut ti dy hun yn rhydd o'r harnes, wn i ddim faint o lonydd a adewit i ti dy hunan wedyn, a chymaint i'w wneud, heb fod rhyw lawer yn barod i wneud yr hyn y dylai rhywun neu rywrai ei wneud.

O'm rhan fy hun, sydd wedi ymddeol o'r ysgol ers 22ml, – yn 60 oed ar y pryd, y funud gyntaf y cawn ryw gymaint o bensiwn, ni fu genny' eiliad bron o amser segur byth oddi ar hynny – a phob dydd yn rhy fyr i gyflawni yr hyn a hoffwn ynddo. 'Wele, nid oes heddwch i'r annuwiol' medd y Gair, rywle.

Gwych o beth oedd i Kate gyflwyno'r llyfr hwn, *Tegwch y Bore* i ti.[376] Pwy a fynnai neu a haeddai deyrnged uwch. Cefais innau gopi ganddi, fel gyda phob un o'i llyfrau erioed, chwarae teg i'w chalon hi. Cefais ddeuddydd godidog o'i chwmni yn ei chartref ei hun yn 'Y Cilgwyn' yr hydref diwethaf pan fûm ar daith yn y Gogledd. Ar wahân i'w gwaith fel llenor, y mae Kate yn un o gymeriadau mwyaf ein cyfnod ni yng Nghymru – ac mor gywir a di-lol a di-hunan drwy'r cyfan. Bendith a fo ar ei henaid mawr hi. Ac arnat tithau yr hen gyfaill a'th deulu i gyd. Ie, gresyn yn wir, yn wir, na fyddem yn byw gan milltir yn nes i'n gilydd.

Dymuniadau gorau posib ymhob dim i bawb ohonoch am 1968.

D.J.

Papurau Lewis Valentine, 4/3/3/4/87

184

49 High Street,
Abergwaun.
16 Ebrill 1968

Annwyl Val,

Dim ond gair o ddiolch i ti ac i'th longyfarch hefyd ar dy draethiad gwych a phendant yn y rhaglen *Profiad* nawn Sul diwethaf.[377] Cefais air oddi wrth Wil Ifan y bore yma hefyd, – yntau wedi bod yn dy wrando gyda blas mawr.

Collais i Dan Thomas y Sul cynt, ond clywais eirda neilltuol iddo yntau hefyd gan wrandawr deallus. Ond fe glywais Tom Parry[378] a Gomer Roberts[379] ymhlith eraill yn y gyfres – y ddau yn deilwng ohonynt hwy eu hunain.

Roeddet ti, Val, yn llefaru fel un ag awdurdod ganddo, ac nid fel dyn heb wybod ei feddwl, – ac yn cryfhau bob cam wrth fynd yn dy flaen. Credaf fod Raymond Edwards[380] yn cymryd trafferth mawr i ddod o hyd i'r cefndir iawn, a'i fod e'n deg ac yn dda neilltuol fel holwr.

Gobeithio dy fod di a Mrs Valentine a'r plant a'r wyrion yn dda iawn i gyd, – fel finnau drwy drugaredd yr Arglwydd.

Cofion cynhesaf at bawb,
8988.

Papurau Lewis Valentine, 4/3/3/4/88

185

Rhosllannerchrugog.
18 Ebrill 1968

F'annwyl D.J.

Diolch yn fawr i ti am dy lythyr tra charedig. Yr oeddwn y pregethu ym Mirkenhead pan oeddit ti ar yr un gorchwyl, ac er dirfawr ofid i mi fe'th gollais. Cefais well hwyl ar y rihyrsal o lawer. Bu un peth yn ofid mawr i mi – imi adael dy enw allan o

restr dynion a chyfeillion y bu'n uchel fraint i mi eu hadnabod,
– yr oeddwn yn gwybod hynny mewn eiliad neu ddau ond yr
oedd yn rhy hwyr – yr oedd yr holwr yn gofyn cwestiwn arall.
Yng Ngorseinon yr oeddwn i'n edrych ar y telediad, a phan
ddeuthum yn ôl dyna'r peth cyntaf a ddywedodd y wraig wrthyf,
'beth ddaeth dros eich pen i adael enw D.J. allan?'. Dwn i ddim
sut i mi wneud hyn â'r Un dyn o flaen pawb y bu'n orfoledd
i mi ei adnabod a'i gyfeillgarwch yn fodd i fyw i mi. Y mae'n
debyg fod gan y Seicolegwyr esboniad ar y peth. Yr oedd
popeth yn dda yn y rihyrsal, ac yr oeddwn yn enwi 'D.J.' gyda
balchder, ac yr oedd D.E. [R.E. efallai – Raymond Edwards] yn
dyst hynny, – yr oedd ef yn yr ystafell. Bydd hyn am byth yn
anesmwythyd i mi.

Gobeithiaf dy fod yn rhwydd iachus, – Gaeaf go ddreng a fu
hwn i ni'n dau, – cafodd y wraig ffliw yn drwm, a bûm innau
trwy'r Gaeaf yn ymgeintach a'r bronteitus a'r ffliw, ac yr wyf yn
dyheu am yr haul a'r haf.

Cofion annwyl iawn – ar frys i fynd i gynhebrwng,
Val.

Papurau D. J. Williams, Abergwaun, P2/40/67

186

49 High Street,
Abergwaun.
2 Mehefin 1968

Annwyl Val,

Diolch yn fawr iawn i ti am dy lythyr a'r copi o *Seren Gomer*
yn cynnwys dy sgwrs eithriadol gadarn di yn y Seiet *Profiad* gyda
Raymond Edwards, ar y teledu, – sgwrs y clywais amryw, gan enwi
yma ddim ond Wil Ifan ac Islwyn Ffowc,[381] yn dweud ei bod hi'n
un o'r goreuon yn y gyfres.[382] Yn awr, Val, bwrw allan, unwaith ac
am byth o'th gof dy fod di drwy ryw slip y tafod wedi anghofio fy

enw parchus i yn y sgwrs ar yr awyr. Mae dy gyfeillgarwch di a fi
wedi bod erioed, fel y gwyddost, yn rhywbeth dyfnach nag y gall
unrhyw air cyhoeddus, neu heb ei gyhoeddi, byth wneud y gronyn
lleiaf o wahaniaeth iddo. Wedyn, bwrw'r llithriad bach yna, da ti,
unwaith ac am byth i gornel pellaf ebargofiant, fel na ddychwelo
byth mwy i flino dy enaid gor-lednais. Dismiss such a mote, once
and for all, from your noble and capacious mind, Mr Valentine.
For it never touched your beloved friend in bondage long ago in
the slightest degree.

Nawr Val. mae genny newydd da eithriadol a fydd yn peri i'th
galon di lamu fel yr hydd i'w roi i ti, – sef y posibilrwydd i ni'n tri,
Saunders, ti a finnau, i gael ail undeb â'n gilydd, am y tro cyntaf
gyda'n gilydd, er y dydd wedi i ni ddod allan o'r Llwyn Wermod,
Awst 27, 1937, – 31 mlynedd yn ôl o fewn y dim.

A llyma fel y mae:

Nos Fercher diwethaf, Mai 29 fe alwodd Saunders a Mrs S.
yma, ar eu ffordd yn ôl wedi pythefnos o wyliau yn Iwerddon,
gan aros yma mewn caffe hyfryd, 'Y Cartref', lle y caf i ginio yn
gyson. Gwahoddwyd fi i ginio atynt y noson honno, – cinio a
photelaid o win gyda hi, yn ddigon da i fynnu geirda Saunders hyd
yn oed iddi. A gwyddost beth a olyga hynny, – a geirda arbennig
drannoeth hefyd i'r gwesty wrth ymadael.

Ond dyma'r pwynt, – y Sul, y 14 o Orffennaf, yr wyt ti,
fel rwy'n deall, i fod i bregethu mewn Cyrddau Mawr yng
Nghrymych. Mae yna griw bendigedig o Bleidwyr yn y cylch
yna;– cylch sydd wedi bod yn hynod o garedig i fi, drwy'r
blynyddoedd. A chan wybod am dy gyfeillgarwch oes di a fi, y mae
un ohonynt, Emrys bach Ifans wrth ei enw, un o'r goreuon o ran
ei sêl, wedi trefnu dod lawr i Abergwaun i'm hôl i i'r cwrdd bore,
fel y gallom gael diwrnod cyfan o gwmni'n gilydd.

Wedi siarad a Saunders am y peth, a'r syniad o gwrdd unwaith
eto, y tri ohonom, y mae yntau'n barod i ddod yr holl ffordd i lawr
o Benarth y dydd Llun dilynol, Gorff 15, ac aros y nos honno yn
y 'Cartref', fel y gallom gael cinio ddathlu gyda'n gilydd yn y lle

hwnnw, a dod lan i'r Bristol Trader wedyn am sgwrs bellach, ar ôl y ginio.

Fe olyga'r cynllun yna fel y gweli, dy fod di'n dod yn ôl gyda fi y nos Sul honno i aros yma. Fe wna i bwdin reis da yn barod i ti a fi ymlaen llaw, – yr unig beth yr wy'n barod i herio unrhyw ferch neu wraig ys dywedan nhw ym Morgannwg, i wneud ei well: dau beint o laeth, un ŵy a lond llwy fawr o siwgr brown, a'i ddigoni'n ara, ara! Fe gei di wneud y *varieties* eraill.

Beth amdano i hen ffrind, ffrind? Os daw pob peth i ben yn ôl y trefniant yna, fel rwy'n mawr obeithio, – oni fydd Rhagluniaeth Fawr y Nef wedi bod yn ogoneddus dirion at y tri ohonom, – a'r haul yn tynnu tua'r machlud!

Awgrymaf y gelli di anfon gair at Saunders yn sôn am yr hyn a ddywedais i yma er mwyn i ni allu trefnu'r cyfan mor fuan ac mor llawn ag sydd modd.

Daeth Saunders a Marged, fel y byddaf i yn ei galw, gwraig hyfryd iawn a digon o ddoniolwch ynddi, lan gyda fi ar ôl cael cinio yn y gwesty, er mwyn cael tawelwch, a chawsom noson fendigedig ohoni wrth fynd dros lawer o bethau fel y gelli ddychmygu, – a'th glustiau dithau'n cochi'n fynych, yn siwr o fod.

Wel, dyna'r cyfan yn awr 'te, – fe gaf air oddi wrthyt cyn hir, er mwyn i fi allu trefnu ymhellach gyda Saunders, – gan fawr obeithio y daw y bwriad i ben dan wenau'r nef.

Cofion gorau at bawb,

D.J.

Papurau Lewis Valentine, 4/3/3/4/89

187

Rhosllannerchrugog,
Dydd Sadwrn. 6 Gorffennaf 1968

F'annwyl Dafydd,

Y mae cywilydd arnaf na fuaswn wedi medru ateb dy lythyr afieithus ynghynt. Ond dyma'r modd y mae – yr oedd gennyf gyhoeddiad am nos Fawrth a Mercher, Gorffennaf 16 a 17 a bûm yn ceisio ymryddhau ohono, a chafwyd (yn hwyrfrydig) gennad i hynny ond imi gael rhywun i gymryd fy lle, a heb lwyddo i hynny yr wyf hyd heddiw. Yr wyf yn ysgrifennu at S.L. hefyd heddiw, ac yn dywedyd wrtho yntau fel y saif pethau.

Aeth yn ddychrynllyd o anodd i ddyn deithio o'r Gogledd i Sir Benfro mewn pryd i gadw ei gyhoeddiad am saith o'r gloch, a rhaid cael rhyw oleuni ar y broblem hon y dyddiau nesaf pan gaf amser i fynd i stesion Wrecsam lle trysorir bellach bob gwybodaeth am ddirgelion y ffordd haearn.

Pe cawn rhywun i gymryd fy lle yr wythnos nesaf mi fyddai'n wych cael siawnt tua'r ysgarmes etholiadol yng Nghaerffili, – wyt ti'n gêm?[383]

Cefais air heddiw gan Mr G. M. John o Grymych ond ni ddywed ddim am lety.

Cofion o'r mwynaf,

Val.

Papurau D. J. Williams, Abergwaun, P2/40/68

188

158 Westbourne Rd,
Penarth,
Morgannwg.
9 Gorffennaf 1968

Annwyl Val,
Da iawn. Mi ddof i Abergwaun yn un swydd i'r cyfarfod nos Lun. Gobeithiaf gyrraedd tua'r pedwar o'r gloch, Gorffennaf 15.[384] Saunders.

Fy nghofion i a chofion Margaret yn gynnes iawn at Mrs Valentine, – er nad oes ganddi hi ddim achos i'm cofio i yn garedig!

Papurau Lewis Valentine, 4/3/311/3/33

189

49 High Street,
Abergwaun.
10 Gorffennaf 1968

Annwyl Val,
Diolch yn fawr am dy lythyr. Gobeithio'n wir y gelli di gael rhywun i gymryd dy le am y dyddiadau a nodir gennyt am yr wythnos nesaf, fel y gallom gael peth o'r hen gwmniaeth ddiddan gyda'n gilydd.

Mae Emrys Evans, Dolcoed, Crymych – ffôn – Crymych 249 – wedi gofyn yn garedig iawn, – dyna i ti un o'r goreuon mewn sêl a brwdfrydedd yn y Sir hon – i fi ddod lan am y dydd atyn nhw dros y Sul yma. Dyna i ti gynnig da.

Soniet am dy awydd i ddod i Gaerffili petai modd.

Wel dyma awgrym i ti am y posibilrwydd o wneud hynny efallai ar dy ffordd i lawr ar gyfer y Sul hwn yng Nghrymych:

Bydd bws o Sir Benfro yn cychwyn o Grymych am Gaerffili y bore Sad. yma, y 13eg ac yn dychwelyd yr un noson. Ac Emrys Evans sydd â'r prif lais yn nhrefnu'r bws hwn. Hwyrach y gallet ti ddod i gyffyrddiad ag Emrys ar y ffôn – Crymych 249, fel y dywedais, fel ag i allu dod yn ôl gyda ni – ar y bws hwn – bws Pwyllgor Rhanbarth y Sir yw hi. Rwyf i'n golygu dod gyda hi i Gaerffili, fel ag i gael rhan o'r hwyl a'r ysbrydiaeth yno.

Cofion cywiraf hyd nes cael dy weld 'te,

D.J.

Papurau Lewis Valentine, 4/3/3/4/90

190

Rhosllannerchrugog,
Difia. [Diddyddiad. Gorffennaf 1968]

My dear David,

It gives me exquisite pleasure to know that Saunders Lewis is meeting us at Fishguard on Monday. He writes to inform me that he hopes to arrive about four o'clock.

Referring to some remarks in your last letter I would have you know that your culinary ability has never been questioned, and it would be presumption to do so seeing that you hold (with honours, cum laude) the coveted degree of M(ary) A(nn) of Wormwood College of Recess and Ablution Hygiene. My Sabbatical blessedness will be supreme, but the three services may tax even your proverbial long-suffering.

Your fides Achates,[385]

Val.

Papurau D. J. Williams, Abergwaun, P2/40/69

191

F'annwyl D.J.

Dyma ddychwelyd yma i'r 'bagad gofalon', a lond fy nghalon o ddiolch i ti am drefnu'r gogoneddus aduniad, a bendith ar ben Saunders am deithio o Benarth i Benfro, a bendith ar dy ben dithau am ddyfod o'r peth hwn i'th galon.

Ni ddarfu i ni sôn dim am y peth, ond yr oeddwn i'n ymwybodol trwy gydol yr amser y bûm gyda thi am UN arall, – yr anweledig un oedd yn rhan o'r cwmni, y Siân annwyl, yr ydym i gyd yn gyfoethocach o'i hadnabod hi, a bellach y mae ei brawd, Wil Ifan, gyda hi yn rhan o gwmni 'y cyfiawnion y rhai a berffeithiwyd'.

Y mae'r tân yn enaid Saunders yn llosgi mor eirias ag erioed, ac ni allwn weld bai arno am ambell ebychiad o chwerwder, – fe welodd felyn ddannedd y cachgwn. Pe bai ef yn cymryd yn ei ben i annerch ei genedl bob mis trwy lythyr i'r *Faner* fe wnai fawr gymwynas a'n cenhedlaeth. Nid i bawb y mae Saunders wedi ei ddatguddio ei hun fel y gwnaeth i ni'n dau.[386]

Yn fy nghartref yr oeddwn yn sôn am dridiau'r deryn du, ond tridiau'r eos a fu'r tridiau a gefais yn dy gwmni. Yr wyf yn esmwythach ynglŷn â thi ar ôl y gwmnïaeth felys hon. Yr wyt ti cyn gadarned ag a welais di erioed, a'th gof yn rhyfeddod, ac irder ar dy scyrsiau. Yr oeddwn wedi nodi llawer pwnc i'w drafod gyda thi, ond dilyn cyngor Plato a wnaethom a gadael i'r ymddiddan ein harwain i'r fan a fynnai.

Felly yr oedd hi orau.

Yn awr beth am Gaerffili? Yn y Gogledd yma beth bynnag nid oedd neb yn breuddwydio y digwyddai buddugoliaeth mor ysgubol. Yr oedd J. R. Roberts (John Bach) wedi bod mewn cyfarfod yn Ystrad Mynach ar ei ffordd i Aberdâr y Sadwrn cyn yr etholiad ac wedi clywed yno Wynne Samuel a Gwynfor a'r ymgeisydd. Ni chlywodd ddadlau mor odidog erioed ac ni chlywodd glywed cyflwyno achos y genedl mor rymus. Gwnaeth yr ymgeisydd, Dr Phil Williams, argraff ddofn iawn arno.[387] Diolch am gael byw i weld y dydd hwn, a diolch am weld cynifer o bobl ieuainc yn y frwydr.

Gair byr yw hwn yn unig i frysio i ddiolch eto am dy garedigrwydd mawr iawn, – dyddiau i'w cofio byth bythoedd, – tybed a allwn i gael amryw gyfarfodydd fel hyn cyn 'yr alwad fawr'.

Cofion annwyl annwyl, ac nid wyf yn credu dim o'r darogan am y tair blynedd a wnaethost.[388]

Val.

Papurau D. J. Williams, Abergwaun, P2/40/70

192

49 High Street,
Abergwaun.
25 Awst 1968

Annwyl Val,

Diolch yn fawr i ti am y copi arall hwn eto o *Seren Gomer* a llongyfarchion i ti am dy ddygnwch drwy'r blynyddoedd yn ei golygu mor loyw a chydwybodol.

Fe gefais i bedwar prawf, os dyna'r gair iawn, o'r lluniau a dynnwyd ohonom yn yr ardd y bore pwysig hwnnw, a chyda help arbenigwyr eraill heblaw fy hunan fe ddewiswyd y gorau o'r lluniau hyn, a chan mai cyfenw Saunders sydd gyntaf yn y wyddor, fe'i hanfonais ymlaen iddo ef yn ddioed, gan ofyn iddo ei anfon ymlaen i tithau gyda'r prisiau.

Credaf ei fod yn llun da neilltuol ohonom, pan weli di ef. Er mwyn arbed amser a hwyluso popeth gelli di a Saunders ddelio'n uniongyrchol a Studio Jon, Abergwaun, Sir Benfro, parthed y rhif etc. Gelli anfon, os byddi mor garedig, y llun yma'n ôl i fi, hefyd, gan mai rhodd bersonol Studio Jon i fi yw e – pan fo'n gyfleus i ti.

Cofion cynnes iawn atat ti a Mrs Val. – a phob bendith, D.J.

Papurau Lewis Valentine, 4/3/3/4/90

193

Rhosllannerchrugog
14 Medi 1968

F'annwyl Gyfaill,

Y mae Saunders wedi anfon yma dau lun o'r Tri. A ydwyf i'w dychwelyd yna ynte eu cadw yma, nid wyf yn siwr iawn beth a ddisgwylir gennyf.

Dyna helynt Penbre – y mae'n debyg i ti dderbyn gair gan Elwyn Roberts yn gofyn i ti ddwyn perswâd ar Saunders i beido â'i gyhoeddi yn *Barn*.[389] Nid yw ef wedi gweld y llythyr. Cefais innau'r un cais ganddo, ac yr wyf yn danfon ato yn gwrthod ar ei ben.

Yr oeddwn newydd ddanfon llythyr at Elwyn oherwydd yr hyn a ymddangosodd yn y *Daily Post* ynglŷn â thelediad R. F. Wynne, Garthewin, pan holwyd ef am y ffrwydro.[390] Yr oeddwn yn meddwl ei fod yn wirioneddol wych yn ateb ei holwr, ac yn feistrolgar hefyd yn osgoi rhwyd yr oeddid yn ceisio ei ddenu iddi.

Yr oedd Elwyn Roberts ar fai – ac edliwiais hynny iddo mewn llythyr – yn sôn am ei ddiarddel, ac yn gwrthod cymryd gair gŵr mor onest ac anrhydeddus, ac yn sôn am geisio 'transcript' gan y B.B.C. er mwyn gwybod beth oedd ei union eiriau. Wn i ddim beth a ddaeth dros ben Elwyn i ymddwyn fel hyn. Y mae amryw byd wedi canmol atebion R. F. Wynne ar y teledu – amryw ohonynt heb fod yn aelodau o'r Blaid. Yr wyf wedi danfon gair at Saunders yn mynegi yr un peth, ond ni soniais wrtho fod Elwyn wedi ceisio gennyf ei berswadio i beidio â chyhoeddi ei lythyr, – y llythyr a ddarllenodd i ni'n dau. Nid wyf wedi dywedyd ychwaith fy mod yn gwybod cynnwys y llythyr.

Maddau rhyw bwt o lythyr brysiog fel hwn – yr wyf ar fin cychwyn i Ysgol Undydd ynglŷn â'r Ysgol Sul yn y Rhyl. A gawn ni'n Tri eto ddeuddydd fel y rheini a drefnaist yn Abergwaun?

Cofion annwyl iawn,
Val.

O.N. Bûm yn Fflint ganol yr wythnos yn gweld ysgrifennydd yr Eisteddfod. Y mae'r wraig a minnau am i ti aros yma dros yr ŵyl. Yr oeddym unwaith yn meddwl y byddai'n ormod i ti deithio i Fflint. Ond lle anodd iawn cael llety ynddo ydyw, ac yr wyf yn gobeithio y gellir trefnu car oddi yma – rhyw awr brin o daith ydyw.

Os wyt ti'n meddwl mai gormod i ti fydd hynny ac y caret ti aros yn o agos i Fflint beth am ddyfod yma yr wythnos gynt, neu'r wythnos ar ôl yr Eisteddfod.

Os dewis aros yng nghyffiniau Fflint a wnei di – fe drefna i ein bod ni'n dau yn aros yn yr un llety, a byddaf yn ymorol am lety rhag blaen. Rho air buan i mi.

V.

Papurau D. J. Williams, Abergwaun, P2/40/71

194

49 High Street,
Abergwaun.
16 Medi 1968

Annwyl Val,

Diolch i ti am dy lythyr y bore yma.

Ynglŷn â'r lluniau – un llun a anfonais i ymlaen i Saunders, sef y gorau o'r pedwar *proof* a ges i gan Studio Jon, yn ôl ein barn ni yma, – gan ofyn iddo yntau ei anfon ymlaen i ti. Ni wyddwn a wnaethai ef hynny, gan na chawswn air ar y pen oddi wrtho.

Fe elli di gadw y ddau yna felly, – gan fod Saunders yn amlwg wedi anfon am rai iddo'i hun o Studio Jon, Abergwaun. Rhag ofn na chest di mo'r llun bach p.c. gan Saunders rwy'n anfon hwn i ti yn rhodd. Dyma'r pris o Studio Jon. Rhai bach maint p.c. 4/6 yr un Rhai mawr 7/6.

Wn i ddim beth yw dy farn di, ond rwyf i'n credu fod e'n llun da iawn – ac ystyried mai tri Sgrwbyn oedd o flaen y camera.

Ynglŷn â llith Saunders i *Barn* yr wyf i o'r un farn â thi amdani, – ac ni sgrifennais i air at Saunders ar y pen. Dywedais wrth Elwyn na chredwn i byddai perygl i'r llith hon rwygo'r Blaid yn y pen draw o gwbl – gan mai rhybudd arswydus o ddifrifol i'r Llywodraeth Seisnig yn ei thriniaeth o Gymru ydoedd trwyth yr ysgrif: y byddai'n debyg o greu cynnwrf go fawr am dipyn, efallai. Ond mai lles a ddoi ohoni yn y diwedd drwy beri i Loegr gymryd Cymru o ddifri; ond mai gwrthwynebiad di-drais yw polisi swyddogol y Blaid wedi bod yn gyson. Ni olygai hynny beidio â thorri cyfraith Lloegr yn rhacs, dan amgylchiadau arbennig, fel y gwnaeth mudiad Satragraha [*sic*] Gandhi yn yr India, ar hyd y blynyddoedd. Ond grym moesol yw arf grymusaf Plaid Cymru fel grym y Csieciaid yn ddiweddar yn erbyn y Rwsiaid.[391]

Diolch yn fawr i chi'ch dau am feddwl mor garedig am drefnu ar fy rhan ar gyfer y Rhyl [*sic*].

Ond rhowch hyn i lawr yn eich calendr Mr Valentine, – os byddaf mewn hwyl i ddod i Eisteddfod y Rhyl [*sic*. Eisteddfod y Fflint], mai cael mwynhau eich cwmni diddan chi, syr, a Mrs Valentine mor ddiddan a hynny, fydd yr ystyriaeth bennaf yn fy rhaglen i. Fe ddaw tameidiau o'r Eisteddfod i fewn yn hwylus yng nghysgod hynny.

Felly, gan eich bod chi wedi bod mor wir hynaws â'm gwahodd atoch, fe adawaf y trefniadau yn llwyr yn eich dwylo chi.

Gyda llaw, heb ddweud rhagor na hyn yn awr – rwy'n ystyried

mai 'Y Wyrth a Sut y Digwyddodd'[392] yw'r peth gorau, ymhlith dy bethau da di i gyd, yr wyt wedi sgrifennu erioed fel Golygydd gwych *Seren Gomer*. Mae'r patrwm yn ddyfeisgar, y weledigaeth yn dreiddiol, a'r cyfan yn frwd ac yn cario argyhoeddiad cadarn. Boed i'r neges ynddi gael dyfnder daear yn dy enwad di dy hun, ac yng Nghymru gyfan. Amen.

Gyda chofion annwyl iawn atoch eich dau ac at y teuluoedd i gyd.

D.J.

Papurau Lewis Valentine, 4/3/3/4/92

195

158 Westbourne Rd,
Penarth,
Morgannwg.
16 Medi 1968

Fy Annwyl Val,

Maddeuwch y papur sgwennu yma. Fy rhodd i i chi ydy'r ddau gopi o'r llun yn Abergwaun. Peidiwch â sgrifennu i ddiolch.

Mae Plaid Cymru'n mynd o ddrwg i waeth. Mae hi'n rhoi parchusrwydd a phoblogrwydd di-gost a di-aberth o flaen pob dim. Plaid Cymru – y ffordd hawdd i hunan-lywodraeth. Mae hi'n ei thwyllo ei hun ac yn dweud celwydd wrth Gymru.

Wn i ddim pa bryd y teledir y sgwrs amgaeëdig. Mae'r Gymraeg yn bur ddrwg yn y transgript yma. Ond tybiaf y gall y peth fod o ddiddordeb i chi. Does dim brys am ei ddychwelyd ataf gan fod gennyf gopi arall. Os teledir ef, bydd yn ddifyr iawn gweld a fydd y Blaid yn fy niarddel innau. Y BBC ofynnodd imi am sgwrs a deliais ar y cyfle.

Cofion cu,
Saunders.

[Amgaeedig: 'Transcript of Interview with Mr Saunders Lewis interviewed by Meirion Edwards at Broadcasting House, Llandaf, Cardiff, on 9th August 1968'.[393] [Gweler Atodiad **4**.]

Papurau Lewis Valentine, 4/3/311/3/34

196

49 High Street,
Abergwaun.
24 Rhagfyr 1968

Annwyl Gyfaill Hoff a Diddan,
Yn gyntaf dim, diolch yn ddiffuant i ti am dy roddion gwerthfawr – *Mawl yr Ifanc*[394] a *Seren Gomer*. Rhagorol y ddau ohonynt.

Ac yn ail maddau i fi am fod mor llibyn na fyddwn wedi trefnu rhyw anrheg Nadolig i ti amgen na'r tipyn papur llwydwyrdd yma sy'n bunt ar farchnad y byd medden nhw. Ar y funud ddiwethaf rwy'n sgrifennu hwn i ddal y post – a does genny ddim amser i ymhelaethu ac egluro i ti pam. Ond bûm yn gynllwn o brysur ers rhai dyddiau. Ond rwyf wedi darllen *Celtic Nationalism*[395] drwyddo, a theimlo'i fod e'n Destament Newydd i'r genedl Gymreig i fyw yn ôl ei oleuni a'i ysbrydoliaeth. Gorffennais ei ddarllen yn hwyr echnos (nos Sul) – a chefais whilen yn fy mhen i gael cymaint a allwn o enwau prynwyr iddo. Cefais erbyn hyn, nawn Mawrth – 16, neb yn gwrthod derbyn fy ngair amdano whare teg iddyn nhw.

Cofion anwylaf a bendithion gorau'r tymor i'r tŷ a'r tylwyth,
D.J.

Papurau Lewis Valentine, 4/3/3/4/93

197

49 High Street,
Abergwaun.
16 Mawrth 1969

Annwyl Val,

Diolch yn fawr iawn i ti am dy lythyr gwerthfawr ac am y *Seren* hefyd gydag e. Whare teg i ti am dy ynni mawr a'th ddyfal barhad di-ildio yn cadw ymlaen drwy'r hir flynyddoedd i olygu'r *Seren* a'i chadw hi mor loyw o hyd. Rwy'n synnu'n fynych shwd wyt ti'n cael amser i ddarllen y rhes llyfrau yna y rhoi di air mor weddus a phriodol am eu cynnwys o rifyn i rifyn, – petai dim ond hynny fel rhan o'th waith wrth ei golygu.

Roedd yn flin calon genny glywed am dy anhwylder di yn ddiweddar. Fe ddaw gwres ac egni'r gwanwyn a'r haf i hybu a nerthu pawb ohonom eleni eto cyn hir, gobeithio.

Mae'r Arglwydd yn hynod garedig wrth ei was anfuddiol Dafydd drwy fawr drugaredd.

Druan o'r hen Gwenallt bach annwyl, – fe wnaeth ddiwrnod mawr iawn o waith dros Gymru, – pethau a fydd byw tra pery'r iaith Gymraeg, fel tystiolaeth o brofiad y gwir Gristion yn y byd sydd ohoni. Mae'n chwith iawn gennyf o'i golli – fel pennaf blagur yr Hen Ardal y gwn am ei wreiddiau mor dda.[396]

Rwyf wrthi ar hyn o bryd yn darllen *Edrych yn Ôl* R. T. Jenkins.[397] On'd oes rhyw ddawn anhygoel ganddo i draethu mor ddifyr; a hynny'n fynych, megis yma, am y pethau bach bob dydd yna sy'n gymaint rhan o fywyd cyflawn, wedi'r cyfan – cyfuno'r mawr a'r bach yn glwm annatod yn ei gilydd; a'r wmbredd o waith a wnaed ganddo dros Gymru, petai ond golygu'r *Bywgraffiadur*, ei orchwyl mawr olaf i ni. Gresyn mawr, yn wir, iddo erioed gael ei ddenu at fwrdd yr 'academig dost'.[398] Nid yw'n debyg y bydd iddo roi ei atgofion am y dyddiau diglod hynny.[399] Fe welaist sylwadau'r Dr Peate yn *Y Faner* mae'n debyg, yn ceisio cuddio traed clai ei arwr mawr.[400]

Wel, yr hen gyfaill hoff ac annwyl, – pob heddwch a
llonyddwch rhag poen corff ac ysbryd i ti a Mrs Val, a'r gweddill
o'r teulu i gyd, bendith fyddo arnoch oll. Rwy'n meddwl yn amal,
amal amdanat fel un o hen ffrindiau pennaf fy oes.

D.J.

Papurau Lewis Valentine, 4/3/3/4/94

198

49 High Street,
Abergwaun.
19 Mehefin 1969

Annwyl Val,

Shwd wyt ti'r hen gyfaill ers tipyn bach? Yn dda iawn bawb
ohonoch chi, gobeithio.

Paid â gadael i fi darfu dim ar dy heddwch di. Ond fe ges air
ddoe oddi wrth y ferch fach serchog yna, Jane Oliver o Lundain,
ond ei gwreiddiau yn Aberdyfi, – a heddi, oddi wrth J.E. yn
gofidio dy fod di am dynnu'n ôl o gymryd rhan yn y rhaglen yna ar
Losgi'r Ysgol Fomio gynt. Pan ddaeth hi, Miss Oliver, yma gynta,
yn sôn am y peth, doedd genny ddim awydd o gwbl amdano, –
ond wedi i fi weld ei brwdfrydedd Cymreig hi, a deall ei bod hi'n
wyres i Berta Ruck,[401] yr awdures go gynhyrchiol o Aberdyfi, a
gwrddais i yno ar wyliau, Siân a fi untro, a deall ganddi dy fod
di a J.E. yn barod i gymryd rhan, a gweld ynddo hefyd gyfle da i
ddangos i'r Saeson adeg gloddest yr arwisgo yma, fod yna ochr arall
i'r mawrfrydedd Prydeinig yn ei ymwneud â Chymru, fe gytunais
innau hefyd – er mwyn yr achos ei hunan – i gymryd rhan. Ofnwn
na chymerai Saunders ran am mai Saunders yw e, ond gyda dau
feidrolyn arall, fel ti a J.E. fe foddlonais ei mentro hi.

Nid wyf am bwyso arnat yn groes i'th ewyllys, – ond er mwyn
J.E. a Jane Oliver, ac er mwyn Cymru ei hun, heb sôn am dy hen
bartner yma, sy wedi bod yn unol â thi erioed, rho ail ystyriaeth

i'r mater, Val. Fe fydd yn gwanhau'r rhaglen yn fawr iawn yng
ngolwg y cyhoedd o weld mai dim ond un o'r tri, a hwnnw y lleiaf
dibwys o ddigon ohonynt, oedd yn barod i ddangos ei ran ddibwys
ef mewn peth mor wirioneddol bwysig.

Ches i erioed 'y nhorri ma's at waith o'r fath, Duw a'i gŵyr,
– ond y mae dyn yn gorfod, ar adegau, wneud ambell beth sy'n
gwbwl groes i'r graen iddo. Ond fe gest ti dy dorri ma's i fod yn
ŵr cyhoeddus. Fydd e fawr o beth i ti, er yn ddigon croes i'r graen,
mi wn. Gad i ni fod gyda'n gilydd hyd y diwedd Val! a dere gyda
fi, unwaith eto.

Yn ddiffuant gyda'r cofion gorau atat ti a Mrs Val. a'r tylwyth i
gyd,

D.J.

Papurau Lewis Valentine, 4/3/3/4/95

199

Rhosllannerchrugog
9 Gorffennaf 1969

F'annwyl Dafydd,
Diolch yn fawr i ti am dy lythyr. Buaswn wedi danfon gair
ymhell cyn hyn atat oni bai i mi gael damwain fach atgas wrth
arddio dipyn, – disgynnodd hen fainc drom sydd gennyf yn yr
ardd, a minnau arni, ar fy llaw – os gelli ddychmygu hynny, ond
y mae popeth yn dda bellach. Yr oedd yn ddrwg iawn gennyf fod
mor 'stwbwrn' ynglŷn â'r teledu yna. Merch hawddgar ddigon
oedd y Jane Oliver yna a dawn perswadio'n helaeth ganddi.
Dywedais yr ystyriwn yn ffafriol ei chynnig ar yr amod pe bai ti
a Saunders yn ymuno. Nid oedd Saunders yn medru dyfod ac yr
oedd pethau'n lletchwith iawn arnaf ar y pryd, ac nid oes gennyf
gariad o gwbl at y busnes teledu yma, a gwnaf unrhyw beth er dy
fwyn di a J.E. OND TELEDU.
Dyna sioe yr Arwisgo drosodd, a'i ffrwyth yn chwerw ddigon

Y chwedegau

i Gymru, ond fe'i hanghofir yn ebrwydd gobeithio.[402] Gwelais
dy lun dewr di yng Nghilmeri, a buaswn wedi hoffi medru bod
yno.[403] Yr ydym yn disgwyl yn dirion am dy ddyfodiad yma, –
rho wybod pryd y cyrhaeddi. A ddeui di yma dros yr Ysgol Haf?
Gobeithio. Gellir teithio'n rhwydd oddi yma i'r Fflint.
Y mae'n ddrwg gennyf fod rhifyn y Gwanwyn o *Seren Gomer*
mor ddiweddar, – yr oedd y diweddar Edward Lewis yn gofalu
amdani'n brydlon, ond nid yw'r llanciau yma mor fawr eu gofal.
Cofion annwyl iawn,
Val.

Papurau D. J. Williams, Abergwaun, P2/40/72

200

49 High Street,
Abergwaun.
18 Gorffennaf 1969

Dear Mr & Mrs Valentine,
Since I have been lately talking to the B.B.C. in my best
Rhydcymerau English I find it rather difficult to return at once to
the vernacular.[404] But I suppose I must try to, since the Prince of
Wales has given us all such a good example.[405]
Wel, nawr te, – gan i chi'ch dou fod mor garedig ac estyn
gwahoddiad i fi ddod i'r Ysgol Haf yn Wrecsam o nos Wener
hyd y Sul, a Wynne Samuel, clerc tre Dinbych-y-Pysgod yng
ngwaelod y Sir, yntau, wedi cynnig dod heibio i fi yma brynhawn
Gwener, Awst 1, a'm dwyn yr holl ffordd yn ei gar ef i Wrecsam
lle y mae ef i siarad y noson honno, rwyf wedi cael fy nhemtio,
er yn teimlo'n ddigon haerllug wrth wneud hynny, i dderbyn y
ddau gynnig hael yma. Wrth dderbyn cynnig Wynne rwy'n arbed
y siwrnai hirfaith a chostus hefyd, draws gwlad o Abergwaun i
Wrecsam. Ond fe fydd rhaid i mi hel fy mhac yn ôl yn gynt yn
ôl adref oherwydd hynny, gan na all Hywel wyneb-galed fyw

287

am byth ar bwrs y wlad. Fe roi di Val. air caredig drosof i Mrs
V. am fy noniau Meriannaidd arbennig, a bod gennyf dyst-ysgrif
arbennig hefyd fel Scrwbyn ... Cawn siarad am y Prins a Syr
Cynan ac eraill wrth gyflawni ein dyletswydd deuluaidd.[406] Os oes
yna ryw rwystr i fi allu dod atoch nos Wener, rhowch wybod ar
unwaith, plis, gan fod Elwyn Roberts wedi addo cael llety i fi ar
gyfer yr Ysgol Haf yn Wrecsam.

Nid wyf wedi gweld manylion am y tocynnau a rhaglenni'r
Eisteddfod hyd yma. Drama a'r Babell Lên a rhai o'r Cymdeithasau
yw fy niddordeb pennaf i fel y gwyddoch yn yr Eisteddfod –
heblaw clonc y maes, wrth gwrs.

Felly, rwy'n amgau'r siec wag yma i chi, ac fe fyddaf yn
ddiolchgar os pwrcasi di, Val, docyn wythnos sedd flaen i fi, a
hefyd gael tocynnau drama i'r tri ohonom fod gyda'n gilydd yn y
perfformiadau hynny a fydd yn debyg o fod fwyaf o ddiddordeb i
ni.

Gyda diolch cywir am y cyfan hyn, gan edrych ymlaen, dan
fendith Duw, am wythnos wrth fodd fy nghalon, – cofion cywiraf
tan hynny,

D.J.

Papurau Lewis Valentine, 4/3/3/4/96

201

[Siec yn amgaeedig – heb ei defnyddio]

Papurau Lewis Valentine, 4/3/3/4/96(a)

202

Ger Llanbed – ar y ffordd adre.
Bore Llun 11 Awst 1969

Dear Mr & Mrs Valentine,

Just a word from a Hwntw to indicate (good word that!) that he is safe on the way back to the Land of Pwyll Pendefig Dyfed, after his usual inspired visit to the North, – and that is as far as his English can carry him this morning, first thing after breakfast. Returning tomorrow, Tuesday.

Wel, bois bach, fe ges amser hyfryd iawn yn eich cwmni, a mwynhau'r cyfan hyd yr ymylon. Ni allai dim fod yn well o'r dechrau i'r diwedd.

Ces siwrnai fendigedig lawr i'r Borth yng nghwmni Philip Williams, Cymro rhagorol o ran ei ysbryd – o deulu agos Lloyd George, – hael a di-lol, ac o ddylanwad mawr ar y Cyngor Sir a chyn-gadeirydd iddo.[407] Aeth â fi drwy ran o Gymru na fûm trwyddi erioed o'r blaen – croesi o Lanuwchlyn i Lan-ym-Mawddwy, gwlad y Gwylliaid Cochion gynt.[408] Bendigedig o olygfeydd yr holl ffordd.

Yna, gyda Magi chwaer Siân, ac yn debyg iawn iddi mewn llawer ystyr, a Tom ei gŵr, nos Wener. Ac i lawr yma i le gogoneddus arall dros y Sul. A fu dyn erioed yn gallu byw mor ddigywilydd o braf ar gefn ei gyfeillion?

Wel, cafwyd Eisteddfod i'w chofio mewn llawer peth yn Fflint, mae'n amlwg. Rwyf wedi bod yn darllen y *Cyfansoddiadau a'r Beirniadaethau* dros y Sul yma – a chael lle i lawenychu yn y naill a'r llall. Ymddengys fod y deffro gwleidyddol yn ymddelweddu'n greadigol yn y cynhyrchion eleni – ac y bydd amryw o ffrwyth cystadleuaeth y Fedal Ryddiaith yn gyfraniadau arhosol yn ein llenyddiaeth.[409]

Fe fues draw 'dros y mini' i'r Hen Ardal ddoe, brynhawn Sul, a hyfryd oedd gweld fod dyrnaid bach yna o hyd, er gwaethaf ergyd barlysol y Fforestfa dywyll – 'coed lle bu cymdogaeth, fforest lle

bu ffermydd' – yn dal ati yno o hyd. Diolch i Dduw amdanynt –
hadau'r Tri Llwyth gynt.[410]

Lle i godi calon sydd gan ddyn y dyddiau hyn, mewn llawer
peth, er yr hir nychtod, rwy'n deimlo. Dyw Duw ddim yn mynd i
adael yr Hen Genedl yn yr anialwch, wedi'r cyfan. A'i chrefydd hi
yw'r unig beth sy'n mynd i'w chadw hi.

Wel, bois bach, bydd gennyf atgofion hyfryd iawn am
Eisteddfod Fflint – lliaws o bethau i gyd – cwrdd â hen gyfeillion o
bob cyfnod o'm hoes, dawn a ffraethineb disglair y Babell Lên, yn
enwedig ymryson y beirdd, cwmni Jemeima unwaith eto, Gweirrul
a'i choflaid o deulu dedwydd, a chithau'ch dau mor ddireswm
o hael a gofalus amdanaf ar hyd yr amser. A diolch o galon chi,
unwaith eto, a bendith fyth fyddo arnoch. Amen.

D.J.

Papurau Lewis Valentine, 4/3/3/4/97

203

Y Bristol Trader,
Penucha'r Dre,
(dyna hen enw'r trigolion ar y tŷ hwn)
1 Medi 1969

Annwyl Val,

Dyma air bach annisgwyl atat eto.

Ti gofi amdanom yn siarad am y nofel *Meibion Darogan* gan
Pennar ac i fi ddweud wrthyt nad oeddwn i wedi gallu ffurfio
unrhyw farn benodol amdani.[411] Ar y pryd, nid oeddwn i wedi
darllen ond rhyw draean ohoni. Y dyddiau diwethaf yma yr wyf
wedi bod yn ei darllen yn gyfan, a theimlaf ei bod yn nofel fawr
mewn gwirionedd, er fod yna ddarnau ohoni, – y darnau gor-
rywiol, hynny, (– fe fyddwn i'n defnyddio gair arall fan na, oni bai
y bydd Mrs Val. yn darllen y llythyr efallai, ac yn dweud *for shame*,
Davy John) sy'n fy hala i'n eitha crac weithiau. Fel barddoniaeth

Gwenallt ystyriaf ei bod hi'r peth mwyaf beiddgar arbrofol yn y Gymraeg.

Seilir y cymeriadau, fel y dywed y Rhagair, ar rai o aelodau Cymdeithas Cadwgan yng Nghwm Rhondda tua'r 30au – Gwyn Griffiths, Pennar ei hun, Kitchener[412] efallai, a'r dihafal Rhydwen Williams, o fythol gof am y trip a gawsom ganddo i'r Hen Ardal. Mae'r hen Rydwen gyda'r hoffusaf a'i wendidau dynol i gyd, yn perfio'n llachar drwy'r nofel hon fel y cymeriad Eurof Powel – fel y sylwaist yn ddiau, os cest ti amser i'w gorffen hi. Mae yna bedair merch hefyd – Martha y fam, Nesta y ferch, a Lea yr wyres, ynghyda Morïn, y Wyddeles o nyrs, sy'n argyhoeddi dyn yn bendant o ddidwylledd cymeriadaeth ar hyd y ffordd.

Ac y mae'r nofel er y trythyllwch a'r llygredd dynol sydd mewn llawer rhan ohoni yn gorffen yn orfoleddus fel 'Haleliwia Chorus' – 'fy meiau wedi'u maddau, a'm traed yn gwbl rydd' yn rhodd cariad a maddeuant y Tad tragwyddol.

Rown i'n teimlo y dylwn i anfon hyn atat, gan i fi deimlo i fi wneud cam â Pennar sy'n un o'r dynion gorau a mwyaf sydd gennym heddiw fel cenedl. Gyda phob parch i'r enwadau eraill – yr Annibynwyr ar y cyfan sydd wedi rhoi'r dynion mwyaf i Gymru, – a meddylier am Tudur a Pennar y dyddiau argyfyngus hyn.[413]

Gobeithio dy fod di a Mrs Val yn cadw'n dda, a'r plant a'r wyrion fel y gwelais i chi i gyd. Dywed wrth Mrs V. nad wyf wedi cael swper debyg byth oddi ar pan own i o dan ei gofal tirion hi amdanat ti a fi.

Cofion cynhesaf atoch eich dau, a'r teuluoedd,
D.J.

Papurau Lewis Valentine, 4/3/3/4/98

204

49 High Street,
Abergwaun.
23 Tachwedd 1969

Annwyl Val a Mrs Val,

Rwyf newydd fod yn darllen dy ysgrif ryfeddol brydferth di, Val, yn *Seren Gomer* [*sic*] am dy ddiweddar frawd-yng-nghyfraith, y Parch. Elias Evans, Abergele.[414]

Gyda'r un post rwy'n anfon gair o gydymdeimlad hefyd â'th annwyl chwaer yn ei phrofedigaeth hithau a'i theulu, gan na ddigwyddwn wybod dim am hyn hyd nes gweld yr ysgrif hon. Wel, Val. fe deimlwn i, wrth ei darllen, fel y dywedais wrth dy chwaer, nad wyf i'n cofio darllen tystiolaeth anwylaf a mwy prydferth gan un aelod am ei gyd aelodau o'r un teulu odid erioed;– oherwydd gwaith digon anodd ydyw. Roedd yr Ysgrif i fi yn llawn gras a gwirionedd, – gan gofio am arwriaeth dy chwaer yn gweini mor dirion ar ei phriod annwyl yn ystod ei gystudd maith a blin. Er mai trist oedd testun dy ysgrif yr oedd yn hyfrydwch dwfn i'w darllen.

Wel, bobl fach, gobeithio fod y ddau ohonoch yn parhau yn weddol bach, a bod y plant, cystal ag arfer o ran hwyl ac iechyd. Rwyf innau, drwy drugaredd yn dda iawn fy iechyd, ac yn ceisio, hyd y gallaf, wneud rhywbeth i geisio hyrwyddo ymgeisiaeth Wynne yn yr Etholaeth hon – y gorau oll fel partner i Gwynfor yn y senedd, gredaf i.[415]

Gyda chofion annwyl iawn atoch eich dau – a phob bendith, D.J.

Papurau Lewis Valentine, 4/3/3/4/99

205

Penuel
Dydd Sadwrn. 6 Rhagfyr 1969

Annwyl Dr D.J.,
Dyma rodd bach a addewais i chwi; a gobeithio y bydd hi yn help i chwi dreulio'r Nadolig yn hapus.

Yr ydym yn cofio yn dirion am eich ymweliad yr haf diwethaf ac yn gobeithio y cawn i'r cyfle i gyfarfod yn fuan eto.
Cymerwch fawr ofal y geuaf yma.
Y dymuniadau goreu,
Margaret Valentine

Papurau D. J. Williams, Abergwaun, P2/40/73

206

O.Y. Ie, a diolch am y toffis bendigedig wedyn, ar ben y cyfan. D.J.

49 High Street,
Abergwaun.
10 Rhagfyr 1969

Annwyl Mrs Valentine,
Wel, wn i ddim beth i'w ddweud wrthych chi, wedi derbyn y fath anrheg Nadolig a'r llester harddwych hwn, – ac atgofion mor hyfryd am y swperau gwych hynny yr arferech roi i fi a'ch annwyl ŵr, bob nos adeg Eisteddfod y Fflint. Feddyliais i erioed y byddwn i fy hun yn dod yn berchen un o'r rhain. Ond yma, y mae e'n addurn hardd ar y mamplis yn barod, yn mantoli yn erbyn rhyw hen beint powtir a ddaeth i lawr o'r oesoedd a ddêl i'r tŷ yma o rywle, – yr hen a'r newydd mewn cytgord perffaith â'i gilydd. Ni allai dim fod yn well na mwy trawiadol.

Rwy'n rhyfeddol o falch o'r rhodd. A diolch yn wirioneddol i chi amdano.

A shwd mae'r hen Val annwyl. A yw e'n lwcio'i gael rhyw hanner peint bach i swper nawr, wn i, fel yn y dyddiau gynt a fu. Rhyw lanledi ddigon pwt a diserch sy yn y Bristol Trader yma, – byth yn meddwl dod â rhywbeth bach neis i swper, i'r gwestai ar y slei yn awr ac eilwaith …

Wel, cofion cynnes iawn atoch chi'ch dau a'r plant a'r wyrion, a phob bendith arnoch chi, dros y Nadolig yma, a llawer Nadolig eto,

D.J.

Papurau Lewis Valentine, 4/3/3/4/100

207

49 High Street,
Abergwaun.
21 Rhagfyr 1969

Annwyl Val,

Ti gei faddeuant genny'r tro hwn, am dy feiddgarwch yn dyfynnu mor helaeth o'r llythyr hwnnw, gan obeithio y rhydd Pennar faddeuant i fi hefyd.[416] Ond, fel y digwydd hi, yr own i wedi dweud rhywbeth tebyg mewn llythyr at Pennar tua'r un adeg ag y sgrifennais atat ti. Wedyn, y mae popeth yn ol reit, rwy'n credu. Ond yr own i'n methu gweld pa ddiben oedd mynych bwysleisio'r mannau rhywiog [*sic*] yma, a'r fath yrr sydd ar ryw eisoes y dyddiau gwamal, aflywodraethus hyn. Ond un o'r eneidiau mwyaf dethol oll yw Pennar, ac un o'r ehangaf ei ddiwylliant o bawb.

Mae cwpan Mrs Val. sydd ar y silff ben-tân, yn dwyn atgofion blyseg i 'ngwefusau yn fynych tuag amser swper yma – er fod yr ysgrythur yn rhybuddio rhag 'edrych ar y gwin pan fyddo coch!' … Darllenais dy atgofion milwrol pellach di yn y *Seren* gyda blas mawr.[417] Rhannwch y tamaid papur yma mor gytbwys ag y gellwch chi, plis, gan nad oes genny ddawn i wneud dim gwell,

Cofion a diolch lawer eto,
D.J.

Papurau Lewis Valentine, 4/3/3/4/101

Y saithdegau

Colli D.J.

Gohebu'n amlach â Saunders

Ymddeol a symud i Landdulas

Rhoi'r gorau i olygu *Seren Gomer*

208

158 Westbourne Rd,
Penarth,
Morgannwg.
21 Mawrth 1971

Fy Annwyl Val,

Yr oedd eich llythyr yn achos llawenydd gwirioneddol i mi. Yr unig fai a welaf i ar eich tysteb yw bod y trysorydd yn cyhoeddi maint y rhoddion yn y papurau. Buasai rhestrau o enwau'r cyfranwyr yn burion, ond aflednais braidd yw cyhoeddi'r symiau. I mi yr oedd cyfrannu yn fraint fawr. Gobeithio y bydd y cyfarfod yna yn Abertawe yn profi'n hapus i chi. Ni byddai modd i mi fod yno. Cafodd y wraig bwl go gas o'r bronceitis a myfi a fu'n gweini arni a chadw tŷ ers rhyw ddeufis. Y mae hi wedi dod trosto ac wedi hybu'n arw y pythefnos diwethaf, a hi bellach sy'n gwneud cinio ac yn dechrau ailafael yn y tŷ. Mae hi'n anfon ei chofion at Mrs Valentine.

Ie, peryglus oedd dychwelyd i ardal eich geni. Ond y mae unrhyw un sy'n cyrraedd 'oed yr addewid' yn ei gael ei hun yn alltud yng Nghymru heddiw.[418]

Nid bod mudiad yn llwyddo sy'n dangos ei hawl i gefnogaeth. Mae'n amheus ddigon gen i a eill Cymdeithas yr Iaith achub yr iaith, ond dyna'r unig fudiad politicaidd a chymdeithasol sy'n deilwng o gymorth Cymry gwâr heddiw. Fe'i cefnogwn petai gennyf sicrwydd y methai yn ei holl amcanion cyn pen pum mlynedd – ei gefnogi'n syml am mai hynny sy'n iawn. Rydw i'n hoff o linell fawr Twm o'r Nant, 'Tra gallaf, rhodiaf fy rhych'.

Bendith arnoch ac ar y cyflwyno yn Abertawe. Os daw cyfle inni gael cinio gyda'n gilydd, yng Nghaerdydd neu yn Is-Conwy rywdro, – dyna hyfryd!

Saunders.

Papurau Lewis Valentine, 4/3/311/3/35

209

158 Westbourne Rd,
Penarth,
Morgannwg.
7 Hydref 1971

Fy Annwyl Val,

Llongyfarchion!

Yn awr, gwrandewch. Yr wyf wedi trefnu gydag Eirwyn Morgan i chi a Mrs Val, eich dau, fod yn westeion i mi mewn cinio bychan mewn gwesty yn Llandudno gyda thri arall o'ch dewis chi ac Eirwyn Morgan i ddathlu'r hanner canrif yma. Myfi piau'r cinio er, ysywaeth, na fedraf fod yno.

Peidiwch â gwrthod. Nid er eich mwyn chi y gwnaf i hyn, ond i roi sbri am unwaith i ryw ddau neu dri o weinidogion na chant nemor fyth gyfle i fod yn afradlon ar gyflogau na weithiai neb o'u cynulleidfaoedd am wythnos arnynt. Cewch chithau fod yn esgus i mi dalu hyn o deyrnged i alwedigaeth na chollais mo'm parch iddi o gwbl.[419] Ac yr wyf yn mawr obeithio mai hollol breifat fydd yr achlysur ac yr yfwch fy iechyd innau mewn siampaen. Cofiwch, mae'r cwbl wedi ei setlo ond y gwahoddedigion. Peidiwch chi na Mrs Val a'm brifo i drwy wrthod.[420]

Yn gu,

Saunders.

Papurau Lewis Valentine, 4/3/311/3/36

210

15a. Meiriadog Road,
Hen Golwyn,
Sir Ddinbych.
14 Mawrth 1972
Teleffon 56792

F'annwyl Saunders,

Gair i'ch llongyfarch ar eich darlith odidog a fu'n fodd i fyw i mi.[421] Gwrandewais arni ddwywaith, – y nos Fercher a'r nos Sadwrn. Pefriog yn wir o'i dechrau i'w diwedd. I mi eich araith yn Rhuthun pan oedd yr Ysgol Haf yno, a'ch araith yn Llandudno pan oedd Jack Daniel yn ymgeisydd, a'ch araith yn y Llys yng Nghaernarfon oedd yn sefyll allan fel eich campau areithyddol mwyaf,[422] ond, mi goeliaf fod y ddarlith hon yn rhagori.

Yr oedd y croeso brwd a gawsoch ar y cychwyn yn f'atgoffa am y croeso hwnnw gynt yn Eisteddfod Colwyn, pan gyffrowyd y llwyfan gan sylwadau D.J. o'r llawr, (ac S.L. hefyd), ond Dafydd oedd yn iawn, ynte? Mi ddywedwn eich bod wrth eich bodd mawr yn traddodi'r ddarlith hon, o leiaf, dyna'r argraff oedd arnaf, ond synnwn i damaid nad llwynog o argraff ydyw. O'm blaen ar y pared yn ystod y gwrando yr oeddwn yn edrych ar ddarlun lliw o D.J., a minnau'n wylo a chrio bob eilwers, a'r tri ohonom hefo'n gilydd unwaith eto. Wyddech chi ddim, efallai, fy mod yn greadur mor feddal. Y mae'n debyg fod y darlun hwnnw gennych, a'r wên braf ar ei wyneb, ac ar fy llw mi dybiwn ei glywed yn dywedyd, fel y clywais ef ugeiniau o weithiau, 'Jiw, Val, ond 'dyw'r hen Sanders yn anfarwol'.

Yr oedd eich llais yn glir a chroyw, a'r traethu'n gadarn, a hyn yn arwydd eich bod mewn cyflwr iechyd go lew, – dim crygni yn y llais na mygfa yn y fegin. Cymeradwyo'n hael y mae pawb yn y cylch hwn, a phawb â'i gyfarch, 'A glywoch chi Saunders Lewis?'. Yr oeddwn yn pregethu y Sul diwethaf yn Llanfairfechan ac ar derfyn oedfa'r hwyr daeth bachgen sydd yn ddisgybl yn Ysgol

y 'Friars', wedi ei syfrdanu gan y ddarlith, a'i dad wedi dywedyd
wrtho fy mod i yn eich adnabod. Yr oedd am i mi ei roddi ar
drywydd popeth yr oeddych wedi ei gyhoeddi.

Yr oeddwn yn gresynu'n fawr na chawsai Myfanwy Williams
Parry fyw i wrando ar y ddarlith hon. Yr oedd hi wedi addo
seiadau i mi i drafod Bob, a rhyddid i mi i ofyn y peth a fynnwn
yn ei gylch, ynghyd â gweld rhai pethau o'i waith nas cyhoeddasid.
Ond cafodd hi fisoedd o gystudd a llesgedd mawr yn dilyn ac ni
oedd gennyf galon i'w phoeni. Yr oedd hi'n deall Bob a'i gwirciau
i'r dim, a bu'n ffodus yn "ei gymar hawddgar beniog."423 Yr oedd
chwaer i Myfanwy a'i theulu yn aelodau yn fy eglwys yn y Rhos,
ac ysgrifennodd Bob y llinellau hyn yn albwm Llinos, un o'r
merched:

Pan welais gyntaf Llinos Dodd
Yr oedd hi'n adeg digon od;
'Roedd Jerry wrthi hi bob nos
Yn gollwng bomiau ar y Rhos;
Ond chwerthin a wnai Llinos fach
Ar lin ei mam yn faban bach.
A chwerthin y mae hi o hyd
I lonni tipyn ar ei byd.
O! geneth iawn yw merch y Plas,
A geneth nad yw byth yn gas.
Uncl Bob Bethesda, Mai 4, 1949.

Peth digon syml ydyw hyn a phrin y mae'n werth sôn amdano,
ond synfyfyrio wedi gwrando arnoch chi a ddaeth a llawer
ymadrodd a llawer digwyddiad ysmala o'i eiddo i'r meddwl. Un
enghraifft arall i beri i chi chwerthin, siawns: Yr oedd hetiau'n
boen i mi erioed, a phrynais het folar yn y gobaith y buasai'n
para'n hwy o lawer na'r hetiau eraill. Gwisgais hi'r tro cyntaf i fynd
i Gyfarfod Pregethu yng Ngarndolbenmaen. Brasgamwn o stesion
Caernarfon i ddal y bws olaf o'r Maes, a dim ond rhyw funud wrth
gefn. Dyma lais o ochr arall y stryd – llais Bob. 'Na, does genni

ddim munud i aros Bob, mae'r bws ar adael'. 'Dim ond un gair ynte, PAID' gan bwyntio at yr het. Dyna'r cwbl, a byr iawn, iawn fu hoedl yr het honno, ni chafodd gwrdd mawr na chwrdd bach byth ond hynny.

Pwy yw'r ail fardd y cawsoch ei gyfeillgarwch a'i gyfrinach? A oes drwg am ofyn? Ac os yw'n gymeradwy gennych mi garwn gael rhif eich ffôn, – hwnnw a fuasai wedi cludo fy niolch ichi yn syth ar ôl y darlleniad pe bai gennyf.

Yr wyf yn dechrau dygymod a Cholwyn, ond nid wyf eto wedi medru mygu fy euogrwydd am gefnu ar hen bentref Llanddulas, er fy mod yn gallu cerdded yno mewn rhyw ugain munud, a gwnaf hynny'n aml i ddifyrru'r gweddill bach Cymraeg sy'n aros.

Y mae yng Ngholwyn gymdeithas Gymraeg, Yr Efail, a sefydlwyd gan Francis Jones,[424] o felys goffadwriaeth. Cyfyngir yr aelodau i ddeg ar hugain, ac yr wyf yn aelod ohoni, a gelwir cyfarfod bob pythefnos. Y mae'r dirywiad enbyd sydd ar yr arfordir yn llai yng Ngolwyn, ac y mae'r gymdeithas yma yn llawer Cymreiciach na dim a geir ym Mae Colwyn.

Yr wyf yn dal i ddisgwyl am gyfle i ddyfod i Gaerdydd rhywdro a chael cyfle i'ch ciniawa chwi yn y ddinas, a phan ddigwyddo hynny credaf y byddaf yn eithaf parod i ganu fy Nunc Dimittis.[425]

Maddeuwch i mi am fod mor glebranus – arwydd arall o feddalwch dyn, ond yr oedd yn rhaid i mi, rhag cywilydd, ddanfon gair i ddiolch am y ddarlith ryfeddol. A yw'n fwriad gan y B.B.C. i'w chyhoeddi?

Yr ydym ni'n dau yma yn cofio['n] annwyl atoch chwi a Mrs Lewis, ac ni pheidiaf â diolch am y dydd y deuthum i'ch adnabod,

Val.

Llsgr. 22963E, ff. 13–14

211

158 Westbourne Rd,
Penarth,
Morgannwg.
16 Mawrth 1972
Rhif Teleffon:–Penarth 708226

Fy Annwyl Val,

Yr ydych wedi fy mherswadio fod fy narlith dygwyl Dewi i reit dda, oblegid fe gynhyrfodd wyrth, – eich ysgogi chi i sgwennu llythyr! A mawr ddiolch i chi am lythyr mor garedig ac mor ddiddorol. Fe ddigwyddodd oddi ar y Nadolig imi gael deufis gwell nag a gawswn am flwyddyn a'r ysgyfaint yn gweithio'n weddol, a chan fod Lorraine Davies mor daer yn fy mhoeni, a hithau'n weddw hefyd, mi ildiais iddi fel y barnwr anghyfiawn hwnnw.[426]

Y bardd arall y gofynsoch pwy oedd yw David Jones, y peintiwr a'r bardd o Lundain.[427] Y mae ef mewn ysbyty yn Harrow ers dwy flynedd neu ran o dair; byddaf yn mynd i'w weld ryw ddwy neu deirgwaith y flwyddyn a threfnais i fynd yno Ebrill 10 am ddeuddydd.

Pa siawns y dowch i Gaerdydd? Rhowch wybod mewn digon o bryd. Ac yn awr gwrandewch, Val: y mae'n cyfeillgarwch ni'n ddigon sad imi ysgrifennu heb ofni'ch brifo. Yr wyf i bellach, a Margaret hithau, yn gysurus gefnog, yn rhannol oblegid marwolaethau a gadael eiddo inni, ac yn rhannol oblegid prynu a gwerthu gweddol lwyddiannus ar y farchnad stociau wedyn. Felly pan ddowch chi i Gaerdydd, myfi sydd i drefnu cinio – yr wyf yn un go lew ar y gwaith, ac fe gawn brynhawn hir o ymgomio. Os bydd modd i Eirwyn Morgan ddyfod atom ni, rydw i'n hoffi'r gŵr hwnnw a byddai ei gael yn help inni'n dau beidio ag edrych yn ôl ormod na chodi ysbrydion!

Newydd da eich bod yn cael Hen Golwyn yn weddol wâr. Mi fydda i'n ofni fod Gogledd Cymru wedi mynd yn fwy dihitio am

werthoedd na'r Deau ddiwydiannol ac y mae rhai o arweinwyr
Plaid Cymru yn y Gogledd megis Dafydd Elis Thomas yn peri
imi feddwl o ddifri am ymddeol yn gyhoeddus o'r Blaid.[428] Ar y
llaw arall, y mae bechgyn Cymdeithas yr Iaith ac Adfer yn codi
'nghalon i'n arw.

Ydy Mrs Valentine yn iach? Cofion fy ngwraig yn gynnes ati,
a'm cofion innau. Bydd yn hyfryd ryfeddol eich gweld eto.

Yn bur,

Saunders.

Papurau Lewis Valentine, 4/3/311/3/37

212

158 Westbourne Rd,
Penarth,
Morgannwg.
30 Rhagfyr 1972

Fy Annwyl Val,

Blwyddyn newydd dda i chi a Mrs Val, heb afiechyd mawr na
gormod lludded. A diolch cynnes am eich llythyr caredig iawn a
thra annisgwyl. Ni allaf gytuno dim â'r hyn a ddywedwch ynddo,
ond er hynny y mae eich bod yn ei feddwl yn rhoi syndod a
phleser ac ofn a chywilydd oll yn gymysg imi.

A oes siawns y dowch i bregethu yng Nghaerdydd cyn hir? Mi
rown lawer am gael ohonom ginio ganol dydd gyda'n gilydd neu
gydag un arall o'ch dewis chi, a minnau yn cael bod yn westywr a
dewis gwesty!

Rydw'i yn weddol iach yn oriau'r dydd ac yn medru gweithio
tipyn o hyd; y nosweithiau sy waetha' a chodi'r bore. Ond ar ôl
brecwast byddaf wedyn reit normal. Mae Margaret hithau'n mynnu
gweithio fel erioed, heb gydnabod hawl henaint, er bod bronceitis
yn ei phoeni a'i sigo lawer. Ond dyna fo, henaint ni ddaw etc.
Boed ei afael arnoch chi eich dau yn dyner.

Yn gu iawn, fy annwyl Val,
Saunders

Papurau Lewis Valentine, 4/3/311/3/38

213

158 Westbourne Rd,
Penarth,
Morgannwg.
15 Hydref 1973

F'Annwyl Val,

Cael llythyr gennych chi oedd y peth hyfrytaf heddiw. Rhaid eich bod chi tua'r un oed a mi; ni all fod ond misoedd rhyngom. Ond y mae'r lwc i gyd ar eich ochr chi – yr ydych yn cael pasio'r pedwar ugain mewn tawelwch. Bu Mair yma heddiw ac y mae hi a'i mam yn cofio'n gu amdanoch eich dau ac yn anfon eu cofion at Mrs Valentine. Mae gennych chithau wyrion i'ch diddanu. Gobeithiaf fod y mab a'r ferch yn ffynnu.

Yfory y postiaf hwn – mae hi'n arllwys glaw ar hyn o bryd. Ond ni fynnwn i'r dydd fynd heibio heb sgrifennu atoch i ddiolch nid am eich llythyr yn unig ond am y telegram, syfrdanol i mi, oddi wrth weinidogion eich cylch. Fy ngwrogaeth iddynt.

Yn gu iawn, Val,
Saunders.

Papurau Lewis Valentine, 4/3/311/3/39

214

158 Westbourne Rd,
Penarth,
Morgannwg.
17 Ionawr 1975

Fy Annwyl Val,

Mawr ddiolch am eich cerdyn Nadolig a'ch llythyr arno.
Clymodd profiad Wormwood Scrubs ni wrth ein gilydd ac
fe erys hynny tra byddwn, er mor ychydig a welsom ar ein
gilydd o hynny hyd heddiw. Yr wyf i'n byw mewn anialwch o
swbwrbia – nid yw maestrefi yn cyfleu dim o'r awyrgylch – er
pan ddaethom yma. Mae'n gas gan Margaret Benarth. Yr unig
ran o Gymru y bu hi'n hapus ynddi oedd pentref Llanfarian. Yno
yr oedd hi wrth ei bodd ac yn nabod pawb ac yn perthyn. Yma
does neb yn perthyn. Ond ni allwn symud mwyach; rydym yn
rhy hen, ac y mae Mair a'i theulu wrth ein hymyl yn Llandaf ac
y mae Margaret yn cael ei hwyrion yn llenwi ei bywyd a'i chalon
a'i meddwl.

Ddoe mi anfonais i lythyr Cymraeg i'r *Western Mail*. Mae'n
amheus gennyf a gyhoeddir y llythyr, ond dyma i chi gopi ohono
(ac nid oes eisiau ei ddychwelyd). Y mae datblygiad y Blaid yn
fy mhoeni o hyd. Mae hi'n fwy o blaid y Chwith eithafol nag o
Blaid Cymru, ac, yn ôl a glywaf, peth wedi ei roi o'r neilltu yn ei
chynadleddau bellach ydy'r iaith Gymraeg.

Wel, sut yr ydych chi a Mrs Valentine? Gobeithio nad
yw henaint yn ormod baich a phoen i chi. Yr ydwyf i'n cael
dyddiau a nosweithiau y byddai'n dda gennyf farw ac wedyn
ddyddiau y mae bywyd o hyd yn dda. Dyna natur *asthma*. Ni
fedraf weithio na chyfansoddi fel cynt. A ydych chithau'n
pregethu? A beth am y ferch a'r mab? Ydyn nhw'n byw yn
agos a'r wyrion yn dyfod atoch? Pethau handi a da ydy wyrion,
– does ar y taid ddim cyfrifoldeb ac fe all fwynhau a maldodi
heb falio am bryderon y fam neu'r tad. Dyna ddarn o ddial
henaint!

Ta beth, bendithion rif y gwlith arnoch,
Saunders.

Papurau Lewis Valentine, 4/3/311/3/40

215

[Amgaeedig]

At Olygydd y Western Mail
Syr,
Y mae penderfyniad Cynhadledd Plaid Cymru i bleidleisio yn erbyn perthyn i Farchnad Gyffredin Ewrop yn fater difrifol iawn i genedlaetholwyr Cymreig. Canys y mae dau ddatganiad oblygedig yn y penderfyniad:
1. Mae'n hysbys mai oblegid bod perthyn i Ewrop yn golygu cwtogi ar sofraniaeth senedd Westminster y mae cenedlaetholwyr Lloegr o Mr Enoch Powell hyd at Mr Jack Jones yn gwrthwynebu'r uniad. Ond wele Gynhadledd Plaid Cymru yn pleidleisio o blaid sofraniaeth Westminster ac yn erbyn Ewrop.
2. Y mae'r *referendum* yn rhagdybio o reidrwydd mai un genedl ac un wladwriaeth sydd ym Mhrydain Fawr. Yr unig beth cyson â hanes a phroffes Plaid Cymru fyddai cymell ei holl aelodau i wrthod pleidleisio neu ddinistrio'r papurau pleidlais. Ond na, penderfynodd Cynhadledd Plaid Cymru o blaid Prydeindod.[429]
S.L.
Penarth.

Papurau Lewis Valentine, 4/3/311/3/42

216

158 Westbourne Rd.,
Penarth,
Morgannwg.
4 Mawrth 1975

Annwyl Val,

Clywaf eich bod yn ymddeol o olygyddiaeth *Seren Gomer*, a bod Pwyllgor Cyhoeddiadau'r Undeb yn awyddus i chi gasglu detholiad o'ch ysgrifau a'ch pregethau a'ch cerddi hefyd yn ystod ugain mlynedd eich golygyddiaeth i'w cyhoeddi'n llyfr.[430] Maen nhw'n gwbl siwr y byddai cyfrol o'r fath yn gyfraniad o werth, ond wyddan nhw ddim sut mae'ch argyhoeddi chi o hynny a'ch cael i fynd ati rhag llaw.

Dyna lle y dof i i mewn. Fel un o leygwyr amlwg Undeb y Bedyddwyr fe gaf i'r fraint fawr a hyfryd o gefnogi'n frwd gais y Pwyllgor Cyhoeddi. Nhw – ar fy llw – sy'n gofyn imi wneud hyn, am eu bod yn gwybod bod gen i feddwl y byd o rym a chyfoeth eich idiom, a chryfder eich diwinyddiaeth, a diddanwch hapus llawer o'ch ysgrifau a'ch ymddiddanion lleygol.

Yn awr, Val, does gennych chi na minnau fawr o amser ar ôl. Mae marw T.H.P-W ddoe wedi symud y pennaf o'r pedwar-ugeinwyr llên.[431] Dowch, torchwch eich llewys a mynd ati i ddethol a gosod ynghyd. Os gallaf i helpu rywsut, megis cywiro proflenni, byddaf wrth fy modd. Ond yr wyf i yn credu y dylech chi wneud hyn, ac yn ymhyfrydu yn y fraint a gefais gan eich Undeb o gael cefnogi'r cais. Atebwch y Pwyllgor yn ffafriol – er fy mwyn i!

Gobeithiaf fod eich iechyd yn weddol, a Mrs Valentine hithau. Mae'r wraig yn cofio ati. Bydd hi'n sôn reit fynych am ryw ginio chwarelwyr digri ar y naw – yn Rhostryfan? – a drefnodd Kate Roberts i'r ddwy 'weddw' a ninnau yn y Scrubs.

Fy nghofion cynhesaf,
Saunders

Papurau Lewis Valentine, 4/3/311/3/41

217

15a. Ffordd Meiriadog,
Hen Golwyn,
Clwyd.
29 Gorffennaf 1975

F'annwyl Saunders,

Y mae'n rhyfedd fy mod yn medru byw yn fy nghroen, a'r llythyr grasol a sgrifenasoch ataf wythnosau yn ôl heb ei ateb. Yr oedd yn dipyn o hwb i falchder dyn eich bod chwi yn credu bod ganddo ddigon o ddeunydd yn ddigon da ei safon i'w gyhoeddi'n llyfr. Ystyriais bob ysgrif a phregeth oedd yn digwydd bod wrth law, ac os rhywbeth cywilyddio wrtho yn hytrach na bodloni arno. Straen fawr y cefais i ymarfer gweinidogaeth ymhlith y Bedyddwyr, yr oedd llunio dwy bregeth ar gyfer bob Sul ynghyd â darparu gwersi ar gyfer dosbarthiadau, a'r pwyllgorau aml, a llawer o'r rheini yn ddim amgenach na seiadau i 'fratu anal', ynghyd ag eglwys drafferthus, hawlgar ar amser dyn, yn gwneud oriau hamdden dyn yn brin iawn, ac yr oeddwn yn flinedig, a chredaf i mi gael fy ngeni felly. Pe bawn yn gwbl onest efallai mai 'diog' a ygrifennwn yn lle 'blinedig'. Cato pawb! dyma fi'n achwyn ar fy myd, a hynny ymhell o'm bryd, a dyma sydd wedi f'ysgwyd o'm syrthni i sgrifennu y lled bys hwn o lythyr.

Ymhen ychydig ddyddiau bydd y Blaid ym Mhwllheli yn dathlu ei phenblwydd, a chlywais nad yw'n debyg y byddwch chi yno, a siom fawr oherwydd hynny.[432] Nid wyf i wedi bod yn agos i dref Pwllheli ar ôl ymddangos yn y llys yno hefo D.J. a chithau, ac ni byddaf yno yn y dathlu ychwaith. Ni bu gennyf erioed fawr i ddweud wrth ddathliadau. Whitehead a ddywedodd – os da y cofiaf – bod crefydd wrth ddirywio yn troi'n gleniwch, a ffurf ar y cleniwch yna ydyw'r 'dathliadau' yma, mi ddaliaf.[433] (S.L. yn anghytuno'n ffyrnig). Y gwir amdani yw fy mod wedi tyfu'n swil, ac yn gas gennyf annerch tyrfa fawr o bobl. Y mae cynulleidfaoedd teneuon ein capeli wrth fy modd i, ac y mae'n gywilydd mawr gennyf heddiw imi erioed fod yn ddyn huawdl, a chwennych hynny, a hoffi hynny. Pe baech chi yno, a D.J. a rhyw ddwsin o'r hen griw, ni fuasai'n rhaid imi deimlo fel adyn unig yn y Blaid.

Eisiau dweud wrthych-chi rwyf fi mor lwcus a fûm i'ch cyfarfod yn y cyfarfod rhyfeddol hwnnw ym Mhwllheli hanner can mlynedd yn ôl, bu'r cyfarfyddiad hwnnw yn fodd i fyw i mi, a buoch yn gynheilydd i mi a channoedd eraill yn ystod yr hanner canrif hwn. Eich llwyddiant chwi a ddethlir ym Mhwllheli, a phe medrwn fagu plwc i fynd yno, mynd yno i ddywedyd hynny a wnawn. Peth ehud iawn a fuasai honni bod gennyf hawl i ddywedyd diolch wrthych dros Gymru, ond drosof fy hun yr wyf yn ei ddywedyd o lwyrfryd calon gywir. Y mae eich holl waith argraffedig wrth fy mhenelin yn diddanu fy nyddiau, ac oherwydd hynny y mae fy nghawell yn llawn, a chanmil diolch am hynny.

Yr wyf wedi pondro llawer ar 'Weddi'r Terfyn' heb gael goleuni, ac ni welais y sgrifennu a fu yn Y Tyst, ond gweddi o ddiolch am S.L. yw un o weddïau y Terfyn i minnau.[434] Ein cyfarchion ni'n dau yma atoch chwi a Mrs Lewis. Aeth fy chwaer i fyw i Gaerdydd, ac y mae hi wedi cyfarfod â Mair unwaith neu ddwy.

Llaw a chalon i chwi,
Val.

Llsgr. 22963E, ff. 15–16

218

[Dim cyfeiriad
158 Westbourne Rd,
Penarth,
Morgannwg.]
3 Mai 1976

Fy Annwyl Val,

Bu fy merch, Mair, yma ddoe, y Sul, gyda'r newydd eich bod chi mewn ysbyty wedi cael operasiwn go ddifrifol. Yna, neithiwr dyma'r bythol ffyddlon O. M. Roberts[435] yn galw drwy'r teleffon a rhoi'r newydd da fod y driniaeth yn llwyddiannus ac mai yn ysbyty Bau Colwyn yr oeddych.

Felly, dyma finnau'n anfon dymuniadau gorau pawb ohonom, Margaret fy ngwraig, a Mair a'i theulu a minnau.

Ond y mae Margaret yn erchi imi anfon ei chydymdeimlad llwyraf a Mrs Valentine hefyd, gan ddweud ei bod hi, Margaret, wedi profi'r unrhyw bryder. Mendiwch felly ar frys, nid oes eisiau ateb hwn.

Saunders.

Papurau Lewis Valentine, 4/3/311/3/43

219

15a. Ffordd Meiriadog,
Hen Golwyn,
Clwyd.
3 Medi 1976

F'annwyl Saunders,

O'r diwedd dyma gyfle i ddiolch i chwi am eich llythyr annwyl i mi pan oeddwn yn yr ysbyty dan driniaeth go arw, ond bûm yn dyfalu sut yn y byd mawr y daethoch i wybod am y tro. Yr wyf yn amau mai O.M. a ollyngodd y gath o'r cwd. Bûm yn clafychu am fisoedd a'r wraig yn fy annog beunydd i ymweld â'r meddyg, a da fuasai pe buaswn wedi ufuddhau iddi ynghynt. Bûm yn ffodus yn y llawfeddyg a roes y driniaeth i mi, Owen Daniel, brawd Syr Goronwy Daniel, Aberystwyth,[436] ac un o'r un tras a J. E. Daniel. Cefais archwiliad ganddo ddoe ac y mae yn gwbl fodlon ar fy nghyflwr. Y mae'r gŵr wrth fodd fy nghalon, ni fyn siarad ond Cymraeg â Chymry a ddaw i'w glinig, a chleifion o Gymry yn yr ysbyty, ac fe ddywedwn mai o'i herwydd ef fod ysbyty Bae Colwyn y Gymreiciaf y gwn i amdani. Wedi gadael yr ysbyty danfonais gopi iddo o *Meistri'r Canrifoedd*,[437] ac wrth ddiolch am y gyfrol rhoddodd deyrnged wiw ichwi. Natur y driniaeth a gafwyd oedd trychu darn o'r coluddyn mawr, ac felly bach o achos a fydd gennyf i ffromi pan edliwio gelyn fod coll arnaf. Y mae'r driniaeth mi dybiwn wedi estyn tipyn ar fy einioes, ond ni all yr estyniad fod yn helaeth, digon i mi roddi tipyn o drefn ar fy mhethau er mwyn lleihau trafferthion y neb a fydd yn fy ngoroesi. Eich pardwn parod, gobeithio, am sôn cymaint am fy helynt bach, efallai y caf air yn gyfnewid yn sôn am eich hynt chi a'ch cyflwr yna, nid wyf yn derbyn fawr o newyddion o'r De bellach, D.J. oedd yn gofalu fy hysbysu am hynt Pleidwyr y De, a digon gwir yw'r cwpled, "ifanc, ifanc a ofyn, henaint at henaint y tyn."[438] Nid achwyn yr wyf, cofiwch.

Y mae'n debyg y gwyddoch mai dynesu at Fedi 7 a'm hysgogodd i ddewis yr union adeg yma i lwybreiddio gair yna. Y ddoe oedd cyfenw y diwrnod y gadawsoch lythyr i mi gyda David Lewis, Llandysul (yr oeddwn yng nghynhadledd Undeb Bedyddwyr Cymru yn Abergwaun), yn hysbysu eich bod yn dewis D.J. a minnau i fod yn gymheiriaid i chwi yng ngwaith llosgi'r Ysgol Fomio yn Llŷn. Onid wyf wedi dywedyd wrthych o'r blaen dyma fi yn gwneuthur hynny yrwan, – clamp mawr o ddiolch i chwi am fy ystyried yn deilwng i'ch cynorthwyo y pryd hynny. Y Sul nesaf, fel y gwyddoch yn ddiau, y mae Marion Eames (gynt) wedi llunio rhaglen i'w darlledu, a chytunais – o'm hanfodd braidd i gymryd rhan fechan, – rhyw sgwrs fer gyda Robin Williams.[439] Nid oes gennyf fawr o syniad beth a

ddywedais wrtho, – newydd ddwad o'r ysbyty yr oeddwn, a
digon gwantan oedd fy nghof hefyd. Ond heddiw y mae popeth
yn gwbl glir, a gallwn draethu am holl ddigwyddiadau'r noson o
funud i funud, ac y mae deugain mlynedd er hynny. Nid yw'n
werth trafod y digwyddiad mewn pwt o lythyr fel hwn, ond
dyna seiat fyddai honno pe cytunech chwi i drafod ynddi 'Cymru
wedi tanio'r Ysgol Fomio'. Yr wyf yn cefnogi Cymdeithas yr
Iaith, ond yr wyf yn ymgroesi rhag ceisio rhoddi cyngor iddi
rhag i'w haelodau ddechrau tosturio wrthyf a'm goddef fel 'hen
ŵr meddal', ond y mae deunydd go addawol yn yr wyrion. Go
farwaidd ydyw pethau ar yr arfordir yma, a rhy brin o lawer
ydyw'r cyfle a geir i seiadu hefo R. E. Jones ac O. M. Roberts,
a phrinnach ydyw y cyfleusterau teithio fan i fan, yn wir yn fwy
chwithig nag yr ydwyf fi yn eu cofio erioed. Y mae gennyf un
cyfaill yn aros o'r hen gymdeithas gysefin, amaethwr gwybodus
a chrefftus a'i feddwl yn llwythog o hen goelion. Yr wyf yn
gobeithio medru ail gychwyn y seiad wythnosol oedd gennym yn
yr hen bentref wedi cyfnerthu dipyn. Yr oedd honno yn fodd i
fyw i mi. Bu adeg pan oedd hanner yr hen blwyf yn perthyn i mi
ond disgynnodd fflyd o estroniaid ar y fan sydd yn fy ystyried yn
estron pan ymwelaf â'r lle.

Nid wyf wedi anobeithio am ymweld â Chaerdydd eto. Os
gallaf weld Gwanwyn arall, a'r un meddwl ynoch chwithau am
weld hynny hefyd, mi mentraf hi. Y mae O. M. yn taer wasgu
hynny arnaf hefyd. Buaswn wedi sgrifennu atoch droeon i fynegi
y gorfoledd a gefais, ac a gaf yn eich llyfrau, ond ofni yr oeddwn
i'm tipyn geiriau fod yn annigonol i fynegi hynny. Os cedwir i
ddyn ei olwg a'i awydd darllen ni chwynaf i fod diwedd y daith
yn ddiflas, a'ch gwaith chwi wrth fy mhenelin "mor druan nid
yw henaint nac mor dlawd",[440] a bydd digon o win yn y gostrel
i hybu'r galon dros y ffin derfyn. Gobeithio bod eich teulu chwi
yn lled iachus, Mrs Lewis a Mair a'i theulu bach. Caf air wrth fy
chwaer o dro i dro yn dywedyd iddi gyfarfod â Mair, ac y mae
Mrs Valentine yn cyd-ddymuno â mi iechyd a dedwyddwch i'r

teulu cyfan. Yn wyf yn addo tra pery y sychin [tywydd sych] fentro i Ddinbych i roddi tro am y Dr Kate, – ymweld â hi oedd ailfyw hen brofiadau heb feddalwch. Ei gofid mawr hi oedd colli ei gweinidog, y Parch. Cynwil Williams sydd wedi symud i Gaerdydd.[441] Yr oedd gennym ni y ffordd hyn feddwl uchel ohono, ac y mae'n debyg eich bod wedi ei gyfarfod, ac wedi canfod y rhuddin sydd ynddo. Wel, dyna fi wedi crwydro'n bell o'm bwriad cyntaf wrth gychwyn y llythyr hwn, sef eich cyfarch ar ddathlu deugeinfed pen-blwydd y Tân yn Llŷn. Beth pe bai'r arweiniad yna heb ei roddi i Gymru y pryd hynny? Arswydaf wrth feddwl, er cynddrwg yw hi arnom, y llanast a fyddai yma heddiw, a chlochdar dynion hocedus mewn llywodraeth leol. Yr wyf yn eich cyfarch yn annwyl ac yn ddiolchgar, ac yn cydnabod fy nirfawr ddyled i chwi. Cofion tirion oddi wrthym ill dau i chwi a Mrs Lewis,

Val.

Llsgr. 22963E, ff.17–18

220

158 Westbourne Rd,
Penarth,
Morgannwg.
6 Medi 1976

Fy Annwyl Val,

Yr oeddwn yn llawen wedi derbyn eich llythr. Yr oedd yn braw eich bod wedi gwella'n braf. Ac wedyn deall eich bod yn siarad yn y rhaglen radio ar yr ysgol fomio yn Llŷn, dyna newydd go fawr. Neithiwr bu hynny. Chlywais monoch chi. Yr oeddwn yn y gwely, ond mi gaf adroddiad, rwy'n disgwyl, heno gan ferch Mair. Mi allaswn gael set radio i'm stafell wely, ond yr oedd y syniad o wrando ar rywun yn actio fy rhan i, megis petawn i'n hirfarw, braidd yn ormod imi. At hynny mae hunangofiant J. E.

Jones yn rhoi'r argraff mai ef a'r swyddfa a Phwyllgor Gwaith y
Blaid a gynlluniodd ac a drefnodd losgi'r ysgol fomio.[442] Y mae
hynny i mi reit ddigri. Does gen i ddim newydd i ddweud wrthych. Nid wyf yn gweld
nemor neb o gwbl ers blynyddoedd ond Mair a'r wyrion a'r adar
yn yr ardd sydd hefyd yn dyfod yn hy i mewn i'r gegin, bronfraith a
cheiliog mwyalch a'i gyw, y fwyalchen a robin ac adar to. Margaret
sy'n eu dysgu ac yn gofalu bod ganddynt ddigon o ddŵr drwy ystod
y sychder maith yma. Pan fydd hi'n mynd i godi llysiau o'r ardd
mae'r teulu o adar yn ei hebrwng hi gan ddisgwyl iddi godi pryfed
genwair iddynt hwythau; ond eleni mae'r pryfed genwair wedi
diflannu, ac y mae'r glaswellt yn felyn farw a 'does na phry cop na
morgrugyn i'r fronfraith druan. Bydd y ceiliog mwyalch yn dyfod
i mewn gan ddweud ei gŵyn wrth Margaret. Dyw hithau fyth yn
rhoi bys ar neb ohonyn nhw, ac y mae'r ymddiried yn llwyr. Ond y
mae sŵn llestri o'r gegin gefn yn eu dychryn nhw.[443]

Os dowch i Gaerdydd rywdro yn y gwanwyn nesaf a minnau
hefyd yn fyw, yna gwyn fy myd i. Yr wyf i yn weddol normal
a symol gall rhwng deg ar gloch y bore a saith yr hwyr. Gallwn
gyfarfod ganol dydd.

Bendith arnoch, yn gu,
Saunders.

Papurau Lewis Valentine, 4/3/311/3/44

221

15a. Ffordd Meiriadog,
Hen Golwyn,
Clwyd.
18 Rhagfyr 1976

Fy annwyl Saunders,
Yr ŵyl gyfagos yn cymell awydd anfon gair i'ch cyfarch, a
Mrs Valentine a minnau yn dymuno Nadolig dedwydd i chwi

ill-dau, a rhwydd iechyd i'w fwynhau. Yr ydym ninnau'n dda
ddigon – pwysedd gwaed yn llesteirio dipyn ar Mrs V., a'r derni
cethin[444] arnaf finnau, a hynny o garchar sydd i'm rhan yr wyf yn
ei oddef yn ddigwyn. Yn gynnil af i bregethu i eglwysi bychain y
cylch, a chynnal dosbarth Beiblaidd ar dro yn yr eglwys yr wyf yn
aelod ohoni. Af i glwydo'n gynnar, a thridiau o bob wythnos af
am ddwyawr neu dair i'r gwely yn y prynhawn. Ond y mae rhyw
brysurdeb rhyfedd arnaf, – pobol, dan esgus gwneuthur cymwynas
â mi rhag i undonnedd fy llethu, yn crefu am help gydag ysgrifennu
anerchiad, neu bregethwr cynorthwyol yn gofyn am ysgerbwd
pregeth. Y gwir amdani ydyw hyn – nid oes neb yn chwennych
cymdeithas cleiriach[445] yn aml, ac nid oes yr un rhuddin yn y to
ieuanc o weinidogion, – y maent yn esgud i feddiannu y teganau
drudfawr – teledu lliw, ceir buan a bod yn brysur. Nid wyf yn
achwyn dim, ac y mae'n dda gennyf gael llonydd. Y mae gennyf
fel chwithau orfoledd yn fy wyrion, – tri yn Ysgol Glan Clwyd,
a dau yn Ysgol Bod Alaw, – yr hynaf yn ddeunaw mlwydd oed
y Nadolig, neu drannoeth iddo, y mae wedi llwyr ymroddi i'r
Blaid a Chymdeithas yr Iaith, ac yn dipyn o lawiau hefo'i daid.
Am ddarllen y mae gennyf fy llawn hwde yn eich llyfrau, a mad fu
fy ngeni yn gyfoeswr â chwi, daw arswyd arnaf wrth feddwl mor
druan fuasai ein hoes pe na fuaswn wedi eich cyfarfod a'ch adnabod
a'ch dilyn. Yr wythnos ddiwethaf cefais *Y Traethodydd* i'm llaw.
Od a diddorol. Onid oes gennych ofn i'r Freudiaid fynd i'r afael
a'r breuddwyd?[446] Wel, rhag cywilydd arnaf am eich poeni a llith
mor faith, ac mewn sgrifen nad yw yn rhy hawdd ei ddarllen. Ond
dyma gofleidiau o ddymuniadau i chwi a'r teulu.

    Yn dirion iawn,

    Val

Llsgr. 22963E, ff. 19–20

222

158 Westbourne Rd,
Penarth,
Morgannwg.

Sul, 20 Chwefror 1977

Fy Annwyl Val,

Dyma fi o'r diwedd yn cychwyn ar ateb eich llythyr chi a
ddaeth imi y Nadolig. Maddeuwch y teipio; ni fedraf ddal pin
sgrifennu ond am dro byr, gan fod cryd cymalau wedi gafael yn
nau fawd fy nwy law, ond y mae teipio ag un bys o bob llaw yn
gwbl ddiboen.

Nid bod gen' i na newydd na dim i'w ddweud. Y mae tywydd
oer y gaeaf a'r glaw oer yn fy nal i'n garcharor ger y tân, a'r *asthma*
felly yn weddol dawel. Mae fy ngwraig, sy'n hŷn na mi, yn mynnu
bihafio fel petai hi ddeng mlynedd iau, a hi sy'n gwneud holl waith
y tŷ a'r bwyd a'r ardd ac yn gofalu am Fair a'i theulu. Hyfryd oedd
clywed eich bod chithau'n cael diddanwch a diddordeb yn eich
wyrion. Poeni am ddyfodol ei hwyrion y mae Margaret a gofyn
"Beth ddaw ohonyn nhw yn y byd sy'n mynd waethwaeth?"

Wyddoch chi beth yr wyf i'n ei astudio y dyddiau yma? Mae
arna'i bron gywilydd dweud, rhag imi ymddangos yn *quack*! Ond
rhyw ddeufis yn ôl mi gymerais gyfieithiad pwyllgor John Morris-
Jones o Efengyl Marc, ac yn sydyn wrth ddarllen gweld ei fawredd
fel llenyddiaeth.[447] Yna mynd ati i ddarllen yr esbonwyr diweddaraf
o'r Moffat Commentary ymlaen,[448] Saeson ac Almaenwyr, ac yna
chwilio hanes llenyddol Rhufain dan deyrnasiad Nero pan oedd Pedr
a Silfanus a Marc gyda'i gilydd yno a Nero ei hunan yn gwneud
drama Roegaidd yn ffasiynol a Seneca yn sgrifennu ei drasiedïau,[449] a
gweld Epistol Cyntaf Pedr ac Efengyl Marc yn gynnyrch y cynnwrf
hwnnw a'r erlid a laddodd Paul ac yn fuan wedyn Pedr ei hunan, a
"dwyfol drasiedi" yr Efengyl yn etifedd, nid i'r Hen Destament yn
unig ond i Aeschylus a'r trasiediau Groegaidd yn ogystal.[450] Silfanus,
yn fwy na Phedr, oedd athro llenyddol Marc.[451]

Wel, Groeg bachgen ysgol yw'r cwbl sy gennyf i a byddai

mentro sgrifennu erthygl ar y fath bwnc yn haerllugrwydd enbyd.
Ac eto, ni allaf adael llonydd i'r peth. Y mae'r Efengyl yn gorffen
gydag adnod XVI–8, ac felly yn unig y dangosir mawredd ofnadwy
trasiedi Crist. Yr oedd yr Atgyfodiad yn ddychryn mwy aruthr i'r
gwragedd duwiol na'r Croeshoeliad ei hun.[452]
Dyna fi wedi arllwys fy nghwd! Maddeuwch imi. Fy nghofion i
a'm gwraig at Mrs Valentine a phob dymuniad da,
Yn gu iawn,
Saunders.

Papurau Lewis Valentine, 4/3/311/3/45

223

15a. Ffordd Meiriadog,
Hen Golwyn,
Clwyd.
24 Mehefin 1977

Fy annwyl Saunders,
Yr wyf yn gwrido wrth feddwl cyhyd y bûm yn cydnabod eich
llythyr a ddaeth yma tua mis Chwefror. Y pryd hynny, ac am spel
wedyn, yr oeddwn mewn enbyd o boen, – rhyw anghaffael yn fy
nghefn, ond aethpwyd ar drywydd y drwg, a dyma fi'n weddol
iach unwaith eto, a meddyg o'r gorau yn bwrw gofal drosof. Yr
anras[453] ar y fygfa yn eich aflonyddu a'ch llesteirio, ond yr ydych
yn teipio'n lanwaith. Yr wyf fi wedi dodi fy nghas ar deipio, ac
yn dysgu eilwaith ddal sgrifbin rhwng bys a bawd. Diddorol oedd
eich cyffes am gyfieithiad John Morris-Jones o Efengyl Marc.
Cefais ddeunydd pregeth y Pasg yn "yr oedd yr Atgyfodiad yn
ddychryn mwy aruthr i'r gwragedd duwiol na'r Croeshoelio ei
hun", – na, nid pregeth, ond anerchiad mewn seiat. Yr oedd
ysgrif y Dr Puleston Jones ar Efengyl Marc pan gyhoeddwyd
cyfieithiad y Brifysgol wedi ein tywys yn ddiogel i weld mawredd
y cyfieithiad.[454] Yr wyf yn ddiysgog fy nghred mai'r Aramaeg oedd

iaith wreiddiol y dogfennau Cristnogol sydd tu ôl i'r Testament
Newydd, ac ar un adeg rhoddais oriau lawer i astudio Aramaeg
gan obeithio astudio'n llwyrach y ddamcaniaeth honno, ond, yn
ôl eich awgrym ynglŷn â Silfanus, tybed nad ef oedd y gŵr a fu'n
amgeneirio (E.ap I.)[455] yr hanes gan Marc, ac iddo ddylanwadu yn
helaethach nag a dybir ar hynt yr Eglwys Fore. Yn wir, yn wir,
nid haerllugrwydd a fyddai ichwi fentro sgrifennu erthygl ar y fath
bwnc. Mor sionc yw eich meddwl.

Bûm yn Nimbych yn ddiweddar yng nghynhebrwng un o'r
gweinidogion a'm hystyriai yn 'dad yn y ffydd' iddo. Chwarelwr
ydoedd cynt ym Methesda, wedi cilio o'r eglwys, ac oeri tuag
at ei weinidogaeth. Y Tân yn Llŷn a'i gyrrodd yn ôl i'r seiat
ac i'r weinidogaeth, a dilynwyd ef gan dri brawd, a mab iddo
ydyw Ieuan Jones, ymgeisydd y Blaid yn Nwyrain Dinbych.[456]
Euthum heibio'r Cilgwyn a galw ar y Dr Kate. Y mae hi'n llesg
a llegach, a golwg bur druan arni, medd ei meddyg wrthyf,
– dibynnu y mae yn bennaf ar gyfeillion, a rheini'n mynd yn
brinnach, brinnach. Yr oedd symud o'i gweinidog, y Parch.
Cynwil Williams, i Gaerdydd yn golled enbyd iddi. Os gwn i
a ydych wedi ei gyfarfod? Y mae'n bryd terfynu'r llith, ac nid
oes yn aros ond crefu am eich maddeuant am oedi ateb eich
llythyr gwerthfawr. Yr ydym ni'n dau yn danfon cofion tirion, a
bendith ar Mrs Lewis a'i phryderon –

Llaw a chalon,

Val.

Llsgr. 22963E, ff. 21–2

224

15a. Ffordd Meiriadog,
Hen Golwyn,
Clwyd.
16 Rhagfyr 1977

F'annwyl Saunders,

Dyma hi'n dymor y Nadolig eto ac yn ddiwedd blwyddyn a ninnau'n dau ar 'dir y byw' chwedl y tadau. Y mae gennyf fantais arnoch chi, y mae eich llyfrau a'ch ysgrifau beunydd beunoeth wrth fy mhenelin, a chaf gyfathrachu â chi pan fynnwyf, ac y mae hynny'n aml iawn er fy lles. Daw cyfaill neu ddau heibio ar dro a chi fydd testun ein hymddiddan fynychaf. Go brin yw'r cyfeillion hynny bellach, R. E. Jones ydyw'r cysonaf, a'r ffyddlonaf. Daw hefyd rhyw sibrwd o gyrrau'r Deheudir yna hyd yma weithiau, ond prin anwedd ydyw hynny hefyd. Ym mha gyflwr o iechyd ydych chi a Mrs Lewis ar yr oerni cethin yma? Os bu hi yn gyn oered yna ac y bu hi yma yr oedd yn enbyd arnoch. Fe'm carcharwyd i ganddo ac ni chemais dros y rhiniog am bythefnos. Gobeithio bod Mair a'i theulu bach yn ffynnu.

Tua mis Awst diwethaf bu farw tad ymgeisydd y Blaid yng ngorllewin Dinbych, sef y Parchedig John Jones a fu'n weinidog yn Ninbych am flynyddoedd. Yr oedd gan y Dr Kate feddwl mawr ohono, a minnau hefyd. Yr oedd ef wedi oeri at gapel a chrefyddwyr ardal Bethesda, ond gyrrodd y Tân yn Llŷn ef yn ôl i'r seiat yn ymgeisydd am y Weinidogaeth. Cafodd yrfa ddigon llwyddiannus, nid ar gorn dim a gafodd yn y coleg, ond ar gorn diwylliant chwareli Bethesda. Am ddweud wrthych yr oeddwn, ond fy mod yn hir yn dyfod at y pwynt, imi fentro i'w gynhebrwng yn Ninbych a dal ar y cyfle i ymweld â'r Dr Kate. Ni chefais fawr o sgwrs hefo hi am i'r meddyg ddigwydd galw yr un amser, ac yr oedd y cyfaill a'm cludai yn ei gar ar frys i ddychwelyd i Fae Colwyn. Yr oedd yn eglur fod K.R. mewn dirfawr boen, ac yn gythryblus. Y mae hi dan ofal arbenigwr o Gwm Tawe, Cymro

hawddgar ac enw da iddo. Er imi ddymuno hynny, oherwydd
y tywydd a phrinder cyfleusterau teithio, ni chefais gennad i
deithio cyn belled. Yr wyf yn bygwth mynd i Ddinbych os daw
hwb llariaidd i'r tywydd. Y mae'r hen gyfaill Eirwyn Morgan yn
ysbyty'r Gwynfryn yno, am y trydydd tro. Bu'n wael iawn ac nid
oes neb yn disgwyl adferiad iddo. Ni welais erioed y falan ddu mor
ddwfn ei chrafanc ar neb erioed. Bydd yn golled anaele i'n henwad
ni, ac i'n cymdeithas Gymraeg ac i'n cenedl, os metha ac ailafael yn
ei waith.

Yr oeddwn wedi dechrau ar ymchwil i gyflwr crefydd yng
nghantref y Rhos cyn i'm hafiechyd fy atal, ac nid wyf eto wedi
ailafael yn y gorchwyl, ac y mae'n debyg na chaf nerth digonol i
hynny. Digalon ddigon oedd yr ychydig ymchwil a wneuthum.
Fel y gwyddoch chi'n dda bu stori'r cantref hwn yn un digon
gwrol, ond llymrigod[457] piau'r dydd bellach. Mi ddaliaf mai
camgymeriad a wna dyn yn dychwelyd i'w hen fro wedi ymddeol
o'i waith, yn arbennig pan fo newid mor llwyr wedi digwydd yn
y fro honno.

Af yn aml i'r Llan lle'm magwyd, prin iawn ei Gymry
bellach. Y mae gennyf un hen gyfaill, ac y mae seiadu hefo
fo yn fodd i fyw. Darllenaf iddo a sgrifennu llythyrau drosto
a chodi hen benillion a hen eiriau a hen storiau a adroddir
ganddo. Ffarmwr oedd ef, a ffermwyr ei deulu o hil gerdd o'r
ddwy ochr hefyd. Fe fydd yn wyth deg wyth ar ei benblwydd
nesaf. Y mae bron yn gwbl ddall, ac yn byw ar ei ben ei hun,
ac yn dymuno parhau i wneuthur hynny, ond gwaethygu mae
ei olwg, ac y mae'r meddyg yn ei rybuddio nad yw yn ddiogel
iddo barhau felly.

Ar eu twf y mae plant Mair, a chlywaf fod un â dawn cerddorol
nodedig ganddi. Nid wyf yn cofio i mi eich clywed chwi erioed
yn canu (na D.J. ychwaith) nac yn gwneuthur osment[458] at hynny.
O du Mrs Lewis y daw'r ddawn, efallai! Yr oedd un o'm hwyrion
i yn dechrau ar ei gwrs yn Aberystwyth eleni. Y mae cyn daled
â'i daid ac yn aelod brwd o Gymdeithas yr Iaith. Ceisiais ddwyn

perswâd arno i ddewis Bangor, ond dilyn ei dad yn Aberystwyth a fynnai. Y mae'r wyrion eraill yn siarad Cymraeg croyw, a gwych y gwaith a wneir yn ysgolion Bod Alaw a Glan Clwyd. Ond llwm o fyd sydd i'r Gymraeg ar yr arfordir yma, a nychir hi waethwaeth eto gan briffordd newydd y rhoed cennad i'w chodi gan John Morris,[459] ond byddai rhoddi cennad i'w rhedeg trwy fro Gymraeg y cefn gwlad yn gwneuthur llawer mwy o niwed. Digon o waith y caf fi weld ei chychwyn heb sôn am ei chwplau. Yr wyf yn mawr obeithio fod eich dyddiau yn weddol ddiddig a diboen, chychwi a Mrs Lewis. Nid wyf yn cwbl anobeithio am daith i Gaerdydd a chael seiadu wyneb yn wyneb.

Mawr fo dedwyddwch y Nadolig hwn i chwi, a deued y flwyddyn newydd atoch yn raslawn. Yn y dymuniad hwn y mae Mrs Valentine yn ymuno'n gynnes â mi.

Fyth yn ddiolchgar am eich adnabod a phopeth ddaeth o hynny i mi,

Val.

Llsgr. 22963E, ff. 23–4

225

158 Westbourne Rd,
Penarth,
Deau Morgannwg.
20 Chwefror 1978

Fy Annwyl Val,

Dyma fi o'r diwedd yn dechrau cychwyn (chwedl pobl Eifionydd) fy llythyr atoch. Bu'r oerni yn arw yma er cyn y Nadolig, ond nid dim tebyg i'r eira mawr a'r rhew caled a'r gwyntoedd yn ysgubo lluwchfeydd i gau'r holl ffyrdd a'r gerddi fel sydd ers tridiau. Ni chawsom laeth ers tridiau a heddiw nid oes siop ar agor ym Mhenarth. Nid wyf yn cofio dim byd tebyg er pan oeddwn yn grwt a gweld afon Mersey wedi rhewi. A dyna

un rheswm pam na fedrwn sgrifennu atoch. Aeth rhywbeth o
le ar fy nheipiadur a bu cryd cymalau dan yr oerni yn parlysu fy
mysedd. Ond heddiw yn ffodus maen nhw'n well ac mi fedraf
drafod biro. Rheswm pwysicach yw bod Margaret, fy ngwraig,
wedi bod yn bur wael ei hiechyd ers cyn y Nadolig. Y mae
hi ryw dipyn gwell rwan ond nid llawer. Bronceitis sydd arni.
Mae hi'n cysgu yn annifyr rwan mewn cadair ger y tân ac yn
griddfan ac ochneidio yn ei chwsg. Nid arhosodd hi ddiwrnod
yn y gwely ac ni fyn ddoctor ar ei chyfyl. Mae hi ddwyflwydd a
hanner yn hŷn na mi. Gwelwch felly fod gennyf achos pryderu.
Mae hi'n mynnu gwneud ei holl waith fel arfer. Bu cwmni
teledu'r BBC yn gweithio ers mis ar fy nrama Hitleraidd i, sydd
i'w theledu y Llun nesaf.⁴⁶⁰ Ni bûm i'n agos atynt na chlywed
ychydig o'u hanes. Yn ffodus yr oeddwn wedi gorffen y ddrama
tua blwyddyn yn ôl. Fe fu arwriaeth distaw yn rhan o dreftadaeth
Margaret. Bu hen-nain iddi, gwraig i weinidog Wesle yn cuddio
Ffeniaid pabaidd yn ei thŷ a milwyr Lloegr yn hawlio chwilio'r
stafelloedd, a'r gweinidog yn caniatáu heb wybod am ystryw ei
wraig. Yr oedd pris ar bennau'r ddau ffoadur; yr offeiriad pabaidd
a'u gyrrodd nhw i dŷ'r gweinidog a dweud wrthynt 'She'll take
you in. They will search my house but not the minister's'. Ni
ddaliwyd mohonynt.

Ni wyddwn i fod Eirwyn Morgan mor wael. Byddai ei golli
ef, fel y dywedwch, yn golled i genedl. Mae'n ddychryn i mi
fod dynion cymaint iau na mi – bu Eirwyn am flwyddyn yn
efrydydd yn fy nosbarth yn Abertawe – yn clafychu ac yn marw
o'm blaen i. Y mae henaint mawr yn beth arswydus, yn ein
gadael ni mewn byd dieithr. Ond diolch o leiaf am wyrion! Yr
ydych chithau'ch dau yn blasu'r cysur mawr yna, ac y mae eu
bod yn Gymry Cymraeg iawn yn lleddfu'r dieithrwch. Y mae fy
wyres hynaf i wedi dechrau'n athrawes yn awr yn ysgol Gatholig
Penarth, ac yn dysgu Cymraeg i'r babanod ac yn sefydlu cangen
o'r Urdd yno. Chwarae teg i Fair a fynnodd ysgolion Cymraeg
i'r tri.

Rhaid imi dewi. Mi garwn yn fawr fod gennyf eich cyfoeth chi
o Gymraeg bro. Mae'ch llythyrau yn ddanteithion.

Cofion cu atoch eich dau,

Saunders.

*Nid babanod chwaith ond 6–8 oed.

Papurau Lewis Valentine, 4/3/311/3/46

<hr>

226

158 Westbourne Rd,
Penarth,
Deau Morgannwg.
Sul, 7 Ionawr 1979

Fy Annwyl Val,

Blwyddyn newydd dda i chi a Mrs Valentine. Mae'r dadmer
mawr wedi cychwyn a dyma finnau am y tro cyntaf eleni yn troi fy
nhrwyn oddi wrth y tân trydan at bapur sgrifennu. Bûm yn weddol
wael, cael cyffyrddiad o'r *pleurisy* ar ben fy annwyl gariad yr *asthma*
neu gaethder anadl. Mae gennyf wraig sydd ddwy flwydd a hanner
yn hŷn na mi. Ond hi a gymerodd holl faich y tŷ a'r bwyd a'r
glanhau a gofalu amdanaf a'm hiachau, a dyma fi erbyn heddiw yn
anadlu'n rhydd o boen a chystal ag y bûm cyn yr eira a'r rhew.

Diolch i chi am y calendr Cymraeg a'i luniau ac am eich
llythyr – prawf eich bod chithau wedi gwella. Bu O. M. Roberts
yn teleffonio o Gaerdydd, dipyn cyn y Nadolig, yn fy ngwahodd
i ginio gydag ef mewn gwesty yn y ddinas, a minnau'n gorfod
dweud fod y dyddiau hynny ar ben i mi, o leiaf yn ystod y gaeaf.
Cefais lythyr rhyfeddol o ddewr gan Kate Roberts yn dweud
mymryn o'i helynt a'i phoenau, ond ei hysgrifen yn eglur a del fel
erioed.[461] Mae'n rhaid mai hi a ni'n dau yw'r tri hynaf a fu yn ysgol
haf gyntaf y Blaid ym Machynlleth, os nad yn wir mai ni yw'r unig
rai sydd ar ôl o'r rhai a fu yno.

Rwy'n mawr ddymuno i chi ac i Mrs Valentine flwyddyn heb salwch, heb boenau corff, heb bryderon ynglŷn â'r ferch a'r mab a'u plant; fe all wyrion fod yn bryder ac yn llawenydd. Y mae fy ngwraig i yn edrych ar ei merch a'i theulu fel petaent oll yn blant iddi hi ac mai hi sy'n gyfrifol amdanynt. Dyna'r pam na all hi ddim fforddio heneiddio, mae ganddi ormod i'w wneud!

Yn iach, gyfaill da,

Saunders.

Papurau Lewis Valentine, 4/3/311/3/47

Dechrau'r wythdegau

Henaint ni ddaw ei hunan

Anrhydeddu Saunders Lewis

227

158 Westbourne Rd,
Penarth,
Deau Morgannwg.
13 Chwefror 1980

Fy Annwyl Val,

Nodyn byr ar frys wedi cael eich llythyr chi heddiw. Peidiwch, da chi, a sôn wrth neb fy mod wedi bod yn wael. Yr wyf wedi gwella'n rhyfedd o dda, a'r peth casaf gennyf fyddai fod dim felly amdanaf mewn papur Cymraeg neu Saesneg. Ac yn wir nid oes arnaf i nac ar y wraig eisiau cyfeillion i alw yma a chynnig comorth [sic]. Mae gennym ferch a dwy wyres sy'n gwneud pob dim inni, ac yn ein hoed ni, a chydam byddardod i y mae cwmni pobl yn galw bellach yn flinder mawr. Ar hyn o bryd yr wyf yn paratoi i gyhoeddi fersiwn drama o *Excelsior* ar ôl i gwmni theatr dan lywyddiaeth Tom Parry geisio fy help a'm caniatâd ac yna gyhoeddi na wnant. Cefais air heddiw oddi wrth Pennar Davies. Mae yntau'n paratoi ei amddiffyn.[462] Mawr obeithiaf eich bod chithau'ch dau yn cadw'n well eich iechyd.

Fy nghofion cynnes,
Saunders.

Papurau Lewis Valentine, 4/3/311/3/48

228

15a. Ffordd Meiriadog,
Hen Golwyn,
Clwyd.
30 Ionawr 1981

Fy annwyl Saunders,

Y mae'n ddirfawr fai arnaf am adael i'r flwyddyn gerdded i'w hail fis cyn danfon atoch air i chi a Mrs Lewis i ddymuno

blwyddyn ddidramgwydd. Mawr ddiolch am ddanfon i ni gopi
o *Excelsior*, yr oeddwn yn gwrando ar yr un perfformiad hwn
yn 1962, a daeth, a chafwyd dipyn o hwyl (hiraethus hefyd) o'i
ddarllen y Nadolig.

Fe gaech chi ddeunydd comedi arall pe gwelech fi yn ymlafnio
wrth geisio llunio pwt o lythyr i chwi, – daeth fy hen deipiadur
ffyddlon i'w ddiwedd a'm gadael yn ysglyfaeth byseddol i'r cryd-
cymalau, ond trugarhaodd cyfaill wrthyf a rhoddi benthyg ei
beiriant bach ef, ac ag un bys y ceisiaf ganddo dderbyn fy ngeiriau,
ac y mae ganddo lawer cast i'm drysu.

A'r oerni yn cynyddu fy nhrafferth, – nid wyf yn cofio
teimlo'n oerach erioed, a buoch ill dau yn aml, aml ar fy meddwl,
a gobeithio bod yr hinsawdd yna yn dynerach nag yw hi yma.
Caf air gan fy chwaer o Gaerdydd yn fynych, a llwydda i loffa
peth hanes amdanoch, ac weithiau y mae yn taro ar Mair, a
bydd yn air sicr o lygad y ffynnon. Yr oeddwn wedi bwriadu
danfon gair atoch i ganmol perfformiad syfrdanol eich wyres
yn *Blodeuwedd* beth amser yn ôl, ond euthum yn ddychryn
anghofus.[463]

Dyma ni'n dau wedi gadael ein hwythfed flwyddyn a phedwar
ugain, a Mrs V. yn bedwar ugain ddechrau'r wythnos nesaf, a
Mrs Lewis yn esmwyth ar y blaen, a Duw fo'n dirion wrthych
ill dau. Yr wyf yn ddieithr iawn i waith y Blaid yn y cylch, ac
ychydig o'm hen gydnabod sydd o fewn cyrraedd, ac ychydig
bellach sydd ar gael. Gwledda ar freuddwydion yr wyf, a melys
y seigiau hefyd. Y peth mwyaf a ddigwyddodd i mi oedd dyfod
i'ch adnabod chi, a chael y fraint o'ch dilyn. Nid wyf yn deall
y datblygiadau sydd yn y Blaid heddiw, a bûm yn meddwl mai
derbyn y chwiw seneddol, yn groes iawn i'ch dymuniad oedd y
caff gwag mawr a ddigwyddodd. Bûm yr wythnos ddiwethaf hyn
yn darllen eich pamffledyn cyntaf, *Egwyddorion Cenedlaetholdeb*,[464]
a rhai o'ch ysgrifau cyntaf yn *Y Faner*, a daw rhyw deimlad o
euogrwydd i mi. Pe baem wedi gwario'n hegnion a'n hadnoddau
yng Nghymru a mynnu gafael yn sicr ar y cynghorau lleol

byddai'n stori'n wahanol iawn, mi dybiaf. Ond pa fudd sydd o'r breuddwydion hyn? Y mae arnaf ofn bod Caerdydd yn mynd yn bellach, bellach, ac na chaf mo'r cyfle o ddweud yn eich wyneb, diolch yn fawr i chi am roddi i mi ragorfraint eich cyfeillgarwch, a sail i gredu, oherwydd eich arweiniad a'ch dylanwad, na bûm fyw yn ofer.

Pe bawn yn offeiriad fe ofynnwn i chwi ill dau dderbyn fy mendith, ... diolch a diolch ... 'opheiletes eimi'.[465]

Cofion annwyl iawn,

Val.

Llsgr. 22963E, ff. 25–6

229

5 Rookwood Close,
Llandaf,
Caerdydd.
11 Chwefror 1981

Annwyl Mr Valentine,

Ysgrifennaf atoch ar ran fy nhaid, yn gyntaf er mwyn diolch i chi yn fawr iawn am eich llythyr caredig a ddaru chi anfon at fy nhaid. Mi oedd y llythyr yn gysur mawr iddo. Yn ailbeth, i ddweud yn anffodus syrthiodd taid ychydig ddyddie yn ôl gan dorri ei [g]lun. Mae o ar hyn o bryd yn "Skomer House" Penarth dan ofal da iawn. Gyda lwc, os 'neith y glun drwsio'i hun, ni fydd angen triniaeth lawfeddygol arno. Yr unig wir gysur yw ei fod o o dan ofal da iawn, rydym yn poeni fwy am nain – mae hi fel 'tasa hi ar goll (yn naturiol wrth gwrs). Ar hyn o bryd, mae Mam yn aros gyda Nain ond mae'r ddwy o dan straen fawr.

Peth [*sic*] bynnag, gobeithio'n fawr fod y ddau ohonoch chi mewn iechyd da. Er nad wyf erioed wedi eich cyfarfod, rwy bob amser yn meddwl gymaint o anrhydedd bysa hynny i mi. Efallai, ryw ddydd y caf.

Yn gywir iawn,
Siwan.

Papurau Lewis Valentine, 4/3/311/3/49

230

15a. Ffordd Meiriadog,
Hen Golwyn,
Clwyd.
5 Ebrill 1981

F'annwyl Saunders,

Rhyw ddyfalu yr wyf sut y mae hi arnoch chi, ond ni ellwch fod yn well na'm dymuniad a'm gweddi i. Daeth rhyw achlust o'r ardal i chwi fod yn yr ysbyty gyda helynt yn chwarren y prostet, a hyn ar ben effeithiau'r codwm, y mae'n debyg. Mi gefais i y driniaeth yna yn y Rhos, a deuthum trwyddi yn ddidramgwydd heb fawr o boen, ond i gael rhyddhad dedwydd o'm gorchwylion am dri mis, ond yr oeddwn dipyn yn ieuengach y pryd hynny. "Dyna fi wedi estyn ugain mlynedd ar eich einioes" meddai'r meddyg wrthyf pan ddeuthum ataf fy hun, – aeth yr ugain mlynedd heibio ers spel byd. Yn ôl yr hanes mwynhaodd K.R. miri dathlu ei hoed, ond ni chefais gyfle i ymweld â hi, ac amheuaf a ddaw cyfle felly mwyach. Nid wyf yn cwyno, diolch i S.L. yn bennaf daw o'i gostrel "beth o'r gwin i hybu'r galon rhwng yr esgyrn crin".[466] Mi garwn yn fawr fedru siwrneia i Gaerdydd i roddi tro amdanoch chwi a'm chwaer. Gobeithio bod Mrs Lewis wedi ymgynnal yn weddol dan yr helynt, ac y mae Mrs V. a minnau yn ei chyfarch yn dirion, ac yn dymuno adferiad buan i chi.

Cofion annwyl atoch chi a'r teulu,
Val.

Llsgr. 22963E, f. 27

231

15a. Ffordd Meiriadog,
Hen Golwyn,
Clwyd.
15 Rhagfyr 1981

Saunders annwyl,

Dyma ni yn gyfoedion bellach, [a] chaiff y cerdyn hwn, er ei symled, gyflwyno ein dymuniadau da, Mrs Valentine a minnau, i chwi a Mrs Lewis. Cawsom ymwelydd annisgwyl yn ddiweddar gan un o ferched y Rhos, Beryl Mitchell sydd yn byw ar Ffordd Cyncoed yng Nghaerdydd, a buom yn ei holi'n daer am eich hynt a'ch helynt, ac anfelys iawn oedd yr hanes oedd ganddi, a chefais ganiad ffôn gan y Dr Gwynfor Evans, a stori fwy cysurus ganddo ef amdanoch ill dau. Yma gwendid ffydd Mrs V., (ymadrodd y Rhos am ddigalondid mawr) byth er pan gyrhaeddodd ei phedwar ugain, a'm bronteitus innau, ac ar ben hyn afiechyd enbyd yr hynaf o'n hwyrion, newydd iddo gwplau ei dymor yng ngholeg Aberystwyth, ond gwella y mae ei ragolygon. Cefais air gan Kate Roberts gynnau a chopi o'i *Haul a Drycin*[467] a rhown lawer am fedru teithio cyn belled â Dinbych am seiat hefo ei Rhyfeddod. Ond pam y dylwn i achwyn a minnau yn medru seiadu â chwi pan fynnwyf, dim ond estyn fy llaw at un o'ch llyfrau sydd o fewn cyrhaeddiad fy mraich bob amser. Yr ydych chwi, Saunders, yn nyfnach yn serch yr unig bobl sydd werth gwrando arnynt yng Nghymru, ac os oes rhai yn eich rhegi, y mae eu rheg hwy cystal â rhad i chwi. A dyma fy mendith innau am ei gwerth i chwi a'r eiddoch. Eich dyledwr fyth,

    Val.

232

158 Westbourne Road,
Penarth,
Deau Morgannwg.
30 Ionawr 1982

F'Annwyl Val,

Yr wyf yn cenfigennu wrthoch. Collais fy nghof. Ni fedraf sgrifennu'n iawn na siarad. Ac ers blwyddyn a chwaneg nid wyf ond baich i'm gwraig ac i'm teulu a'm doctor. Ac ni fedraf farw. Peidiwch â sgrifennu ataf eto, gan na fedraf mwyach ateb yn gall. Y gwaethaf yw na fedraf ddarllen dim Cymraeg gan fod print pob llyfr a chylgrawn [*sic*] Cymraeg yn rhy fân. Dyna ddigon o gwyno. Yr wyf yn cael pob gofal a chysur a doctor, gwraig o Gymraes ardderchog, ac y mae fy ngwraig yn garedig tu hwnt. Cofion cynnes iawn atoch eich dau, peidiwch â sgrifennu'n ôl.

Saunders.

14 Chwefror 1982.

Ni phostiais y llythyr hwn gan fwriadu ei ail-sgrifennu gyda llai o gwyno, ond ni fedraf. Mae fy ngwraig sydd ddwy flynedd yn hŷn na mi yn awr yn ei gwely hefyd ac yn wael, a'n merch sy'n gofalu amdanom.

Mae ganddi hithau ddwy ferch a mab. Mae'r mab yn gobeithio pasio i fynd i Fangor i'r coleg y flwyddyn nesa.

Ni sgrifennaf ragor gan obeithio y bydd gennyf well newydd yn fuan. Maddeuwch y gwallau.

Yn gu,
Saunders.

Papurau Lewis Valentine, 4/3/311/3/50

233

15a. Ffordd Meiriadog,
Hen Golwyn,
Clwyd.
28 Mawrth 1982

Saunders annwyl,

Rhaid i mi ddyrnu y tipyn llythyr yma ar y teipiadur gan fy mod mewn ing wrth feddwl amdanoch chi a Mrs Lewis yn eich nychdod, ac mi roddwn ddarn o'm heinioes am fedru dyfod cyn belled â Phenarth i'ch gweld a'ch cyfarch. Y mae fy holl oriau effro yn troi o'ch cwmpas chi a'r arweiniad a'r argyhoeddiadau a roisoch i'n cenhedlaeth ni, a gwae ni na fuasem yn fwy teilwng o ysblander eich ymdrechion dros Gymru. Yr wyf fi'n ŵr unig iawn yn y Gymru sydd ohoni heddiw, a phrin bellach yw fy nghydnabod a'm cyfeillion, ac anaml iawn y daw neb heibio i mi yma. Ond caf lythyrau cyson gan Gymry ieuainc yn crefu am oedfa gennyf i drafod eich gwaith a'ch arweiniad yn y Blaid, a hyd y gallaf yr wyf yn eu croesawu. Ond ers blwyddyn bellach y mae Mrs Valentine yn fawr bryder imi, aeth hi i gyflwr o isel ysbryd, ac nid yw cyffuriau'r meddygon yn dwyn fawr les iddi, ac ni all oddef i mi ei gadael o gwbl. Er hynny y mae hi yn fawr ei chydymdeimlad â chi a Mrs Lewis, ac yn fy siarsio i grybwyll hynny yn y llythyr yma. Yr oeddwn wedi gobeithio hyd yn ddiweddar y cawn ymweld â Chaerdydd, ond cystal i mi fodloni bellach na ddigwydd hynny heb wyrth. Pa air o gysur a allaf ei lefaru wrthych? Ni allaf ond mynegi fy niolch i rhyw Drefn drugarog a barodd i mi eich cyfarfod, a'm gwared rhag 'gwacter ystyr' i'm tipyn bywyd. Nid wyf yn peidio â gweddio drosoch ill dau beunydd, a'm bendith ar Mair a'i theulu sydd yn ddiau yn fawr ei gofal amdanoch.

Fy ngweddi a'm calon i chi, Saunders,
Val.

Llsgr. 22963E, f. 29

234

158 Westbourne Road,
Penarth,
Deau Morgannwg.
Dydd Llun y Pasg 1982

Fy Annwyl Val,
Mae'n ddrwg iawn gennyf glywed am salwch Mrs Valentine. Y mae hi'n iau lawer na chi, ac y mae gobaith y daw hi eto'n well. Peidiwch â gofidio na fedrwch ddyfod i'n gweld ni yma na chael sgwrs oblegid byddai hynny'n amhosibl. Ni fedraf glywed fy ngwraig na fawr neb arall heb iddynt weiddi yn fy nghlust. Mi gefais stróc ac fel y gwelwch anodd yw imi sgrifennu ac anodd hefyd yw imi lefaru'n gywir. Y mae fy merch yn gadel ei thŷ a'i theulu i ofalu amdanom. Ac yr ydym yn lwcus a hapus fod gennym yr Esgob Myllins [*sic*] sy'n Gymro ac yn genedlaetholwr o Gymro ac yn Wyddel yn Esgob y plwyf.[468] Y mae arnaf gryn ofn y bydd yr Archesgob yn ymddeol ar ôl ymweliad y Pab. Gall hynny achosi colli yr Esgob Myllins [*sic*] o Benarth. Maddeuwch lythyr mor aflêr a llawn o gamgymeriadau.
Yr eiddoch fyth,
Saunders.

Papurau Lewis Valentine, 4/3/311/3/51

235

15a. Gweledfa,
Ffordd Meiriadog,
Hen Golwyn,
Bae Colwyn,
Clwyd.
10 Medi 1982

F'annwyl Saunders,
Nid wyf wedi derbyn nemor ddim newyddion am eich helynt chwi a Mrs Lewis yn ddiweddar. Galwodd Wyn Samuel yma ar

ei hald dro yn ôl, ac yr oedd y newyddion a gefais ganddo yn
eithaf calonogol, ar y cyfan. Yr oeddwn yn dibynnu ar fy chwaer
sydd yn byw yng Nghaerdydd i gribinio peth o'ch hanes, ac yr
oedd hi'n ddiwyd yn gwneuthur hynny, ond y mae hi'n bur llesg
ers wythnosau a minnau wedi gorfod rhoddi heibio pob gobaith
am deithio i Gaerdydd. Y mae'r tor llengig wedi ychwanegu at
fy nhrafferthion, ac ni wn i eto a ydyw'r meddyg am fy nanfon
i'r ysbyty am driniaeth ai peidio, a chyflwr iechyd Mrs Valentine
yn bwn beunydd arnaf. Ond byddai fy nyddiau yn ddedwydd,
neu'n ddedwyddach, pe gwypwn eich bod chwi yn esmwythach
eich byd. Colli cwmni yw fy ngholled drymaf. Ar dro daw R. E.
Jones heibio ac O. M. Roberts, a thro neu ddau galwai Eirwyn
Morgan, – yr oedd wedi dechrau pregethu eto, ond yr olwg arno
yn guriedig a'r hen afiaith wedi ymadael ag ef. Ni ellais fynd
i'w gynhebrwng, – y filltir sgwâr yn llythrennol ydyw eithaf fy
nheithio. Go chwithig ydyw ymweld â'm hen bentref. Y mae
wedi llwyr ymseisnigo, a rhyw lond dwrn yn unig sydd yno yn
siarad Cymraeg, a minnau'n ei gofio yn bentref uniaith, a bod
'yn fyw sy'n fawr ryfeddod mewn ffwrneisiau mor boeth'.[469]
Ond y mae i ddyn ei atgofion, a gallaf orfoleddu bod y rheini
mor felys. Yr wyf yn gorfod cyffesu mai llwm a fyddai'r stori oni
bai bod ffawd wedi fy nwyn i'ch adnabod chwi. Byddai bywyd
a'i brofiadau a'i gyflawniadau yn salwach oni bai am hynny. Yr
oeddwn yn fwy cydwybodol yn fy holl waith, – fy narllen, fy
mugeilio, fy mhregethu, am fy mod wedi eich adnabod, a chael
eich cyfeillgarwch. Efallai wedi i mi gilio y bydd rhyw dipyn o
lenor yn danfon ysgrif i *Seren Gomer* ar 'ddylanwad S.L. ar L.V.'.
Yr wyf yn cael fy nhemtio yn y tipyn llythyr hwn i ofyn 'ydach
chi'n cofio y digwyddiad a'r digwyddiad?', neu i alw i'r cof
rai o'r cymeriadau a wnaeth Llwyni'r Wermod hyd yn oed yn
oddefadwy. Yr oeddwn yn meddwl yn ddwys iawn amdanoch
yna yn ystod ymweliad y Pab â Chymru. Er gwaethaf cyfarth
rhai Cristnogion (?) fe gafodd dderbyniad bendigedig, a hyfryd
oedd cael cyfranogi o'r llawenydd a ryddhawyd yn ein calonnau

gan ei neges, a naws grasol ei bersonoliaeth, ac mor wahanol i'r ysbryd dreng anghristnogol a ddangosodd rhyw lond dwrn o benboethiaid.[470] Y mae Mrs V. am i mi ei chofio yn dirion iawn atoch, ac yn danfon cyfarchion o'r mwynaf at Mrs Lewis, a bendith ar Mair am ei mawr ofal amdanoch, ac yr wyf yn rhyw laes obeithio y caf weld Siwan cyn ffarwelio â'r byd hwn, ac yr wyf yn ei llongyfarch ar ei llwyddiant.

Fy llaw a'm calon fyth,
Val.

Llsgr. 22963E, f. 30

236

158 Westbourne Road,
Penarth,
Deau Morgannwg.
11 Medi 1982

Annwyl Val,

Bore heddiw cefais eich llythyr, a dyma gychwyn ar ateb. Y mae ateb yn anodd imi. Arthritis sydd arnaf, clefyd Cymreig medd y *Western Mail*, ond nid oes gwella arno. At hynny mi ychwanegais fyddardod trwm fel nad wyf yn gwmni i neb; felly na ofidiwch na fedrwch ddyfod i'm gweld, ni fedraf glywed dim.

Ar hyn o bryd y mae Gwasg Gregynog, Dr Tegai Hughes, yn ceisio cyhoeddi casgliad o'm gwaith "barddonol" i, ac yr wyf innau yn gwrthwynebu.[471] Nid wyf yn dymuno cyhoeddi dim rhagor. Ni fedraf hyd yn oed sgrifennu llythyr heb gamgymeriadau lu.

Mae'n ddrwg iawn gennyf glywed am Mrs Valentine ac am eich salwch chwithau, mi gefais innau dorllengig rai blynyddoedd yn ôl a thriniaeth gan lawfeddyg. Gobeithio y gellwch osgoi hynny. Ond y mae'n dda gwybod y gellwch gerdded eich "milltir sgwâr", ni fedraf i gerdded hyd yn oed i fyny'r grisiau ac ni fedrais ers dwy flynedd. Dywedodd doctor da wrthyf cyn imi fynd i garchar y gallwn i fyw yn hawdd i gant. Y mae hynny erbyn hyn yn ymddangos yn ddychryn mawr. Cael marw a'm hanghofio fydd gwynfyd ond diau mai rhagrith yw dweud hynny.

Fy nghofion cu,

Saunders.

Papurau Lewis Valentine, 4/3/311/3/52

237

158 Westbourne Road,
Penarth.
[Dyddiad ar yr amlen 29 Rhagfyr 1982]

F'Annwyl Val,

Fy wyres Siwan sy'n ysgrifennu hwn ar fy rhan i. Bu hi yn gwrando arnoch neithiwr ar y teledu ac roedd hi a Mair hefyd o'r farn eich bod yn siarad yn ardderchog ac i mi mae hynny'n bwysig, yn bwysig iawn oblegid mi gafodd D.J. a minnau fwy o sylw o lawer na chi hyd yn ddiweddar, ac fe ddylsech chi fod wedi cael yr un sylw.[472]

Bu O. M. Roberts yma ddoe ac roedd ef yn dwyn negesau o ddymuniadau da oddi wrthych chi. Mae ef yn bur dda ei hun ac roedd ei weld o a chlywed gennych chi yn rhoi cysur mawr i mi, gan ein bod wedi gweithio gyda'n gilydd.

Gobeithio yn wir y byddwch fyw yn hwy na mi. Fy nghofion cynnes iawn atoch chi ac at Mrs Val.

Cofion cynnes iawn,

Saunders Lewis.

Papurau Lewis Valentine, 4/3/311/3/53

238

Ffordd Meiriadog,
Hen Golwyn,
Clwyd.
Dygwyl Ddewi 1983

F'annwyl Saunders,

Diolch am y gair a ddaeth i mi oddi yna beth amser yn
ôl, a phe bai'r oerni heb fod mor gethin yma buaswn wedi ei
gydnabod ynghynt. Ar yr ŵyl yr wyf yn eich cyfarch yn dirion
deg, ac fe'm llonwyd yn helaeth oherwydd i mi gael cyfle i
wrando ar Hywel Roberts yn rhoi hanes y seremoni a fu ar eich
aelwyd. Yr oedd wedi fy hysbysu i ar y ffôn neithiwr o'r bwriad i
ddarlledu yr hanes bore heddiw.[473] Ni wyddwn i, eich bod wedi
cyrraedd eich naw deg. Yr oeddwn yn meddwl fy mod yn hŷn na
chi o ychydig fisoedd, – mi yn Mehefin a chwithau yn dilyn yn
yr Hydref.[474]

Mawr lawenydd yma am i chwi anrhydeddu Prifysgol Cymru, a
derbyn Doethuriaeth ganddi, a dyna'r farn a fynegir yn gyffredinol,
mai chychwi sydd wedi anrhydeddu y Brifysgol, a graslon o
weithred oedd hynny. Yr oeddwn yn falch o'r cwmni oedd yn
bresennol, ac yr oedd yn amlwg fod fy hen gyfaill Hywel wedi ei
ysgwyd yn orfoleddus. Bendith ar yr Esgob Mullins a'i weddi, ac
yr wyf yn siwr na all ef ragori ar fy ngweddïau beunydd drosoch
chwi a'ch priod hawddgar a'r teulu. Yr oedd y darlun ohonoch yn
Y Cymro yn ddarlun o ŵr diddig, a gobeithio mai felly yr ydych, ac
yn rhydd o boen.[475]

Yr oeddwn yn falch fod y Barnwr Watcyn Powel yna hefyd,
– hen gydnabod a hen gyfaill, ac yn ôl cenadwri a gefais trwy fy
chwaer y mae'n addo galw heibio i mi pan ddêl o fewn cyrraedd i'r
pentref.[476] Y mae arnaf ofn na chaf byth gyfle i deithio i Gaerdydd
a brathu fy mhen yn y Benarth, ond y mae'n rhaid i mi gyffesu
fy mod rywsut yn dawelach fy meddwl ynglŷn â chwi ar ôl y
seremoni bach a fu ar eich aelwyd.

Y mae Mrs Valentine hithau yn danfon ei chofion gwiw atoch,

ac yn peri i mi holi'n fanwl am Mrs Lewis, gan gydobeithio â mi
bod ei dyddiau'n dangnefeddus.

Gan gydnabod fy nirfawr ddyled i chwi, a chan ddiolch i'r
Rhagluniaeth a roes gyfle i mi eich adnabod, dyma dywallt i'ch
arffed teuluol chi goflaid o ddymuniadau da, ac ewyllysio dyddiau a
nosau diddig i chwi,

Fyth yn ffyddlon,

Val.

Llsgr. 22963E. f. 31

239

158 Westbourne Road,
Penarth.
[Dyddiad ar yr amlen 15 Mawrth 1983]

Fy Annwyl Valentine,

(Dechrau drwg) ond rhaid imi ddiolch i chwi am eich llythyr
ar y cyfarfod hyfryd a gawsom yma i gyflwyno'r anrhydedd
imi. Rhaid ei fod wedi rhoi pleser i bawb fel y rhoes bleserau
i gynrychiolwyr y brifysgol. A dyma'r tro cyntaf hyd y gwn i'r
Eglwys Gatholig gymryd rhan o bwys yng ngwaith y brifysgol, ac
yr oedd yn bleser.

Ni fedrwn glywed Mair a thrwy gamgymeriad rhois y llythyr
hwn iddi i sgrifennu arno yr hyn yr oedd hi am ei ddweyd. Y mae
methu clywed a methu gweld gyda'i gilydd yn bla go fawr. Ond
cawsom gyfarfod reit hapus a Jarman[477] yr athro presennol yn ennill
clod pawb am ei deyrnged hael inni. Maddeuwch ateb mor fyr. Y
mae Margaret yn anfon ei chofion atoch chi ac at Mrs Valentine.

Papurau Lewis Valentine, 4/3/311/3/54

Nodiadau

1   Priodwyd Lewis Valentine a Margaret Jones, merch William Jones, Pen y Gogarth, Llandudno ar 1 Hydref 1925. Honnir mai ar fywyd ei thad-cu, Rice Edwards, y seiliodd Daniel Owen y cymeriad Rhys Lewis. Gweler Arwel Vittle, *Valentine* (Talybont, 2006), t. 128.

2   Huw Robert Jones (1894–1930). Ysgrifennydd cyntaf y Blaid Genedlaethol a benodwyd yn drefnydd amser llawn iddi yn 1926.

3   Cyfeiriad at y penderfyniad a wnaed i gynnal ysgol haf gyntaf y Blaid Genedlaethol ym Machynlleth ym mis Awst 1926. Penderfynwyd hyn mewn cyfarfod a gynhaliwyd ym Mhwllheli ym mis Awst 1925 yn ystod wythnos yr Eisteddfod Genedlaethol pan etholwyd Valentine yn llywydd cyntaf y Blaid.

4   Yr unig 'J.J.' a grybwyllir gan D.J. yw J. J. Morgan, ysgrifennydd eglwys Pentowr ym mhedwardegau'r ugeinfed ganrif. Efallai bod D.J. a J. J. Morgan yn gyfeillion yn ystod y dauddegau ond erbyn y pedwardegau nid oeddynt yn cytuno ar nemor ddim. Gweler Emyr Hywel, *Y Cawr o Rydcymerau* (Talybont, 2009), tt. 204–6. Methwyd â chanfod unrhyw wybodaeth am R.A.

5   Prosser Rhys (1901–45). Newyddiadurwr, llenor a chyhoeddwr. Fe'i penodwyd yn olygydd *Y Faner* yn 1923 ac ef oedd y golygydd tan ei farwolaeth yn 1945. Yn 1924, yn Eisteddfod Genedlaethol Pont-y-pŵl, enillodd y goron am ei bryddest 'Atgof'. Sefydlodd Wasg Aberystwyth yn 1928. Am fwy o wybodaeth amdano gweler Rhisiart Hincks, *E. Prosser Rhys, 1901–1945* (Llandysul, 1980).
           Y Ddraig Goch, I, rhif 2 (Gorffennaf 1926), 6: 'Ysgol Haf y Blaid Genedlaethol ym Machynlleth. Y Rhaglen' (23 Awst 1929 – 28 Awst 1929). Ymhlith y siaradwyr yr oedd Saunders Lewis, 'Egwyddorion Cenedligrwydd'; William George, 'Cyfundrefn Addysg Cymru'; W. A. Bebb, 'Plaid Genedlaethol Cymru a Phleidiau Eraill'; Prosser Rhys, 'Y Wasg'; a'r Parch. Fred Jones, 'Brwydr Cwm Rhondda'.

6   Ganwyd Hedd, plentyn cyntaf Lewis a Margaret, ar 17 Awst 1926. O'r herwydd, ymddengys yn ôl y llythyr hwn, ni fedrodd Valentine fod yn bresennol yn ysgol haf gyntaf y Blaid ym Machynlleth. Serch hynny, dywed Arwel Vittle yn ei gofiant i Valentine mai ym Machynlleth y cyhoeddodd nad oedd am ailsefyll am y llywyddiaeth. Etholwyd Saunders Lewis i'r swydd a bu'n llywydd y Blaid Genedlaethol rhwng 1926 ac 1939. Gweler Arwel Vittle, *Valentine*.

7   Moses Griffith (Gruffydd), trysorydd cyntaf y Blaid Genedlaethol. Ef yw awdur y gyfrol *Amaethyddiaeth Cymru* (1946). Tad yr Athro Emeritws R. Geraint Gruffydd (1928–2015).

8   Prynwyd beic modur i Valentine ar gyfer ei deithiau mynych yn canfasio yn ystod etholiad cyffredinol 1929. Gweler O. M. Roberts, *Oddeutu'r Tân* (Caernarfon, 1994), t. 46.

9   Lewis Valentine oedd ymgeisydd cyntaf y Blaid Genedlaethol mewn etholiad cyffredinol. Er mai yn etholaeth Caernarfon y bu'n ymgeisydd, siomedig oedd y canlyniad oherwydd 609 yn unig o'r etholwyr a fwriodd eu pleidlais drosto.

10   Lewis Valentine, 'Anerchiad y Parch. Lewis Valentine i Etholwyr Sir Gaernarfon', *Y Ddraig Goch*, III, rhif 11 (Mai 1929). Gweler Atodiad **1**.

11   'Welsh Nationalist Candidate. Pledged Not to Take His Seat if Elected', *Manchester Guardian*, 15 Mai 1929, 19.

12   Lewis Valentine, 'Llythyr yr Ymgeisydd Cenedlaethol at Chwe Channwr Dewr Sir Gaernarfon', *Y Ddraig Goch*, IV, rhif 2 (Gorffennaf 1929), 3. Gweler Atodiad **1**.

Gweler hefyd Lewis Valentine, 'Gwersi Etholiad Sir Gaernarfon', *Y Ddraig Goch* (Medi 1929), 5 a 6. Yn yr erthygl hon y mae Valentine yn cyfeirio at y dacteg o ddefnyddio'r ddadl diweithdra i wrthweithio'r ddadl dros genedlaetholdeb. Meddai Valentine, 'Gwasgarwyd yn y sir hon – yn rhad ac am ddim – filoedd o lyfryn chwech *Gallwn Goncro Diffyg Gwaith*, ac ynghlwm wrth yr addewid yna yr oedd personoliaeth Mr Lloyd George sydd ganddo yn y Gogledd afael rhyfeddol ar y to hynaf o wleidyddwyr ... pob un ohonynt yn genedlaetholwyr yn y bôn, ond athrist yr ymddiried sydd ganddynt yn Mr Lloyd George. Trist oedd clywed un ohonynt ag yntau dros ei ddeg a thrigain yn taeru nad oedd Mr Lloyd George wedi llwyr anghofio Cymru, ac y daw i'r maes eto yn fuan, fuan fel campwr Ymreolaeth.' David Lloyd George (1863–1945). Bu'n Ganghellor y Trysorlys rhwng 1908 ac 1915 ac yn Brif Weinidog Prydain rhwng 1916 ac 1922. Er ei fod yn ffafrio ymreolaeth i Gymru ar ddechrau ei yrfa wleidyddol anghofiodd ei ddelfrydau cynnar wrth ddringo'r ysgol wleidyddol yn Lloegr. Ef oedd yn gyfrifol am rannu Iwerddon yn dde a gogledd yn 1921 er mwyn cadw'r Gogledd dan reolaeth Prydain.

13   Madog ap Maredudd (bu farw 1160). Brenin Powys. Yr olaf o'i linach i reoli fel brenin dros Bowys gyfan. Gweler *Y Bywgraffiadur Cymreig*.

14   Ymgeisiodd D.J. yn aflwyddiannus am swydd prifathro Ysgol Ramadeg Pwllheli. Efallai bod ei enwogrwydd fel cenedlaetholwr yn cyfrif yn ei erbyn, gweler *Annwyl D.J.*, t. 27.
      William George oedd brawd iau David Lloyd George. Tra oedd David Lloyd George yn dringo'r ysgol wleidyddol yn Lloegr, William oedd yng ngofal cwmni cyfreithiol y teulu. Bu ei fab, W. R. P. George, yn gyfreithiwr yr Eisteddfod Genedlaethol am flynyddoedd lawer ac yn archdderwydd rhwng 1990 ac 1993.

15   Dyma'r eildro i D.J. ymweld ag Iwerddon. Mae tipyn o hanes ei ymweliad cyntaf yn 1919 a'r trydydd yn 1949 yn ei ddyddiaduron, gweler Emyr Hywel, *Y Cawr o Rydcymerau*, tt. 225–34.

16   Eisteddfod Genedlaethol Lerpwl 1929. Dyma'r eisteddfod olaf i'w chynnal y tu allan i Gymru. Enillydd y Gadair oedd Dewi Emrys am ei awdl 'Dafydd ap Gwilym'. Enillydd y Goron oedd Caradog Prichard am ei bryddest 'Y Gân Ni Chanwyd'.

17   Yr ysgol y cyfeirir ati yn y paragraff hwn yw ysgol haf y Blaid Genedlaethol ym Mhwllheli yn 1929. Aelodau cynnar y Blaid yw'r merched y mae Valentine yn eu henwi:
      i. Cassie Davies (1898–1988): Bu'n ddarlithydd yn Adran Gymraeg Coleg Hyfforddi Athrawon y Barri am bymtheng mlynedd. Yn 1938 fe'i hapwyntiwyd yn arolygydd ysgolion ac yn brif arolygydd ysgolion cynradd yng Nghymru yn ddiweddarach. Ymunodd â'r Blaid Genedlaethol yn ystod ysgol haf gyntaf y Blaid ym Machynlleth yn 1926. Cyhoeddodd ei hunangofiant, *Hwb i'r Galon* (Abertawe) yn 1973.
      ii. Mai Roberts (m.1971): Mai oedd y cyntaf i dalu cyfraniad pan ffurfiwyd y Blaid Genedlaethol ym Mhwllheli yn 1925. Hi felly oedd aelod cofrestredig cyntaf y Blaid. Daeth yn aelod o bwyllgor gwaith y Blaid a bu'n weithgar yn ystod ymgyrch etholiadol Valentine yn 1929.
      iii. Tegwen Clee (m.1967): Un o'r merched cyntaf i ymuno â'r Blaid ac yn aelod cynnar o'r Pwyllgor Gwaith. Bu'n athrawes Gymraeg yn Ysgol Sir Llanelli. Gweler ei hysgrifau ar Lydaw yn *Y Ddraig Goch*.
      iv. Lilian Jones o sir Drefaldwyn a fu'n dysgu yn Ysgol y Merched, Aberdâr.

18   Nid oes tystiolaeth ar gael yn nodi bod D.J. wedi ymgeisio am swydd yn Methesda.

19   Bu farw H. R. Jones, trefnydd cyntaf y Blaid, yn 36 oed ym mis Mehefin 1930.

20   Lewis Valentine, 'Ei Gymrodyr yn Coffáu H. R. Jones', *Y Ddraig Goch*, VI, rhif 3

(Awst 1930), 3–5. Cyfranwyr eraill y golofn hon: Llywelyn Bowyer, D. J. Williams, Kate Roberts, Gwilym Williams, Gwilym R. Jones a Bob Owen, Croesor.

21 'Ysgol Haf Llanwrtyd', *Y Ddraig Goch*, V, rhif 1 (Mehefin 1930), 6. Er na nodir hynny, Saunders Lewis yw awdur yr erthygl hon. Ynddi, mae'r awdur yn cydnabod diffyg cynnydd y Blaid yn ystod y flwyddyn flaenorol. 'Rhwng dau gyfnod ydym', meddai. 'Dyma'r cyfnod sy'n gofyn yn arbennig am wastadrwydd a phwyll a grym ewyllys i beidio â gwangalonni.'

22 Saunders Lewis, 'Thomas Masaryk ac Adfywiad Cenedlaethol Bohemia', *Y Ddraig Goch*, IV, rhif 11 (Ebrill 1930), 4 a 7, a rhif 12 (Mai 1930), 3 ac 8. Masaryk oedd arlywydd cyntaf Tsiecoslofacia. Wrth drafod hanes Masaryk sonia Saunders Lewis am yr annisgwyl mewn bywyd dynion a chenhedloedd yn '… troi'n gyfle i'r anturus a'r parod a'r dewr … Ni wyddom ninnau,' meddai, 'ba awr y daw ein cyfle annisgwyl'.

23 Ni newidiodd Saunders Lewis ei feddwl ar fater anfon aelodau seneddol y Blaid i San Steffan. Gweler *Annwyl D.J.*, llythyr 210, t. 311. Gweler hefyd Saunders Lewis, 'Hunan-Lywodraeth i Gymru', *Barn* (Hydref 1968).

24 Gweler nodyn 65.

25 Yr Athro J. E. Daniel (1902–62). Rhwng 1926 ac 1946 ef oedd Athro diwinyddiaeth Coleg Bala-Bangor ac fe'i hystyrid yn un o ddiwinyddion mwyaf blaenllaw ei gyfnod. Bu'n ymgeisydd seneddol aflwyddiannus dros Blaid Cymru bedair gwaith. Yn 1946 fe'i hapwyntiwyd yn arolygydd ysgolion. Bu farw yn 1962 yn dilyn damwain ffordd. Gweler Dafydd Densil Morgan (gol.), *Torri'r Seiliau Sicr – Detholiad o Ysgrifau J. E. Daniel* (Llandysul, 1993) am drafodaeth ar ei waith a'i syniadau.

26 Vincent Lloyd-Jones (1901–86). Treuliodd ei flynyddoedd cynnar yn Llangeitho ond bu'n ddisgybl yn Ysgol Ramadeg St Marylebone, Llundain ac yn fyfyriwr yng Ngholeg Iesu, Rhydychen. Bu'n fargyfreithiwr yng Nghymru a Chaer ac yna'n Farnwr yr Uchel Lys. Roedd yn frawd i'r pregethwr efengylaidd enwog, Dr Martyn Lloyd-Jones.

27 Er bod Saunders Lewis wedi cyflwyno'i ymddiswyddiad o lywyddiaeth y Blaid yn 1930, ni dderbyniwyd ei gais ac fe'i perswadiwyd i barhau yn y swydd.

28 Ar un adeg, tafarn oedd 49 High Street, Abergwaun. Ymfalchïai D.J. yn y ffaith hon a bu'n achos digrifwch iddo. Yn gysylltiedig â hyn efallai, mae'r ffaith i'r Methodistiaid, yn 1929, wrthod cais D.J. i fod yn flaenor yng Nghapel Pentowr, Abergwaun. Hynny am nad oedd yn barod i arwyddo llw dirwest, er mai anaml iawn yr yfai ddiferyn o alcohol. Heddiw enw 49 High Street, Abergwaun yw 'The Old Pump House', felly mae'r cof am orffennol yr adeilad yn dal yn fyw.

29 Y mae yna chwarae ar eiriau yn y frawddeg hon. Cwdyn – ffurf ar y gair 'cwd' sy'n gyfystyr â 'sach'.

30 Apwyntiwyd J. E. Jones yn drefnydd y Blaid ar ôl marwolaeth H. R. Jones. Bu yn y swydd tan 1962. Gweler hefyd nodyn 442.

31 Lewis Valentine, 'Oriel y Blaid 27: Mr D. J. Williams, Abergwaun', *Y Ddraig Goch*, IX, rhif 2 (Chwefror 1935), 3.

32 D. J. Williams, 'Oriel y Blaid 30: Dr Lloyd Owen', *Y Ddraig Goch*, IX, rhif 5 (Mai 1935), 3. Gweler hefyd Gerald Morgan, 'Dannedd y Ddraig', *Cymru'n Deffro* (Talybont, 1981). Gŵr ecsentrig oedd Dr Lloyd Owen, yn cario bag meddygol ar draws y wlad er nad oedd ganddo, yn ôl y sôn, unrhyw gymhwyster meddygol. Gweler hefyd Arwel Vittle, *Valentine*, tt. 117–18.
Mae'n bosib mai Ellis D. Jones yw'r Elis Dafydd y mae D.J. yn cyfeirio ato yn y llythyr hwn. Ysgolfeistr yng Nglyndyfyrdwy oedd Ellis D. Jones ac yr oedd ef a'i wraig, Jini, yn ddau o selogion y Blaid Genedlaethol. Bu farw Ellis Jones yn 1955

ac yn rhifyn Awst 1955 o *Y Ddraig Goch* cyhoeddwyd ei erthygl olaf, 'Ym 1925 y sefydlwyd Plaid Cymru a dyma hanes yr arloesi'.

33   Am ymdriniaeth lawn o'r paratoadau ar gyfer llosgi'r Ysgol Fomio gweler T. Robin Chapman, 'Y Flwyddyn Honno', *Un Bywyd o Blith Nifer* (Llandysul, 2006), tt. 171–94.

34   Bu Valentine yn pregethu i gynulleidfaoedd mawr iawn rhwng y llosgi a'r achosion llys. Yr oedd cefnogaeth eang i'r tri ymhlith y Cymry Cymraeg a hynny oedd achos gorfoledd Valentine a D.J. Ond ymateb eu gwrthwynebwyr oedd yn cael y sylw blaenllaw yn y wasg Saesneg. Er enghraifft, gweler 'Sequel to Fire', *Liverpool Daily Post*, 9 Medi 1936, 7–8. Gweler hefyd adroddiad ar yr achos yn Llys y Goron Caernarfon: 'Aerodrome Fire', *Liverpool Daily Post*, 14 Hydref 1936, 9, 11–12.

35   Yn Llys y Goron, Caernarfon ar 13 Hydref 1936 y cynhaliwyd yr achos cyntaf yn erbyn y tri ar ôl i Lys yr Ynadon Pwllheli drosglwyddo'r achos i Lys y Goron. Y Barnwr oedd Syr Wilfred Herbert Poyer Lewis. Er bod D.J. yn y llythyr hwn yn clodfori araith Valentine ni chafodd chwarae teg i gyflwyno'i amddiffyniad. Er i'r tri fynnu bod y rheithwyr oll yn deall Cymraeg bu'n rhaid cyfieithu'r araith, ar y pryd, gymal wrth gymal. Rhwng hynny ac ymyrraeth aml y Barnwr, trethwyd amynedd pawb yn y llys. Serch hynny methodd y rheithwyr â chytuno ar ddedfryd. Cyhoeddodd y Barnwr y byddai'r achos yn cael ei drosglwyddo i'r frawdlys nesaf. Rhyddhawyd y tri ar fechnïaeth tan hynny.

36   Dafydd Lewis, Llandysul (David Lewis, 1890–1943) oedd mab John David Lewis, sefydlydd Gwasg Gomer. Ar ôl marwolaeth ei dad yn 1914 ef oedd yn gyfrifol am redeg y wasg tan ei farwolaeth yn 1943. Gweler nodyn amdano gan D. J. Williams, Abergwaun yn 'Er Cof am Prosser Rhys', *BAC*, 21 Chwefror 1945, 8. Yn y nodyn hwn y mae D.J. yn dweud am Prosser Rhys ei fod yn wrandäwr da ac yn ddyn a wnâi i rywun 'rywsut, i deimlo am y tro yn well dyn na chwi eich hun'. Un arall tebyg iddo, meddai D.J., oedd Dafydd Lewis.

37   Brodyr Siân, gwraig D.J.:
i. William Evans (Wil Ifan, 1883–1968), gweinidog mewn capeli Saesneg. Enillodd y Goron yn Eisteddfod Genedlaethol y Fenni (1913), Birkenhead (1917) a Phwllheli (1925). Bu'n Archdderwydd rhwng 1947 ac 1950. Cyhoeddodd y cyfrolau canlynol: *Dros y Nyth* (1915), *Dail Iorwg* (1919), *Plant y Babell* (1922), *O Ddydd i Ddydd* (1927), *Y Winllan Las* (1936), *Unwaith Eto* (1946), *Y Filltir Deg* (1954) a *Colofnau Wil Ifan* (1962). Nid oedd Wil Ifan yn fawr ei sêl dros Gymru a Chymreictod. Meddai D.J. amdano yn ei ddyddiadur (cofnod 27–9 Hydref 1956): 'Ei ddweud hi braidd yn hallt mewn dwy neu dair brawddeg wrth Wil Ifan am nad oedd wedi cymaint â gweld yr un rhifyn o'r *Welsh Nation* wedi i fi fod yn siarad wrtho am gael gair o gefnogaeth ganddo i'w gyfeillion i dynnu sylw ati. Y rhyfeddod i fi yw fod gŵr diwylliedig fel ef yn gallu bod mor gwbl ddifraw am gyflwr Cymru, ac eraill yn poeni dydd a nos yn ei chylch hi. Siân yn fy ngheryddu am fy mod i wedi 'i dweud hi'n rhy hallt wrtho. "Rhaid fod gyda chi gydwybod â chas o india rubber amdani Wil," wedais i, a hynny mewn rhyw hanner cellwair. Ond fydd dim yn tycio gan Wil. Fe fydd ganddo lith fach mor bert a melys am rywbeth neu'i gilydd yng Nghymru yma, a chael £5 neu £6 amdani rai o'r dyddiau nesaf yma eto, a'i gydwybod yn gwbl esmwyth.'
ii. Dafydd Ifans (David Evans, Pengelly, ger Castellnewydd Emlyn, m.1951). Arhosodd David Evans ym mro ei febyd. Mae ei fedd, ym mynwent capel Bryngwenith, ger Brongest, y drws nesa i fedd Dan a Mary Evans, ei dad a'i fam, Y Parch. Dan Evans oedd gweinidog Bryngwenith ym mlynyddoedd cynnar yr ugeinfed ganrif.

38   Tybiaf mai bathu lluosog i'r gair 'llymrig' a wna Valentine yn y llythyr hwn.

Ymhlith ystyron y gair 'llymrig', lluosog 'llymrigiaid', rhestrir meddal a llithrig. Gweler *Geiriadur Prifysgol Cymru*.

39 'Cenadwriau'r Dydd gan D. J. Williams, Lewis Valentine, W. J. Gruffydd ac Eraill', *Y Ddraig Goch*, XI, rhif 11 (Tachwedd 1936), 7. Gweler cenadwri Saunders Lewis yn gynwysedig yn 'Nodiadau'r Mis. Ymweliad y brenin â Chymru', 6.

40 Gweler Ellis W. Davies, 'The Welsh Language in Courts of Law. What is the Legal Position', *Manchester Guardian*, 20 Hydref 1936, 8. Mae'r llythyr yn trafod yn gyntaf hawliau diffynyddion i wrthwynebu aelodau o'r rheithgor ar y sail nad ydynt yn medru'r Gymraeg; yn ail, yr hawl i bledio ac i gyflwyno tystiolaeth yn Gymraeg; ac yn olaf, y defnydd o'r Gymraeg yn y llysoedd yn gyffredinol. Meddai Ellis W. Davies, 'I see no reason why those who administer justice in our courts should not be acquainted with the Welsh language.'

41 Mae'n debyg nad oedd D.J. yn derbyn cyflog tra oedd yn y carchar. Yr oedd ab Domen (William Evans, cyfreithiwr yn Abergwaun) o blaid diswyddo D.J. Dyma a ddywed D.J. amdano yn ei ddyddiadur (cofnod 23 Mehefin 1951) pan oedd yn sôn am wrthwynebiad William Evans iddo gael ei ddewis yn flaenor yn ei gapel: 'Yna cododd y gŵr hwnnw a fu'n fy erlid yn gyson er pan wyf yn y lle yma, y cyfreithiwr William Evans (neu Bili Bola yn ôl yr enw cyffredin arno), gŵr a ddygodd fy achos o flaen Llywodraeth [*sic*] yr Ysgol Sir gynifer o weithiau am ryw fan droseddau neu'i gilydd; a'r unig un ohonynt, gyda llaw, a bleidleisiodd i'm herbyn i gael fy lle yn ôl yn yr Ysgol, wedi llosgi'r Ysgol Fomio.' Gweler Emyr Hywel, *Y Cawr o Rydcymerau*, t. 240. Enghraifft arall o'r erlid a fu ar D.J. o du William Evans oedd ei gais, trwy lywodraethwyr Ysgol Ramadeg Abergwaun, i'w ffrwyno rhag ymgyrchu'n gyhoeddus o blaid heddychiaeth. Gweler 'Rhyddid Athro yn ei Oriau Hamdden', *BAC*, 19 Gorffennaf 1939, 6. Ym marn William Evans yr oedd '… maniffesto'r Blaid Genedlaethol, yr oedd Mr Williams yn gyfrifol mewn rhan amdano yn un atgas dros ben …' Er ceisio'i orau, ni chafodd William Evans gefnogaeth ei gyd-lywodraethwyr i gosbi na ffrwyno D.J.

42 Gweler *Annwyl D.J.*, am lythyrau Saunders at D.J. yn y cyfnod hwn. Yn llythyr rhif 43, tt. 91–2, dywed ei fod ef yn brysur tra oedd yn disgwyl ymddangos o flaen ei well yn y seisys nesaf. Paratoi ei ddrama radio *Buchedd Garmon* a lenwai'r oriau. Hola hefyd a oedd undebau'r athrawon yn ymladd ar ran D.J. ar fater colli ei gyflog. Yn llythyr rhif 44, tt. 92–3, dywed wrth D.J. ei fod wedi ennill lle ymhlith teulu Owain y Glyn. Yn llythyr rhif 47, t. 96, dywed: 'Dewisiasom y ffordd anodd, wrth gwrs, ond yr unig ffordd (mi gredaf) na arwenia ddim i ddistryw.'

43 Mae'n debyg fod Saunders Lewis yn cyfeirio at etholiadau'r cynghorau sir yn y llythyr hwn.

44 Cyfeiriad at gyfieithiad Lewis Edwards (1809–87) o emyn William Cowper (1731–1800), 'God moves in a mysterious way'. Gweler *Caneuon Ffydd*, emyn 66, t. 69, 'Trwy ddirgel ffyrdd mae'r Uchel Iôr / yn dwyn ei waith i ben; / ei lwybrau ef sydd yn y môr, / marchoga wynt y nen.'

45 A oedd D.J. yn gobeithio bod symud achos y tri i'r Old Bailey yn fantais i Gymru? Ofnai eu cyfeillion mai anfantais iddynt oedd ystryw'r Saeson yn sicrhau na chawsai'r diffynyddion reithgor yn medru'r Gymraeg, er bod un o leiaf, sef R. Williams Parry, yn credu bod crancod ymhlith y Saeson a fyddai, o'u cynnwys ar y rheithgor, yn debyg o'u rhyddhau. 'Os bydd,' meddai, 'bydd yr holl heldrin drosodd. Y mae pethau rhyfeddach wedi digwydd.' Gweler llythyr R. Williams Parry at Saunders Lewis, 8 Ionawr 1937, LlGC 22725E, f.134.

46 Ni fu galw ar yr awdurdodau i ddwyn y tri i'r Old Bailey trwy drais oherwydd aethant yno o'u gwirfodd. Serch hynny, ni wnaethant amddiffyn eu hunain na galw tystion na siarad gair o Saesneg.

47 Major Goronwy Owen: aelod seneddol Caernarfon (Rhyddfrydwr). Ef oedd

yn fuddugol yn etholiad cyffredinol 1929 pan oedd Valentine yn ymgeisydd
Plaid Genedlaethol Cymru. Ernest Evans: aelod seneddol Prifysgol Cymru
(Rhyddfrydwr). Gwrthwynebydd Saunders Lewis pan safodd am y tro cyntaf, yn
aflwyddiannus, yn etholiad y Brifysgol yn 1931.

48   Yr Uwcharolygydd Moses Hughes a chydnabod i Valentine ers blynyddoedd. Nid
      oes gwybodaeth ar gael am natur ei neges os nad hysbysu D.J. am drosglwyddo'r
      achos i'r Old Bailey oedd ei ddyletswydd.

49   Pum toc a dyff triagl – cyfeiriad at fwyd carchar efallai?

50   Cyfarfod Caernarfon yw'r cyfarfod croeso i'r tri o garchar a gynhaliwyd ar 11 Medi
      1937 a thua 12,000 yn bresennol. Gweler y nodyn ar y cyfarfod hwn a llun ohono
      yn Bro a Bywyd, D. J. Williams 1885–1970 (Caerdydd, 1983), t. 46. Er y croeso
      cynnes hwn cafwyd adwaith ddilornus os nad ffiaidd yn y Western Mail, 13 Medi
      1937: 'Wales has never witnessed such an orgy of crazy sentiment and absurd self-
      adulation …'

51   Nid oes modd gwybod at ba erthygl y mae Valentine yn cyfeirio ati yn y llythyr
      hwn. Tannenbaum: coeden fythwyrdd yn Almaeneg a theitl cân enwog i'r goeden
      Nadolig.

52   Gweirrul Hughes (1932–2011).

53   Cartref brawd a chwaer yng nghyfraith Siân.

54   Un llywodraethwr yn unig, William Evans, a wrthwynebodd dderbyn D.J.
      yn ôl yn aelod o staff Ysgol Ramadeg Abergwaun er bod y Western Mail wedi
      creu camargraff trwy ddatgan mai trwy fwyafrif yn unig yr adferwyd D.J. i'w
      swydd. Gweler nodyn 41. Gweler hefyd lythyr H. T. Jacob, 'Mr D. J. Williams:
      Reinstatement opposed by only one Governor', Western Mail, 20 Medi 1937, 9.

55   Gweler 'Mr Valentine Back at His Church. To Resume Duties "As if Nothing
      had Happened" ', Western Mail, 27 Medi 1937, 8. Cyhoeddodd Valentine yn
      ystod y cwrdd bore na theimlai fel pregethu. Oherwydd hynny cynhaliwyd cwrdd
      gweddi: 'At the close Mr Valentine, who looked pale and tired, said that … it was
      his intention to resume his duties as if nothing had happened. "I feel strengthened
      by your prayers", he said, "But my heart is too full of thanksgiving for being back
      among you to say anything more now." '

56   Rhoddwyd gwaith i Valentine yn y storfa ddillad yn Wormwood Scrubs. Yn
      y llyfrgell y gweithiai D.J. ac yn y sacristy yr oedd Saunders yn llafurio ac yn
      glanhau'r capel. Bu Saunders yn ysbyty'r carchar am gyfnod yn dioddef o glwy'r
      marchogion.

57   'Wormwood Scrubs from Within. Nationalist to Tell Story', News Chronicle, 28
      Medi 1937, 18: 'Mr D. J. Williams, the Fishguard schoolmaster, is writing the
      story of the imprisonment of the three Welsh Nationalist leaders at Wormwood
      Scrubs. This addition to the literature of Welsh Nationalism will not lack humour
      and whimsicality. Mr Williams comments humorously that he and his companions
      "were model prisoners." They were teetotallers and non-smokers. He adds that
      they attended divine service more frequently than for years previously … It will be
      the real story of the bombing school fire – and what followed.' Ni ddaeth bwriad
      D.J o sgrifennu cyfrol ar helynt yr Ysgol Fomio i ben.

58   Gweler Arwel Vittle, Valentine, t. 236 am nodyn ynglŷn â gwyliau byr Valentine
      a J. E. Jones yn Iwerddon. Yr oedd D.J. a Saunders yn pryderu am gyflwr iechyd
      Valentine ac effaith straen ei garchariad arno. Gweler llythyr Saunders at D.J. yn
      cyfeirio at y mater hwn yn Annwyl D.J., llythyr 51, t. 99: 'Aeth Val gyda J.E. i
      Iwerddon ddydd Sadwrn am wyliau. Ofnaf i'w iechyd ef dorri yn awr wedi'r cwbl,
      mewn adwaith ar ôl y straen.'

59   8988 oedd rhif D.J. yn y carchar. Y mae'r arfer o osod rhif ar garcharorion yn rhan
      o'r drefn o'u bychanu ac o ddwyn oddi arnynt bob mymryn o hunan-barch. 8989

oedd rhif Valentine ac 8890 oedd rhif Saunders. Efallai mai cyfeirio at rif y gell y mae 1/61.

60 Lewis Valentine, 'Beddau'r Byw', *Y Ddraig Goch*, XI, rhif 11 (Tachwedd 1937), 2 a 9; (Rhagfyr 1937), 9–10; (Ionawr 1938), 9 a 12; (Chwefror 1938), 9 a 10; (Mawrth 1938), 2 a 4; (Ebrill 1938), 5–6; (Mai 1938), 9 a 14; (Mehefin 1938), 9 a 12; (Gorffennaf 1938), 9 a 12; (Awst 1938), 9 a 12; (Medi 1938), 9 a 14; (Hydref 1938), 11–12; (Tachwedd 1938), 5 a 9; (Rhagfyr 1938), 9; (Ionawr 1939), 11; (Chwefror 1939), 9. Gweler y cyfan ynghyd yn John Emyr (gol), *Dyddiadur Milwr a Gweithiau Eraill* (Llandysul, 1988), tt. 111–67.

61 Heinz Liepman o bosib. Gweler nodyn 180.

62 Yr Athro J. E. Daniel, mwy na thebyg. Gweler nodyn 25.

63 Cynhaliwyd yr etholiad cyffredinol cynharaf ar ôl dyddiad y llythyr hwn yn 1945. Yn yr etholiad hwnnw nid oedd gan Blaid Cymru ymgeisydd yn Sir Aberteifi.

64 Gweler 'Cwrs y Byd. Cenhadaeth Mr Lloyd George', *BAC*, 14 Chwefror 1940, 1. Dywed Saunders Lewis, wrth gyfeirio at araith Lloyd George ar bolisi amaethyddiaeth y Llywodraeth: 'Yr oedd ei araith ddydd Mawrth, Chwefror 6, yn un o'r ymosodiadau mwyaf treiddgar a disglair a draddododd ef yn Nhŷ'r Cyffredin ers blynyddoedd ...' Yn wyneb suddo llongau oherwydd y rhyfel a'r colledion mawrion yn deillio o hynny yr oedd polisi ariannol a masnachol traddodiadol Llundain yn ddiffygiol yn ôl Lloyd George. Yr oedd y Llywodraeth, meddai, '... yn barod hyd yn oed i beryglu diogelwch a phorthiant y bobl yn hytrach na gadael i amaethyddiaeth ym Mhrydain gael cyfle i fynd yn rhan bwysig a hanfodol ym mywyd economaidd gwledydd Prydain ... dros ddiogelwch masnachol yr ymerodraeth yr ymleddir y rhyfel hwn ac nid dros ddiogelwch y werin bobl'.

65 W. Ambrose Bebb (1895–1955). Yr oedd Bebb, er yn genedlaetholwr brwd, yn anhapus â pholisi niwtraliaeth y Blaid yn ystod y rhyfel. Yr oedd Bebb am weld dileu Natsïaeth. Ni allai Valentine ddeall sut y gallai cenedlaetholwr gefnogi Lloegr mewn rhyfel.

66 Mae'r cyfeiriad yn y llythyr hwn at gyhoeddi'r gyfrol *Storïau'r Tir Coch* yn gosod ei ddyddiad rywbryd yn 1941.

67 R. E. Jones. Llenor, bardd a chenedlaetholwr. Bu'n ysgolfeistr yng Nghwm Penmachno a Llanberis, yn is-lywydd Plaid Cymru ac yn ymgeisydd seneddol yn etholaeth Arfon.

68 'Y Faner yn Wynebu 1940', *BAC*, 3 Ionawr 1940, 6: 'Safodd *Y Faner* dros heddwch a chyflafar cyn dyfod y rhyfel, ac ni newidiodd ddim ar ei safbwynt wedi i'r rhyfel dorri ar Ewrob.' Yr orfodaeth a grybwyllir gan Valentine yn y llythyr hwn yw gorfodaeth filwrol. Y Georgiaid yw David Lloyd George a'i deulu. Er mai Lloyd George oedd prif weinidog Prydain yn ystod y Rhyfel Byd Cyntaf, ac er yr erchyllterau yr oedd ef a'i lywodraeth yn gyfrifol amdanynt yr adeg honno, ni newidiodd ei farn yn ystod yr Ail Ryfel Byd. Nid oedd yn aelod o'r llywodraeth yn 1941 ac, o'r herwydd, byddai'n rhydd i fynegi barn yn groes i ddyheadau arweinwyr y dydd, pe mynnai.

69 D. J. Williams, *Storïau'r Tir Coch* (Aberystwyth, 1941).

70 Peter Howard, *Innocent Men* (London, 1941). Gweler Emyr Hywel, *Y Cawr o Rydcymerau*. Meddai D.J. am y gyfrol a'r awdur yn ei ddyddiadur (cofnod 17 Mai 1941): 'Llyfr amrwd gan ŵr amrwd yn ceisio'n amrwd ddehongli Cristnogaeth i fyd amrwd. Anodd gennyf gredu fod Buchman a'i gyd-weithwyr yn yr 'Oxford Group' sy'n ddiau wedi rhoi ysgogiad ysbrydol i'r oes hon, yn cael eu dangos mewn golau teg yn y llyfr hwn ... fe ymddengys i mi yn ... ryw fath o argraffiad Parchus o Natsïaeth Saesneg, sef addoliad o'r wladwriaeth Imperialaidd Seisnig.' Ffurfiwyd yr Oxford Group, y cyfeirir ato yn y dyfyniad uchod trwy ddylanwad Frank N. D. Buchman (1878–1961), efengylydd o'r Unol Daleithiau a fu'n ddylanwadol iawn

mewn sawl gwlad. Gobeithiai Buchman y gellid osgoi rhyfel pe byddai unigolion yn profi deffroad ysbrydol a moesol. Serch hynny, ymddengys bod aelodau ac arweinwyr y mudiad wedi anghofio'u delfrydau dros gyfnod yr Ail Ryfel Byd. Pylodd dylanwad y grŵp ar ôl marwolaeth Buchman yn 1961 a marwolaeth ei olynydd, Peter Howard, yn 1965. Mae llyfr Peter Howard yn ceisio olrhain bwriadau yr Oxford Group a hynny'n gelwyddog ym marn D.J.

71   Morysiaid Môn. Gweler nodiadau amdanynt yn *Y Bywgraffidur Cymreig*: Richard Morris (1703–79); Lewis Morris (1701–65); William Morris (1705–63); John Morris (1706–40).

72   William Salesbury (1520?–1584?). Prif gyfieithydd y Testament Newydd Cymraeg cyntaf. Cyhoeddwyd ailargraffiad o'r Testament Newydd yn 1850 (Caernarfon, 1850). Gweler nodyn ar William Salesbury yn *Y Bywgraffiadur Cymreig*.

73   Waldo Williams (1904–71). Bardd heddwch Cymru. Er mai dim ond un gyfrol o farddoniaeth a gyhoeddodd Waldo – *Dail Pren* – ystyrir ef gan lawer y bardd mwyaf a welodd Cymru yn yr ugeinfed ganrif. Yr oedd yn ymgyrchydd digyfaddawd dros heddwch, ac ym marn Lewis Valentine, ni 'fu dim dewrach yn ein cenhedlaeth ni na safiad Waldo Williams yn erbyn rhyfel'. Meddiannwyd eiddo Waldo oherwydd iddo wrthod talu'r dreth, ei brotest yn erbyn y rhyfel yng Nghorea, ac yna yn 1960 ac yn 1961 fe'i carcharwyd yn Abertawe. Deil cerddi *Dail Pren*, cerddi a rymuswyd gan ei aberth costus yn enw heddwch, yn ysbrydiaeth i heddychwyr Cymru.

74   'Colbo Jones yn Ymuno â'r Fyddin' yw'r stori hon. Gweler D. J. Williams, *Storïau'r Tir Du* (Aberystwyth, 1941) a *Storïau'r Tir* (Llandysul, 1966).

75   Cyril P. Cule (1902–2002), *Cymro ar Grwydr* (1941). Gweler Meic Stephens (gol.), *Cydymaith i Lenyddiaeth Cymru* (Caerdydd, 1997), tt. 120–1, am fwy o wybodaeth am yr awdur a'r cyfieithydd hwn.

76   Charles Currie Hughes, gweinidog capel y Tabernacl, Aberteifi rhwng 1929 ac 1965. Awdur *Trem ar Ddwy Ganrif o Hanes y Tabernacl, Aberteifi 1760–1960* (Aberteifi, 1960). Ni allai D.J. ddioddef pregethwyr yn ceisio cyfiawnhau rhyfelgarwch yr Ymerodraeth Brydeinig; gweler ei stori fer 'Y Gorlan Glyd' yn D. J. Williams, *Storïau'r Tir* (Llandysul, 1966), tt. 61–78.

77   Y Parchedig Brifathro David Phillips M.A., 'Achosion Rhyfel', *Y Traethodydd*, XI, rhif 1 (Ionawr 1942), 2–10. Mae'r erthygl hon yn drafodaeth hirwyntog a throellog ar yr hyn sy'n achosi i ddynion a chenhedloedd droi at ryfel. Mae'r gair 'Logic' gan D.J. yn y cyfeiriad at yr awdur yn arwyddo nad oedd ganddo fawr o feddwl ohono.

78   D. Emrys Evans, 'Y Rhyfel a'r Dewis', *Y Llenor*, XX, rhif 2 (Haf 1941), 69–76. Gweler ymateb J. E. Daniel i'r erthygl hon yn 'Nid Amodol yw Hawl Cymru i'w Rhyddid. Araith yr Athro Daniel yng Nghynhadledd y Blaid. Ateb i Ddadleuon y Prifathro Emrys Evans', *BAC*, 20 Awst 1941, 8. Ei bwynt grymusaf oedd nad oedd hawl Cymru i fyw yn amodol ar helpu Lloegr yn y Rhyfel. Meddai: 'Y mae hanfod hawl Cymru i'w rhyddid ynddi hi ei hun.' Ychwanega: 'Nid cynrychioli barn y genhedlaeth bresennol – cynnyrch canrif o addysg estron a phropaganda estron – a wnâi'r Blaid wrth wrthwynebu'r Rhyfel hwn, eithr cynrychioli pymtheg can mlynedd hanes y genedl Gymreig.'

79   W. J. Rees (Glandwr), 'David Williams (Iwan)', *Seren Cymru*, 15 Awst 1941, 4.

80   J.H., 'Cofiant y Diweddar Barch. Dafid Williams (Iwan)', *Seren Gomer* (Mai 1823). J.H. yw'r llythrennau sydd ar waelod y cofiant hwn. Sylwer bod D.J. wedi gosod y flwyddyn anghywir ar ddyddiad *Seren Gomer* ac ymddengys nad Daniel Ddu yw awdur y darn. Daniel Ddu oedd Daniel Efans (1792–1846), bardd ac offeiriad nad ymgymerodd â gofal unrhyw blwyf. Cyhoeddwyd ei waith yn y gyfrol *Gwillan y Bardd* (1831).

81   Mae'r cofnod hwn, mwy na thebyg, yn cyfeirio at y ffaith fod W. J. Gruffydd wedi bod yn canlyn Mary Davies am dros ddeuddeng mlynedd y tu allan i'w briodas ac

Nodiadau

yn gohebu â hi'n gyson. Am fwy o wybodaeth ar fywyd a gwaith W. J. Gruffydd, gweler T. Robin Chapman, *W. J. Gruffydd*, Cyfres Dawn Dweud (Caerdydd, 1993).

82   Elwyn Roberts (1904–98). Bu'n drefnydd Plaid Cymru yng ngogledd Cymru ac yn swyddog ariannol iddi. Bu'n drefnydd yr ymgyrch Senedd i Gymru rhwng 1953 a 1956.

83   Edwin Parry Garnon (1885–1977). Gweithiwr ar y rheilffordd yn Wdig oedd y Garnon hwn ac ysgrifennydd capel y Bedyddwyr Saesneg yn Abergwaun.

84   C. S. Lewis, *The Problem of Pain* (London, 1940). Yn y llyfr hwn mae'r awdur yn ceisio cynnig ateb deallusol o safbwynt Cristnogaeth i gwestiynau yn ymwneud â dioddefaint. C. S. Lewis, *The Screwtape Letters* (London, 1942). Nofel ar ffurf cyfres o lythyrau yn trafod temtasiwn a'r modd i'w wrthsefyll.

85   Defnyddiwyd Catholigiaeth Saunders Lewis yn aml gan Gymry Anghydffurfiol i'w ddilorni a'i danseilio. Enghraifft gyfrwys o hynny yw'r sylw yn *Y Cymro*, 5 Rhagfyr 1942: 'Y mae'r neb sy'n adnabod "W.J." a'i waith yn gwybod beth yw seiliau ei ffydd gyda'i bwyslais angerddol ar ryddid ac ar weriniaeth. Saif ar ganol traddodiad rhyddfrydig Ymneilltuol a chynyddol gwerin Cymru.'

86   Cyfeiriad at Samson yn nwylo'r Philistiaid; gweler Barnwyr 16: 21: 'Ond y Philistiaid a'i daliasant ef, ac a dynasant ei lygaid ef, ac a'i dygasant ef i waered i Gasa, ac a'i rhwymasant ef â gefynnau pres; ac yr oedd efe yn malu yn y carchardy.'

87   Cafodd Saunders Lewis 1,330 o bleidleisiau yn yr etholiad hwn. Nifer y pleidleisiau a fwriwyd dros W. J. Gruffydd oedd 3,098.

88   Gweler Lewis Valentine, 'Nodiadau Golygyddol', *Seren Gomer* (Haf 1958), 33–6 am sylwadau Valentine ar arferion a chredoau y Catholigion a'i gred ym mhwysigrwydd pregethu'r Gair.

Hoedennod: merched sy'n cellwair caru. Enghraifft o Valentine yn bwrw ei lach ar ferched. Yn ddiau yr oedd digon o ferched penchwiban o gwmpas, ond beth am y dynion? Y mae D.J. hefyd yn trafod merch hoedennaidd yn ei stori fer 'Ceinwen' yn *Storïau'r Tir Du* a Saunders yn ei nofel *Monica*.

89   Gweler nodyn 83.

90   Pegi, chwaer D.J., yw Mrs Miles.

91   T. Ellis Jones (1900–75). Etholwyd ef yn Athro'r Ysgrythur Lân yng Ngholeg y Bedyddwyr, Bangor yn 1943. Bu'n brifathro'r coleg rhwng 1959 ac 1967.

92   Am drafodaeth lawn ar ddymuniad Valentine i geisio am swydd academaidd gweler Arwel Vittle, *Valentine*.

93   Y rheswm am y priflythrennau: nid oedd D.J. o'r farn y byddai ei gymeradwyaeth ef i Valentine yn gymorth iddo oherwydd ei enwogrwydd fel cenedlaetholwr pybyr. Ar y pryd bodolai cryn wrthwynebiad i genedlaetholdeb ymhlith hierarchiaeth y Bedyddwyr ac arweinwyr anghydffurfiaeth yn gyffredinol.

94   Enw barddol Arthur Saxon Dennett Smith (1883–1950) oedd Caradar. Bardd, awdur ac ieithydd Cernyweg oedd Caradar a ysgrifennodd gyfres o dri llyfr ar gyfer dysgwyr y Gymraeg. Ymhlith ei gyhoeddiadau y mae *Gerlyver noweth Kernewek ha Sawsnek, Cornish Simplified (Kernewek Sempelhes)* (1939), *Nebes Whethlow Ber* (1946), *The Story of the Cornish Language (Whedhel an Yeth Kernewek), How to Learn Cornish (Fatell dhyskir Kernewek), Whethlow an Seyth Den Fur a Rom* (1948), *Welsh Made Easy* in three parts (Hughes a'i Fab, Wrecsam 1925).

95   Methwyd â chael unrhyw wybodaeth am y Parch. Metcalf.

96   Sefydlwyd capel Bethel, Abergwaun, capel Saesneg y Bedyddwyr, yn 1908.

97   Ceisio am swydd yng Ngholeg y Bedyddwyr, Bangor yr oedd Valentine. Coleg yr Annibynwyr oedd Coleg Bala-Bangor. Yr oedd adeiladau'r ddau goleg drws nesaf i'w gilydd ar Ffordd Ffriddoedd, Bangor Uchaf.

98   Nikolay Aleksandrovick Berdyaev (1874–1948). Meddyliwr crefyddol ac

athronydd; Marcsydd a feirniadodd yn llym y defnydd a wnaeth Rwsia o syniadau Karl Marx. Credai nad cynnyrch ymchwil rhesymegol yw gwirionedd ond canlyniad 'golau sy'n deillio o fyd trosgynnol yr ysbryd.' Cyhoeddwyd ei *The Origin of Russian Communism* ar ôl ei farw yn 1955.

Karl Paul Reinhold Niebuhr (1892–1971). Diwinydd o America a sylwebydd ar faterion gwleidyddol a chyhoeddus. Ymhlith ei gyhoeddiadau mwyaf dylanwadol y mae *Moral Man and Immoral Society* a *The Nature and Destiny of Man*. Meddai Niebuhr yn un o'i gyhoeddiadau, 'Man's capacity for justice makes democracy possible; but man's inclination to injustice makes democracy necessary.'

Søren Aabye Kierkegaard (1813–55) o Ddenmarc. Athronydd, diwinydd, bardd ac awdur crefyddol a ystyrir yr athronydd dirfodol (athroniaeth gwerthoedd) cyntaf. Gweler *The Journals of Søren Kierkegaard* (Oxford, 1938). Meddai Kierkegaard: 'The tyrant dies and his rule is over; the martyr dies and his rule begins.' Gweler hefyd nodyn 355.

99   Yr oedd y fyddin yn defnyddio ysgolion yn faes ricriwtio ac yn cael cefnogaeth prifathrawon i wneud hynny. Y mae'r arfer gwarthus hwn yn cael ei weithredu o hyd.

100   Morgan Llwyd (1619–59). Ei waith pwysicaf yw *Llyfr y Tri Aderyn* (1653). Mae'r llyfr ar ffurf ymddiddan rhwng tri aderyn: yr eryr yn cynrychioli'r awdurdod seciwlar, yn enwedig awdurdod Cromwell; y golomen yn cynrychioli'r piwritaniaid; a'r gigfran yn cynrychioli'r sefydliad anglicanaidd. Am argraffiad diweddar o'r gyfrol gweler M. Wynn Thomas (gol.), *Llyfr y Tri Aderyn* (Caerdydd, 1983). Am astudiaeth o'i fywyd, ei waith a'i gyfnod, gweler M. Wynn Thomas, *Morgan Llwyd: Ei Gyfeillion a'i Gyfnod* (Caerdydd, 1991).

101   Yr oedd Ffred Jones, un o fois y Cilie, yn un o'r chwech a oedd yn bresennol yng nghyfarfod Pwllheli ar 5 Awst 1925 lle trefnwyd sefydlu plaid genedlaethol i ymladd dros ryddid i Gymru. Ŵyr Ffred Jones yw Alun Ffred Jones, cyn-Aelod Cynulliad Plaid Cymru, Arfon.

102   Y Saith Pechod Marwol: balchder, trachwant, anniweirdeb, eiddigedd, glythineb, dicter a diogi. Y gair Groeg am diogi yw *acedia*. Roedd y syniad o'r saith pechod marwol yn sylfaenol i'r ddefod o gyffesu pechodau yn yr Eglwys Gatholig.

103   Dyneiddiwr oedd Walter Pater (1839–94) ac Athro ym Mhrifysgol Rhydychen.

104   Walter Pater, *Marius the Epicurean* (1885). Yn y llyfr hwn adroddir stori Marius a'i ymateb i rymoedd athronyddol ei gyfnod yn Rhufain rhwng 161–177 OC.

105   Nikolai Berdyaev, *Slavery and Freedom* (New York, 1944).

106   Cyfeiriad at baratoadau Plaid Cymru ar gyfer etholiad cyffredinol 5 Gorffennaf 1945. Dyma'r etholiad y bu i Clement Attlee (Llafur) drechu'r Prif Weinidog Winston Churchill.

107   *Laus Deo* (Lladin): Molwch yr Arglwydd.

108   Dr D. J. Davies (1893–1956). Economegydd ac un o sylfaenwyr y Blaid Genedlaethol. Yn ôl yr hanesydd John Davies yr oedd syniadaeth D. J. Davies yn fwy dylanwadol na syniadaeth Saunders Lewis yn ffurfio polisïau hirdymor Plaid Cymru ar ôl yr Ail Ryfel Byd. Ymhlith ei gyhoeddiadau gweler *Can Wales Afford Self-Government?* (with Noëlle Ffrench Davies, 1938 and in 1947), *Cymoedd tan Gwmwl* (gyda Noëlle Ffrench Davies, 1938), *Diwydiant a Masnach* (1946), *Wales Must Have a Monarchy* (1953). Dr Noëlle Ffrench Davies oedd gwraig Dr D. J. Davies. Eu cartref oedd Pontybeiliau, Sir Fynwy, cartref y delynores Ann Griffiths wedi hynny.

109   Yr Athro Alfred Owen Hughes Jarman (1911–98). Ysgolhaig Cymraeg. Penodwyd A. O. H. Jarman yn Athro a phennaeth Adran y Gymraeg yng Ngholeg y Brifysgol, Caerdydd yn 1957 yn olynydd i Griffith John Williams. Bu'n olygydd *Llên Cymru* rhwng 1961 ac 1986 ac yn olygydd *Y Ddraig Goch* rhwng 1941 ac 1946. Yr oedd yn awdur toreithiog a phrif faes ei ymchwil oedd chwedl Myrddin. Ceir rhestr o'i

Nodiadau

gyhoeddiadau hyd 1991 yn *Ysgrifau Beirniadol* 18 (1992) ynghyd â phortread ohono gan J. E. Caerwyn Williams.

110 Ymddeolodd D. J. Williams o'i swydd yn Ysgol Ramadeg Abergwaun yn drigain mlwydd oed ym mis Rhagfyr 1945.

111 Cyfeiriad at benodiad yr Athro J. E. Daniel yn arolygydd ysgolion. Gweler nodyn 25.

112 *Vicisti*: 'fe goncraist ti' yn Lladin. Cyfeiriad, efallai, at Iorwerth C. Peate a'i gyfeillion yn tanseilio ymgeisyddiaeth Saunders Lewis yn etholiad y Brifysgol yn 1943.

113 caseg gyfeb: caseg ag ebol ynddi.

114 Southwold: barics y fyddin yn swydd Suffolk.

115 Morris T. Williams (1900–46). Priododd Kate Roberts, y nofelydd a'r awdur storïau byrion, yn 1928. Yn 1930 prynodd y ddau Wasg Gee. Yn dilyn ei farwolaeth yn 1946 bu Kate Roberts yn rhedeg y busnes am ddeng mlynedd ar ei phen ei hun. Am fwy o wybodaeth am Kate Roberts, gweler Alan Llwyd, *Kate: Cofiant Kate Roberts 1891–1985* (Talybont, 2011).

116 Saunders Lewis, 'Awdl i'w Ras, Archesgob Caerdydd', *Efrydiau Catholig*, I (1946), 10–11.

 J. Barret Davies, 'Crist Ynom Ni', *Efrydiau Catholig*, I (1946), 12–31.

117 R. O. F. Wynne, Garthewin, Llanfair Talhaearn. Yn ei gartref ef y sefydlwyd Theatr Garthewin lle y perfformiwyd rhai o ddramâu Saunders Lewis am y tro cyntaf. Gweler awdl foliant Saunders Lewis i Robert Wynne, Garthewin, yn *BAC*, 22 Chwefror 1941, 4. Cynhwyswyd hefyd yn R. Geraint Gruffydd (gol.), *Cerddi Saunders Lewis* (Caerdydd 1992), tt. 6–7.

118 Gweler nodyn 32.

119 Briws: bracty, cegin gefn. Gweler *Geiriadur Prifysgol Cymru*.

120 H. J. Massingham (1888–1952). Awdur Prydeinig ar faterion yn ymwneud â chefn gwlad ac amaethyddiaeth. Ymysg ei gyhoeddiadau y mae: *Field Fellowship* (1942); *The English Countryman: a Study of the English Tradition* (1942); *Men of Earth* (1943); *Tree of Life* (1943); *This Plot of Earth: A Gardener's Chronicle* (1944); *The Wisdom of the Fields* (1945); *Where Man Belongs: Rural Influence On Literature* (1946).

121 Dyma Valentine yn beirniadu merched ifanc y cyfnod yr eildro ynghyd â'r to iau ymhlith y gweinidogion. Gweler nodyn rhif 88.

122 Y Bola yw William Evans, gweler nodyn 41.

 Gruffydd Wynn Owen (1869–1979): gweinidog gyda'r Bedyddwyr. Bu'n gwasanaethu yng nghapel Hermon, Abergwaun rhwng 1939 a 1961. Nid oedd ef a D.J. o'r un anian. Pan geisiodd D.J. osod cynnig gerbron crefyddwyr Abergwaun er mwyn rhwystro cynlluniau ricriwtio'r fyddin yn 1941, meddai D.J. yn ei ddyddiadur (cofnod 15 Rhagfyr 1941): 'Siaradodd y Parch. Wyn Owen yn gryf iawn yn erbyn y penderfyniad gan awgrymu fod a fynno'r peth â pholitics, fel pe na bai a fynno bron popeth o bywyd â pholitics. Awgrymodd fod y peth hwn, y politics hwn yn codi ei ben yng Nghymru ac yn debyg o fod yn fwy niweidiol i wareiddiad na Natzïaeth yr Almaen. (Druan o'r Blaid Genedlaethol, bwch dihangol pob drygioni unwaith eto).' Gweler Emyr Hywel, *Y Cawr o Rydcymerau*, tt. 199–200.

123 Thomas Artemus Jones (1871–1943), *Without My Wig* (1944). Ar ôl gadael ysgol yn gynnar yn bymtheg oed, cafodd Artemus Jones swydd yn ohebydd ar bapur newydd lleol a dyma gychwyn ar yrfa yn rhychwantu newyddiaduraeth, gwleidyddiaeth ymchwil hanesyddol a'r gyfraith. Ymhlith ei achosion cyfreithiol enwocaf y mae ei amddiffyniad o Syr Roger Casement, ei achos enllib yn erbyn y *Sunday Chronicle* a'i ran yn yr ymgyrch i ddiddymu deddf Harri VIII – deddf a waharddai'r defnydd o'r iaith Gymraeg yn y llysoedd.

	Bu'n gadeirydd brawdlys y gwrthwynebwyr cydwybodol yn ystod blynyddoedd cynnar yr Ail Ryfel Byd.
124	Ni fedrwyd dod o hyd i unrhyw dystiolaeth fod Saunders Lewis wedi paratoi drama yn dwyn y teitl *Culhwch*. Tebyg iawn mai'r ddrama anorffen sy dan sylw ganddo yw *Blodeuwedd*.
125	Saunders Lewis, 'Tudur Aled', *Efrydiau Catholig*, I (1946), 32–46.
126	Syr Rhys ap Gruffydd. Fe'i dienyddiwyd am fradwriaeth yn 1531. Ei drosedd, mae'n debyg, oedd ei babyddiaeth a'i wrthwynebiad i Anne Boleyn. Gweler *Y Bywgraffiadur Cymreig* dan y cofnod 'Rice'.
127	W. Ambrose Bebb, *Dial y Tir* (Llandybïe, 1945).
128	Norah Isaac (1915–2003). Fe'i hapwyntiwyd hi yn brifathrawes ar Ysgol Gymraeg yr Urdd yn Aberystwyth yn 1939. Dyma'r ysgol gynradd cyfrwng Cymraeg gyntaf a sefydlwyd yng Nghymru. Norah Isaac oedd yr unig athrawes yn yr ysgol gyda dim ond saith disgybl ar y gofrestr. Arhosodd Norah Isaac yn ei swydd tan 1949 ac erbyn hynny yr oedd yr ysgol wedi symud i adeilad mwy â 71 o blant yn ei mynychu. Yn ystod y cyfnod hwn bu'n ymgyrchu'n frwd, gyda chymorth Ifan ab Owen Edwards, i sefydlu rhwydwaith o ysgolion cyfrwng Cymraeg ym mhob cwr o Gymru. Rhwng 1950 ac 1958 bu'n ddarlithydd yng Ngholeg Hyfforddi y Barri. Yn dilyn hynny fe'i hapwyntiwyd yn brif ddarlithydd drama yng Ngholeg y Drindod, Caerfyrddin.
129	Douglas Cuthbert Colquhoun Young (1913–73). Bardd Albanaidd, ysgolhaig a gwleidydd. Arweinydd Plaid Genedlaethol yr Alban rhwng 1942 ac 1945.
130	Cyhoeddwyd *Mazzini*, ar ôl mynych grwydro o un tŷ cyhoeddi i'r llall, chwe blynedd ar ôl gorffen ei ysgrifennu, gan Blaid Cymru yn 1954.
131	Yr oedd Valentine wedi astudio Aramaeg, Hebraeg a Groeg.
132	Cynhaliwyd Undeb y Bedyddwyr yn Abergwaun yn 1946 ac yn 1956.
133	Gwynegon oedd yr aflwydd y dioddefai Siân yn enbyd o'i effeithiau. Mae'n debyg mai rhywbeth i liniaru ei phoen oedd rhodd Valentine.
134	Am fwy o wybodaeth am y frwydr i ddiogelu mynyddoedd y Preselau rhag rhaib y fyddin Brydeinig gweler Hefin Wyn, *Brwydr y Preselau: Yr ymgyrch i ddiogelu bryniau 'sanctaidd' Sir Benfro 1946–1948* (Maenclochog, 2008).
135	D. Wyre Lewis (1874–1966). Gweler Arwel Vittle, *Valentine*, t. 263: 'Un o bleidwyr mawr yr efengyl gymdeithasol ydoedd, ac enillodd barch y mudiad Llafur yn lleol …' Pan ymddeolodd Wyre Lewis camp anodd oedd ei ddilyn gan ei fod yn hynod boblogaidd ymysg Llafurwyr y Rhos. Gwnâi hynny fywyd yn anodd i Valentine gan ei fod yn genedlaetholwr pybyr. Am fwy o wybodaeth am D. Wyre Lewis gweler: T. E. Jones, 'D. Wyre Lewis', *Seren Gomer* (1939), 41–5; E. Ll. Jones, 'D. Wyre Lewis', *Seren Gomer* (1940), 41–7.
136	Gweler Saunders Lewis, 'Cwrs y Byd: Brwydr Aberdâr', *BAC*, 11 Rhagfyr 1946, 1. Er iddynt ennill etholiad 1946 collodd y Blaid Lafur 10,000 o bleidleisiau. Cafodd Wynne Samuel, Plaid Cymru, 7,000 o bleidleisiau mewn etholaeth 'na bu ond ychydig iawn o sôn am Gymru ynddi erioed o'r blaen'. Meddai Saunders ymhellach: 'Y mae cenedlaetholdeb Cymreig yn dechrau gorfodi'r Llywodraeth i ystyried hawliau cyfiawn y werin Gymreig.'
137	Aldous Huxley, *The Perennial Philosophy* (London, 1946). Ar y siaced lwch gweler y canlynol: 'In this profoundly important work, Mr Huxley has made no attempt to 'found a new religion'; but in analazing the Natural Theology of the Saints, as he descibed it, he provides us with an absolute standard of faith by which we can judge both our moral depravity as individuals and the insane and often criminal behaviour of the national societies we have created.'
138	Morris Williams a Kate Roberts. Gweler nodyn 115.
139	Er bod D.J. a Siân wedi ymweld â Rhydcymerau ar ôl i D.J. ymddeol yn 1945

gyda'r bwriad o brynu tŷ yno a symud i hen ardal mebyd D.J. i fyw, ac er iddynt weld tŷ yno a oedd wrth eu bodd, ni wireddwyd y bwriad. Nid yw D.J. yn egluro yn unman pam y bu iddynt newid eu meddwl er ei fod, yn ôl tystiolaeth ei ddyddiadur (cofnod 23 Mehefin 1951), wedi hen syrffedu ar Abergwaun. Gweler Emyr Hywel, *Y Cawr o Rydcymerau*, t. 238. Meddai D.J.: 'Fel unigolion rwy wedi bod yn eitha cyfeillgar â phobl Pentowr, erioed, a phobl Abergwaun, o ran hynny, ac yn hoff ohonynt. Ond fel corff, en masse, teimlaf yn fynych eu bod yn fy erbyn. Brwydr ysbrydol, barhaus, ddigymod fu'r deng mlynedd ar hugain. Nid wyf wedi dod yn ôl yma, erioed, dros Garn Gelli gyda'r bws, neu i olwg y môr, gyda'r trên, heb gael y teimlad mai dod yn ôl i frwydro yr wyf. Ac nid yw'n deimlad hapus. Mae'n bosib mwynhau'r frwydr pan fo dyn yn ei chanol; ond yn y frwydr honno nad yw byth yn darfod mewn gwirionedd, mae'n wahanol.'

140   Gwilym Davies, 'Cymru Gyfan a'r Blaid Genedlaethol Gymreig', *Y Traethodydd*, XCVII (Gorffennaf 1942), 97–111. Gweler yr atebion i'r erthygl hon gan: Saunders Lewis, 'Ateb i Mr Gwilym Davies', *BAC*, 15 Gorffennaf 1942, 1; *BAC*, 22 Gorffennaf 1942, 1; W. Ambrose Bebb, 'Cymru Gyfan a'r Blaid Genedlaethol Gymreig. Ateb i'r Parch. Gwilym Davies', *Y Traethodydd*, XCXII (Ionawr 1943), 1–14; J. E. Daniel, 'Cadeirydd y "Blaid" yn Ateb ac yn Gwadu Casgliadau'r Parch. Gwilym Davies', *Y Cymro*, 18 Gorffennaf 1942, 1. Meddai'r awdur dienw am y Blaid Genedlaethol yn 'Welsh Profile 4: Saunders Lewis', *The Welsh Review* (Gaeaf 1946): 'it must shed bitterness and hate and that ... air of pharisaical superiority with which only too many of its members have regarded the bulk of their fellow-countrymen'. Meddir am Saunders Lewis: 'he has become the single greatest obstacle to his party's chance of becoming a party of the Welsh people'.

141   Methwyd gweld cofnod yn sôn am dysteb i Saunders Lewis. Mae'n debyg, fel y dywed Valentine, na fyddai Saunders wedi caniatáu tysteb. Oherwydd fod Saunders yn ddi-waith, i bob pwrpas, ar ôl ei ryddhau o garchar yn 1937 yr oedd D.J. wedi anfon arian iddo adeg y Nadolig 1939. Anfonwyd y rhodd yn ôl iddo oherwydd mynnai Saunders fod yr enillion a gawsai gan *Y Faner* ac a ffynonellau eraill yn ddigon. Gweler *Annwyl D.J.*, llythyr 59, tt. 110–11.

142   Nid ysgrifennodd D.J. stori am y carchar.

143   Yr oedd D.J. wedi ymweld â'r Rhos adeg Eisteddfod Genedlaethol Rhosllannerchrugog 1945.

144   Ni fu cyfarfod rhwng y tri i ddathlu dengmlwyddiant eu carchariad yn Wormwood Scrubs.

145   Dyfyniad o nofel T. Rowland Hughes, *William Jones* (Aberystwyth, 1944).

146   Er bod Saunders Lewis yn ymgeisydd amlwg addas ni chafodd swydd Rhydychen. Apwyntiwyd Idris Foster, a oedd ar y pryd yn ddibrofiad ac yn ddigyfraniad yn y byd ysgolheigaidd. Fe'i hapwyntiwyd heb dynnu rhestr fer a bu cryn anesmwythyd ynglŷn â'r apwyntiad ymhlith cefnogwyr Saunders Lewis.
Idris Llewelyn Foster (1911–84). Ysgolhaig Cymraeg a Cheltaidd. Yn 1936 apwyntiwyd ef yn bennaeth Adran Gelteg Prifysgol Lerpwl. Yn 1947 fe'i hetholwyd yn Athro Celteg Prifysgol Rhydychen, lle yr arhosodd nes iddo ymddeol yn 1978. Y dylanwad pennaf arno pan oedd yn fyfyriwr ym Mangor oedd yr Athro Ifor Williams (1881–1965), Athro Iaith a Llenyddiaeth Coleg y Brifysgol, Bangor rhwng 1929 ac 1947.

147   Aldous Huxley, *Science, Libery and Peace* (London 1947). Mae llawer o'r hyn a ragfynegwyd yn y traethawd hwn wedi'i wireddu erbyn heddiw. Ar glawr y siaced lwch dywedir: 'A thoughtful analysis of the individual today and his future in the world.'

148   Thomas Jones, *The Native Never Returns* (London, 1946). Thomas Jones (1870–

1955). Golygydd cyntaf *The Welsh Outlook*. Bu'n is-gadeirydd Cyngor Celfyddydau Prydain Fawr o 1939 hyd 1942. Gweler *Cydymaith i Lenyddiaeth Cymru*.

149 Teitl erthygl D.J. yw 'Y Ddau Ddewis'. Mae'n rhaid fod Pennar Davies, golygydd y gyfrol *Saunders Lewis: Ei Feddwl a'i Waith* (Dinbych, 1950), wedi'i blesio gan yr erthygl gan mai hi yw'r erthygl gyntaf yn y gyfrol.

150 Emrys ap Iwan neu Robert Ambrose Jones (1851–1906). Gweinidog gyda'r Methodistiaid Calfinaidd a wrthwynebai sefydlu achosion Saesneg yng Nghymru. Dadleuwr dros 'ymreolaeth' i Gymru a dylanwad pwysig ar y genhedlaeth a'i dilynodd ac a sefydlodd y Blaid Genedlaethol. Gweler *Cydymaith i Lenyddiaeth Cymru*.

151 Alun Llywelyn Williams (1913–88). Llenor a beirniad llenyddol. Yn 1948 daeth yn gyfarwyddwr Efrydiau Allanol yng Ngholeg Prifysgol Gogledd Cymru, Bangor. Ymhlith ei gyhoeddiadau y mae *Crwydro Arfon* (1959), *Y Nos, Y Niwl a'r Ynys* (1960), *Nes na'r Hanesydd* (1968) ac *Y Golau yn y Gwyll* (1979).

152 Lewis Valentine, 'Sabath ym Mharis', *BAC*, 2 Mehefin 1948, 2. Meddir am y gerdd yn nodiadau'r Golofn Farddol: 'diolch am gerdd a sgrifennwyd â'i phwyslais "nid ar ei hawen ond ar ei phrotest." Â i'r lle anrhydedd'.

153 Cyfeiriad at daldra y ddau ddarlithydd? Y ddau yn fyr.

154 Melville Richards (gol.), *Breudwyt Ronabwy* (Caerdydd, 1948). Cyflwynodd Melville Richards ei lyfr i Henry Lewis, pennaeth yr Adran Gymraeg ym Mhrifysgol Abertawe pan oedd Saunders Lewis yn ddarlithydd yno. Ar ôl iddo losgi'r Ysgol Fomio yn Llŷn ni chafodd Saunders gefnogaeth ei bennaeth ac fe'i diswyddwyd yn 1936.

155 Saunders Lewis, 'Cwrs y Byd: Yn Senedd Lloegr – Cyngor Ymgynghorol Preifat i Gymru', *BAC*, 1 Rhagfyr 1948, 8. Yn y darn hwn y mae Saunders yn bwrw sen ar y Cyngor – cyngor diddannedd yn trafod materion dibwys a'r aelodau i'w dewis gan y prif weinidog. Meddai Saunders, 'Nid oes rhaid ond addo swyddi i bobl gyhoeddus Cymru, taflu atynt ambell anrhydedd ... amlhau pwyllgorau a fydd yn peri gweld eu henwau yn y papurau ... pobl y gellir eu prynu ydym ni ... Paham y mae'r pleidiau Seisnig ... yn ein dirmygu ni, a'r dydd Cymraeg yn Nhŷ'r Cyffredin yn destun crechwen? Oblegid eu bod wedi dysgu gennym ni y gwir amdanom ... "Druan gwŷr! Nid oes gradd onaddunt / A ddeil ar beth ond addoli'r bunt".' Daw'r dyfyniad o ddiwedd 'Atro Arthur' gan T. Gwynn Jones, *Manion* (Wrecsam, 1930), t. 70. Cyhoeddwyd y gerdd gyntaf yn enw Myrddin Ddewin o dan y teitl 'Dychweliad Arthur' yn *Y Llenor*, II, rhif 3 (Hydref 1923), 137–8. Cyfeiria yn ogystal at gyfraniad taeog George Thomas, aelod seneddol Llafur Caerdydd, i'r ddadl. 'Senedd pwmp y pentref', meddai hwnnw gan ddirmygu pob ymgais i ennill hawliau i Gymru. 'A fedrwch chi ddychmygu', meddai Saunders, 'am etholaeth Wyddelig ... neu unrhyw etholaeth yn Sgotland yn anfon i Senedd Loegr gynrychiolydd mor daeog, mor anfoesgar, sy gywilydd ganddo ei wlad ... Druan o Mr George Thomas. Y mae ef yn cynrychioli'n deg yr hyn yw Cymru heddiw ... oblegid mai pobl fel Mr George Thomas yw'r mwyafrif o aelodau seneddol Cymru a llu mawr o athrawon Cymru a thorf o lywodraethwyr lleol Cymru, dyna'r pam y meiddia'r Sais croendew ... gynnig i Gymru gyngor o gwrdd chwarter i'w benodi gan y Prif weinidog ...'
George Thomas, Is-Iarll Tonypandy (1909–97). Ymladdodd etholaeth Canol Caerdydd yn etholiad cyffredinol 1945 ac aeth i'r senedd yn dilyn buddugoliaeth ysgubol y Blaid Lafur. Yn 1976 dilynodd Selwyn Lloyd yn Llefarydd y Tŷ Cyffredin. Bu'n elyn digymrodedd i genedlaetholdeb Cymreig trwy gydol ei yrfa gan addoli popeth Seisnig a hynny ar draul Cymru a Chymreictod.

156 'Croeso Plaid Cymru i De Valera', *BAC*, 27 Hydref 1948, 1. Gweler y canlynol yn yr adroddiad hwn: 'fe gadwodd ei benderfyniad [De Valera] di-ildio hi

Nodiadau

[Iwerddon] allan o'r rhyfel. Am hyn fe'i melltithiwyd gan y Saeson … Nid yw pethau fel yna yn gosod neb yng ngoleuni llachar gwleidyddiaeth byd, megis y gwna camgymeriadau adfydus ac ebychiadau cegog dyn fel Mr Churchill. Ond bydd hanes yn cofio Mr De Valera ymhen canrifoedd wedi i bawb anghofio yr ymerodraethau mawr.'

157 Ifan Huw Jones, *Mygyn Gyda'r Meddyg* (Lerpwl, 1948).

158 I. D. Hooson (1880–1948). Gweler *BAC*, 20 Hydref 1948, 1: 'Marw I. D. Hooson … un o feirdd anwylaf Cymru. Ym mis Mehefin 1948 anrhydeddwyd ef gan Brifysgol Cymru â'r radd M.A. am ei gyfraniad i lenyddiaeth Cymru.' Cyhoeddodd un casgliad yn unig o'i gerddi yn ystod ei fywyd, *Cerddi a Baledi* (1936), ond cyhoeddwyd ail gasgliad ar ôl ei farwolaeth yn 1948, sef *Y Gwin a Cherddi Eraill*.

159 T. H. Parry-Williams (1887–1975). Bardd, awdur ac ysgolhaig. Athro'r Gymraeg ym Mhrifysgol Cymru, Aberystwyth rhwng 1920 a 1952. Ef oedd y bardd cyntaf i ennill y Gadair a'r Goron yn yr Eisteddfod Genedlaethol, a hynny yn yr un Eisteddfod. Ymhlith ei gyhoeddiadau y mae *Ysgrifau* (1928), *Cerddi* (1931), *Hen Benillion* (1940) a *Myfyrdodau* (1957). Gweler nodyn amdano yn *Cydymaith i Lenyddiaeth Cymru*. Gweler hefyd R. Gerallt Jones, *T. H. Parry-Williams*, Cyfres Dawn Dweud (Caerdydd, 1999), Angharad Price, *Ffarwél i Freiburg – Crwydriadau cynnar T. H. Parry-Williams* (Llandysul, 2013) a Bleddyn Owen Huws, *Pris Cydwybod – T.H. Parry-Williams a Chysgod y Rhyfel Mawr* (Talybont, 2018). Yn ei ieuenctid yr oedd T. H. Parry-Williams yn wrthryfelwr ond bu'n un o bileri'r sefydliad yn ddiweddarach ac fe'i hurddwyd yn farchog.

160 Peter Williams (1723–96). Clerigwr Methodistaidd, awdur ac esboniwr beiblaidd. Beibl Peter Williams, 1770, oedd y Beibl esboniadol cyntaf i gael ei gyhoeddi yng Nghymru. Bu peth anghytuno ynglŷn â diwinyddiaeth ei nodiadau eglurhaol ar y testun, ond cyhoeddwyd tri argraffiad cyn 1800 a 35 argraffiad pellach cyn 1900. Am fwy o wybodaeth ar y pwnc gweler Eryn M. White, 'Peter Williams a'r Beibl Cymraeg', *Trafodion Anrhydeddus Gymdeithas y Cymmrodorion*, 14 (2008), 58–72. Apocryffa: enw ar lyfrau is-ganonaidd yr Hen Destament – gwaith o ddilysrwydd amheus. Gweler *Geiriadur Prifysgol Cymru*.

161 Saunders Lewis, 'Cwrs y Byd', *BAC*, 13 Hydref 1949, 8. Trafod yn drylwyr yr ymgyrch 'Senedd i Gymru o fewn pum mlynedd' a wna. 'Dywedais', meddai, 'nad trwy Senedd Westminster y gellir cyrraedd y nod. Ac os cywir hynny dylai P.C. ofalu na chaiff yr etholiad cyffredinol … lyncu adnoddau ariannol y Blaid ac felly ei gadael hi'n analluog am hir amser i gario'i phropaganda ymlaen. Dylai fodloni efallai ar ymladd mewn dwy etholaeth … Gwir faes yr ymdrech i ennill Senedd i Gymru yw'r Cynghorau Sir. Eniller y Cynghorau Sir ac fe ellir sefydlu a chyhoeddi Senedd i Gymru heb ofyn caniatâd Westminster … os ydym o ddifri yn ewyllysio Senedd i Gymru o fewn pum mlynedd, yna rhaid gweithredu heb Westminster … Mae hynny'n golygu deffroad cenedl … Hynny sy'n anodd …'

162 Gwilym R. Jones (1903–93). Bardd a golygydd y papur newyddion wythnosol *Y Faner* am dros 25 mlynedd. Cyhoeddodd bum cyfrol o farddoniaeth: *Caneuon* (1935), *Cerddi* (1969), *Y Syrcas* (1975), *Y Ddraig* (1978) ac *Eiliadau* (1981). Yn ogystal cyhoeddodd ddwy nofel: *Y Purdan* (1942) a *Seirff yn Eden* (1963).Yn yr Eisteddfod Genedlaethol enillodd y Gadair yn 1938, y Goron yn 1935 a'r Fedal Ryddiaith yn 1941.

163 R. Parri Roberts (1882–1968). Gweinidog capel y Bedyddwyr, Mynachlog-ddu am gyfnod hir. Ef oedd un o'r ymgyrchwyr blaenllaw yn erbyn cais y Weinyddiaeth filwrol i feddiannu'r Preselau a throi'r ardal yn faes ymarfer i'r fyddin. Gweler 'Rhwng Dau: Ymddiddan rhwng y Parchedig Robert Parri Roberts, Gweinidog Bethel, Mynachlog-ddu, Sir Benfro, a'r Golygydd', *Seren Gomer*, LIV, rhif 4 (Gaeaf 1962), 101–8.

164 Lewis Valentine, 'Gwyneth', *BAC*, 19 Hydref 1949. Cerdd i ferch o'r Rhos a fu farw yn 25 oed.

165 Evan J. Jones. Cyn sefydlu UCAC ym mis Ionawr 1940 yr oedd taflen wedi'i dosbarthu ar gyfer hysbysu darpar gefnogwyr o'r bwriad. Arwyddwyd y daflen gan y sylfaenwyr ac yn eu plith yr oedd Dr Evan J. Jones. Gwyn M. Daniel. Ysgrifennydd Cyffredinol cyntaf Undeb Cenedlaethol Athrawon Cymru. Sefydlwyd UCAC yn 1940 er mwyn ateb y galw am undeb ag amcanion, polisïau a gwasanaethau a fyddai'n cyfateb i anghenion penodol athrawon Cymru. Victor Hampson-Jones (1909–77). Darlithydd a swyddog undeb o Faesteg. Golygydd *Undeb-Unity*, cylchgrawn Undeb Cenedlaethol Athrawon Cymru. Mati Rees (1902–89). Awdur gwerslyfrau i ysgolion a sgriptiau'r gyfres deledu boblogaidd *Croeso Christine*. Bu'n aelod amlwg o Undeb Bedyddwyr Cymru, yr Orsedd ac UCAC.

166 Gweler hanes taith D.J. i Iwerddon yng nghwmni swyddogion Undeb Cenedlaethol Athrawon Cymru yn Emyr Hywel, *Y Cawr o Rydcymerau*, tt. 225–34.

167 Perchennog siop ddillad dynion yn Birmingham. Cymro brwd a fu'n weithgar gyda Phlaid Cymru yn y canolbarth. Fe'i hetholwyd yn is-lywydd anrhydeddus y Gyngres Geltaidd yn 1996 yn gydnabyddiaeth i'w wasanaeth hir i'r sefydliad hwnnw.

168 Yn Rali Machynlleth, rali i ennill 'Senedd i Gymru o fewn pum mlynedd', yr oedd D.J. wedi areithio'n danbaid. Gweler *BAC*, 5 Hydref 1949, 1. Meddai D.J.: 'Cawn Senedd i Gymru pan fydd ar yr hen a'r ifanc yn ein plith gywilydd o fod yn llwfr: y pryd hynny, ac nid un awr yn gynt y cawn ein rhyddid. Tra fydd ysbryd ofnus llechwraidd yn ein plith, ni chawn Senedd i Gymru hyd dragwyddoldeb.' Ceisiai D.J. ddenu Saunders Lewis a Valentine yn ôl i'r cyfarfodydd cyhoeddus hyn ac i bwyllgorau'r Blaid. Yr hyn nad oedd ef yn fodlon ei wynebu oedd, yn achos Saunders yn enwedig, na fyddai modd iddynt gydweithio ag arweinyddiaeth y Blaid a ffafriai ymladd am seddi yn Westminster, yn anad dim arall, a gwneud hynny trwy ddulliau cyfansoddiadol diaberth a di-gost.

169 George M. Ll. Davies (1880–1949). Heddychwr a fu'n aelod seneddol Prifysgol Cymru rhwng 1923 ac 1924. Bu yng ngharchar Wormwood Scrubs rhwng 1917 ac 1919 am anwybyddu gorchymyn i ymuno â'r fyddin. Am fwy o wybodaeth gweler E. H. Griffiths, *G. M. LL. Davies, Heddychwr Mawr Cymru* (Caernarfon, 1968).

170 Saunders Lewis, 'Dail Dyddiadur' [yn cynnwys adolygiad ar *Storïau'r Tir Du*], *BAC*, 20 Rhagfyr 1950, 8. Cyhoeddwyd adolygiad Kate Roberts ar *Storïau'r Tir Du* yn *BAC*, 26 Ebrill 1950, 7. Meddai Saunders Lewis wrth D.J. mewn llythyr am gymeriadau *Storïau'r Tir Du*: 'mae'n gas gen'i eich pobl dda chwi. Mae 'na wlanen yn eu heneidiau a'u hymennydd sy'n fy nhagu i. Dyna fi wedi ei dweud hi! Yr arswyd annwyl.' Gweler *Annwyl D.J.*, llythyr 100, t. 174.

171 Gweler 'Cenedlaetholwr Gerbron Llys', *BAC*, 29 Awst 1951, 1. Yn ôl dymuniad y diffynnydd trosglwyddwyd yr achos o ddwylo'r ynadon a'i wrando gan lys chwarter. Gweler hefyd 'Rhyddhau Meddyg', *BAC*, 17 Hydref 1951, 1. Ar dir cenedlaetholdeb y gwrthwynebai Dr Peter Hughes Griffiths ymuno â'r fyddin. Fe'i rhyddhawyd oherwydd iddo gytuno i dderbyn archwiliad meddygol. Methwyd â darganfod dim am ei hanes yn dilyn yr achos. Yn ôl pob tebyg bu raid iddo gyflawni ei wasanaeth milwrol.

172 Pennar Davies (gol.), *Saunders Lewis: Ei Feddwl a'i Waith* (Dinbych, 1950).

173 Saunders Lewis, *Eisteddfod Bodran*. Perfformiwyd gyntaf yng Ngŵyl Garthewin ym Mai 1950. Yn y ddrama mae Saunders Lewis yn bwrw'i lach ar Philistiaeth Cymru ei oes ei hun. Gweler hefyd ei gyfrol *Yr Artist yn Philistia I – Ceiriog* (Aberystwyth, 1929). Yn y gyfrol honno, er ei fod yn cydnabod dawn Ceiriog, fe'i gwelodd

fel artist yn iselhau ei ddawn er mwyn plesio'i gynulleidfa. Am drafodaeth lawn ar y ddrama, gweler Ioan M. Williams (gol.), *Dramâu Saunders Lewis, Y Casgliad Cyflawn, Cyfrol I* (Caerdydd, 1996), tt. 324–34.

Am hanes Theatr Garthewin ynghyd â pherthynas Saunders Lewis â'r theatr, gweler Hazel Walford Davies, *Saunders Lewis a Theatr Garthewin* (Llandysul, 1995).

174 Methwyd â chael unrhyw wybodaeth am y 'Walwyn' hwn.

175 'Cloi'r ffyrdd at Wersyll am Chwe Awr. Protest Cymry yn Nhrawsfynydd. Deg a Thrigain yn protestio', *BAC*, 5 Medi 1951, 1; 'Plannu Baner Cymru ar Dir Gwersyll: Protest Arall yn Nhrawsfynydd', *BAC*, 26 Medi 1951, 1. Rhwystro cynlluniau'r fyddin yn Nhrawsfynydd oedd bwriad y protestiadau.

176 Bob Owen, Croesor (1885–1962). Hynafiaethydd a chasglwr llyfrau. Gweler ei gofiant: Dyfed Evans, *Bywyd Bob Owen* (Caernarfon, 1977).

177 Adlais o'r hanes am Dduw yn galw ar Samuel yn y deml. Gweler I Samuel 3: 4–10.

178 Cymreigiad o'r gair 'bourgeois'.

179 J. Gwyn Griffiths (1911–2004). Athro'r Clasuron ym Mhrifysgol Abertawe. Golygydd *Y Ddraig Goch* rhwng 1948 ac 1952. Bu'n ymgeisydd dros Blaid Cymru ym Mro Gŵyr yn 1959 ac 1964. Awdur toreithiog ar grefydd Eifftaidd a chyfrolau ar Roeg a Lladin. Cyhoeddodd bedair cyfrol o farddoniaeth Gymraeg ac ef oedd golygydd cyfrol deyrnged D. J. Williams.

Dewi Watcyn Powell (1922–2015). Yn farnwr, yn aelod ffyddlon o Blaid Cymru ac yn ymgyrchydd iaith, cyflwynodd dystiolaeth o blaid datganoli mwy o bwerau i Gymru i Gomisiwn Kilbrandon ar ddiwedd y chwedegau a'r saithdegau.

180 Heinz Liepman (1905–66). Efallai mai'r llenor hwn oedd yn Wormood Scrubs. Cafodd ei erlid a'i alltudio gan yr Almaenwyr ac yn 1933 gwaharddwyd ei lyfrau. Yn 1935 dilëwyd ei ddinasyddiaeth Almaenig. Rhwng 1935 ac 1937 ymwelodd â Llundain a chafodd ei arestio sawl gwaith oherwydd ei ddibyniaeth ar gyffuriau.

181 Cyfeiriwyd at ddeiseb gan Valentine wrth sôn am ymgyrch yn erbyn yr awdurdodau milwrol ond tybed ai deiseb oedd hon yn erbyn agor tafarnau ar y Sul? Yr oedd Valentine yn ymgyrchydd selog yn erbyn agor tafarnau ar y Sul. Yng Nghymru yr oedd Deddf Cau Tafarnau ar y Sul 1881, mewn grym. Gorfodwyd Awdurdodau Lleol Cymru, trwy rym Deddf Trwyddedau 1961, i gynnal refferendwm ar y pwnc bob saith mlynedd. Cynhaliwyd y refferendwm gyntaf yn 1961 a'r olaf yn 1996. Diddymwyd y ddeddf yn 2003. Yr oedd y llywodraeth yn benderfynol o newid y ddeddf ac agor drysau'r tafarnau ar y Sul. Gweler trafodaeth gan Valentine yn 'Nodiadau Golygyddol', *Seren Gomer*, XLIII, rhif 6 (Gaeaf 1951), 97.

182 Sholem Asch, *Mary* (New York City, 1949). Sholem Asch (1880–1957): Iddew o Wlad Pwyl, nofelydd, dramodydd ac ysgrifennwr erthyglau lu yn Yiddish. Cyfieithwyd ei weithiau i amryw o ieithoedd.

183 Clement Richard Attlee (1883–1967). Arweinydd Plaid Lafur Prydain rhwng 1935 ac 1955 a phrif weinidog Prydain rhwng 1945 ac 1951. Ef oedd yr arweinydd pan newidiwyd yr Ymerodraeth Brydeinig i'r Gymanwlad o Genhedloedd. Rhoddwyd annibyniaeth y tu mewn i'r Gymanwlad i India a sefydlwyd Pacistan yn genedl. Rhoddwyd annibyniaeth i Burma, Ceylon, yr Aifft a Phalesteina pan sefydlwyd gwladwriaeth Israel. Er hyn oll ni ddychmygwyd cynnig annibyniaeth i Gymru gan na fynnai'r Cymru ryddid i'w gwlad.

Harry S. Truman (1884–1972). Arlywydd America rhwng 1945 ac 1953. Ef oedd yr arlywydd a benderfynodd ollwng y bom atomig ar Hiroshima a Nagasaki. Ar ôl yr Ail Ryfel Byd gwawriodd cyfnod y rhyfel oer. Ceisiai Truman ac Attlee, yn aflwyddiannus, atal twf comiwnyddiaeth yn Tsieina. Yn 1950 anfonodd Truman ei filwyr i Corea er mwyn atal y gogledd comiwnyddol rhag goresgyn y de. Pan ymunodd Tsieina yn y rhyfel ni fedrodd America orchfygu'r comiwnyddion.

184   dul: dyrnod.

185   Yr oedd D.J. yn bresennol yn y protestiadau hyn er mwyn rhwystro cynlluniau'r Swyddfa Ryfel yn Nhrawsfynydd. Bu dau wrthdystiad, y cyntaf ar 30 Awst 1951 a'r ail ar 29 Medi 1951. Cau'r ffordd a arweiniai at wersyll y fyddin oedd y bwriad a bu'r protestiadau yn hynny o beth yn llwyddiant. Serch hynny, cymysg fu'r ymateb i'r gweithredu torcyfraith gan Blaid Cymru a rhoddwyd y gorau i ddefnyddio'r dacteg. Gweler Rhys Evans, *Gwynfor, Rhag Pob Brad* (Talybont, 2005), tt. 139–43. Dylid nodi nad oedd tactegau dof Plaid Cymru wrth fodd Saunders Lewis a cheisiodd ei hannog i weithredu'n filwriaethus dro ar ôl tro. Gweler bradychu cyfrinach Trawsfynydd yn 'Welsh Diary by Ninian', *Herald of Wales*, 28 Ebrill 1951, 7. ' Word has gone round', meddai Ninian am J. E. Jones a Phlaid Cymru, 'that on May 19 members are to muster at Trawsfynydd, Merioneth, to make a demonstration of passive resistance against the war office … What purpose is to be achieved by this kind of play-acting? … Whether one agrees with the Welsh Nationalists or not, one wishes they would grow up. The main trouble probably is that their nationalism is mixed up with pacifism so that muddle-headedness is inevitable …'

186   Maen Scone: hen faen a ddefnyddid i goroni brenhinoedd yr Alban. Aethpwyd ag ef o Scone gan Edward I, brenin Lloegr, yn 1296 a'i osod ar ei gadair ei hun yn Abaty Westminster. Ym mis Rhagfyr 1950 llwyddodd pedwar myfyriwr o Brifysgol Glasgow i'w symud o'r abaty a'i ddychwelyd i'r Alban.

187   Bu Valentine yn olygydd *Seren Gomer* rhwng 1951 ac 1975.

188   D. J. Williams, 'Blac', *Y Genhinen*, I, rhif II (Gwanwyn 1951), 97–9. Cynhwyswyd y portread hwn yn *Hen Dŷ Ffarm*, tt. 20–3.

189   Desmond Ryan, *The Rising, The Complete Story of Easter Week* (Dublin, 1949). Desmond Ryan (1893–1964). Ganwyd yn Llundain ac addysgwyd yn ysgol Pádraig Pearse, Scoil Éanna. Bu'n ysgrifennydd i Pádraig Pearse ac ymladdodd yng Ngwrthryfel y Pasg 1916 wrth ei ysgwydd ef a James Connolly. Fe'i carcharwyd yng ngwersylloedd Stafford a'r Fron-goch a Wormwood Scrubbs yn dilyn y gwrthryfel. Ymhlith ei lyfrau y mae *The Story of a Success* (1918), *The Man called Pearse* (1919), astudiaeth o De Valera, *Unique Dictator* (1936), a chyfrol hunangofiannol, *Remembering Sion* (1934).

190   Robert Richards, aelod seneddol Llafur, Wrecsam.

191   Cychwynnodd Saunders Lewis ddarlithio ym Mhrifysgol Caerdydd yn 1952. Ei bennaeth adran oedd yr Athro Griffith John Williams (1892–1963). Oni bai am gefnogaeth Griffith John Williams ni fyddai Saunders Lewis wedi dychwelyd i'r Brifysgol ar ôl cael ei ddiswyddo gan Brifysgol Abertawe yn 1936. Roedd Griffith John Williams yn ysgolhaig ac ymchwilydd amryddawn. Ef oedd yn gyfrifol am ddatgelu twyll Iolo Morganwg yn tadogi ei gerddi ar Ddafydd ap Gwilym. Gweler ei gyfrolau *Traddodiad Llenyddol Morgannwg* (Caerdydd, 1948) ac *Iolo Morganwg: Y Gyfrol Gyntaf* (Caerdydd, 1956).

192   Ysgrifennwyd *Gan Bwyll*, fel *Eisteddfod Bodran*, ar gyfer ei pherfformio gan Chwaraewyr Garthewin. Fe'i perfformiwyd am y tro cyntaf yn ail ŵyl Garthewin ym mis Mehefin 1952. Am gyflwyniad a thrafodaeth ar y ddrama gweler Ioan M. Williams, *Dramâu Saunders Lewis, Y Casgliad Cyflawn, Cyfrol I*, tt. 423–35.

193   Collwyd y cyfle hwn eto i driwr Penyberth gyfarfod. Mae'r cyfeiriad 'When shall we three meet again' at gyfarfod y gwrachod yn nrama Shakespeare, *Macbeth*, wrth gwrs.

194   Bruce Lockhart (1887–1963), *My Europe* (Llundain, 1952).

195   R. Williams Parry, *Cerddi'r Gaeaf* (Dinbych, 1952).

196   D. J. Williams, *Hen Dŷ Ffarm* (Llandysul, 1953).

197   Nodiadau golygyddol Lewis Valentine ar *Emynau Llawlyfr Moliant* [Llyfr Emynau'r Bedyddwyr]. Gweler *Seren Gomer*, XLV, rhif 2 (Haf 1953), 41–8.

Nodiadau

198 Ben Bowen Thomas (1899–1977). Addysgwr a gwas sifil. Bu'n warden yng Ngholeg Harlech rhwng 1924 ac 1940 ac yn gadeirydd UNESCO rhwng 1958 ac 1960. Bu hefyd yn llywydd Coleg y Brifysgol, Aberystwyth. Yr erthygl y cyfeiria D.J. ati yw 'Y Cristion yng Ngwasanaeth y Wladwriaeth', *Seren Gomer*, XLV, rhif 2 (Haf 1953), 48–54. Meddai'r awdur: 'Yn sicr nid lle i'r gŵr sydd yn ymglywed â chyflwr ei gydwybod bob awr o'r dydd yw'r gwasanaeth gwladol mwy na llawer o alwedigaethau eraill' (t. 54).

199 Gweler 'Braslun o Hanes y Rali. Pum Mil ar Dân', *Y Ddraig Goch* (Tachwedd 1953), 6. Cynhaliwyd y rali hon i gefnogi'r galw am 'Senedd i Gymru' ar 26 Medi 1953.

200 Cyfeiriad at yr awdur W. Ambrose Bebb a'i hoffter o bentyrru ansoddeiriau. Gweler sylwadau D.J. ar y gyfrol *Dial y Tir* yn llythyr rhif **59**.

201 Adolygiad Lewis Valentine o *Hen Dŷ Ffarm*: gweler *Seren Gomer*, XLVI, rhif 1 (Gwanwyn 1954), 37–40. Meddai Valentine am y gyfrol: 'dyma un o lyfrau mwyaf ein canrif ni'.

202 Sylw Saunders Lewis mewn llythyr ar ôl darllen *Hen Dŷ Ffarm* oedd 'ar ôl gorffen eich llyfr:– mi dd'wedais wrthyf fy hun, "does gen' ti ddim hawl i roi gair o Gymraeg ar bapur, oblegid wrth a geir yma o ddihysbydd stôr yr iaith, wyddost ti ddim oll am y Gymraeg."' Gweler *Annwyl D.J.*, llythyr rhif 114, tt. 191–2. Gweler hefyd lythyr rhif 115, tt. 192–3 lle geilw Saunders y gyfrol yn bennaf campwaith rhyddiaith yr ugeinfed ganrif.

203 James Parkes (1896–1981), *End of an Exile: Israel, the Jews and the Gentile World* (London, 1954). Cysegrodd James Parkes ei fywyd i ymladd gwrth-Iddewiaeth a hyrwyddo goddefgarwch tuag at Iddewon.

204 Ffransis George Payne (1900–92), *Yr Aradr Gymreig* (Caerdydd, 1954). Hanes datblygiad yr aradr Gymreig .

205 D. J. Williams, *Mazzini: Cenedlaetholwr, Gweledydd, Gwleidydd* (Caerdydd, 1954). Joseph Mazzini: ganwyd yn 1805. Bu farw yn ninas Pisa yn 1872, er iddo dreulio y rhan fwyaf o'i oes yn alltud o'i wlad enedigol. Cysegrodd ei fywyd i frwydro dros undod yr Eidal, a oedd yn rhanedig ac yn ysglyfaeth i bwerau milwrol estron yn yr ail ganrif ar bymtheg.

206 John Dyfnallt Owen (1873–1956). Gweinidog gyda'r Annibynwyr. Bu'n olygydd papur yr enwad, *Y Tyst*, rhwng 1927 ac 1956. Enillodd y Goron yn Eisteddfod Genedlaethol 1907 am ei bryddest 'Y Greal Sanctaidd'. Gweler *Cydymaith i Lenyddiaeth Cymru* am ffeithiau ychwanegol amdano. Gweler hefyd Geraint Elfyn Jones, *Bywyd a Gwaith John Dyfnallt Owen* (Abertawe, 1976). Dyfnallt oedd golygydd *Y Tyst* yn 1954. Mae'r adolygiad o Mazzini gan Dyfnallt yn rhifyn 23 Medi 1954 o'r *Tyst* ac yn y golofn olygyddol 'O Ben Tir Cymru' dan y teitl 'Cyfrol Gyffrous'.

207 T. Ellis Jones: 'Adolygiad: Mazzini', *Seren Cymru* (Hydref/Gaeaf 1954), 3.

208 Diswyddwyd Saunders Lewis gan Gyngor Coleg Abertawe yn 1936. Bu'n gweithio ar ei liwt ei hun tan 1952 pan y'i hapwyntiwyd yn ddarlithydd yn yr Adran Gymraeg ym Mhrifysgol Caerdydd. Ymddeolodd yn 1957 yn 65 oed ar ôl treulio pum mlynedd annidig yn darlithio yn y coleg.

209 Papur Sul a argraffwyd ac a gyhoeddwyd yng Nghaerdydd oedd yr *Empire News* gan Kemsley Newspapers. Papur Saesneg, a Seisnig ei fydolwg, am Gymru oedd hwn. Yr unig Gymraeg ynddo oedd colofn fer Saunders Lewis. Gweler rhai enghreifftiau o'i golofn: 'Busnes a Gwladgarwch', 7 Tachwedd 1954, 5: 'Peth dymunol yw gwladgarwch a chydweithrediad mewn busnes'; 'Verdi a Chymru', 21 Tachwedd 1954, 5: 'Y tân sydd yng ngweithiau Verdi yw gobaith Cymru Fydd. Mi garwn glywed canu Verdi yn Gymraeg'. Yn yr erthygl 'Sir Winston Churchill', 28 Tachwedd 1954, 7, telir teyrnged hael i Churchill a dywed Saunders: 'Fy meddwl

pendant innau yw mai galwedigaeth milwr yw'r alwad noblaf un'. Yn 'Y Beibl', 19 Rhagfyr 1954, 3, dywed ei bod hi'n argyfwng ar lenyddiaeth Gymraeg oherwydd diffyg gwybodaeth o'r Beibl ymhlith llenorion ifanc y cyfnod; 'heb draddodiad a diwylliant traddodiadol,' meddai, 'ni ellir artist'. Yr oedd D.J. wedi mentro dweud wrth Saunders mai annoeth oedd cefnogi papur gwrth-Gymreig fel yr *Empire News*. Derbyniodd Saunders farn D.J. ac meddai wrtho mewn llythyr: 'Mi ddywedais y derbyniwn i eich barn chi ar briodoldeb sgrifennu i'r *Empire News* neu beidio. Felly yr wyf wedi rhoi notis na byddaf yn sgrifennu iddo ar ôl mis Mehefin [1955]. Y Sul nesaf fydd yr erthygl olaf.' Gweler *Annwyl D.J.*, llythyr 123, t. 200.

210 Cynhaliwyd isetholiad Wrecsam ar 17 Mawrth 1955 o ganlyniad i farwolaeth Robert Richards A.S. Etholwyd James Idwal Jones (Llafur) i gynrychioli'r etholaeth yn San Steffan. Cafodd Elystan Morgan (Plaid Cymru) 4,572 pleidlais (11.3%).

211 Adolygiad Lewis Valentine o *Mazzini* gan D. J. Williams; gweler *Seren Gomer*, XLVI, rhif 4 (Gaeaf 1954), 163.

212 'Fy Nhad (Darn yw'r ysgrif hon o Hunangofiant a ysgrifennodd fy nhad, y Parch. Samuel Valentine, Llanddulas, ychydig fisoedd cyn ei farw)', *Seren Gomer*, XLVI, rhif 4 (Gaeaf 1954), 130–7.

213 Robert Richards (1884–1954). Aelod seneddol Llafur Wrecsam ar dri achlysur: 1922–4, 1929–31, 1935–54. Bu farw yn ei swydd yn 70 oed. Yn yr isetholiad yn dilyn ei farwolaeth etholwyd Idwal Jones, Llafur, yn olynydd iddo. Gweler hefyd droednodiadau 190 a 210.

214 Gweler D. J. Williams, 'Syr Archibald Rowlands fel Cymro: Teyrnged bersonol gan D. J. Williams', *BAC*, 6 Ebrill 1955, 3; 13 Ebrill 1955, 3; 20 Ebrill 1955, 3; 27 Ebrill 1955, 3.

215 Methwyd â chanfod erthygl gan D. J. Williams yn y *Western Mail* ym mis Mai na Mehefin 1955. Bu erthyglau gwleidyddol ganddo yn *Y Faner* ac yn y *County Echo*: 'Neges Shirgar at Shirgarwyr', *BAC*, 25 Mai 1955, 3, a 'Welsh home rulers at this election', *County Echo*, 26 Mai 1955, 7.

216 Erthygl Lewis Valentine ar Ann Griffiths: 'Ann Cariad yr Iesu', *Seren Gomer*, XLVII, rhif 3 (Hydref 1955), 106–10.

217 R. Williams Parry (1884–1956). Darlithydd yng Ngholeg y Brifysgol, Bangor rhwng 1922 ac 1944. Cyhoeddodd ddwy gyfrol o farddoniaeth: *Yr Haf a Cherddi Eraill* (1924) a *Cerddi'r Gaeaf* (1952). Bu farw R. Williams Parry ar 4 Ionawr 1956. Am fwy o wybodaeth, gweler Bedwyr Lewis Jones (golygwyd a chwblhawyd gan Gwyn Thomas), *R. Williams Parry*, Cyfres Dawn Dweud (Caerdydd, 1997), ac Alan Llwyd, *Bob: Cofiant R. Williams Parry* (Llandysul, 2013).

218 Saunders Lewis, 'Efrydwyr a'r Offeren', *Efrydiau Catholig*, VII (1955), 3–5. Dywed Saunders yn y darn byr hwn wrth drafod ofnadwyaeth y bom hydrogen: 'yn y datguddiad Cristnogol, creadigaeth Duw yw'r cwbl sydd. Gan hynny y mae holl hanes y bydysawd yn foliant i Dduw.' Meddai ymhellach wrth gysylltu hyn ag efrydwyr a colegau: 'Heddiw, mewn addoliad un unig y mae i ysgolheictod ddiben ac ystyr.' Ychwanega mai'r offeren yw'r 'cyfrwng normal, sagrafenaidd, Catholig i gysylltu bywyd beunyddiol dynion ag Aberth Calfaria'.

219 Robert Thomas Jenkins (1881–1969). Hanesydd a llenor. Awdur y nofel *Orinda* (1943) a ystyrir yn un o glasuron bychain y nofel Gymraeg. Ef oedd golygydd *Y Bywgraffiadur Cymreig* rhwng 1943 ac 1953. Gweler *Cydymaith i Lenyddiaeth Cymru*. Fe'i hanrhydeddwyd â'r CBE yn 1956. Y mae Valentine yn rhyfeddu at daeogrwydd llenorion Cymru yn derbyn anrhydedd gan yr Ymerodraeth Brydeinig a fu mor ysgeler ei gweithredoedd drwy'r canrifoedd. Yn ystod y blynyddoedd diwethaf testun siom i genedlaetholwyr yw clywed am Gymry Cymraeg, rhai yn arweinyddion ein sefydliadau Cymreiciaf, yn derbyn yr anrhydeddau gwrthun hyn.

220 'Y Mae Yfory i Gymru. Y Parch. L. E. Valentine ym Mhrestatyn', *BAC*, 28 Mawrth 1956, 5. Maentumiai Valentine yn ei anerchiad i Gangen y Blaid ym Mhrestatyn mai'r ddau beth oedd ei angen i egnïo'r rhai diegni yng Nghymru oedd 'difrifwch ynglŷn â gwleidyddiaeth' a 'diwygiad crefyddol'.

221 Saunders Lewis, *Siwan a Cherddi Eraill* (Llandybïe, 1956). Cyflwynwyd *Siwan* am y tro cyntaf ar lwyfan yn Theatr Garthewin ar 23 Awst 1954. Am gyflwyniad i'r ddrama, gweler Ioan M. Williams, *Dramâu Saunders Lewis, Y Casgliad Cyflawn, Cyfrol I*, tt. 521–32. Saunders Lewis, *Gymerwch Chi Sigaret* (Llandybïe, 1956). Am gyflwyniad i'r ddrama, gweler Ioan M. Williams, *Dramâu Saunders Lewis, Y Casgliad Cyflawn, Cyfrol I*, tt. 595–607.

222 Saunders Lewis, 'Morgan Llwyd', *Efrydiau Catholig*, VII (1955), 21–9.

223 William Phillips (1880–1969), *Rhosllannerchrugog: Atgofion* (1955).

224 Englyn Waldo Williams i arweinwyr Rwsia adeg ymweliad Bulganin a Khrushchev â Phrydain:

I Bulganin bolgynnes – a Khrushchev
    Bydd croeso ac anwes
  Rhai mawr, i'n tynnu o'r mes
  Yw'r rhain yn ôl yr hanes.

225 Waldo Williams, 'Brenhiniaeth a Brawdoliaeth', *Seren Gomer*, XLVIII, rhif 2 (Haf 1956), 53–9.

226 Mae'n debyg mai yn 1956 yr ysgrifennwyd y llythyr hwn er nid yw'n hawdd dilysu hynny'n bendant. Os yw'r dyddiad yn gywir mae'n debyg mai *Y Byw Sy'n Cysgu* yw'r nofel y cyfeiria Valentine ati, gan mai'r nofel honno yw'r unig gyfrol a gyhoeddodd Kate Roberts y flwyddyn honno. Gweler Kate Roberts, *Y Byw Sy'n Cysgu* (Dinbych, 1956).

227 Huw Thomas Edwards (1892–1970). Arweinydd ym myd gwleidyddiaeth ac undebaeth. Cadeirydd cyntaf Cyngor Ymgynghorol Cymru. Yr oedd yn sosialydd pybyr ac yn aelod o'r Blaid Lafur tan 1959 pan ymunodd â Phlaid Cymru. Dychwelodd i gorlan y Blaid Lafur yn 1965. Ymddiswyddodd o'r herwydd o Gadeiryddiaeth Cyngor Cymru gan mai pwyllgor diddannedd ydoedd yn ei farn ef. Cyhoeddwyd *Hewn from the Rock*, sef rhan gyntaf ei hunangofiant, yn 1956. Cyhoeddwyd cyfieithiad ohoni, *Tros y Tresi*, yn 1967. Am fwy o wybodaeth amdano gweler ei gofiant: Gwyn Jenkins, *Prif Weinidog Answyddogol Cymru* (Talybont, 2007).

228 Waldo Williams, *Dail Pren* (Aberystwyth, 1956). Mae teitl cyfrol barddoniaeth Waldo Williams yn dra arwyddocaol. Ffynhonnell y teitl yw'r cyfeiriad at 'iacháu'r cenhedloedd' yn y Beibl. Yn Datguddiad 22: 2 cyfeirir at Bren y Bywyd a'i ddail sy'n iacháu'r cenhedloedd. Gweler cyfeiriad at deitl *Dail Pren* yn Pennar Davies, 'Meddylfryd Waldo Williams', yn James Nicholas (gol.), *Waldo, Cyfrol Deyrnged* (Llandysul, 1977), t. 186.

229 Cyfeiriad at Brifysgol Cymru yn cynnig doethuriaeth i D. J. Williams am ei gyfraniad i lenyddiaeth Cymru.

230 Llythyr yn gofyn am gysylltu ag aelodau seneddol Cymru yn annog iddynt leisio'u gwrthwynebiad i foddi Cwm Tryweryn. Pleidleisiodd 35 allan o'r 36 aelod seneddol o Gymru yn erbyn y mesur ond i ddim diben gan fod llywodraeth Geidwadol Macmillan yn benderfynol o gefnogi'r cynllun. Nid oedd llais gan yr awdurdodau lleol yn y mater hwn. Roedd penderfyniad Senedd Lloegr yn dangos yn glir nad oedd gan Gymru unrhyw hawl i reoli ei bywyd ei hun. Am fwy o wybodaeth ar yr ymgyrch seithug i atal boddi Cwm Tryweryn, gweler Einion Thomas a Beryl Griffiths, *Capel Celyn: Deng Mlynedd o Chwalu* (Barddas, 2007); Watcyn L. Jones, *Cofio Capel Celyn* (Talybont, 2008); Owain Williams, *Cysgod Tryweryn* (1979; argraffiad newydd, Llanrwst, 1995).

231 Perfformiwyd *Buchedd Garmon* gyntaf pan ddarlledwyd hi gan y BBC ar nos Fawrth, 2 Mawrth 1937. Am gyflwyniad i'r ddrama ac astudiaeth o gefndir ei chreu, gweler Ioan M. Williams (gol.), *Dramâu Saunders Lewis, Y Casgliad Cyflawn, Cyfrol I.*

232 Gweler Saunders Lewis, 'Drych y Prif Oesoedd', yn Geraint Gruffydd (gol.), *Meistri'r Canrifoedd* (Caerdydd, 1973), tt. 232–47.

233 Cyfres o raglenni a ddarlledwyd gan ITV oedd *Gŵr Gwadd*. Darlledwyd y gyntaf ar 4 Medi 1958 ac yna'n wythnosol tan 18 Rhagfyr 1958. Mae'r ymadrodd 'y tair ffuret' yn cyfeirio at y rhai a fu'n holi D.J. Ni lwyddwyd i ddarganfod eu henwau.

234 Cyfeiriad at y ffaith fod Aneurin Bevan (1897–1960) wedi cyhoeddi ei fod yn cefnogi polisi ei blaid, y Blaid Lafur, i gadw'r Bom Hydrogen a derbyn awyrennau NATO a'u harfau niwclear ar dir Prydain. Gweler 'Y Blaid Lafur a'r Bom-H', *BAC*, 23 Gorffennaf 1959, 1.

Anodd gwybod pwy yw John bach. Salem yw capel y Bedyddwyr ym Mhen-y-cae ond ni lwyddwyd i weld rhestr o weinidogion y capel hwnnw.

235 Gweler 'Syr Ifan a'r Cyngor', *BAC*, 6 Awst 1959, 5. Yr oedd Huw T. Edwards, cadeirydd Cyngor Ymgynghorol Cymru, wedi ymddiswyddo oherwydd methiant y llywodraeth i fabwysiadu argymhellion y Cyngor ynglŷn â phenodi Ysgrifennydd Gwladol i Gymru. Ar wahoddiad y Prif Weinidog Harold Macmillan, ymunodd Syr Ifan ab Owen Edwards â'r Cyngor er mwyn tawelu'r dyfroedd. Gweler hefyd 'Nodiadau'r Golygydd', *Seren Gomer* (Gaeaf 1958), 110–11. Gofynna Valentine yn ei golofn, 'A oes yn Ewrop heddiw genedl fach fwy diamddiffyn na'n cenedl ni?' Wrth glodfori gweithred Huw T. Edwards yn ymddiswyddo o fod yn aelod o'r Cyngor, dywed Valentine ymhellach: 'a ninnau ar ganol dathlu canmlwyddiant y cymwynaswr mawr hwnnw, Syr Owen M. Edwards, gofidiwn â syndod poenus o dderbyn o'i fab wahoddiad y Prif Weinidog … i lenwi bwlch ar y pwyllgor'. Yna ychwanegodd rai sylwadau am gynghorwyr y Prif Weinidog: 'Y mae un yn llunio brad Tryweryn, un arall yn wfftio'n typdra anllythrennog, ac un arall yn llefain am ardysol Urdd Dewi Sant … gwyddom bellach mai ei chred [sef llywodraeth San Steffan] yw y geill sathru ar y genedl.'

236 Saunders Lewis, *Brad* (Llandybïe, 1958). Am gyflwyniad i'r ddrama, gweler Ioan M. Williams (gol.), *Dramâu Saunders Lewis, Y Casgliad Cyflawn, Cyfrol II* (Caerdydd, 2000), tt. 3–25.

237 Saunders Lewis oedd Llywydd y Dydd ar y dydd Iau yn Eisteddfod Glynebwy 1958. Gweler sylwadau J. Gwyn Griffiths, 'Ein Llenor Mwyaf', *BAC*, 21 Awst 1958, 3: 'Mr Lewis oedd llywydd yr Ŵyl ddydd Iau. Heb unrhyw amheuaeth ef yw'r llenor Cymraeg mwyaf sy'n fyw ar hyn o bryd. Ond rhaid oedd iddo aros tan Eisteddfod Glynebwy cyn cael ei anrhydeddu fel hyn. Sut mae esbonio peth felly? Y rheswm mae'n debyg yw bod Mr Lewis hefyd yn wladgarwr mawr … Cafwyd gan Mr Lewis araith … yn apelio arnom i amddiffyn daear Cymru yn ddewrach. Anogodd ni i gario baneri i fro Tryweryn – a mwy na baneri.' Gweler hefyd T. Robin Chapman, *Un Bywyd o Blith Nifer*, t. 323, am sylwadau ar araith Eisteddfod Saunders Lewis a'i anesmwythyd a'i siom yn nhactegau cyfansoddiadol Plaid Cymru.

238 Cyfeiriad at orffen *Yn Chwech ar Hugain Oed*.

239 6 Ionawr 1959 yw dyddiad cywir y llythyr hwn.

240 Er bod Saunders Lewis yn ddiflewyn-ar-dafod yn beirniadu gwaith D.J. (gweler *Annwyl D.J.*, llythyr 100, t. 174, am ei ymateb i'r gyfrol *Storïau'r Tir Du*: 'mae'n gas gen' i eich pobl dda chwi. Mae 'na wlanen yn eu heneidiau a'u hymennydd sy'n fy nhagu'), ni fyddai D.J., ar y llaw arall, yn mentro beirniadu gwaith Saunders i'w wyneb. Er enghraifft, dywed D.J. wrth Saunders am ei ddrama *Cymru Fydd*, 'mae'n ddrama aruthrol gyfrwys ei gwead, Saunders, a chwim a ffraeth a choeth ei hymadroddion'. Gweler *Annwyl D.J.*, llythyr 196, tt. 305-6.

241 Enghraifft o D.J. yn amddiffyn tactegau cyfansoddiadol Gwynfor Evans. Bu
Saunders yn beirniadu'r tactegau gwlanennaidd hyn yn gyson. O sylwi ar ymateb
Valentine i ddatganiadau Saunders Lewis gwelir ei fod ef yn ffafrio ymgyrchu
milwriaethus ac anghyfansoddiadol.

242 Yr unig fodd iddo droseddu Valentine y gallai D.J. feddwl amdano oedd iddo
feirniadu ei ddull o bregethu. Gweler LlGC, Dyddiaduron D. J. Williams (cofnod
30 Gorffennaf 1958): 'Beth sydd wedi mynd ar yr hen Val, ei fod ef wedi dieithrio
cymaint wrthyf er pan fu ef lawr yma'n aros dros yr Undeb yn 1946 [1956]? Fy
unig drosedd yn ei erbyn hyd y gallaf feddwl yw i mi fentro dweud wrtho fel cyfaill
yr hyn yr wyf wedi ei deimlo erioed – ei fod e'n difetha effaith ei bregeth dda
resymegol bob amser pan fydd e'n dechrau gweiddi. Ond rwy'n ffrind iawn i Val
yn y gwaelod, gan ta beth sydd wedi digwydd. Ond ni freuddwydiais erioed y gallai
dim ddigwydd i'n pellhau ni oddi wrth ein gilydd. Fe gilia hynny eto rwy'n mawr
obeithio.'

243 Ian Gwyn Hughes, gynt yn sylwebydd chwaraeon gyda'r BBC. Ar hyn o bryd
mae'n gweithio i Gymdeithas Pêl-droed Cymru.

244 Mae'n anodd iawn canfod dyddiad y llythyr hwn. Tybiaf fod Valentine yn
cyfeirio at ail gyfrol hunangofiant D.J., *Yn Chwech ar Hugain Oed*, wrth gloi'r
llythyr. Oherwydd hynny tybiais mai rywbryd yn 1959 y'i hysgrifennwyd.
Cyhoeddwyd *Yn Chwech ar Hugain Oed* ym mis Tachwedd 1959. Cofnododd
D.J. ei lawenydd o'i dderbyn yn ei ddyddiadur (cofnod 27–8 Tachwedd 1959),
a Waldo a'i derbyniodd o law'r postmon. Meddai D.J.: 'Dyma fore godidog arall
i fi – y llyfr *Yn Chwech ar Hugain Oed* wedi cyrraedd o'r Wasg. Waldo a ddaeth
ag ef o'r drws o law y postman. "Ga i agor y parsel?" meddai wedi gesio beth
oedd wrth enw Gwasg Gomer o'r tu allan, fel ag i fod y cyntaf i weld y llyfr. "A
chewch rwygo'r chwech ar hugain," meddai wedyn gan gil edrych arnaf i o weld
y clawr llwyd gweddaidd glasurol megis ryw air o siom na fuasai'n fwy lliwgar
a thrawiadol i'r llygad. "A sioc o dan y siaced," meddai Waldo wedyn yn llawn
afiaith y bore llawen hwn.'

245 Cyfeiriad at anghydfod yn ymwneud â thrafodaethau Pwyllgor Gwaith Eisteddfod
Genedlaethol Caerdydd 1960. Gweler 'Beirniad yn Ymddiswyddo', *BAC*, 25
Mehefin 1959, 1: 'Cyflwynodd Kate Roberts ei hymddiswyddiad fel un o feirniaid
adran llên yr Ŵyl oherwydd agwedd y pwyllgor Gwaith tuag at Gymru a'r iaith
Gymraeg … "Teimlaf na allaf wasanaethu pwyllgor sydd wedi dangos cyn lleied
o gyfrifoldeb tuag at Gymru a'r iaith Gymraeg. Trwy wahodd y Frenhines, pa
un a wnâi hi siarad yn Saesneg ai peidio, dangosodd y Pwyllgor Gwaith nad gwir
ffyniant diwylliant Cymru a'i hiaith oedd ganddynt mewn golwg …".'

246 Yr oedd Rhydwen Williams (1916–97) wedi troi ei gefn ar y weinidogaeth
gyda'r Bedyddwyr yn 1959 gan ymuno â Theledu Granada, Manceinion. Yno
bu'n cynhyrchu a chyflwyno rhaglenni Cymraeg ac ymhlith ei westeion yr oedd
Kate Roberts. Gweler Rhydwen Williams, 'K.R. ar y Teledu', yn Rhydwen
Williams (gol.), *Kate Roberts: Ei Meddwl a'i Gwaith* (Llandybïe, 1983), tt. 26–9.
Am fwy o wybodaeth am Rhydwen Williams, gweler *Cydymaith i Lenyddiaeth
Cymru.*

247 Nid oes cyfeiriad at y pwnc hwn yn nodiadau golygyddol *Seren Gomer* am y
flwyddyn 1958 nac am y flwyddyn 1959. Mae'n rhaid nad oedd Valentine felly o'r
farn fod y mater hyd yn oed yn werth trafodaeth. Yn 1959 yr oedd mesur seneddol
yn cael ei drafod gan y llywodraeth ynglŷn â'r priodoldeb o estyn cymorth ariannol
i ysgolion enwadol parthed costau cynnal a chadw adeiladau'r ysgolion, oherwydd
bod y draul ariannol yn ormod iddynt a chyflwr yr ysgolion yn gwaethygu.
Ymhlyg yn y drefn hon yr oedd newid natur yr ysgolion a'u gosod dan reolaeth
awdurdodau lleol.

248   J. Clement Davies, 'Araith y Llywydd: Pregethu'r Efengyl', *Seren Gomer*, LI, rhif 2 (Haf 1959), 54–65.

        Harding Rees, 'Y Parchedig Richard Morris Penybont, Llandysul', *Seren Gomer*, LI, rhif 2 (Haf 1959), 66–71.

249   Samuel Rowley, *Hanes Penuel, Rhosllannerchrugog*, gol. Lewis Valentine (Llandysul, 1959).

250   Yn etholiad cyffredinol 8 Hydref 1959 cafodd Waldo Williams (Plaid Cymru) 2,253 pleidlais yn Sir Benfro ond collodd ei ernes. Yn Wrecsam cafodd Elystan Morgan (Plaid Cymru) 6,579 pleidlais a daeth yn olaf o'r tri ymgeisydd.

251   Trydydd oedd Gwynfor Evans ym Meirionnydd yn etholiad cyffredinol 1959 er bod disgwyliadau Plaid Cymru yn uchel. Etholwyd Thomas William Jones, Llafur. Gwynfor Evans: 5,127 pleidlais (22.9%). Ben Jones oedd ymgeisydd y Rhyddfrydwyr. Meddai Tom Ellis ar ei ran yn y Bala: 'Y mae cyfran helaeth o'r wlad wedi blino ar gystadlrwydd y pleidiau mawr ond eto'n anabl i ddygymod â safbwynt eithafol ac anymarferol Plaid Cymru.' Gweler 'Y Gair Olaf o Feirionnydd', *Y Cymro*, 8 Hydref 1959, 1. Sbarbils: 'hoelion bychan trionglog … defnyddir … yn ffigurol am bobl fach o ran gallu neu welediad'; gweler *Geiriadur Prifysgol Cymru*.

252   D. J. Williams, *Yn Chwech ar Hugain Oed* (Llandysul, 1959). Ni cheisiodd D.J. ysgrifennu trydedd gyfrol hunangofiannol.

253   Stephen O. Tudor, 'Yr Ymgyrch Dros Senedd i Gymru Wedi Chwythu ei Phlwc?', *Y Cymro*, 26 Tachwedd 1959, 6. Ys dywed D.J., mae'r erthygl hon yn cynnwys dadansoddiad maith ac aneglur o'r sefyllfa wleidyddol yng Nghymru ar y pryd heb unrhyw ymgais at gynnig atebion i unrhyw gwestiwn politicaidd.

254   Trefor ac Eileen Beasley oedd rhai o'r bobl gyntaf i brotestio dros hawliau iaith ac i wneud safiad dros yr hawl i dderbyn gwasanaeth cyhoeddus yn y Gymraeg. Gwrthododd y ddau dalu'r dreth cyngor yn 1952 oherwydd bod ffurflen dreth Cyngor Gwledig Llanelli yn uniaith Saesneg. Fe aeth y beiliaid â'u dodrefn dair gwaith a bu amryw o achosion llys. Ar un adeg dim ond gwelyau a bwrdd a phedair cadair oedd ar ôl yn y tŷ.

255   T. Hughes Jones, *Sgweiar Hafila a Storïau Eraill* (Llandybïe, 1941).

256   Saunders Lewis, *Esther a Serch yw'r Doctor* (Llandybïe, 1960). Drama sy'n cynnwys cyfeiriadaeth gref at sefyllfa'r Gymru gyfoes ac at berthynas rhwng moesoldeb, crefydd a gwleidyddiaeth yn Ewrop ar ôl yr Ail Ryfel Byd'; gweler Ioan M. Williams, *Dramâu Saunders Lewis, Y Casgliad Cyflawn, Cyfrol II*, tt. 193–206. Nid oes dim o feirniadaeth D.J. ar ddramâu Saunders yn ymateb Valentine i'r ddrama hon nac i ddramâu eraill Saunders Lewis.

257   James Nicholas (1928–2013). Archdderwydd Cymru rhwng 1981 ac 1984. Enillydd Cadair Eisteddfod Genedlaethol y Fflint 1969 a chyn-lywydd Undeb Bedyddwyr Cymru. Ymhlith ei gyhoeddiadau y mae *Olwynion* (Llandybïe, 1967), *Cerddi'r Llanw* (Llandysul, 1971) a *Ffordd y Pererinion* (Llandysul, 2006).

258   Gweler *Annwyl D.J.*, llythyr 151, tt. 246–7.

259   Goronwy O. Roberts (1913–81). Aelod seneddol Caernarfon rhwng 1945 ac 1974. Fe'i trechwyd gan Dafydd Wigley yn 1974 ac yn dilyn hynny fe'i dyrchafwyd i Dŷ'r Arglwyddi.

260   Gweler 'All Night Vigil at Woman's Bedside', *Wrexham Leader*, 25 Mawrth 1960, 1: 'Polish husband dies on way to hospital. Wrexham police kept a round-the-clock vigil at Wrexham War Memorial Hospital on a 39-year-old woman who was found unconscious with her husband and two children at their Rhos home on Wednesday morning. The woman's husband a 45-year-old Pole, Kazimiers Jasionwiez, died on the way to hospital … Mrs Jasionwiez is the daughter of Mr and the late Mrs Edward David Williams, of 55, High Street, Rhos.'

Gweler hefyd 'Second Death in Rhos Tragedy', *Wrexham Leader*, 29 Mawrth 1960, 1. Yn yr ail adroddiad hwn cofnodir marwolaeth Mrs Jasionwiez. Yn ôl yr adroddiadau papur newydd, mae'n debyg mai llyncu tabledi a wnaeth y ddau a'u rhoi i'w plant yn ogystal. Arbedwyd bywydau'r plant.

261   Lewis Valentine, 'Blas ar Lyfrau: *Yn Chwech ar Hugain Oed*, D. J. Williams', *Seren Gomer*, LII, rhif 1 (Gwanwyn 1960), 34–5: 'I'r Dr D. J. Williams yn anad neb o'n cenhedlaeth ni, y rhoddwyd dawn yr hen gyfarwyddiaid a roes i ni bennaf trysorau ein llên.'

262   Gweler J. P. Davies, 'Oriel y Blaid 42: Y Parch. Ben Owen, Llanberis', *Y Ddraig Goch*, X, rhif 5 (Mai 1936), 3.

263   J. Rowland Jones, 'Islwyn Wynne Samuel, LL.M.', *Seren Gomer*, LII, rhif 1 (Gwanwyn 1960), 5–8. Gweithiodd Wynne Samuel (1912–89) fel Archwiliwr yn Swyddfa Corfforaeth Abertawe tan 1940. Ymddiswyddodd er mwyn cymryd swydd yn drefnydd Plaid Cymru. Bu yn y swydd honno am ddeng mlynedd a bu'n olygydd y *Welsh Nation* gan gyfrannu'n gyson i'r *Ddraig Goch* a'r *Triban* yn ogystal. Bu'n ymgeisydd seneddol i'r Blaid yn etholaethau Nedd ac Aberdâr.

264   D. J. Williams, 'Bywiol Had Genedl (Teyrnged Goffa i'r diweddar Barchedig Ben Owen, Gweinidog a Chenedlaetholwr)', *Seren Gomer*, LII, rhif 2 (Haf 1960), 41–3.

265   Gruffydd Wynn Owen (1896–1979). Gweinidog Hermon, capel y Bedyddwyr, Abergwaun rhwng 1939 ac 1961. Gweler LlGC, Dyddiaduron D. J. Williams (cofnod 6 Hydref 1958): 'Parch. Wyn Owen (neithiwr) yn yr hwyr – huodledd Shir Fôn yn llawn heroics duwiol yn enw Crefydd Crist. Dyn hoffus, dymunol iawn, ond wedi meddwi ar ei huodledd ei hunan. Pan ddaw hi'n fater o weithredu i unrhyw gyfeiriad mae'n rhedeg fel gwningen ar unwaith i'w achub ei hun, mae'n cyhuddo Plaid Cymru a finnau am rhan fwyaf o'r drygau sydd yng Nghymru heddiw. Y fi, meddai ef, sydd wedi lladd y Gymraeg yn Abergwaun. Y cyfan a wneuthum i'w gyffroi ydoedd dweud mai unig iachawdwriaeth Abergwaun ydoedd cael Ysgol Gymraeg yma. Mae'n llechu fel cwningen yn nhwll ei ofn, er ei fod, fel y dywedais yn ddyn bach dymunol, hoffus iawn.'

266   Wynne Samuel, 'Cyfiawnder', *Seren Gomer*, LII, rhif 1 (Gwanwyn 1960), 5–8: 'pan wireddir ein ffydd yn Nuw … Costied a gostio, bydd yn rhaid inni newynu a sychedu am gyfiawnder, ym myd eglwys, ym mherthynas person a pherson, cyfiawnder i ddyn a chyfiawnder rhwng dyn a dyn; cyfiawnder i bob cenedl a chyfiawnder rhwng yr holl genhedloedd.'

267   *Dylanwadau:* Ymgom rhwng D. J. Williams ac Aneirin Talfan Davies a deledwyd ar y BBC ar 30 Mai 1960. Cyhoeddwyd yn J. Gwyn Griffiths (gol.), *D. J. Williams, Abergwaun: Cyfrol Deyrnged* (Llandysul, 1965), tt. 147–59. Darlledwyd yr ymgom â Saunders Lewis ar 19 Mai 1960 ac fe'i cyhoeddwyd yn *Taliesin*, 2 (Nadolig 1961), 5–18. Yn y sgwrs hon y dywedodd Saunders Lewis iddo fethu'n llwyr fel gwleidydd ymarferol: 'Yr oedd gen i awydd, nid awydd bychan, awydd mawr iawn i newid hanes Cymru, a gwneud Cymru Gymraeg yn rhywbeth byw, cryf, nerthol, yn perthyn i'r byd modern … Ac mi fethais yn llwyr.'

268   Methwyd â dyddio'r llythyr hwn. Oherwydd hynny, anodd gwybod beth oedd yr anghydfod rhwng Saunders a Pennar.

269   *Facilis descensus Averno*: mae disgyn [y llwybr] i uffern yn hawdd.

270   Lewis Valentine, 'Nodiadau Golygyddol', *Seren Gomer*, LII, rhif 4 (Gaeaf 1960), 117–20, wrth geisio annog y darllenwyr i wrthwynebu bwriad y llywodraeth i agor tafarnau ar y Sul: 'Y mae awydd ar ddyn i fod yn deg ac yn oddefgar, a buom yn ceisio ymgroesi rhag credu bod unrhyw fwriad ffel o du'r Llywodraeth i niwedio'r gymdeithas Gymraeg, ond aeth yn anodd i'w ryfeddu i lynu wrth y gred honno. Pan gofiwn am ddodi ddoe orfodaeth milwrol ar Gymru yn erbyn barn unol y genedl, a'r mesur i foddi Tryweryn, a phan gofiwn am y penodiadau anhygoel, y

bobl a ddewisiodd y Llywodraeth i fod yn lladmeryddion dros Gymru, pobl na ellid eu hanghymwysach pe chwilid yn fanwl amdanynt, a phan gofiwn am y gwrthod ystyfnig i roddi corfforaeth ddarlledu a theledu i'n cenedl, a ellir beio dyn am gredu fod yn Llundain fwriad cyfrwys i ddifa Cymru … ymddengys na fyn hi yn y tair teyrnas ond "un iaith, un gyfraith, un grefydd".'

271   E. Cefni Jones a John Hughes (goln.), *Emynau'r Llawlyfr Moliant Newydd* (Abertawe: Undeb Bedyddwyr Cymru a Mynwy, 1956).

272   D. H. Lawrence, *Lady Chatterley's Lover* (Harmondsworth, 1960). Cyhoeddwyd y nofel hon yn breifat am y tro cyntaf yn 1928 gan iddi gael ei gwahardd oherwydd y golygfeydd rhywiol sydd ynddi. Ni chafwyd argraffiad llawn ohoni ym Mhrydain tan 1960.

273   Cyfnod y *Restoration literature* oedd rhwng 1660 ac 1689. Cychwynnodd y cyfnod pan adferwyd y frenhiniaeth yn Lloegr gyda choroni Siarl II. Llenyddiaeth yn cwmpasu eithafion oedd y llenyddiaeth yr Adferiad, yn cynnwys *Paradise Lost* Milton ar y naill begwn a dramâu tebyg i '*Tis a pity She's a Whore* gan John Ford ar y pegwn arall.

274   A. J. Roderick, *Wales Through The Ages: Volume II* (Llandybïe, 1960).

275   *Emynau'r Llawlyfr Moliant Newydd*. Gweler nodyn 271.

276   Kate Roberts, *Y Lôn Wen* (Dinbych, 1960).

277   Ernest Llwyd Williams (1906–60). Bardd yn hanu o'r Efail-wen ger Crymych. Gweinidog gyda'r Annibynwyr ym Maesteg a Rhydaman. Enillydd Cadair Eisteddfod Genedlaethol 1953 a'r Bryddest yn 1954. Cyhoeddodd *Cerddi'r Plant* (1936) ar y cyd â Waldo Williams. Gweler *Cydymaith i Lenyddiaeth Cymru*. Ef yw awdur y ddwy gyfrol *Crwydro Sir Benfro*.

278   Saunders Lewis (1893–1985) oedd yr ail o dri brawd. Owen Lewis (1891–1960) oedd y cyntafanedig a ymfudodd i Ganada yn ei ugeiniau i wella o'r diciáu. Bu'n gyfreithiwr yn Dallas a Dakota. Lladdwyd Ludwig Lewis (1897–1917) yn y Rhyfel Mawr.

279   D. J. Williams, *The Old Farmhouse* (London, 1961) [cyfieithwyd gan Waldo Williams].

280   Ronald Pardoe, 'Dyn a Dyfais', *Seren Gomer*, LIII, rhif 3 (Hydref 1961), 83–90: 'cytuna llawer mai anrheg Gwareiddiad Gorllewinol Gristnogol i'r byd yw gwyddoniaeth fodern a'r dyfeisiadau sy'n deillio ohoni'. Prifathro Ysgol Dyffryn Ogwen, Bethesda, oedd Ronald Pardoe yn y cyfnod hwn.

281   *Efrydiau Catholig* yw'r cylchgrawn y mae D.J. yn ceisio'i ddwyn i gof. Sefydlwyd y cylchgrawn gan Saunders Lewis yn 1946. Golygwyd y cylchgrawn o'r cychwyn gan Saunders Lewis a chyhoeddwyd y rhifyn olaf yn 1955.

282   T. I. Ellis, *Crwydro Sir Fflint* (Llandybïe, 1959).

283   D. Eirwyn Morgan (1918–82). Bu'n weinidog gyda'r Bedyddwyr ac yn ddarlithydd ym Mhrifysgol Bangor a Choleg y Bedyddwyr. Yn 1971 fe'i penodwyd yn Brifathro Coleg y Bedyddwyr. Bu'n olygydd *Seren Cymru*, wythnosolyn y Bedyddwyr, rhwng 1960 ac 1972, a golygodd *Seren Gomer*, cylchgrawn yr enwad, rhwng 1975 ac 1977. Yn genedlatholwr brwd, golygodd *Y Ddraig Goch* rhwng 1954 ac 1959. Bu hefyd yn ymgeisydd Plaid Cymru yn etholaeth Llanelli bedair gwaith – yn etholiadau cyffredinol 1950, 1951, 1955 ac 1959. Yr oedd yn heddychwr digymrodedd a bu'n Ysgrifennydd Cymdeithas Heddwch Cymru ac yn Llywydd Cymdeithas Heddwch y Bedyddwyr.

284   Hunangofiant tad Valentine; gweler nodyn 212. Gweler hefyd Arwel Vittle, *Valentine*, Atodiad 1, tt. 362–72.

285   William Griffith Owen (Llifon, 1857–1922). Gweinidog gyda'r Bedyddwyr, bardd a cherddor.
        Owen Griffith Owen (Alafon, 1847–1916). Gweinidog gyda'r Methodistiaid

Nodiadau

Calfinaidd a golygydd *Y Drysorfa* rhwng 1913 ac 1916. Awdur *Cathlau Bore a Nawn* (1912) a *Ceinion y Gynghanedd* (1915). Am fwy o wybodaeth, gweler R. H. Watkins, *Cofiant a Gweithiau y Parch. O. G. Owen (Alafon)* (Dolgellau, 1926).

286 Thomas Witton Davies (1851–1923). Hebreigydd ac ysgolhaig Semitaidd. Mab i rieni anllythrennog ond duwiol. Bu'n athro Hebraeg yng Ngholeg y Brifygol, Bangor rhwng 1905 ac 1921.

287 D. J. Williams, 'The Old Farmhouse', *Western Mail*, 3 Chwefror 1962, 5.

288 D. J. Williams, 'Llywydd yr Undeb', *Seren Gomer*, LIV, rhif 1 (Gwanwyn 1962), 7–10. Gweler Atodiad **2**.

289 Saunders Lewis, *Tynged yr Iaith*, darlith radio flynyddol BBC Cymru a ddarlledwyd ar 13 Chwefror 1962. Y ddarlith hon, yn groes i fwriad Saunders Lewis, a arweiniodd at sefydlu Cymdeithas yr Iaith Gymraeg. Gweler Saunders Lewis, 'Malltod yw'r Mudiadau Cymreig', *BAC*, 23 Mawrth 1962, 1. Llythyr yw hwn yn egluro mai neges i Blaid Cymru oedd ei ddarlith *Tynged yr Iaith* a'i ddrama *Excelsior*.

290 Saunders Lewis, *Excelsior* (Abertawe, 1980). Gweler hanes gwahardd y ddrama hon yn 1962 yn y rhagair i'r argraffiad ohoni a ymddangosodd yn 1980. Fe'i darlledwyd gan y BBC ar Ddygwyl Dewi 1962 ond derbyniwyd gwŷs gan y cyfreithiwr Leo Abse ar ran yr aelod seneddol Llafur Llywelyn Williams. Hawliai hwnnw iddo ei adnabod ei hun yn y ddrama ac yn dilyn cyngor gan fargyfreithiwr talwyd iawndal iddo a diddymwyd ailddarllediad arfaethedig o'r ddrama. Am drafodaeth ar y ddrama a'i hanes, gweler Ioan M. Williams (gol.), *Dramâu Saunders Lewis, Y Casgliad Cyflawn, Cyfrol II*, tt. 275–90.

291 Lewis Valentine, 'Rhwng Dau', *Seren Gomer* (Gwanwyn 1962), 1–6.

292 John Williams, Brynsiencyn (1854–1921). Cydnabyddid ef yn feistr ar areithyddiaeth glasurol y pulpud Cymreig. Bu'n allweddol yn ffurfiad y fyddin Gymreig ddechrau'r Rhyfel Mawr. Gweler ei gofiant, R. R. Hughes, *Y Parchedig John Williams, D.D., Brynsiencyn* (Caernarfon, 1929).
John Puleston Jones (1862–1925). Gweinidog gyda'r Methodistiaid Calfinaidd. Heddychwr, llenor a diwinydd. Gweler R. W. Jones, *Y Parchedig John Puleston Jones M.A., D.D.* (Caernarfon, 1934).
John Dyfnallt Owen (1873–1956). Gweler nodyn 206.

293 Lewis Valentine, 'Araith Llywydd yr Undeb', *Seren Gomer*, LIV, rhif 2 (Haf 1962), 50–3. Y mae'r araith hon yn cynnwys tair galwad fawr i'r Bedyddwyr ymateb iddynt. Yn gyntaf, amddiffyn y gweinidog a'r bregeth; yn ail, yr angen i'r aelodau gymryd cyfrifoldeb am ddyfodol y eglwys; ac yn drydydd, yr angen i Gristnogion ddiogelu Cymru a'r Gymraeg. I Valentine roedd achub y Gymraeg o'r pwys mwyaf gan mai'r iaith oedd 'cyfrwng hybu'r Deyrnas', a 'c[h]yfrwng pregethu'r Gair'. Gweler trafodaeth ar yr araith yn Arwel Vittle, *Valentine*, tt. 307–12.

294 Arferai'r Bedyddwyr gynnal cyfarfodydd yn y Cilgwyn, Castellnewydd Emlyn yn rheolaidd.

295 Y Parch. Emlyn Jones (1928–2014). Gweinidog yng nghapel y Bedyddwyr, Llangloffan, Sir Benfro.

296 Y Parch. D. Carey Garnon (1924–1995). Bu'n weinidog gyda'r Bedyddwyr yn Abertawe ac yna'n gweithio i'r BBC. Mae ei fedd ym mynwent Cwmgelli, Abertawe.

297 Yr oedd Valentine yn ymweld ag Abertawe yn fynych oherwydd yno y cynhelid cyfarfodydd bwrdd golygyddol *Seren Gomer*.

298 Lewis Valentine, 'Araith Llywydd Undeb y Bedyddwyr Cymru yng Nghalfaria, Clydach', *Seren Gomer* (Haf 1962), 50–3. Maentumia Valentine yn ei araith mai Saunders Lewis oedd 'y gŵr a geisiodd roddi dur yn asgwrn cefn meddal y genedl'.

299 Addoliad oedd elfen bwysicaf crefydd ym marn Saunders Lewis. Mae'r thema hon

yn amlwg yn ei ysgrifau ar grefydd; gweler er enghraifft ei ysgrif 'Efrydwyr a'r Offeren', *Efrydiau Catholig*, VII (1955), 3–5. Ar y llaw arall, credai Valentine mai'r bregeth oedd yr elfen bwysicaf a phwysleisiodd hynny yn ei araith: 'Ni all dim byd', meddai, '… ddisodli pregethu'r Gair – dyma ddull a dyma ddeunydd ein haddoli.'

300 Lewis Valentine, 'Araith Llywydd Undeb y Bedyddwyr Cymru yng Nghalfaria, Clydach', *Seren Gomer* (Haf 1962), 50–3. Cyfeiriodd Valentine at D.J. fel 'y dyngarwr mawr Cristnogol' yn ei araith gan ychwanegu y buasai'n 'salach Cristion ac yn salach Bedyddiwr' oni bai am Saunders a D.J.

301 D. J. Williams, *Y Bod Cenhedlig gan A.E. Cyfieithiad gyda Rhagymadrodd* (Llandysul, 1963).

302 Saunders Lewis, 'Tröedigaeth Ann Griffiths (Cychwyn i astudiaeth o'i bywyd a'i gwaith): Cyflwynedig i L.V. a D.J.W. er cof am chwarter canrif yn ôl', *Seren Gomer*, LIV, rhif 3 (Hydref 1962), 69–74.

303 'Rhwng Dau (Ymddiddan rhwng y Parchedig Robert Parri Roberts, Gweinidog Bethel, Mynachlog-ddu, Sir Benfro, a'r Golygydd)', *Seren Gomer*, LIV, rhif 4 (Gaeaf 1962), 101–8.

304 Ceiriog Rogers, 'Gwili y Diwinydd', *Seren Gomer*, LV, rhif 1 (Gwanwyn 1963), 1–12.

305 Y Parch. L. E. Valentine, 'Gafael yr Eisteddfod', *Seren Cymru*, 16 Awst 1963, 1. Yn ogystal, gweler yr araith hon wedi ei chynnwys yn Arwel Vittle, *Valentine*, tt. 376–9. Mae'r cofnod o'r araith, gan ohebydd *Y Faner* mae'n debyg ('Yn yr Eisteddfod. Nid yw siarad yn ddigon', *BAC*, 15 Awst 1963, 7) yn fwy tanbaid na'r uchod. Tadogir y canlynol ar Valentine: 'Mae'n rhaid i ni yng Nghymru fod yn hurt o frwdfrydig ac yn wallgof o amddiffynol dros ein gwlad a'n diwylliant a'n hiaith a'n crefydd. Nid yw siarad dros y pethau hyn yn ddigon, y mae'n rhaid gweithredu drostynt … Dowch yn ôl i sefyll yn y bylchau di-amddiffyn, oblegid dim ond gwasanaeth hyd at aberth sy'n mynd i arbed y genedl hon bellach.'

306 Lewis Valentine, 'Blas ar Lyfrau: *Y Bod Cenhedlig*. Cyfieithiad gyda Rhagymadrodd gan D. J. Williams, Cyhoeddwyd gan Blaid Cymru', *Seren Gomer*, LV, rhif 2 (Haf 1963), 62–3.

307 Nid oes sôn am yr araith hon yn *Seren Gomer* nac ychwaith yn *Seren Cymru* yn rhifynnau ail hanner 1963.

308 D. J. Williams, 'Neges D. J. Williams yn Eisteddfod Genedlaethol Llanelli', *Y Dysgedydd* (Medi/Hydref 1962), 167–8. Dywed D.J. yn ei araith ein bod [y Cymry] ynghanol ein llawnder materol yn '[f]odlon … ar fod yn ddeiliaid hurt, anghyfrifol amdanom ein hunain, a'n tynged yng ngofal cenedl arall, gan fyw ar gardota'i ffafrau heb deimlo dim cywilydd'. Dymunai i ni 'chwyldroi ein holl syniadau a'n hagwedd at yr iaith Gymraeg … Ac yn ail, peidio â gorffwys na dydd na nos hyd nes y caffo'r genedl Gymreig yr un hawl gyflawn ar ei bywyd a'i hadnoddau ei hun ag sydd eisoes ym meddiant bron holl genhedloedd gwâr a hanner gwâr y byd'.

309 Thomas Edwards (Twm o'r Nant 1739–1810). Cymeriad brith oedd Twm. Pan fyddai'n fain arno cyfansoddai anterliwtiau i'w perfformio ar gert yn yr awyr agored ac yn cynnwys rhyw hanner dwsin o gymeriadau, ac yntau'n chwarae'r prif ran, a rhai rhannau eraill hefyd. Oherwydd hynny nid oedd angen iddo gyflogi ond dau neu dri o actorion i'w gynorthwyo. *Tri Chryfion Byd* oedd un o'i anterliwtiau. Am fwy o wybodaeth gweler Glyn M. Ashton (gol.), *Hunangofiant a Llythyrau Twm o'r Nant* (Caerdydd, 1948).

310 Lewis Valentine, 'Salem, Abergele. Dathlu Canmlwyddiant', *Seren Cymru*, 30 Awst 1963, 1.

311 Morfudd Mason Lewis: cyflwynydd yn gweithio ar raglenni radio yn yr pumdegau a'r chwedegau, yn enwedig ar raglenni cerdd tebyg i *Aelwyd y Gân* a *Songs for Everybody*.

312   Dyfnallt Morgan (1917–94). Llenor, beirniad llenyddol, bardd a chyfieithydd.
       Plesiwyd Saunders Lewis gan ei bryddest' 'Y Llen' yn Eisteddfod Genedlaethol y
       Rhyl yn 1953. Serch hynny ni chafodd ei goroni gan fod y ddau feirniad arall, T.
       H. Parry-Williams a J. M. Edwards, yn ei erbyn. Mae ei gyhoeddiadau yn cynnwys
       Gwŷr Llên y Ddeunawfed Ganrif (1966), *Y Llen a Myfyrdodau eraill* (1967), *Gwŷr Llên
       y Bedwaredd Ganrif ar Bymtheg* (1968), *Rhyw Hanner Ieuenctid: Astudiaeth o Gerddi
       ac Ysgrifau T. H. Parry-Williams rhwng 1907 a 1928* (1971), *Y Ferch o Ddolwar Fach*
       (1977).

313   Gwenallt, 'Galw ar Lenorion i Gadw o'r Eisteddfod', *BAC*, 8 Awst 1963. Cais
       gan Gwenallt i osod rhyddiaith greadigol yn gyfartal â'r Awdl a'r Bryddest.
       Gweler hefyd ei sylwadau yn *Taliesin*, 6 (1963): 'Un o'r rhwystrau yw seromonïau
       Derwyddol yr Orsedd … er nad oes neb yn amau didwylledd yr Archdderwydd a'r
       Gorseddogion y mae rhai ohonom yn gwrthod ymuno â hi am na welwn unrhyw
       ystyr a phwrpas yn yr Urddau, y Gwisgoedd, y Cleddyf, y Corn Hirlas, y Corn
       Gwlad a Gweddi'r Orsedd.'
       Aneirin Talfan Davies, 'Ar Ymyl y Ddalen', *Barn* (Medi 1963), 320: 'Y mae gan yr
       Eisteddfod eisoes ormod o seremonïau diystyr yn ei gweithrediadau. Yn barod, y
       mae'r Orsedd fel maen melin am wddf yr Eisteddfod.'

314   Edward Williams (Iolo Morganwg, 1747–1826). Bardd, hynafiaethydd a thwyllwr
       llenyddol. Ef oedd dyfeisydd Gorsedd y Beirdd. Am astudiaeth o'i waith a'i
       ffugiadau, gweler G. J. Williams, *Iolo Morganwg. Y Gyfrol Gyntaf* (Caerdydd, 1956),
       ac *Iolo Morgannwg a Chywyddau'r Ychwanegiad* (Caerdydd, 1926).

315   Dr D. J. Williams, 'The Price of National Servility. Reveries of an Absentee
       Nationalist', *Welsh Nation* (Rhagfyr 1963), 3: 'Servility is a debasing quality. It is
       usually bred by a long subjection to someone else's will or authority and can easily
       degenerate into shiftiness, lying or cowardice.' Disgrifiad o ddiffygion aelodau
       seneddol Cymru, cynrychiolwyr y pleidiau Seisnig unoliaethol, a'u cefnogwyr, yw
       ei ymdriniaeth o 'servility'. Disgrifir, yn ogystal, y cenedlaetholwyr sy'n brwydro
       dros Gymru yn arwrol.

316   'Rhwng Dau: Y Dr Kate Roberts a'r Golygydd', *Seren Gomer*, LV, rhif 4 (Gaeaf
       1963), 101–8.

317   Lewis Valentine, 'Pendefig', *Seren Gomer*, LV, rhif 3 (Hydref 1963), 79–83.

318   Adolygiad Lewis Valentine yn 'Blas ar Lyfrau' o *Troi'r Drol*, Huw T. Edwards
       (Dinbych, 1963), *Seren Gomer*, LV, rhif 3 (Hydref 1963), 97.

319   Huw Thomas Edwards (1892–1970). Gweler nodyn 227.

320   Yr oedd D.J. wedi cyhoeddi'r erthygl ganlynol ym mhapurau lleol Sir Benfro
       ym mis Rhagfyr 1963. Mae'n bosib mai hon yr oedd wedi'i hanfon at Valentine.
       'Politics – old and new in Pembrokeshire; of three evils choose none', *County Echo*,
       12 Rhagfyr 1963, 8.

321   Ar ôl sefyll fel ymgeisydd Plaid Cymru yn Sir Benfro yn etholiad cyffredinol
       1959 penderfynodd Waldo Williams na fyddai'n ymgeisydd yr eildro. Bu D.J. yn
       ceisio perswadio ei weinidog, Stanley Lewis, i sefyll pan gyhoeddwyd y byddai
       etholiad yn 1964. Gweler LlGC, Dyddiaduron D. J. Williams (cofnod 29 Hydref
       1963). Yn y pen draw cynigiodd Dyfrig Thomas, a oedd ar y pryd yn fyfyriwr
       ym Mhrifysgol Cymru, Aberystwyth, sefyll. Gweler ibid. (cofnod 21 Chwefror
       1964). Er ymgyrchu'n galed gostwng a wnaeth pleidlais Plaid Cymru yn 1964.
       Cafodd Waldo Williams 2,253 o bleidleisiau yn 1959 ond dim ond 1,717 o'r
       pleidleiswyr a gefnogodd Dyfrig Thomas. Ei asiant oedd Emyr Llywelyn a
       garcharwyd am flwyddyn yn 1963 am iddo osod ffrwydron yn Nhryweryn er
       mwyn ceisio atal boddi'r cwm. Ef hefyd, yn ddiweddarach, oedd sylfaenydd
       Mudiad Adfer.

322   glasog: *gizzard*. Gweler *Geiriadur Prifysgol Cymru*: 'yr ail gylla mewn aderyn sy'n

malu ac yn treulio bwyd'. Defnyddir y gair hwn mewn ymadroddion tebyg i 'bwrw ei lasog' ayyb.

323   Saunders Lewis (gol.), *Crefft y Stori Fer* (Aberystwyth, 1949).

324   Ni lwyddwyd i ddarganfod unrhyw ymddiddan rhwng Valentine a D.J. yn *Seren Gomer*, gweler nodyn 331.

325   Saunders Lewis, *Brad*. Gweler nodyn 236.

326   Syr John Morris-Jones (1864–1929). Ysgolhaig, bardd a beirniad llenyddol. Bu'n fyfyriwr yng Ngholeg Iesu, Rhydychen a graddiodd mewn mathemateg yn 1887. Yr oedd yn un o sylfaenwyr Cymdeithas Dafydd ap Gwilym a thra oedd yn Rhydychen bu'n astudio llawysgrifau a llyfrau Cymraeg ac yn dilyn darlithiau John Rhŷs. Am fwy o wybodaeth amdano, gweler Allan James, *John Morris-Jones*, Cyfres Dawn Dweud (Caerdydd, 2011). Gweler hefyd Lewis Valentine, 'Nodiadau'r Golygydd', *Seren Gomer* (Gwanwyn 1965), 1–6: 'Cymwynaswyr i'r Gristnogaeth yng Nghymru a fu ymgeleddwyr mawr ein hiaith erioed, ac ymhlith y rheini yr oedd Syr John Morris-Jones, o'i ysgwydd i fyny yn uwch na hwynt oll.' Noda hefyd ei arfer rhyfedd, ac yntau'n Athro'r Gymraeg ym Mhrifysgol Bangor, o siarad Saesneg yn y coleg, a dyna oedd iaith ei ddarlithoedd hefyd: 'Saesneg oedd iaith ei ddarlithoedd, ac o fewn muriau'r coleg Saesneg a siaradai â'i fyfyrwyr … ni cheisiais, erioed esboniad ar hyn. Y mae'n debyg ei fod yn synied mai'r Saesneg oedd wedi disodli'r Lladin yn iaith dysg yn yr ysgolion a'r colegau, ac nid oedd dim chwithig yn hynny.'

327   Simon Bartholomeus Jones (1894–1964). Un o fois y Cilie. Bu'n forwr yn ei ieuenctid ond ar ôl astudio ym Mangor bu'n weinidog yr efengyl yn Lerpwl, Carno a Pheniel ger Caerfyrddin. Ar ôl ei farwolaeth cyhoeddwyd cyfrol o'i ysgrifau a'i farddoniaeth, gweler S. B. Jones, *Cerddi ac Ysgrifau* (Llandysul, 1966). Am wybodaeth am deulu'r Cilie, gweler Jon Meirion Jones, *Teulu'r Cilie* (Barddas, 1999).

328   Nid oes adroddiad llawn ar ysgol haf y Blaid a gynhaliwyd yn Abergwaun yn Awst 1964. Gweler 'Colofn J.E.: Yn yr Ysgol Haf', *Y Ddraig Goch* (Medi 1964), 6. Hefyd Waldo Williams, 'Adlais o'r Ysgol Haf: Cywydd Mawl D.J.', *Y Ddraig Goch* (Tachwedd 1964), 3.

329   Waldo Williams, 'Cywydd Mawl D.J.' Gweler nodyn 328. Cynhwyswyd hefyd yn J. Gwyn Griffiths (gol.), *D. J. Williams, Abergwaun: Cyfrol Deyrnged*, tt. 59–61.

330   Gweler yr erthygl y mae Valentine yn cyfeirio ati: D. J. Williams, 'Dyfroedd Mara a Ffynhonnau Elim', *BAC*, 19 Tachwedd 1963, 3: 'mae gweld dyn o grebwyll a gwybodaeth Daniel … yn treulio ei foreau Sabath i grachfeirniadu ymdrechion Plaid Cymru dros ei wlad ef ei hun, ac i gynffonna a chodi llewys Plaid Seisnig nad yw … ond yn chwarae â thynged ein cenedl ni, yn rhywbeth cwbl anesboniadwy i mi.' Yr hanesydd Frank Price Jones (1920–75) a chefnder Iorwerth C. Peate oedd y colofnydd a ysgrifennai golofn Daniel yn *Y Faner* rhwng 1956 ac 1970. Bu'n ddarlithydd Hanes Cymru yn Adran Efrydiau Allanol Prifysgol Bangor am gyfnod. Gweler *Cydymaith i Lenyddiaeth Cymru*.

331   Ni ymddihatrodd Valentine o gadair olygyddol *Seren Gomer* tan 1975. Mae'n debyg mai salwch Siân, gwraig D.J., a'i marwolaeth ym mis Mehefin 1965, a rwystrodd y ddau rhag paratoi a chyhoeddi ymddiddan rhyngddynt yn nodiadau golygyddol Valentine.

332   D. Myrddin Davies, 'Safle'r Bedyddwyr a Gofynion yr Oes Heddiw', *Seren Gomer*, LVI, rhif 3 (Hydref 1964), 75–86.

333   Daniel sy dan sylw fan hyn. Cyfeirio at erthygl D.J., 'Dyfroedd Mara' y mae Valentine. Gweler nodyn 330.

334   Bu farw Siân ddydd Iau, 3 Mehefin 1965.

335   Cyfeiriad at gerdd Iolo Goch (1320–98), 'Llys Owain Glyndŵr'. Meddai'r bardd

am wraig y llys hwnnw: 'A gwraig orau o'r gwragedd, / Gwyn fy myd o'i gwin a'i medd!' Ac am groeso'r llys, meddai drachefn: 'Anfynych iawn fu yno / Weled na chlicied na chlo, / Na phorthoriaeth ni wnaeth neb, / Ni bydd eisiau, budd oseb, / Na gwall na newyn, na gwarth, / Na syched fyth yn Sycharth.'

336   Bu D.J. yn ceisio perswadio Saunders Lewis i fynychu dathliadau'r Blaid i nodi ei deugeinfed pen blwydd ym Machynlleth ond ni fynnai Saunders Lewis fynychu'r digwyddiad oherwydd i'r Blaid wrthod ei ddulliau ef o frwydro dros Gymru. Meddai Saunders Lewis, 'Ni newidiais i fymryn ar fy argyhoeddiadau er pan gychwyn'som y Blaid. Y Blaid a newidiodd.' Gweler *Annwyl D.J.*, llythyr 178, t. 287.

337   Lewis Valentine, 'Carcharor 8988', yn J. Gwyn Griffiths (gol.), *D. J. Williams, Abergwaun: Cyfrol Deyrnged*, tt. 47–55.

338   Cyflwynodd D. J. Williams ei gyfrol *Storïau'r Tir* (Llandysul, 1966) 'I goffadwriaeth y diweddar T. J. Hopkins, brodor o'r Porth, Y Rhondda a warden yn Llwyni'r Wermwd.'

339   R.E. Gweler nodyn 67. Gweler adroddiad ar weithgareddau Ysgol Haf Machynlleth, 1965 yn *Y Ddraig Goch* (Medi 1965), 4–5. Gweler hefyd, t. 5, ymddiheuriad Lewis Valentine am fethu â bod yn bresennol i gadeirio cyfarfod yr arloeswyr, 'Rhown Glod i Gewri'r Mudiad'. Er ei fod yn cytuno ym mhopeth bron â Saunders Lewis, talodd deyrnged i Gwynfor Evans yn y cyfarchiad hwn. Meddai, 'Fe dalwn deyrnged hefyd i Gwynfor Evans am iddo mor ddewr ddwyn poendod arweiniaeth y Blaid heddiw.'

340   Dafydd Elystan Morgan (1932–2021). Ymgeisydd dros Blaid Cymru bedair gwaith – yn Wrecsam yn 1955 ddwywaith ac yn 1959, ac yna ym Meirionnydd yn 1964. Yn 1966 fe ymunodd â'r Blaid Lafur gan ennill yn etholaeth Sir Aberteifi yn etholiad cyffredinol 1966. Dywedodd nad oedd hi'n edifar ganddo adael Plaid Cymru oherwydd credai ar y pryd y gallai wneud mwy dros annibyniaeth a rheolaeth wleidyddol Cymru yn y Blaid Lafur. Glynodd at y farn honno yn ôl datganiadau mwy diweddar ganddo. Gweler Elystan Morgan, *Elystan: Atgofion Oes* (Talybont, 2013).

341   Emrys Roberts (ganwyd yn 1931). Yn 1964 diswyddwyd Emrys Roberts, ysgrifennydd cyffredinol y Blaid ar y pryd, gan Bwyllgor Gwaith y Blaid. Y rheswm a roddwyd am y diswyddo oedd ei drafferthion yn ei fywyd personol pan benderfynodd ef a'i wraig ysgaru oherwydd ei berthynas â Margaret Tucker, ysgrifenyddes Adran Ieuenctid y Blaid. Serch hynny, yn ôl Emrys Roberts, yr oedd y llywydd, Gwynfor Evans, yn awyddus i gael gwared ohono oherwydd iddo gredu bod Emrys yn chwennych ei swydd ef. Gweler Emrys Roberts, *A Bee or Two in my Bonnet* (Cymdeithas Hanes Plaid Cymru). Serch hynny, ni adawodd y Blaid a bu'n ymgeisydd aflwyddiannus iddi ym Merthyr Tudful yn isetholiad 1972 ac yn etholiad cyffredinol 1974. Fe'i hetholwyd yn gynghorydd ym Merthyr yn ddiweddarach a rhwng 1976 a 1979 Plaid Cymru fu'n rheoli'r Cyngor dan ei arweinyddiaeth ef.

342   Traddodwyd darlith gan Saunders Lewis i'r Cymmrodorion yn Eisteddfod y Drenewydd 1965. Cyhoeddwyd 'Ann Griffiths. Arolwg Llenyddol' yn *Transactions of the Honourable Society of Cymmrodorion*, Rhan II (1966), 244–56. Ceir yr ysgrif hefyd yn R. Geraint Gruffydd (gol.), *Meistri'r Canrifoedd* (Caerdydd, 1973), tt. 306–18.

343   Gweler Saunders Lewis, 'Arddull', yn J. Gwyn Griffiths (gol.), *D. J. Williams, Abergwaun: Cyfrol Deyrnged*, tt. 127–30.

344   Lladdwyd Hannah Hunt, chwaer Valentine, a hithau yn 81 oed, gan gar yn hwyr y nos yn Llandudno yn 1966. Gweler *Annwyl D.J.*, llythyr 187, tt. 295–7.

345   J. R. Jones, *Prydeindod* (Llandybïe, 1966). J. R. Jones (1911–70). Awdur ac

athronydd Cymreig ac Athro Athroniaeth ym Mhrifysgol Abertawe rhwng 1952 ac 1970. Cefnogwr brwd i Gymdeithas yr Iaith Gymraeg. Roedd ei lyfr *Prydeindod* yn ymateb i syniadau Owain Owain (golygydd cyntaf *Tafod y Ddraig*, cylchgrawn Cymdeithas yr Iaith) ar bwysigrwydd 'Y Fro Gymraeg'. Ymhlith ei gyhoeddiadau eraill y mae *Ac Onide* (Llandybïe, 1970), *Yr Argyfwng Gwacter Ystyr* (Llandybïe, 1964) a *Gwaedd yng Nghymru* (Pontypridd a Lerpwl, 1970).

346   Cipiodd Gwynfor Evans Gaerfyrddin i'r Blaid mewn isetholiad yn dilyn marwolaeth Megan Lloyd George A.S. ym mis Gorffennaf 1966.

347   penllad: y rhodd fwyaf, y daioni neu'r lles mwyaf. Gweler *Geiriadur Prifysgol Cymru*.

348   Ar y pryd roedd Rhydwen yn weinidog ar gapel y Bedyddwyr, Tabor, Dinas, Sir Benfro. Yr oedd Rhydwen wedi cael cefnogaeth D.J. ar sawl achlysur pan oedd crefyddwyr y cylch yn feirniadol ohono oherwydd ei drafferthion cyfreithiol a'i ymddygiad bohemaidd. Gweler Emyr Hywel, *Y Cawr o Rydcymerau*, t. 70. Cofnododd D.J. fychander swyddogion capel yn Abergwaun yn gwrthod hawl i Rhydwen gynnal darlith yno. Gweler LlGC, Dyddiaduron D. J. Williams (cofnod 27 Tachwedd 1966).

349   Dyma ynganiad y bobl leol o enw plwy Llansawel, Sir Gaerfyrddin.

350   Bu D.J. yn pregethu adeg y Rhyfel Mawr pan oedd yn fyfyriwr yng Ngholeg y Brifysgol, Aberystwyth ac yn Rhydychen, ond oherwydd ei heddychiaeth ni chawsai lawer o gyhoeddiadau a phenderfynodd yn erbyn ceisio am yrfa yn y weinidogaeth. Gweler D. J. Williams, *Yn Chwech ar Hugain Oed* (Llandysul: Gwasg Gomer, 1959), tt. 237–45.

351   Nid oes llun o D.J. yn *Y Cymro* ym misoedd olaf 1966.

352   pwyntus: tew, graenus, mewn cyflwr da. Gweler *Geiriadur Prifysgol Cymru*.

353   Yr oedd Valentine a D.J. yn llawen yn sgil buddugoliaeth Gwynfor Evans yn etholaeth Caerfyrddin oherwydd iddynt deimlo bod rhyddid gwleidyddol i Gymru trwy ddulliau cyfansoddiadol ar fin gwawrio. Yr oedd Saunders Lewis yn fwy o realydd. 'Yn fy marn i,' meddai mewn llythyr at D.J., 'ni ddaw senedd i Gymru drwy senedd Lloegr … Ni ddaw hunanlywodraeth ond yn unig drwy wneud llywodraethu o Lundain yn amhosibl.' Gweler *Annwyl D.J.*, llythyr 193, tt. 303–4.

354   Gwilym Ednyfed Hudson Davies (1929–2018). Cafodd ei ethol yn aelod seneddol Llafur Conwy yn 1966. Yn 1970 collodd ei sedd i'r Ceidwadwr Wyn Roberts. Cafodd ei ethol i gynrychioli Caerffili yn 1979 ond ymunodd â'r SDP (Social Democratic Party) yn 1981. Ni ddaeth llwyddiant etholiadol iddo yn dilyn hynny.

355   Søren Kierkegaard (1813–55). Gweler nodyn 98. Mae stori yn dwyn y teitl 'Y Ddaeargryn Fawr' ymhlith papurau anghyhoeddedig Kierkegaard sy'n gysylltiedig â cyfaddefiad ei dad iddo felltithio enw Duw a chael perthynas rywiol gydag Ann, morwyn ei wraig, a mam Søren.

356   Nodwyd y gair hwn gyntaf yng ngeiriadur Dr John Davies, Mallwyd yn 1632. Gweler *Geiriadur Prifysgol Cymru*.

357   Nid bod yr Eglwys Gatholig yn dirmygu'r Gymraeg sy'n poeni Saunders Lewis yn y llythyr hwn. Credai Saunders y dylid cadw'r offeren yn ddigyfnewid yn Lladin am mai sylfaenydd Cristnogaeth oedd wedi rhoi'r offeren i ddynion er mwyn iddynt addoli Duw. Ceir eglurhad pellach ar ei safbwynt yn ei lythyr at D.J. (gweler *Annwyl D.J.*, llythyr 140, tt. 228–9) lle mae'n beirniadu Gwenallt am adael yr Eglwys yng Nghymru am nad oedd ei hesgobion yn medru'r Gymraeg. Meddai Saunders: 'Y mae bygwth gadael yr Eglwys am nad yw ei hesgobion hi'n Gymry Cymraeg yn diraddio crefydd. Wrth gwrs, fe ddylai'r Eglwys gael archesgob yn medru Cymraeg; ond y mae gadael yr Eglwys neu ymadael o'r Eglwys am nad yw, yn rhagdybio mai gwasanaethu dynion, y Cymry, yw swydd eglwys. Y mae'r Eglwys Gatholig yn gwbl ddi-Gymraeg yng Nghymru; damwain o eithriad

yw'r Archesgob Macgrath. Mae popeth yn yr Eglwys Gatholig yn ddiflas gennyf i ond un peth, – fod ganddi, yn fy nghred i, yr offeren a roes ei sylfaenydd iddi, a thrwy hynny wasanaeth sy'n rhyngu bodd Duw. Mae'n ddirmygus gennyf i yr ysgolheigion Cymraeg sy'n mynd i'r capel oblegid bod y capeli anghydffurfiol yn cadw'r iaith Gymraeg yn fyw. I mi dyw hynny'n ddim ond cabledd dieflig, – ac y mae'n bur gyffredin.'

358   Gweler T. Robin Chapman, *Un Bywyd o Blith Nifer*, t. 347. Mae'r awdur o'r farn y dylai fod Saunders Lewis, oherwydd cynnydd y Blaid yn y Rhondda, fod wedi derbyn bod ymgyrchu effeithiol yn drech nag unplygrwydd fel erfyn etholiadol. Yr hyn nad yw Robin Chapman yn ei ddeall, neu y mae wedi ei anghofio, yw nad oedd Saunders Lewis yn credu mai trwy lywodraeth Llundain y deuai ymwared i Gymru; hynny yw, Cymru Gymraeg, a hunaniaeth y genedl wedi'i diogelu. Yn wir, nid oedd cynnydd y Blaid a'i pholisïau newydd, cwbl groes i'r polisïau cynnar, yn hawlio unrhyw gydnabyddiaeth gan Saunders Lewis oherwydd yr oedd yr ymgyrchu wedi ei seilio ar wadu'r delfrydau gwreiddiol.

359   Yng Ngorffennaf 1964 y cychwynnodd Saunders Lewis gyfrannu'n rheolaidd i'r *Western Mail*. Dechreuodd ysgrifennu erthyglau Cymraeg i'r papur ym mis Mehefin 1965 a bu'n cyfrannu'n gyson iddo trwy gydol 1966 gan orffen gyda'i ysgrif 'Trwm ac Ysgafn' (31 Rhagfyr 1966).

360   Ni chyhoeddwyd cyfrol o weithiau Ann Griffiths wedi'u golygu gan Saunders Lewis.

361   Gweler ysgrif gan Saunders Lewis yn trafod cyfraniad Iolo Goch a Llywelyn Goch Amheurig Hen yn natblygiad y cywydd deuair hirion: Saunders Lewis, 'Y Cywyddwyr Cyntaf', yn R. Geraint Gruffydd (gol.), *Meistri'r Canrifoedd* (Caerdydd, 1973), tt. 56–63.

362   Rhydwen Williams; gweler troednodiadau 246 a 348.

363   Lewis Valentine, 'Blas ar Lyfrau', *Seren Gomer* (Haf 1967), 47: 'Cymhellodd ei chyhoeddi ragair gan yr awdur a theyrnged brydferth i T. J. Hopkins. A gyflwynodd llenor mawr gyfrol i 'scriw' carchar erioed o'r blaen? Bu'n dda i dri chenedlaetholwr wrth Gristion o wardwr ... Ef ... oedd yn sensro'r llythyrau Cymraeg, ac ni fu pensal las yn segurach erioed.'

364   Y mae Valentine yn cyfeirio at Ddinbych oherwydd iddo ddisgwyl clywed am helyntion Rhydwen Williams oddi wrth Kate Roberts, gan ei bod hi'n cyfrannu i'w raglenni teledu Cymraeg a gynhyrchid ganddo i Gwmni Granada, Manceinion.

365   Gweler W. Idris Selby, 'John Hughes, Mus.Bac, Is-lywydd Undeb Bedyddwyr Cymru', *Seren Gomer* (Gwanwyn 1963), 17–19. Brodor o Rosllannerchrugog oedd John Hughes (1896–1968). Astudiodd Gymraeg a Cherddoriaeth yng Ngholeg y Brifysgol, Aberystwyth. Bu'n organydd a chorfeistr yng nghapel Noddfa, Treorci a bu'n arweinydd Côr yr Eisteddfod Genedlaethol sawl gwaith. Nid oedd yn gyfansoddwr toreithiog, er iddo ysgrifennu rhai tonau cynulleidfaol, megis 'Maelor' ac 'Arwelfa' a ddaeth yn wir boblogaidd.

366   Gweler hanes y wraig wrth y ffynnon yn Efengyl Ioan 4: 1–42.

367   Llinellau gan Goronwy Owen (1723–69). Am fwy o wybodaeth am y bardd, gweler Alan Llwyd, *Goronwy Ddiafael, Goronwy Ddu* (Llandybïe, 1997).

368   Enghraifft o ffyddlondeb D.J. i Gwynfor Evans a'i dactegau cyfansoddiadol, di-drais.

369   Stanley Lewis, gweinidog Pentowr rhwng 1960 ac 1972. Câi D.J. ei ysbrydoli gan bregethau ei weinidog yn fynych. Ar un achlysur fe'i hatgoffwyd gan bregeth mai ei Jerusalem ef oedd Cymru, 'y rhaid mynd ymlaen a gweithio'n ddiarbed drosti i'w hachub'; gweler LlGC, Dyddiaduron D. J. Williams (cofnod 16 Ebrill 1962). Ni olygai hynny fod pob pregethwr yn gymeradwy ganddo. Gweler ei feirniadaeth yng nghofnod 4 Ebrill 1960 o'r Parch. Glyn Meirion Williams pan benderfynodd

hwnnw adael Pentowr: 'Wedi'r flwyddyn gyntaf ni chymerodd at yr eglwys o gwbl. Dyn, er yn ddigon hoffus, pell oddi wrth ei bobl, ddim yn credu mewn bugeilio … Rhy hunan ganolog, ac yn colli o beidio â gwneud rhyw fan bethau caredig i ennyn serch ei gynulleidfa. Yna dwrdio yn enbyd a chau ei ddyrnau wrth bregethu ar y Sul, am nad oedd pobl yn dod i gyrddau'r wythnos … Mi geisiais yn ddigon gonest, mi gredaf, ei gynorthwyo ef a'r eglwys yn ystod y pum mlynedd y bu yma. Dyn digon da a dull pregethu'n ddigon da, – ond dim cynhesrwydd dynol sy'n ennill pobl.' Eto yng nghofnod 23 Mehefin 1951 dywed am ei weinidog y Parch. John Wyn Williams: 'Mae ganddo ddigon o allu, a gall bregethu bob amser yn sylweddol. Ond i mi pregeth ddu, ddi-neges, rywfodd, sydd ganddo. Yn yr eglwys, fel bugail, ymddengys i mi yn hynod ddidaro a difater, heb feddwl na dychymyg byw i geisio deffro pobl ganddo.'

370   John Osborne (1929–94), *Look Back in Anger* (London, 1978). Perfformiwyd y ddrama hon yn gyntaf yn 1956. Yr oedd yn ddrama arloesol, yn portreadu teithi meddwl Prydeinig yn dilyn yr Ail Ryfel Byd. John Ogwen yw'r bachgen addawol, John Hughes.

371   Saunders Lewis, *Cymru Fydd* (Llandybïe, 1967). Am gyflwyniad i'r ddrama, gweler Ioan M. Williams (gol.), *Dramâu Saunders Lewis, Y Casgliad Cyflawn, Cyfrol II*, tt. 541–58.

372   Lisabeth Miles (1940–). Mae Lisabeth Miles yn aelod o gast *Pobol y Cwm*. Hi sy'n chwarae rhan y cymeriad Megan Harries.

373   Beirniaid yr awdl yn Eisteddfod Genedlaethol 1967 oedd Gwilym R. Jones, Waldo Williams a T. Llew Jones. Beirniaid y bryddest oedd John Gwilym Jones, A. Llywelyn-Williams a G. J. Roberts. Mae John Gwilym Jones yn ei gyfrolau sy'n trafod beirniadaeth lenyddol – *Swyddogaeth Beirniadaeth* (Dinbych, 1977) a *Crefft y Llenor* (Dinbych, 1997) – yn pwyso ar ffynonellau a syniadau Saesneg. Diddorol yw nodi ei fod yn ei ysgrif 'Hunangofiant fel llenyddiaeth', *Swyddogaeth Beirniadaeth*, tt. 182–98, yn defnyddio'i ffynonellau Seisnig i brofi nad yw *Hen Dŷ Ffarm*, cyfrol hunangofiannol D. J. Williams, yn llenyddiaeth. Ar y llaw arall, yr oedd Saunders Lewis yn hael iawn ei ymateb i'r gyfrol. Beirniad cystadleuaeth y nofel oedd Islwyn Ffowc Elis. Nid oedd nofelau Islwyn Ffowc Elis wrth fodd Saunders Lewis oherwydd nad oedd iddynt seiliau meddyliol dwfn. Er ei fod yn derbyn bod lle i weithiau ysgafn arwynebol a phoblogaidd, ni fynnai ef eu darllen. Gweler *Annwyl D.J.*, llythyr 135, tt. 220–1.

374   E. H. Griffiths, *Heddychwr Mawr Cymru* (Caernarfon, 1967).

375   Am ddisgrifiad llawn o Dafydd Ifans y Siop, gweler D. J. Williams, *Hen Wynebau* (Aberystwyth, 1934), tt. 75–85. Goresgynnwyd Prydain gan y Rhufeiniaid yn 43 O.C. Cludwyd Caradog mewn cadwyni i Rufain i'w ddienyddio ond fe'i harbedwyd yn dilyn araith ganddo yng ngŵydd yr Ymerawdwr Clawdiws Awgwstws Cesar.

376   Kate Roberts, *Tegwch y Bore* (Llandybïe, 1967).

377   Rhaglen deledu Cwmni Teledu Harlech oedd *Profiad*. Am gofnod o'r sgwrs a fu rhwng Raymond Edwards a Valentine, gweler 'Nodiadau'r Golygydd. Profiad', *Seren Gomer* (Gwanwyn 1968), 1–7. Nid yw enw D.J. wedi'i anghofio yn y copi argraffedig hwn o'r sgwrs. Meddai: 'Ni all dyn ond diolch iddo gael … cyfeillgarwch pobl fel Saunders Lewis, D. J. Williams, R. Williams Parry, J. E. Jones, Kate Roberts a Cassie Davies a llu o ddynion a merched na fu eu rhagorach … yng Nghymru erioed.' Gweler Atodiad 3.

378   Thomas Parry (1904–85). Ysgolhaig, bardd, Llyfrgellydd Llyfrgell Genedlaethol Cymru a phrifathro Coleg Prifysgol Aberystwyth. Ymhlith ei gyhoeddiadau mae'r cyfrolau gorchestol *Gwaith Dafydd ap Gwilym* a gyhoeddwyd yn 1952 a *Hanes Llenyddiaeth Gymraeg hyd at 1900* (Caerdydd, 1945).

379   Gomer Morgan Roberts (1904–93). Gweinidog gyda'r Methodistiaid Calfinaidd. Yr oedd yn awdur toreithiog ac ymhlith ei gyhoeddiadau mae *Gweithiau William Williams Pantycelyn* (Caerdydd, 1964).

380   Raymond Edwards (1919–99). Darlledwr a phrifathro cyntaf Coleg Cerdd a Drama Cymru. Bu hefyd yn gyfarwyddwr Cwmni Teledu Harlech, yn llywydd Cymdeithas Ddrama Cymru, yn gadeirydd Cwmni Theatr Cymru, yn arholwr Drama Prifysgol Cymru, Bryste a Birmingham, yn aelod o Lys Coleg Prifysgol Caerdydd ac o fwrdd Amgueddfa Genedlaethol Cymru.

381   Islwyn Ffowc Elis (1924–2004). Nofelydd, gweinidog gyda'r Methodistiaid a darlithydd. Bu'n ymgeisydd Plaid Cymru mewn isetholiad ym Maldwyn yn 1962 a'r etholiad cyffredinol yn 1964. Am fwy o wybodaeth amdano, gweler T. Robin Chapman, *Rhywfaint o Anfarwoldeb: Bywgraffiad Islwyn Ffowc Elis* (Llandysul, 2003).

382   *Profiad*: gweler nodyn 377.

383   Phil Williams oedd ymgeisydd Plaid Cymru yn isetholiad Caerffili 1968. Daeth o fewn trwch blewyn i gipio'r sedd. Etholwyd Alfred Evans, Llafur ond collodd bron i draean o bleidlais y Blaid Lafur a chwtogwyd ei fwyafrif i dan ddwy fil o bleidleisiau. Gweler hefyd nodyn 387.

384   Bu cyfarfod rhwng Arwyr Penyberth ar 15 Gorffennaf 1968, y cyfarfod cyntaf a'r olaf rhwng y tri er cyfarfod croeso Caernarfon yn 1937; gweler nodyn 50. Yn y cinio a gafwyd yng ngwesty'r Cartref, Abergwaun, mynnai Saunders mai ei westeion ef fyddai D.J. a Valentine; gweler *Annwyl D.J.*, llythyr 198, t. 308.

385   Your *Fides Achates*: dy gyfaill ffyddlon.

386   Enghraifft o gefnogaeth Valentine i syniadau milwriaethus Saunders Lewis.

387   Phil Williams (1939–2003). Gwleidydd y flwyddyn yn 2001 am ei waith fel Aelod o'r Cynulliad yng Nghaerdydd. Yr oedd yn wyddonydd disglair ac yn Athro ym Mhrifysgol Aberystwyth cyn ymuno â charfan Plaid Cymru yn y Cynulliad. Penderfynodd roi'r gorau i'w yrfa wleidyddol yn 2003 ond dymunai ei gyfeillion ym Mhlaid Cymru iddo ymgeisio am lywyddiaeth y Blaid. Dryswyd eu cynlluniau gan ei farwolaeth annhymig ym mis Mehefin 2003 yng Nghaerdydd.

388   Yr oedd D.J. yn argyhoeddedig y byddai byw tan ei ben blwydd yn 86 oed. Meddai yn ei ddyddiadur (cofnod 7–9 Mehefin 1965): 'Gofyn gan Dduw o waelod fy nghalon am iddo fy mhuro a'm perffeithio mewn gras a doethineb, ac unplygrwydd bwriad fel y gallaf drwy gariad ac ymroddiad di-ymollwng wneud rhywbeth i agor llygaid pobl fy nghenedl i barchu eu hunain yn ofn yr Arglwydd fel ag i fwrw gwarth gwaseidd-dra a llwfrdra moesol am byth oddi ar eu heneidiau, a bod yn genedl mewn gwirionedd. Dyna fy nghenhadaeth drwy nerth Duw, am chwe blynedd, os Ef a'i myn, sydd gennyf ar ôl o'm hoes, sef bore Mehefin 28, 1971, yn 86 oed …'

389   Teitl erthygl Saunders Lewis y cyfeirir ati gan Valentine – erthygl yr oedd arweinwyr Plaid Cymru yn awyddus i rwystro ei chyhoeddi – oedd 'Y Bomiau a Chwm Dulas'. Gwrthodwyd yr erthygl hon ym mis Awst 1968 gan Alwyn D. Rees, golygydd *Barn* ar y pryd, ond fe'i cyhoeddwyd yn rhifyn Gorffennaf/Awst 1994; gweler Menna Baines, 'Yr Erthygl Wrthodedig'. Yn yr erthygl, cefnogai Saunders Lewis y bomwyr a geisiai rwystro boddi cymoedd Cymru gan gorfforaethau grymus a chan lywodraeth Lloegr. Yr oedd arweinwyr Plaid Cymru yn condemnio pob trais ac yn cymell Callaghan, aelod seneddol Llafur Caerdydd ac aelod o gabinet llywodraeth Lloegr, 'i frysio dal ac erlid y gwŷr a osododd y bomiau yng nghwm Clywedog a Llanrhaeadr-ym-Mochnant'. Meddai Saunders wrth gloi'r erthygl: 'Yr wyf innau am ddweud fy argyhoeddiad mai ar drais yn unig y gwredy llywodraeth Loegr a chyrff cyhoeddus Lloegr, nad oes dim modd amddiffyn cwm Dulas ond trwy drais, trwy addo trais a mentro trais.' Ni ffrwynwyd Saunders er gwrthod ei erthygl oherwydd ym mis Hydref 1968 cyhoeddwyd erthygl arall ganddo yn dilyn yr un trywydd ond heb gyfeirio'n uniongyrchol at fomwyr Cwm

Dulas; gweler Saunders Lewis, 'Hunan-Lywodraeth i Gymru', *Barn* (Hydref 1968).
Yn yr erthygl hon y mae'n trafod dogfen gan y Blaid yn egluro sut y bwriadai ennill hunanlywodraeth i Gymru trwy ddulliau cyfansoddiadol ac yn datgan ei bod 'yn ystyried neb pwy bynnag a ymroddo i weithred o drais yn elyn i achos rhyddid Cymru'. Yr oedd datganiad y Blaid yn dychryn Saunders oherwydd sylweddolai ei bod hi'n byw mewn breuddwydion afreal. Meddai: 'Ni rydd unrhyw lywodraeth Seisnig hunan-lywodraeth i Gymru nes bod llywodraethu Cymru o Lundain yn rhy ddrud ac yn cynhyrfu gormod o ddig a chwerwder a gormod o ddirmyg drwy'r byd i'r ormes fedru parhau.'

390   Yr oedd R. O. F. Wynne, cyfaill a noddwr Saunders Lewis, wedi ymddangos ar raglen deledu *24 Hours* y BBC ar 10 Medi 1968 ac yn ystod y cyfweliad wedi cefnogi trais cyfrifol trwy ddweud, 'I would … maintain that responsible direct action may be necessary'. Pan ofynnwyd iddo a gredai fod bomwyr yn wladgarwyr, atebodd trwy holi'r cwestiwn: 'Can a subject people attain their rightful status in the world by constitutional methods alone?' A'i ateb: 'Past history gives us a definite NO.' Yn dilyn y cyfweliad ymddangosodd adroddiad yn y *Daily Post* yn nodi bod Elwyn Roberts, un o uchel swyddogion Plaid Cymru, wedi gofyn am gopi o'r cyfweliad gan ychwanegu: 'If he [R. O. F. Wynne] expressed that violent action should be used as a means of achieving self-goverment then he will have to be expelled.' Cythruddwyd Valentine yn arw gan yr adroddiad hwn ac anfonodd lythyr chwyrn at Elwyn Roberts; gweler LlGC, Archif Plaid Cymru, Lewis Valentine at Elwyn Roberts, 12 Medi 1968. Gweler hefyd Arwel Vittle, *Valentine*, tt. 326–30.

391   Ystyr Satyagraha (o'r Sanscrit) yw pleidio'r gwirionedd. Gair sy'n gysylltiedig â dulliau gweithredu'n ddi-drais. Am fwy o wybodaeth am Gandhi a'r dull di-drais gweler D. Ben Rees, *Mahatma Gandhi: Pensaer yr India* (Dim lleoliad, Cyhoeddiadau Modern, 1969).
Cyfeiriad at oresgyniad Tsiecoslofacia gan Rwsia a'i chymheiriaid ym mis Awst 1968 sydd yma.

392   Lewis Valentine, 'Y Wyrth a Sut y Digwyddodd', *Seren Gomer* (Haf 1968), 33–42. Yn yr ysgrif hon y mae Valentine yn dychmygu edrych yn ôl ddeng mlynedd ar 1968. Meddai: 'Yr oedd hiwmanistiaeth di-dduw yn ffroenuchel, a'i dylanwad yn drwm ar y seneddwyr. Ni fu deddfwriaeth mor wrth-Gristnogol dan ystyriaeth y Senedd er pan ffurfiwyd hi, – deddfau i ddileu pob arbenigrwydd sydd ar y Sul Cristnogol a darogan deddfau a fydd yn ei gwbl seciwlareiddio.'

393   Teledwyd y sgwrs hon ar 17 Hydref 1968. Yn y sgwrs nododd Saunders Lewis mai unig bwrpas ennill hunanlywodraeth i Gymru oedd fel modd i warchod y Gymraeg a diwylliant Cymru. Er bod ymladd dros yr ysbrydol yn gwneud y frwydr yn anodd, dadleuai Saunders mai dyna'r unig frwydr oedd yn werth ei hymladd. Nododd hefyd, fel y gwnaeth ar dudalennau *Barn*, yn ei erthygl 'Hunan-lywodraeth i Gymru' (*Barn*, 72 (Hydref 1968), 314), nad trwy ddulliau cyfansoddiadol yn unig y gellid dwyn y maen i'r wal. Roedd angen dulliau anghyfansoddiadol hefyd oherwydd 'Chwyldro yw sefydlu llywodraeth a senedd i Gymru', meddai. Ychwanegodd mai gwell hynny na hunan-dwyll ac anwiredd y dulliau cyfansoddiadol, didramgwydd. Gweler hefyd drafodaeth ar yr erthygl yn *Barn* a'r rhaglen deledu a'r ymateb iddynt yn T. Robin Chapman, *Un Bywyd o Blith Nifer*, tt. 349–54.

394   D. Eirwyn Morgan a John Hughes (goln.), *Mawl yr Ifanc* (Undeb Bedyddwyr Cymru a Mynwy, 1968).

395   Owen Dudley Edwards, *Celtic Nationalism* (New York, 1968).

396   David James Jones (Gwenallt, 1899–1968). Ganwyd ym Mhontardawe a thrwy newid enw pentref ei filltir sgwâr, yr Alltwen, y mabwysiadodd ei enw barddol,

Gwenallt. Bardd cenedlaethol ac enillydd Cadair yr Eisteddfod Genedlaethol yn 1926 ac yn 1931. Cyhoeddodd bum cyfrol o gerddi: *Ysgubau'r Awen* (1938), *Cnoi Cil* (1942), *Eples* (1951), *Gwreiddiau* (1959), a *Coed* (1969) ar ôl ei farwolaeth. Gweler hefyd Christine James (gol.), *Cerddi Gwenallt: Y Casgliad Cyflawn* (Llandysul, 2001). Roedd hefyd yn ysgolhaig ac ymhlith ei gyhoeddiadau y mae *Blodeugerdd o'r Ddeunawfed Ganrif* (1936) a *Cofiant Idwal Jones* (1958).

397   R. T. Jenkins, *Edrych yn Ôl* (Llundain, 1968).

398   Cyfeiriad at soned R. Williams Parry, 'JSL', yn dilyn diswyddo Saunders Lewis gan Brifysgol Abertawe, ar ôl ei garcharu am danio'r Ysgol Fomio yn Llŷn. Yr oedd llawer o'i gyd-academyddion wedi gwrthod arwyddo llythyr yn ei gefnogi. Meddai R. Williams Parry: 'Ninnau barhawn i yfed yn ddoeth, weithiau de / Ac weithiau ddysg ym mhrynhawnol hedd ein stafelloedd; / Ac ar ein clyw clasurol ac ysbryd y lle / Ni thrystia na phwmp y llan na haearnbyrth celloedd. / Gan bwyll y bwytawn, o dafell i dafell betryal, / Yr academig dost. Mwynha dithau'r grual.'

399   Yn 1930 penodwyd R. T. Jenkins yn ddarlithydd yn Adran Hanes Cymru Bangor. Yn ddiweddarach, yn 1936, y cafwyd y 'dyddiau diglod', oherwydd yr oedd R. T. Jenkins ymhlith y darlithwyr a wrthododd lofnodi deiseb o blaid Saunders Lewis, a ddiswyddwyd gan Goleg Abertawe yn dilyn llosgi'r Ysgol Fomio. Meddai R. Williams Parry, trefnydd y ddeiseb, mewn llythyr at W. J. Gruffydd: 'pobl ddiawen fel Ifor [Williams], R. T. Jenkins a Harry Lewis sydd wedi nogio rhag mynd i'r gad dros gymrodor'. Gweler T. Robin Chapman, *W. J. Gruffydd*, t. 130.

400   Iorwerth Cyfeiliog Peate (1901–82). Ysgolhaig, llenor a bardd. Curadur Amgueddfa Werin Cymru rhwng 1948 ac 1971. Ymhlith ei gyhoeddiadau mae'r cyfrolau *Y Crefftwr yng Nghymru* (1933), *The Welsh House: A Study in Folk Culture* (1940) a *Diwylliant Gwerin Cymru* (1942). Cyhoeddodd yn ogystal bum cyfrol o farddoniaeth ac ymddangosodd ei hunangofiant *Rhwng Dau Fyd* yn 1976.

Arwr mawr Peate â'r 'traed clai' y mae D.J. yn cyfeirio ato yn y llythyr hwn yw W. J. Gruffydd. Sôn y mae am sylwadau a wnaeth Iorwerth C. Peate ar gynnwys ei bamffled, *Codi'r Faner*, yn 'W. J. Gruffydd', *BAC*, 12 Medi 1968, 5. Dyfynnir y sylwadau yn llawn yma gan eu bod yn gofnod diddorol o'r cythrwfl a gododd yn sgil penderfyniad Gruffydd i herio Saunders Lewis yn Etholiad y Brifysgol yn 1943:

> Dro'n ôl darllenais bamffled diweddaraf Dr D. J. Williams, Abergwaun, sef *Codi'r Faner*. Ar ôl ei ddarllen ysgrifennais y llythyr canlynol at Dr Williams.
>
> Annwyl D.J.,
>
>   Heddiw y gwelais gopi o'ch pamffled *Codi'r Faner* a brysiaf i ysgrifennu atoch ar unwaith i fynegi fy syndod a'm tristwch oherwydd rhai o'r pethau a fynegwch ynddo. Yn arbennig, eich gosodiad ar tt. 28–9 am y diweddar Athro W. J. Gruffydd, nad yw yn awr ysywaeth yn fyw i ateb trosto'i hun. Dywedwch: '… yn Etholiad Olaf Prifysgol Cymru yn 1943 (sic) cyn difodi'r sedd … perswadiodd y Werin Ymneilltuol Basiffistaidd Gymreig yr athrylith ddisglair ond anwadal hwnnw, yr Athro W. J. Gruffydd … i ddod allan fel ymgeisydd Rhyddfrydol yn erbyn Saunders Lewis.' Ni allaf lai na chlywed elfen o ddirmyg (gennych chwi, o bawb) yn yr ymadrodd 'y Werin Ymneilltuol Basiffistaidd Gymreig' ac yn y term 'anwadal' am un a fu'n fwy cyson yn ei argyhoeddiadau na neb a adwaenais i. Boed hynny fel y bo, trist yw eich gweled yn atgyfodi celwydd noeth – ac yn wir yn ychwanegu ato. Canys nid oes rhithyn o wirionedd yn y gosodiad.
>
>   Bu W. J. Gruffydd am gryn gyfnod (fel y dywedodd wrthyf i droeon ac wrth rai o'i gyfeillion yn y coleg) yn eiddgar am fynd i'r Senedd i gynrychioli ei Brifysgol fel aelod Annibynnol. Yr oedd rhai o'r aelodau Annibynnol tros brifysgolion eraill yn gyfeillion iddo ac ymhell cyn 1943 yr oedd cyfeillion iddo megis yr Athro Gilbert Murray wedi ceisio ei berswadio. Pan ddaeth sedd

yn wag yn 1943 mynegodd Gruffydd ar unwaith ei fod yn bwriadu sefyll fel ymgeisydd Annibynnol, yn arbennig gan fod Deddf Addysg 1944 ar y gorwel (ac ar ôl ei ethol cymerth ran flaenllaw yn y dadleuon Seneddol ar y Mesur hwnnw). Pan glywodd ei gyfeillion yng nghylch Caerdydd am ei fwriad, trefnwyd pwyllgor bychan ar unwaith i gefnogi ei ymgeisyddiaeth a'm dewis innau yn ysgrifennydd iddo. Yn wyneb ei gefnogaeth i genedlaetholwyr Cymru, gobeithiai amryw ohonom y byddai Plaid Cymru yn ei gefnogi fel ei hymgeisydd hithau. Fel arall y bu, a datganwyd yn ddiweddarach mai Mr Saunders Lewis fyddai ymgeisydd y Blaid. Yna daeth y newydd fod y Rhyddfrydwyr yn cefnogi Gruffydd ac yn naturiol fel radical, nid oedd mor ffôl â gwrthod eu cefnogaeth hwy. Nid oedd Gruffydd, mwy na Mr Saunders Lewis yntau, yn basiffist ac nid oes ronyn o wir yn eich gosodiad fod 'y Werin Ymneilltuol Basiffistaidd Gymreig' wedi ei berswadio. Nis perswadiwyd gan neb a phetaech yn adnabod Gruffydd byddech yn gwybod nad un i'w berswadio felly ydoedd. Ni ddaeth allan chwaith fel 'ymgeisydd Rhyddfrydol' – ar ôl iddo fynegi ei fod yn dyfod i'r maes fel ymgeisydd Annibynnol y rhoes y Rhyddfrydwyr eu hadain trosto. Ni ddaeth allan 'yn erbyn Saunders Lewis'. Yr oedd wedi datgan ei fwriad cyn bod Mr Lewis yn y maes. Siom fawr iddo oedd na ddangosodd Plaid Cymru gymaint o raslonrwydd tuag ato ef ag a wnaeth y Rhyddfrydwyr.

Disgwyliaf gael cyfle cyn bo hir i adrodd yr hanes yn llawn. Ond yn y cyfamser, gallaf ddatgelu i chwi fod aelod amlwg o Blaid Cymru (sy'n dal yn fyw), ychydig amser cyn dyddiad enwi'r ymgeiswyr yn swyddogol, wedi crefu arnaf i berswadio Gruffydd i dynnu'n ôl fel y gallai ef, (y Pleidiwr selog hwnnw) ddyfod allan ei hun fel ymgeisydd 'i gadw Mr Saunders Lewis allan'. Fe'i gwrthodais yn chwyrn gan nad oedd ym mwriad Gruffydd na neb ohonom gadw neb allan, nid yn yr ysbryd hwnnw y safai Gruffydd. Ysgrifennodd un arall o Gymry amlycaf y dydd i'r un perwyl a chafodd atebiad yr un mor chwyrn.

Yn wyneb y ffeithiau hyn, enllib ar goffadwriaeth Cymro mawr ac unplyg yw eich gosodiad ei fod wedi cymryd ei 'berswadio' gan 'werin annelwig' i ddod allan fel ymgeisydd Rhyddfrydol yn erbyn Saunders Lewis ac yr wyf yn ymwybodol iawn o'r addewid a geisiodd Gruffydd gennyf, a'i chael, ar ei wely angau, na chaniatawn i'w enw gael ei lychwino gan gelwydd wedi ei fyned.

Gobeithiaf y byddwch yn ddigon mawrfrydig yn awr, chwarter canrif ar ôl yr is-etholiad, i gywiro'n gyhoeddus yn *Y Faner* y camgymeriad (a rhoddi golwg garedig ar bethau) a wnaethoch yn y frawddeg a nodais.

Yn bur,
Iorwerth C. Peate.

Cefais atebiad i'r llythyr uchod gan Dr Williams yn dywedyd na welai ef 'unrhyw reswm tros newid yr un iod' ar yr hyn a ddywedir ganddo. Yn wyneb hyn, dyletswydd a osodwyd arnaf gan fy addewid i'm hen gyfaill yw cyhoeddi'n awr y ffeithiau a nodir yn y llythyr uchod rhag i haneswyr y dyfodol, wrth drafod ein cyfnod ni, seilio eu hanes ar ragfarn unigolion yn hytrach nag ar y ffeithiau.

Iorwerth C. Peate,
Castell Sain Ffagan,
Caerdydd.
4.ix.1968

401   Amy Roberta (Berta) Ruck (1878–1978). Awdures storïau byrion a thua phedwar ugain a deg o nofelau rhamant.

402   Cynhaliwyd Arwisgiad Charles, mab y Frenhines Elizabeth II, yn Dywysog Cymru yng nghastell Caernarfon ar 1 Gorffennaf 1969. Diwrnod cyn yr Arwisgo lladdwyd dau ddyn o Abergele, William Alwyn Jones a George Francis Taylor,

wrth gario bom a fwriadwyd i ddifa'r rheilffordd y byddai'r trên brenhinol yn teithio arni. Fe'u hadnabyddir gan genedlaetholwyr fel 'Merthyron Abergele'. Gweler Andy Misell, Gwyn Jenkins, Tegwyn Jones (goln.), *Llyfr y Ganrif* (Talybont, 1999), tt. 317–18.

403   Gweler Gwilym Tudur (gol.), *Wyt Ti'n Cofio* (Talybont, 1989), t. 64. Llun Waldo Williams yn cofio Llywelyn, gyda D. J. Williams, rali Cilmeri, 28 Mehefin 1969.

404   Mae'n bosib mai cyfeirio at y rhaglen *Wales Today* y mae D.J. yn y cofnod hwn. Rhaglen Saesneg arall yn trafod materion gwleidyddol oedd *Twenty-Four Hours*. Methwyd â gweld cyfeiriad at raglen benodol ar bwnc yr Ysgol Fomio yn y *Radio Times* am fis Gorffennaf ac Awst 1969.

405   Bu Charles Windsor yn dysgu rhyw frawddeg neu ddwy o Gymraeg yng Ngholeg Prifysgol Aberystwyth am gyfnod byr cyn ei arwisgiad yng Nghaernarfon.

406   Cynan (Albert Evans-Jones, 1895–1970). Bardd ac un o brif gynrychiolwyr Y Sefydliad yng Nghymru yn yr ugeinfed ganrif. Bu'n Archdderwydd ddwywaith ac ef oedd yn bennaf gyfrifol am benderfyniad dadleuol yr Orsedd i gymryd rhan yn seremoni'r Arwisgo yn 1969. Gweler Gerwyn Wiliams, *Cynan – Drama Bywyd Albert Evans-Jones (1895–1970)* (Talybont, 2020).

407   Philip Williams, un o ffrindiau D.J. yn Abergwaun. Trwy law Rachel James, Boncath, merch Philip Williams, cafwyd dau nodyn gan D.J., dyddiedig 18 Awst 1913 a 16 Medi 1914. Dyma'r cofnod cynharaf a gafwyd hyd yn hyn o'i awydd i ddatblygu'n genedlaetholwr Cymreig. Gweler Emyr Hywel, *Y Cawr o Rydcymerau*, tt. 191–3.

408   Gwylliaid Cochion Mawddwy. Herwyr o'r unfed ganrif ar bymtheg o Fawddwy. Am fwy o wybodaeth, gweler J. Gwynfor Jones, *Gwylliaid Cochion Mawddwy (Darlith Glyndŵr)* (Cymdeithas Addysg y Gweithwyr, 1997).

409   Emyr Jones (1914–99) oedd yn fuddugol yng nghystadleuaeth y Fedal Ryddiaith yn Eisteddfod Genedlaethol y Fflint 1969 am ei nofel *Grym y Lli*. Gofynnwyd i'r Pwyllgor Llên roi £40 o wobr i'r ail yn y gystadleuaeth oherwydd ei waith effeithiol. Nofel arall gan yr awdur hwn yw *Gwaed Gwirion* a gyhoeddwyd yn 1965. Enillodd y gyfrol Wobr Griffith John Williams. Yn 2014 datgelodd yr academydd Gerwyn Wiliams mai llên-ladrad yw'r llyfr a ystyriwyd yn un o'r nofelau mawr am y Rhyfel Byd Cyntaf a'i fod yn drosiad, mewn gwirionedd, o'r gyfrol *Hell on Earth* gan F. Haydn Hornsey. Ar glawr cyhoeddiad newydd o *Gwaed Gwirion* cydnabuwyd mai addasiad o *Hell on Earth* yw nofel Emyr Jones.

410   Cyfeiriad at gerdd Gwenallt, 'Rhydcymerau'; gweler ei gyfrol *Eples* (Llandysul, 1951). Gweler hanes y tri llwyth yng nghyfrol D. J. Williams, *Hen Wynebau*.

411   Pennar Davies, *Meibion Darogan* (Llandybïe, 1968).

412   James Kitchener Davies (1902–52). Bardd a dramodydd. Awdur dwy ddrama arbennig sef *Cwm y Glo* a *Meini Gwagedd*. Cydnabyddir ei bryddest 'Sŵn y Gwynt sy'n Chwythu' yn un o gerddi grymusaf yr ugeinfed ganrif. Gweler casgliad o'i brif weithiau yn Mair Kitchener Davies, *Gwaith James Kitchener Davies* (Llandysul, 1980).

413   Robert Tudur Jones (1921–98). Hanesydd eglwysig a phrifathro Coleg Bala-Bangor am gyfnod. Awdur toreithiog ar bynciau crefyddol a gwleidyddol. Awdur erthyglau wythnosol lu yn *Y Cymro*. Gweler *Cydymaith i Lenyddiaeth Cymru*.
William Thomas Pennar Davies (1911–96). Ganwyd yn Aberpennar. Awdur a gweinidog gyda'r Annibynwyr a phrifathro'r Coleg Coffa, Abertawe rhwng 1959 ac 1979. Gweler ei gyfrol *Y Brenin Alltud* (1974) am ei weledigaeth ysbrydol a diwinyddol. Am fwy o wybodaeth, gweler Meic Stephens (gol.), *Artists in Wales* (Llandysul, 1971), tt. 120–9.

414   Lewis Valentine, 'Y Diweddar Barch. W. J. Elias Evans', *Seren Cymru*, 21 Tachwedd 1969, 1–2.

415 Wynne Samuel (1912–89) oedd ymgeisydd Plaid Cymru yn sir Benfro yn 1969. Ni chynhaliwyd etholiad tan 1970, ar ôl marwolaeth D.J. Pedwerydd oedd Wynne Samuel yn yr etholiad hwnnw (3,681 pleidlais; 6.7%).

416 Gweler 'Blas ar Lyfrau', *Seren Gomer* (Hydref 1969), 88. Dyfynnu llythyr D.J., 1 Medi 1969, a hynny'n unig, a wnaeth Valentine yn y nodyn hwn.

417 Cyfeirio at gyfres erthyglau Valentine a wneir yn y llythyr hwn gan D.J. Cychwynnodd y gyfres 'Dyddiadur Milwr' yn *Seren Gomer* yng ngwanwyn 1969 a chyhoeddwyd naw erthygl i gyd. Cyhoeddwyd yr olaf yng ngwanwyn 1971.

418 Hysbysodd Valentine aelodau eglwys Penuel, y Rhos o'i fwriad i ymddeol yn 1970. Yr oedd wedi cael cynnig tŷ yn Llanddulas ym mro ei febyd. Bu'r profiad o symud i'w hen ardal yn ddirdynnol oherwydd y newid mawr a fu yno. Yr oedd y pentref Cymraeg a adnabu'r Valentine ifanc wedi dirywio'n enbyd a Saeson wedi meddiannu'r lle yn llwyr.

419 Yr oedd drwgdybiaeth o babyddiaeth Saunders Lewis wedi bod yn faen tramgwydd i'w arweinyddiaeth ar Blaid Cymru. Credai arweinwyr crefyddol anghydffurfiol Cymru fod Saunders (er mai gweinidog gyda'r Methodistiaid Calfinaidd oedd ei dad, y Parch. Lodwig Lewis) yn eu dirmygu oherwydd iddo ymuno â'r Eglwys Gatholig. Dengys y llythyr hwn mai cyfeiliornus oedd eu drwgdybiaeth ohono.

420 Eirwyn Morgan a drefnodd y cinio hwn ar gais Saunders Lewis. Fe'i cynhaliwyd yng Ngwesty'r George, Llandudno; gweler Arwel Vittle, *Valentine*, t. 338.

421 Cyfeirio at gyfraniad Saunders Lewis i'r rhaglen radio *Rhai Cyfoedion Llenyddol, 1920–1970* a wna Valentine yn y llythyr hwn. Cynhyrchydd y rhaglen oedd Lorraine Davies ac fe'i darlledwyd Ddydd Gŵyl Dewi 1972. Gweler Y Gwrandawr, 'R. Williams-Parry – Bardd Trasiedi Bywyd', *Barn* (Mawrth 1972), 3, am gofnod o'r hyn a glywyd.

422 Cynhaliwyd Ysgol Haf Rhuthun y Blaid Genedlaethol ym mis Gorffennaf 1935. Teitl araith Saunders Lewis oedd 'Y Feddyginiaeth i Gymru'. Byrdwn ei sylwadau oedd y rheidrwydd i godi diwydiannau bychain, ysgeifn lleol er mwyn gwrthweithio effeithiau cwymp y diwydiannau trymion. Gweler 'Y Feddyginiaeth i Gymru', *Y Ddraig Goch*, IX, rhif 9 (Medi 1935), 1.
Saunders Lewis a Lewis Valentine, *Paham y Llosgasom yr Ysgol Fomio* (Caernarfon, 1936).

423 Am ddarlun cyflawn o bersonoliaeth gornelog R. Williams Parry, gweler Alan Llwyd, *Bob: Cofiant R. Williams Parry 1884–1956* (Llandysul, 2013).

424 Clwb yr Efail, Bro Colwyn. Gweler Arwel Vittle, *Valentine*, t. 338, am gyfeiriad at y clwb Cymraeg hwn ac at gymdeithas gweinidogion y Froderfa, cymdeithas hwyliog arall yr oedd Valentine yn ei mynychu yn ystod oriau hamdden ei ymddeoliad.

425 Cyfeiriad at gân Simeon, a dderbyniodd addewid gan yr Ysbryd Glân na welai ef angau cyn gweld Crist yr Arglwydd. Gweler Efengyl Luc 2: 25–35.

426 Cyfeiriad at ddameg y Barnwr Anghyfiawn; gweler Efengyl Luc 18: 1–14.

427 David Jones (1895–1974). Artist a bardd. Dyfrlliw oedd ei hoff gyfrwng. Roedd ei beintiadau yn cynnwys golygfeydd, portreadau o anifeiliaid a phynciau chwedlonol a chrefyddol. Er mai yn Lloegr y'i ganwyd ac y'i magwyd yr oedd yn ymwybodol o'i gefndir Cymreig o ochr ei dad. Dylanwadodd yr ymwybyddiaeth hon ar ei farddoniaeth. Enillodd ei gerdd *In Parenthesis* (1937), cerdd hir yn seiliedig ar ei brofiadau yn y ffosydd yn ystod y Rhyfel Byd Cyntaf, yr Hawthorden Prize, y brif wobr lenyddol yn Lloegr ar y pryd.

428 Dafydd Elis-Thomas (1946–). Bu'n aelod seneddol Meirionnydd a Meirionnydd Nant Conwy rhwng 1974 ac 1992. Yn 1992 cafodd ei ddyrchafu i Dŷ'r Arglwyddi. Yn 1999 fe'i hetholwyd yn Aelod Cynulliad Cymru a bu'n Llywydd y Cynulliad rhwng 1999 a 2011. Mae sylwadau'r Arglwydd Dafydd Elis-Thomas yn aml yn

cythruddo cenedlaetholwyr sy'n credu bod diogelu'r Gymraeg yn hanfodol i barhad cenedl y Cymry.

429 Saunders Lewis, 'Y Blaid a'r EEC', *Western Mail*, 21 Ionawr 1975, 6.

430 Bu Lewis Valentine yn olygydd *Seren Gomer* rhwng 1951 ac 1975. Ni chyhoeddwyd detholiad o'i ysgrifau a'i bregethau.

431 T. H. Parry-Williams (1887–1975). Gweler nodyn 159.

432 Gweler *Y Ddraig Goch* (Gorffennaf 1975), 1, am raglen dathliadau hanner-canmlwyddiant y Blaid, Ysgol Haf Pwllheli, 1–3 Awst 1975. Yn *Y Ddraig Goch* ddilynol (Awst 1975), rhoddir sylw i hanes y Tân yn Llŷn ac argraffwyd 'Cyfarchion Lewis Valentine', t. 19. Yn ei sylwadau ar gamau cyntaf sefydlu'r Blaid Genedlaethol telir gwrogaeth ganddo i Saunders Lewis: 'llefarodd … wrthym … fel na lefarodd neb erioed wrth Gymru a Chymry … Yr oedd pob gair yn troelli o'i enaid fel saeth ac yn ein trywanu, ein briwio, ond briw ydoedd yn gollwng y crawn o hen ddoluriau, ac yn ein hiachau, a'r prynhawn hwnnw … cafodd Cymru ei harweinydd mawr a'n dug o ymyl dibyn difodiant i ymgeledd maestrefi ein hetifeddiaeth.'

433 Alfred North Whitehead (1861–1947). Mathemategydd, rhesymegwr ac athronydd. Awdur, ar y cyd â Bertrand Russell, tair cyfrol *Principia Mathematica*. Am fwy o wybodaeth amdano, gweler ei gofiant, Victor Lowe & J.B. Schneewind, *A. N. Whitehead: The Man and His Work: Vol 2* (John Hopkins University Press, 1990).

434 Cyhoeddwyd 'Gweddi'r Terfyn' gyntaf yn *Y Traethodydd*, CXXVIII (Hydref 1973), 549. Gweler hefyd gopi diwygiedig ohoni yn R. Geraint Gruffydd (gol.), *Cerddi Saunders Lewis* (Caerdydd, 1992). Bu cryn drafod ar y gerdd pan ymddangosodd gyntaf. Bu'r Athro D. Z. Phillips yn ei thrafod yn 'Carchar Geiriau?', *Y Tyst*, 2 Mai 1974; 'Terfyn heb Dduw', 9 Mai 1974; a 'Gweddi'r Terfyn', 23 Mai 1974. Meddai yn yr ail lith: 'ymddengys nad oes nac urddas nac ymddygiad cadarnhaol yn niweddglo Saunders Lewis'. Atebwyd sylwadau'r Athro Phillips gan Saunders Lewis yn *Y Tyst*, 13 Mehefin 1974. Maentumiai yntau fod rheidrwydd mynd 'heibio i eiriau a delweddau i dawelwch a mudandod gweddi undeb, nid hyd yn oed undeb â natur ddynol Crist, ond hanfod y Duwdod'. Hynny yw, mae Saunders Lewis yn gwrthod dadl Dewi Z. Phillips a fynnai mai cerdd 'Cristion dryslyd' oedd 'Gweddi'r Terfyn' a mynegiant o ddiffyg ffydd. Gweler hefyd sylw gan Pennar Davies yn 'Cerddi Saunders Lewis', yn D. Tecwyn Lloyd, Gwilym Rees Hughes (goln.), *Saunders Lewis* (Llandybïe, 1975). Meddai Pennar Davies: 'mae'r weddi'n llawn gobaith. Un yn mynd at un arall sydd yma, nid un yn darfod. Byth er pan glywais Franz Hildebrandt yn pregethu ar Fudandod sofran Crist ger bron Pilat a cher bron holl fileindra'r ddynol ryw ni allaf weld ym Mudandod yr hollfyd ond cariad ac atgyfodiad.'

435 Owen Morris Roberts (1906–99). Un o aelodau cynnar y Blaid Genedlaethol. Bu'n gefnogwr brwd a gweithgar i Valentine pan oedd yn ymgeisydd y Blaid yn etholiad cyffredinol 1929. Yn ei hunangofiant, *Oddeutu'r Tân*, Cyfres y Cewri 12 (Caernarfon, 1994) datgelodd mai ef ynghyd â J. E. Jones, Victor Hampson-Jones a Robin Richards oedd cynorthwywyr D.J., Valentine a Saunders Lewis yn y weithred o losgi'r Ysgol Fomio. Penderfynwyd nad oedd y pedwar cynorthwywr i gymryd cyfrifoldeb am y weithred.

436 Syr Goronwy Hopkin Daniel (1914–2003). Swyddog yn y gwasanaeth sifil a'r is-ysgrifennydd yn y Swyddfa Gymreig rhwng 1964 ac 1969. Yn 1969 fe'i hapwyntiwyd yn is-ganghellor Coleg Prifysgol Cymru, Aberystwyth. Yn 1982 derbyniodd gadeiryddiaeth Awdurdod Pedwaredd Sianel Cymru.

437 R. Geraint Gruffydd (gol.), *Meistri'r Canrifoedd* (Caerdydd, 1973).

438 Siôn Phylip (1543–1620) yw awdur y cwpled hwn. Un o Phylipiaid Ardudwy oedd Siôn Phylip. Am fwy o wybodaeth amdanynt, gweler *Y Bywgraffiadur Cymreig*.

439   Gweler *Ysgol Fomio Llŷn*, 9.03–10.00 am, Sul, 5 Medi 1976, *Radio Times*, t. 29.
       Gweler hefyd Elaine Morgan, 'Preview', t. 17. Dywed Elaine Morgan am ran
       Lewis Valentine yn y rhaglen: 'He gives a fascinating account of the night that
       landed them all in the Old Bailey: how when a crucial signal was given one of
       the fire-raisers had forgotten to bring matches; how long it took to rouse a village
       police officer willing to hear their confession and charge them; how they discussed
       Welsh poetry while awaiting his arrival, and a young PC politely supplied the
       missing lines of a favourite sonnet which the excitement had driven out of their
       minds.'

440   Daw'r dyfyniad o 'Cysur Henaint' gan R. Williams Parry; gweler R. Williams
       Parry, *Yr Haf a Cherddi Eraill*, t. 18. Gweler hefyd nodyn 466.

441   Bu'r Parch. Cynwil Williams yn weinidog yng Nghapel Mawr, Dinbych cyn
       symud i Gaerdydd i eglwys Heol y Crwys. Yn 2015 bu Llŷr Gwyn Lewis yn
       sgwrsio â'r Parch. Cynwil Williams ar y rhaglen *Stiwdio: Cofio Kate* (BBC Radio
       Cymru, 31 Mawrth 2015). Mae'n debyg fod Kate Roberts yn sgrifennu straeon cas
       am gyd-aelodau oedd wedi ei thramgwyddo yn y Capel Mawr.

442   J. E. Jones, *Tros Gymru: J.E. a'r Blaid* (Abertawe, 1970).
       John Edward Jones (1905–70). Fe'i hapwyntiwyd yn Ysgrifennydd Cyffredinol
       Plaid Cymru yn 1930 a bu yn y swydd hyd ei ymddeoliad yn 1962. Unwaith yn
       unig y bu'n ymgeisydd seneddol dros y Blaid a hynny yn 1950 yng Nghaernarfon.
       Yr oedd yn arddwr brwd ac yn ddarlledwr adnabyddus yn y maes hwn. Fe'i
       lladdwyd mewn damwain car yn 1970 tra oedd yn ymgyrchu dros y Blaid yn ystod
       etholiad cyffredinol 1970. Gweler hefyd nodyn 30 a 435.

443   Soniodd Saunders Lewis am ei hoffter o adar mewn llythyr a anfonodd at D.J. Meddai
       Saunders yn y llythyr hwnnw: 'A glywsoch chi'r gwcw'n canu eleni? Dyw deunod
       y gog ddim wedi bod ar gyfyl Penarth a dyma hi'n tynnu at ganol Mai. Llynedd fe
       fagodd Marged a minnau geiliog bronfraith a gipiwyd o safn cath yn gyw bach bach
       heb agor ei lygaid. Cawsom hwyl anghyffredin yn ei feithrin a'i godi a heddiw mae
       yntau wedi cymryd iâr yn bartner ac y mae'n canu'n bersain iddi yn ein gardd ni. Mi
       sgrifennaf hanes magu'r fronfraith rywdro, dysgu iddi hedfan, dysgu iddi afael mewn
       cangen pren, dysgu iddi gyfathrachu ag adar eraill, a mynd allan i'r ardd pan fyddai hi'n
       nosi a galw'r fronfraith a hithau'n disgyn ar f'ysgwydd i neu fy mhen i a mynd yn ôl i'r
       tŷ am y nos – nes dyfod adeg na ddôi hi ddim i mewn i gysgu ond aros allan a dod i'n
       gweld ni i frecwast.' Gweler *Annwyl D.J.*, llythyr 142, tt. 231–2.

444   Ni chafwyd unrhyw esboniad ar y salwch hwn.

445   cleriach neu cleiriach: hen ŵr musgrell. Gweler *Geiriadur Prifysgol Cymru*.

446   Gweler Saunders Lewis, 'Breuddwyd', *Y Traethodydd* (Hydref 1976), 187. Cerdd fer
       yw 'Breuddwyd' y medrodd y bardd ei chroniclo. Ond meddai mewn nodyn arni:
       'Ni fedraf egluro dim ar y freuddwyd'. Dyna pam y mae Valentine yn ei rybuddio
       rhag y Ffreudiaid a fyddai, efallai, yn dadansoddi'r gerdd ac yn tresmasu isymwybod
       yr awdur.

447   Ymddangosodd y cyfieithiad hwn o Efengyl Marc yn 1921. Gweler hefyd John
       Morris-Jones a D. Emrys Evans, *YR EFENGYL YN ÔL MARC: Cyfieithiad
       Newydd* (Caerdydd, 1940).

448   James Moffat (1870–1944). Diwinydd a gŵr gradd o Brifysgol Glasgow.
       Cyfieithiodd y Beibl, gweler y *Moffat Bible*. Ef oedd golygydd y *Moffat New
       Testament Commentary Series* (16 cyfrol: 13 awdur. Harper & Brothers, Doubleday,
       Doran & Company, Hodder & Staughton, 1927–50).

449   Lucius Annaeus Seneca (4 C.C.–65 O.C.). Athronydd, gwladweinydd a dramodydd
       Rhufeinig. Bu'n diwtor ac yn gynghorydd i'r Ymerawdwr Nero. Ymhlith ei
       ddramâu mae *Phaedra*, *Oedipus* a *Medea*.

450   Credai'r Rhufeinwyr mai Nero, eu hymerawdwr, oedd wedi tanio'r ddinas

oherwydd ei flys am adeiladu. Er mwyn adeiladu mwy roedd rhaid iddo ddinistrio'r hen. Er mwyn dargyfeirio llid ei bobl gwnaeth y Cristnogion yn fwch dihangol. Dyna'r cynnwrf y mae Saunders Lewis yn cyfeirio ato.

Y Groegwr Aeschylus (ganwyd 525 C.C.) oedd un o'r ysgrifenwyr trasiedïau Groegaidd ynghyd â Sophocles ac Euripides.

451   Credir mai Silfanus oedd ysgrifennydd Pedr ac mai ef oedd yn ei gynorthwyo gyda gramadeg a chystrawen Roegaidd a thrwy hynny ei fod o gymorth i Marc, yn ogystal.

452   Mae'r adnod (Efengyl Marc 16: 8) yn cyfeirio at y gwragedd, Mair Magdalen, Mair mam Iago, a Salome, a aeth at fedd Iesu er mwyn gosod peraroglau ynddo: 'Ac wedi myned allan ar frys, hwy a ffoesant oddi wrth y bedd; canys dychryn a syndod oedd arnynt. Ac ni ddywedasant ddim wrth neb: canys yr oeddynt wedi ofni.'

453   an + gras cf. anraslon. Yr ystyr yma: trafferth. Gweler *Geiriadur Prifysgol Cymru*.

454   John Puleston Jones (1862–1925). Gweinidog gyda'r Methodistiaid Calfinaidd, llenor a diwinydd. Cafodd ddamwain yn ddeunaw mis oed a'i gwnaeth yn ddall. Lluniodd y gyfundrefn o reolau Braille Cymraeg. Bu yng Ngholeg Balliol, Rhydychen ac roedd yn un o saith a sefydlodd Gymdeithas Dafydd ap Gwilym yn 1886. Yn ôl Syr John Morris-Jones yr oedd 'ymysg meistriaid iaith ei dadau … ac ymysg cymwynaswyr pennaf diwylliant a chrefydd Cymru'.

455   Emrys ap Iwan (1851–1906). Amgeneirio: aralleirio. Mae'r enghraifft yng *Ngeiriadur y Brifysgol* yn hŷn nag enghraifft Emrys ap Iwan. Nodir enghraifft yn 1793. Gweler *Geiriadur Prifysgol Cymru*.

456   Ieuan Wyn Jones (1949–). Ymgeisydd Plaid Cymru yn Ninbych yn etholiadau cyffredinol Hydref 1974 ac 1979. Yn 1987 enillodd Ynys Môn a bu'n aelod seneddol Ynys Môn rhwng 1987 a 2001. Rhwng 1999 a 2013 ef oedd Aelod Cynulliad Cymru dros Ynys Môn. Yn 2001 fe'i hetholwyd yn arweinydd Plaid Cymru a bu hefyd yn ddirprwy Brif Weinidog Cymru 2007–11. Cyhoeddodd dri llyfr: *Ewrop: Y Sialens i Gymru / Europe: The Challenge for Wales* (Bodedern, 1996), *Y Llinyn Arian: Agweddau o Fywyd a Chyfnod Thomas Gee 1815–1898* (Dinbych, 1998), ac *O'r Cyrion i'r Canol* (Talybont, 2021).

457   Gweler troednodyn 38.

458   osment: argoel, arwydd, tueddiad. Gweler *Geiriadur Prifysgol Cymru*.

459   John Morris (1931–). Yr Arglwydd Morris o Aberafan. Cynrychiolydd Aberafan dros y Blaid Lafur yn Senedd San Steffan rhwng 1959 a 2001, sef y cyfnod hwyaf i unrhyw aelod seneddol yng Nghymru. Ar wahanol adegau bu'n Ysgrifenydd Seneddol yn yr Adran Ynni, yr Adran Gludiant ac yn Ysgrifennydd dros Amddiffyn a Gogledd Iwerddon. Bu'n Ysgrifennydd Gwladol Cymru rhwng 1974 ac 1979.

460   Cyfeiriad at y ddrama olaf a ysgrifennodd Saunders Lewis, *1938*. Am wybodaeth bellach ar y ddrama gweler Ioan M. Williams (gol.), *Dramâu Saunders Lewis, Y Casgliad Cyflawn, Cyfrol II*, tt. 899–912.

461   Nid oes llythyrau oddi wrth Kate Roberts at Saunders Lewis wedi'u cofnodi yn 1978 nac 1979 yng nghyfrol Dafydd Ifans (gol.), *Annwyl Kate, Annwyl Saunders* (Aberystwyth, 1992).

462   Ddeunaw mlynedd ar ôl gwahardd *Excelsior* oherwydd i'r aelod seneddol Llafur Llywelyn Williams hawlio bod Saunders yn ei enllibio yn y ddrama, bwriad Cwmni Theatr Cymru oedd ei llwyfannu. Ond oherwydd i fargyfreithiwr ddyfarnu bod ynddi enllib ar Mrs Llywelyn Williams, ni chyflwynwyd mohoni. O ganlyniad trefnodd Saunders Lewis ei chyhoeddi. Am gyflwyniad i'r ddrama, gweler Ioan M. Williams (gol.), *Dramâu Saunders Lewis, Y Casgliad Cyflawn, Cyfrol II*, tt. 275–90.

463   Cyfeirio at gynhyrchiad o'r ddrama *Blodeuwedd* gan fyfyrwyr Prifysgol Aberystwyth a wna Valentine yn y llythyr hwn, a Siwan Jones, wyres Saunders, yn y brif ran.

464 Saunders Lewis, *Egwyddorion Cenedlaetholdeb, Pamffledi'r Ysgol Haf, Machynlleth* (Machynlleth, 1926).

465 *opheiletes eimi*: dyledwr ydwyf. Gweler yr ymadrodd hwn Rhufeiniaid 1: 14.

466 Daw'r dyfyniad o 'Cysur Henaint' gan R. Williams Parry; gweler R. Williams Parry, *Yr Haf a Cherddi Eraill*, t. 18: 'Mor druan nid yw henaint nac mor dlawd / Nad erys yn ei gostrel beth o'r gwin / I hybu'r galon rhwng yr esgyrn crin.' Gweler hefyd nodyn 440.

467 Kate Roberts, *Haul a Drycin a Storïau Eraill* (Dinbych, 1981).

468 Yr Esgob Daniel Joseph Mullins. Bu'n Esgob Mynyw rhwng 1987 a 2001. Gweler hefyd Daniel J. Mullins, *Seintiau Cynnar Cymru, Llyfrau Llafar Gwlad 51* (Llanrwst, 2002).

469 Dyfyniad o emynau Ann Griffiths: ' Mae bod yn fyw yn fawr ryfeddod / O fewn ffwrneisiau sydd mor boeth, / Ond mwy rhyfedd, wedi mhrofi, / Y dof i'r canol fel aur coeth; / Amser cannu, diwrnod nithio, / Eto'n dawel, heb ddim braw; / Y Gŵr a fydd i mi'n ymguddfa / Y sydd â'r wyntyll yn ei law.'

470 Ymwelodd y Pab John Paul II â Chaerdydd ar 2 Mehefin 1982. Cynhaliwyd Offeren awyr agored ar Gaeau Pontcanna ac amcangyfrifwyd bod 10,000 o bobl yn bresennol yn y digwyddiad.

471 Cyhoeddwyd R. Geraint Gruffydd (gol.), *Cerddi Saunders Lewis* gan Wasg Gregynog yn 1986 ar ôl ei farwolaeth ar 1 Medi 1985.

472 Gweler *Almanac*, 8.30–9.00 pm, Llun, 20 Rhagfyr 1982, *Radio Times*, t. 60: 'Lewis Valentine – un o Gymry mwya'r ugeinfed ganrif ac un o'r tri a losgodd yr ysgol fomio … Ond beth am y manylion? Dyma adroddiad cryno ac unigryw, o lygad y ffynnon. Hywel Teifi Edwards yw'r cyflwynydd.'
Er mai ysgolhaig oedd Valentine a'i fryd ar ddarlithio mewn coleg diwinyddol ar un adeg, ni chafodd gyfle i ddilyn y trywydd hwn. Oherwydd galwadau mynych ei weinidogaeth yn Llandudno a Rhosllannerchrugog, yn ogystal â golygu *Seren Gomer* am flynyddoedd lawer, ni chyhoeddodd unrhyw gyfrolau o weithiau ysgolheigaidd na chreadigol. Hynny, mae'n debyg, oedd yn gyfrifol am y diffyg sylw a gafodd o'i gymharu ag enwogrwydd Saunders a D.J.

473 Hywel D. Roberts oedd Warden Urdd y Graddedigion yn 1983 ac ef a groesawodd Saunders Lewis i'r Urdd ar ôl iddo dderbyn gradd DLitt gan y Brifysgol.

474 Nid oedd Saunders Lewis wedi cyrraedd ei naw deg oed. Y mae Valentine yn gywir yn ei ddyfalu mai ym mis Hydref y byddai Saunders yn dathlu ei ben blwydd yn naw deg oed.

475 Gweler 'Anrhydeddu "prif lenor Cymraeg ein cyfnod"', *Y Cymro*, 1 Mawrth 1983, 5. Yn y llun mae Saunders Lewis yn hanner gwenu a hynny'n arwyddo ei fod wedi ei blesio gan y seremoni i gyflwyno gradd DLitt iddo. Yn ei Anerchiad Cyflwyno, meddai'r Athro Emeritws A. O. H. Jarman: 'Nid gormod yw dweud mai gyda'i waith ef y mae pob beirniadaeth ddiweddar ar ffurf a chynnwys y traddodiad llenyddol yn cychwyn.'

476 Y Barnwr Dewi Watkin Powell (1920–2015). Bu'n ymgyrchydd dros hawliau i'r Gymraeg ac yn ffigwr amlwg ym myd y gyfraith ac ym mywyd cyhoeddus Cymru am ddegawdau. Yn ôl y cyn-archdderwydd, Dr Robyn Léwis, roedd Dewi Watkin Powell wedi defnyddio'i ddylanwad fel barnwr i Gymreigio'r gyfundrefn gyfreithiol yng Nghymru bob cyfle posibl.

477 Alfred Owen Hughes Jarman (1911–98): gweler nodyn 109. Yr oedd yn gefnogwr brwd i Saunders Lewis.

Atodiad 1

Anerchiad y Parch. Lewis Valentine i Etholwyr Sir Gaernarfon

Annwyl Gyd-Gymry a Chymraesau,

Yn ystod y misoedd diwethaf yr wyf fi a'm cymheiriaid wedi ymweld â phob cwr a phentref yn Sir Gaernarfon, fel nad yw fy neges i mwyach yn anhysbys i odid neb o etholwyr y Sir.

Yr wyf yn gofyn i chwi roddi eich pleidlais imi yn etholiad Sir Gaernarfon.

Er pan ddeddfwyd yn 1535 mai rhan o Loegr oedd Cymru ac nad oedd hi yn genedl ei hun, ni bu erioed ymgeisydd seneddol a'i gwnaeth yn unig amcan ganddo mewn etholiad ennill i Gymru hawliau a breintiau cenedl. Oblegid hynny, ni roddes na Senedd na Llywodraeth Loegr erioed sylw difrifol i anghenion Cymru. MYFI YW'R YMGEISYDD SENEDDOL CYNTAF YN HOLL HANES CYMRU I GYMRYD RHYDDID CYMRU AC YMREOLAETH I GYMRU YN UNIG SAIL APEL MEWN ETHOLIAD SENEDDOL. Y MAE'R ETHOLIAD YN SIR GAERNARFON YN GYCHWYN I GYFNOD NEWYDD YN HANES POLITICAIDD CYMRU.

Bu llawer o arwyr gwleidyddol Cymru yn hiraethu am weld dydd ymreolaeth. Dyna freuddwyd Michael Jones y Bala, Gwilym Hiraethog, Thomas Gee, Emrys ap Iwan, ac eraill lawer. Ond ni chododd erioed o'r blaen BLAID GYMREIG i gyflawni dyheadau y gwlatgar. YN AWR Y MAE PLAID GYMREIG MEWN BOD. Cewch chwithau, etholwyr Sir Gaernarfon – hen gartref yr ysbryd annibynnol Cymreig – gyfle yn awr i gyflawni hen obeithion eich gwlad. Dyma gyfle i Sir Gaernarfon fod yn wynfydedig ymysg siroedd Cymru. Y gresyndod yw fy mod yn gorfod gwrthwynebu gwŷr mor bybyr, canys mi glywais lawer am eu daioni a'u delfrydau, ond y mae gennyf fi bolisi sydd yn amgenach i Gymru na'u polisi hwynt. Y mae gennyf bolisi pendant ac ymarferol i orfodi llywodraeth Loegr i ddwys-ystyried hawl Cymru i ymreolaeth.

DYMA FY ADDEWID: OS ETHOLWCH FI, Y BROBLEM GYNTAF A WYNEBA'R LLYWODRAETH NEWYDD AR ÔL YR ETHOLIAD CYFFREDINOL FYDD PROBLEM YMREOLAETH CYMRU.

Wele addewid na feiddia neb ymgeisydd arall yng Nghymru ei rhoi.

Crefaf arnoch yn hyderus. Os yw eich calonnau yn llosgi ynoch gan ddyhead am fyd gwell ar Gymro a Chymraes, am godi'ch gwlad i barch, os mynnwch chwi fod yn rhyddion ar eich tir eich hunain a thaflu oddiar Gymru ganrifoedd o ddirmyg a sarhad, os mynnwch chi weld y Gymru hon yn ardd yr Arglwydd, a gweld gwirio gair y bardd am dani,

> Ynod bydd pob daioni, – hoff bau deg,
> A phob digoll dlysni;
> Pob gwybod a medr fedri;
> Aml fydd dy ddrud olud di.

OS DYMA DDYMUNIAD EICH CALON, YNA PLEIDLEISIWCH I MI YN YR ETHOLIAD HWN

Yr eiddoch yn rhwymau Cymru,

LEWIS VALENTINE.

Y Ddraig Goch, III, rhif 11 (Mai 1929), 1–2.

Llythyr yr Ymgeisydd Cenedlaethol at Chwe Channwr Dewr Sir Gaernarfon

At Olygydd y "Ddraig Goch."

Syr, – A gaf fi gornel fechan o'r Ddraig i ddiolch i'r chwe channwr a naw a roes eu pleidleisiau imi yn yr Etholiad. Cefais un bleidlais arall hefyd, ond difwynwyd honno oherwydd mynnu o'r pleidleisydd a rhoddi ei serch gyda'i bleidlais.

"A gawsoch chi eich siomi" a ofynnir i mi ar bob tu. Fy siomi!
Ni fu brwydr odidocach erioed, ac ni chafodd ymgeisydd erioed
well cefnogaeth a chynorthwywyr. Mwynheais bob munud ohoni,
a gwn na chynnig bywyd byth oriau hafal i oriau'r taro cyntaf dros
ryddid Cymru yn ein hoes ni.

Y mae gwerin Sir Gaernarfon wedi ennill ein serch yn llwyr.
Ni fu neb yn angharedig ac anghwrtais wrthym, ni fu neb yn
anfoneddig yn ein cyfarfodydd. Cawsom lety a chroeso grasol dan
gronglwydydd cyfeillion oedd yn gwrthod ein polisi'n bendant,
ac arall a gafodd eu pleidleisiau ar ddydd yr Etholiad. Mewn rhai
mannau cawsom groeso brenin nas anghofir byth.

Ond i chwi, y chwe channwr a naw, dyma'm llaw a'm
calon. Credasoch i'n hymadrodd. Gwnaethoch y fentar fwyaf a
wnaeth neb yn hanes politicaidd ein gwlad ers canrifoedd canys
ni ofynnodd neb erioed i chwi wneuthur peth mor anodd o'r
blaen. Gresyn na cheid eich enwau i'w cofio a'u hanwylo yn oes
oesoedd. Saith bleidlais ar hugain a rodded i un o ymgeiswyr cyntaf
y blaid Sosialaidd rhyw genhedlaeth yn ôl, a hyhi heddiw sydd ag
awdurdod yn ei dwylo. Cyn el heibio cenhedlaeth arall bydd pwys
llywodraeth Cymru ar ein hysgwyddau ninnau.

Bydded pob un ohonoch yn wych,
Yn gynnes iawn fy nghalon,
LEWIS VALENTINE.

Y Ddraig Goch, IV, rhif 2 (Gorffennaf 1929), 3.

Atodiad 2

Llywydd yr Undeb – Val

Gan y Dr D. J. Williams, M.A., Abergwaun

Efallai mai fi yw'r olaf o bawb a ddylai lunio ysgrif ar y Parch.
Lewis Edward Valentine, M.A., Llywydd Undeb Bedyddwyr
Cymru am 1962. A hynny am nad fel pregethwr na dysgawdwr
yn Israel nac fel un o arweinwyr pwysicaf ei enwad, er ei fod yn
bob un o'r tri, a mwy hefyd, y nabyddais i Val, ond fel Cymro a
Christion a chyfaill wrth fodd fy nghalon. Pe'm gosodid i rywdro
yn belican ar yr Ynys Unig honno fe fyddai un awr o ddiddanwch
ei gwmni ef yn fwy o werth i fi na mydylau o ddisgiau'r gwledydd
ar bennau'i gilydd. Fe gaiff ddigon o glod am ei ddoniau
haeddiannol eraill gan bawb sy'n ei nabod. Ond gyda'ch caniatâd
chi i gyd, fel cyfaill agos a phersonol am dros ddeugain mlynedd y
mynnaf i yma sôn yn bennaf amdano. Oherwydd dawn arbennig
Val, dawn sydd goruwch y cyfan arall ynddo, yn ôl fy nheimlad
i, yw rhestr lawn ei bersonoliaeth fonheddig ef ei hun sy'n llifo
drosodd ble bynnag y bo, gan ei wneud yn llond aelwyd, yn llond
eglwys, ac yn llond gwlad o ddyn, – ie, ac yn llond carchar hefyd
pe caniatâi gofod i fi sôn am hynny yma.

'Rown i wedi clywed cryn dipyn yn barod am Valentine,
y Cymro cadarn, gan hen gydymaith iddo yn y fyddin, Rhys
Arthur Thomas, o Saron, Llandybïe, fy nghyd-athro yn Ysgol Sir
Abergwaun. Ond y tro cyntaf y gwelais i ef ydoedd yn sêt fawr
capel Hermon ryw fore Sul hyfryd o haf yn gynnar wedi diwedd
y Rhyfel Byd Cyntaf, ac yn ei ymyl ŵr talsyth arall fel yntau,
y Parch. Pryse Williams, Treherbert, a'r dihafal Batriarch Dan
Dafys, gweinidog yr eglwys, yn eu cyflwyno i'r gynulleidfa fel
"meibion Anac". Ac a welwyd erioed ddau ŵr harddach mewn
pulpud yn cyd-draethu'r Efengyl! A'r un Sul eto, mi gofiaf yn

dda, fe'm gorchmynnwyd innau, gan yr Unben hyglod hwnnw, heb yr un rhybudd o gwbl, i fynd â'r blwch casglu o gwmpas fy ochr i o lawr y capel, fel yr unig leygwr anfedyddiedig erioed yn hanes yr eglwys barchus hon, am wn i, i gyflawni swydd o'r fath. Do, gwnaeth Dan Dafys, y Bedyddiwr selog, ei ran dda i wneud fy etholedigaeth i, y "Calfin etholedig", yn fwy sicr byth drwy geisio fy nhywys i fedyddfa Glan Einon y tu allan i'r dref. Ond prif ganlyniad y cyfarfodydd nodedig yma o'm tu i fu fy nhrochi i a Val mewn cyfeillgarwch bythol, fel petai hynny hefyd yn rhan o'r rhag-etholedigaeth.

Anodd dwyn dyn oddi ar ei dylwyth, medd yr hen air. Ac felly Lewis Valentine. Maged ef yn un o saith o blant yn Llanddulas ger Abergele lle'r oedd ei dad, a roddodd wasanaeth clodwiw i eglwysi bach y Bedyddwyr yng ngorllewin Dinbych, yn weinidog. Medd Val mewn llythyr yn sôn am rai o'i deulu, "Fy nhad oedd y Piwritan hawddgaraf a gyfarfûm i erioed. Nid oes gennyf fawr o gof am ei bregethau, ond byth nid anghofiaf ei weddïau, a chadwasant fi rhag llawer rhemp yn ystod fy mywyd." Ac yr oedd hen ddywediad am ei fam yntau, sef mamgu Val, na châi neb o hen weinidogion Penycae hwyl ar bregethu heb i Hannah Valentine weddïo yn yr oedfa. Pwy a all fesur dylanwad aelwyd lle y mae gweddi ddwys yn rhan o'i bywyd beunyddiol? Mewn rhifyn o *Seren Gomer* rai blynyddoedd yn ôl bellach cyhoeddwyd darn o'i hunangofiant gan Lewis Valentine. Brodor o Drefechan, Penycae, ym mhlwyf Rhiwabon ydoedd ef, ac ni welais i ond mewn nofel megis *The Rape of the Fair Country* gan Cordell, efallai, ddarlun mwy arswydus o galedi a chreulonder bywyd y dosbarth gweithiol mewn ardal ddiwydiannol yn y dyddiau a fu nag a geir yn y darn yma o atgofion personol. Mae'n ddogfen gymdeithasol o wir bwys, a'r caswir a ddywedir ynddi am gyflwr rhai pobl a phethau bron yn anghredadwy. Ni allai ond gweddi daer y saint godi dynion uwchraddol mewn ysbryd a gweledigaeth o bydew mor dywyll â hyn.

O ardal wâr a siriol y Betws yn Rhos a Llanddulas yr hanfyddai

teulu mam Valentine. Wesleaid selog a fu â rhan yn sefydlu'r
enwad yn y cylch hwn. Gwraig hardd a nobl o bryd a gwedd yn
gystal â chymeriad ydoedd ei fam, mae'n debyg, a throsglwyddwyd
y nodweddion hyn mewn modd amlwg i'w theulu lluosog.
Bedyddiwyd Valentine yn eglwys Abergele lle y mae ei chwaer a'i
phriod, y Parch. Elias Evans, yn gwasanaethu heddiw yn fawr eu
parch. Anogwyd ef i ddechrau pregethu gan Llifon, brawd Alafon,
neu yn fwy cywir efallai, yn ôl Val, gan ei wraig a oedd yn ferch
i'r Dr Hugh Jones, Llangollen. Nid oes ball ar ei deyrnged i bobl
annwyl yr eglwys y magwyd ef ynddi.

Fe'i haddysgwyd yn ysgol y pentref, ysgol yr Eglwys, a'r
hyfforddiant ymhob dim yn Saesneg, a hefyd ym Mae Colwyn.
Bu yntau ar ôl hyn yn ddisgybl athro yn yr un lle am ryw ddwy
flynedd, gan brofi gwir Gymreictod ei reddfau yn gynnar drwy
fynnu dysgu pob pwnc, ac eithrio rhifyddeg, drwy'r Gymraeg.

Ymyrrwyd ar ei yrfa golegol ym Mangor drwy fynd i'r Rhyfel
Byd Cyntaf. Fe'i clwyfwyd ym mrwydr y Somme, a bu am
flwyddyn gron mewn ysbytai yn edfryd ei nerth wedi'r drwg a
gawsai. Ond Cymro a gwrth-Imperialydd ydoedd ef drwy gydol yr
amser, ac er y profiad a gawsai a'r hwyl ymhlith y bechgyn, eddyf
hyd heddiw i'r blynyddoedd hyn adael clwyf dwfn yn ei enaid.

Wedi'r Rhyfel dychwelodd i Goleg Bangor i orffen ei radd
drwy gael anrhydedd uchel mewn Hebraeg, ie, a'r M.A. gyda
chlod ar ôl hynny, o dan yr ysgolor Hebraeg dihafal, y Dr Witton
Davies, a anfarwolwyd yn yr englyn iddo gan hen ddisgybl arall
mor ddihafal ag yntau, y Parch. Fred Jones, sy'n ei ddisgrifio fel
"Athro dewr, Hebrewr o'r bru, – Abram wedi dadebru!" Ac
fel pawb a fu erioed odano daeth Valentine yn un o edmygwyr
mawr Syr John Morris-Jones, a dysgu ganddo barch at loywder yr
iaith Gymraeg a'i gogoniant hithau o'i gwybod fel y dylid. Gellir
dweud mai ei ymddigrifwch yn yr iaith Hebraeg a'i falchder yng
nghyfoeth ei iaith ei hun yw'r allweddau i rym ei bregethu a'i
sgrifennu hefyd yn gystal â'i ddiddanwch fel ymgomiwr, boed
sgwrs â phechadur neu seiet â'r saint. A'r pethau hyn hefyd, –

tân eiddigedd sanctaidd proffwydi'r Hen Destament yn llosgi'n
fflam ynddo o gariad at werthoedd uchaf bywyd ei genedl ei
hun, i'w mynegi mewn rhyddid a hunan-barch, a'i gwnaeth yn
genedlaetholwr Cymreig di-ofn a digymrodedd ar hyd ei oes.
Nid haniaethau disylwedd ydyw'r rhain iddo ef, ond priod ddefnydd ei
natur ei hun ac anadl gweddïau ei dad a Hannah Valentine ac eraill
yn eu cysegru.

Ond i fynd yn ôl am funud. Gyda'i bersonoliaeth gref a'i ddawn
naturiol i arwain daeth Val, hoff enw ei gyfoedion arno, yn ffigur
amlwg a dylanwadol ymhlith myfyrwyr Bangor, a hynny mewn
cyfnod digon anodd, gan fod llawer ohonynt fel yntau yn gyn-
filwyr newydd eu rhyddhau o'r fyddin, a'r mân reolau dipyn yn
gaethiwus iddynt. Dewiswyd ef yn Llywydd Cyngor y Myfyrwyr,
ac yn ôl y dystiolaeth cyflawnodd y swydd gyfrifol hon gyda medr
a doethineb.

Nid wyf i neb i bwyso na mesur arall, a llai byth enwad
arall. Ond wrth basio ni allwn beidio â meddwl am ddynion o
gymwysterau arbennig mewn ysgolheictod a diwylliant ynghyda
mawredd personoliaeth fel y diweddar Herbert Morgan a Lewis
Valentine, ac ynddynt hefyd ddawn y gwir arweinydd, na chawsant
y cyfle o wasanaethu eu henwad mewn cylch ehangach wedyn ar
staff un o'r ddau goleg yng Nghymru.

Ond gwych y manteisiodd Valentine ar y cyfle arall a roddwyd
iddo fel golygydd *Seren Gomer*, a mawr yw'r llafur a werir ar
bob rhifyn i'w wneud yn gyfraniad mor sylweddol i lenyddiaeth
enwadol Cymru. Hir y parhao ef i gael hoen corff a meddwl i
gyflawni'r gwaith caled a di-ddiolch hwn. Y mae'r ymdrech a'r
disgleirdeb ysbryd sy'n tywynnu heddiw yn y ddwy *Seren* yn
ffurfafen y Bedyddwyr yn haeddu bendith ac arddeliad y nef.

Sefydlwyd ef yn weinidog yn Llandudno yn 1921, a phriododd
yn ddiweddarach ag un o ferched y dref honno sydd, gyda llaw,
yn wyres i un o'r cymeriadau a anfarwolir gan Daniel Owen. Y
mae iddynt ddau o blant, Hedd a Gweirrul, a'r ddau erbyn hyn yn
gwneud eu rhan yn deilwng mewn cymdeithas.

Ni raid ymhelaethu yma ar yr hyn sy'n hysbys i bawb, sef gwaith arbennig y Parch. L. E. Valentine fel gweinidog eglwys y Tabernacl, Llandudno, am dros bum-mlynedd-ar-hugain, ac am y pymtheng mlynedd diwethaf yma yn gwasanaethu yr un mor llwyddiannus fel olynydd i'r Hybarch Ddr Wyre Lewis yn eglwys Penuel, Rhosllannerchrugog. (Gwyn ei byd yr eglwys y mae ganddi'r ddawn i ddewis ei gweinidog). Ni allai gŵr o'i radlonrwydd ysbryd ef, ei adnabyddiaeth o'r natur ddynol yn ei da a'i drwg, a'i synnwyr cyffredin cryf, beidio â bod yn arweinydd cadarn a diogel yng ngwaith y Deyrnas ble bynnag y'i ceid.

Nid oes ychwaith odid eglwys yn ei enwad, heblaw llawer o'r tu allan, na wybu am ei bregethu nerthol, eirias gan argyhoeddiad; a bu ei bwyll a'i ddoethineb a'i weledigaeth sicr ar y pethau hanfodol, mewn cyngor a chynhadledd, yn werthfawr ar hyd ei oes. Nid pregethu i ddiddanu cynulleidfa yn gymaint a wna'r Parch. L. E. Valentine, ond pregethu i sobri ac i argyhoeddi pobl parthed y gwirioneddau tragwyddol.

Edrych ef ar fywyd fel undod, ar ei aml arweddau, undod ysbrydol fel y Sawl a'i creodd. Ac i'r gwir Gristion cylch allanol yr undod hwn yw ei grefydd, sydd yn cynnwys y genedl a'r gymdeithas y perthyn ef iddi. Dyna'r rhannau o'r gwareiddiad dynol y mae ef yn ymglywed ddyfnaf â hwy ac yn eu dirnad orau. Pan fygythier y rhain a'u darnio gan ddylanwadau o'r tu allan nad oes ganddo ef reolaeth arnynt yna fe ddaw nychdod a dirywiad a marwolaeth. A dyna yw cyflwr Cymru heddiw. Medd Waldo Williams yn ei gân:

Beth yw bod yn genedl? Dawn yn nwfn y galon.
Beth yw gwladgarwch? Cadw tŷ mewn cwmwl tystion.

Ac o'i ddyddiau cynnar fel gwrthryfelwr anfoddog yn y fyddin Seisnig; yn ei afiaith fel Llywydd y Myfyrwyr yng Ngholeg Bangor; fel ymgeisydd seneddol cyntaf Plaid Cymru yn 1929, gan gael chwe chant a naw o bleidleisiau, – hyd at y tân yn Llŷn, ni pheidiodd y ddawn yn nwfn ei galon yntau ag ymateb i alwad y cwmwl tystion arno i "gadw tŷ" i'w genedl ei hun, y tŷ hwnnw lle y mae arch y cyfamod a dodrefn yr oesau, mewn iaith a diwylliant a thraddodiad wedi eu trysori ynddo. Ac er mwyn trosglwyddo'r etifeddiaeth gyflawn hon i lawr i'r oesoedd a ddêl yr ymdreuliodd y Parch. L. E. Valentine gorff, meddwl ac ysbryd ar hyd ei oes, – o bulpud, o lwyfan, ac o gadair golygydd.

Gwyn ei fyd yr Enwad hefyd a welo werth ei wir arweinydd a'i anrhydeddu yn ei ddydd ei hun, drwy wneud fy hen gyfaill annwyl, Val, yn Llywydd yr Undeb.

Seren Gomer (Gwanwyn 1962), 7–10.

Atodiad 3

Profiad

(Cyhoeddir trwy gwrteisi Cwmni Harlech (gynt T.W.W.). Prifathro'r Coleg Cerdd a Drama, Mr Raymond Edwards, Caerdydd oedd yn holi, a theledwyd y Rhaglen prynhawn Sul y Pasg).

Y Parch. Lewis Valentine, ysgolhaig, pregethwr a gwladgarwr. Brodor o Landdulas, sir Ddinbych, a mab i'r diweddar Barch. Samuel Valentine: Mae eich tad yn sôn yn ei hunangofiant am fan ei eni fel gardd Baradwys. A fuoch chwi mor ffodus â chael eich gwreiddiau mewn gardd felly?

Do, yn wir. Fe wyddoch chi'n dda am Drefechan tu ucha i Ben-y-cae, ger Rhiwabon, lle ganwyd fy nhad; sonnir am y lle yn stent Edward y cyntaf yn 1314, ac y mae gennyf innau ddogfennau yn profi bod teulu 'nhad yn perchenogi tiroedd yno o ddechrau'r ail ganrif ar bymtheg, – treflan fach hyfryd mewn cwr o fynydd. Ond yng nghartre 'mam y'm ganwyd i, yn Llanddulas, plwy bychan o rhyw chwechant o boblogaeth yn ffinio ar blwyfi Abergele, a Betws-yn-Rhos a Llysfaen. Ar wahân i brydferthwch digymar yr ardal yr oedd yno gymdeithas dirion a gwâr, oedd hyd ddechrau'r ganrif hon wedi para'r un fath heb fawr o newid ers cenedlaethau. Ar ben hynny cefais fy ngeni i deulu na fu ei ddedwyddach, a chefais dad a mam na fu eu hawddgarach. Ie'n wir, mewn gardd Baradwys y bu fy ngwreiddiau innau.

Rydych wedi dweud ar goedd ichi adnabod mewn capel bach diaddurn yn eich pentre gymdeithas gref o werinwyr Cymraeg, syml oedd yn wir Gymdeithas y Saint, ac i chi gael o fewn y gymdeithas honno bob cyffro mawr crefyddol. A ydi un i gasglu felly na welsoch chi mo'u tebyg ers hynny, a beth oedd y cyffroadau mawr y soniwch amdanynt?

Ie, capel bach diaddurn i'w ryfeddu oedd y capel. Chwephunt a phedwar ugain oedd cost ei adeiladu saith ugain mlynedd yn

ôl. Ysywaeth y mae ar gau heddiw. Yr oedd dwy o'r ffenestri yn
gydwastad â'r cae oedd y tu cefn iddo ac ar hin boeth agorid y
ffenestri a deuai'r anifeiliaid o'r cae i gydaddoli â ni, ceffyl neu
fuwch neu asyn, a'r tri yn aml hefo'i gilydd. Oedfa fendigedig i
ni'r plant oedd honno pan nadodd yr asyn, ond gan mai pregethwr
cryg oedd yn gwasanaethu'r Sul hwnnw mynnai'r hen frodyr
mai camgymryd bloedd y pregethwr a wnaethom. Cerddai ieir
yn ddiwarafun ar hyd llawr y capel, a chlwydai ceiliog dandi,
yn ôl ei ffansi, ar gefn y seddau. Na, nid adnabûm i gymdeithas
grefyddol hafal i honno wedyn. Yr oedd gan Paul air am y peth –
KOINONIA. Ni wyddwn i hyd nes i mi ddechrau pregethu fod
saint yn ffraeo mewn capel ac yn sorri ac yn monni, ac ymweld ag
eglwysi eraill a ddatguddiodd hynny i mi. Cefais athrawon digymar
yn yr Ysgol Sul, ac yr oedd yn y capel bach weddïwyr eneiniedig,
ac un ohonynt yn ddiwinydd praff, – yn wir rhyw draethu
athrawiaethau ger bron yr Arglwydd yr oedd. Yr wyf yn ei ddyled
canys diwinyddiaeth ei weddïau ydyw'r unig ddiwinyddiaeth
y mae fy ngafael yn sicr arni heddiw. A dyna'r profiadau mawr
– cael fy rhwymo am byth wrth yr Ysgrythur, profi melyster y
Koinonia, neu Gymdeithas y Saint, a chael ymglywed yn arbennig
yn y Cymundeb misol â phethau nad adnabu'r byd, ac ni allodd
y pethau diflasaf a ddigwyddodd i mi ddifa effeithiau'r profiadau
hynny. Drachefn a thrachefn yn ystod fy mywyd awn yn ôl at y
pethau hyn er mwyn cael nerth i ddal ati.

*Rydych hefyd yn tystio ichi gael eich galw i bregethu'r Efengyl. Pa fath
brofiad oedd hwnnw?*

A chymdeithas y capel bach yr hyn ydoedd a phregethu yn
cael ei fawrhau yno yr oedd yn anochel i mi feddwl am ddim
ond pregethu. Ni feddyliais erioed am ddim arall, a chredaf fod yr
aelodau wedi fy nodi ar gyfer y weinidogaeth o'r cychwyn. Un o'r
pethau cyntaf a gofiaf ydyw un o'r diaconiaid a gadwai dŷ popty
yn fy nghodi ar y bwrdd tylino i roi pregeth. Y mae'n rhan o'm
profiad wrth edrych yn ôl mai ychydig iawn o ran oedd gennyf
mewn dewis dim, trefnedig oedd popeth o bwys, ac ymddengys i

mi'n awr fod rhyw orfodaeth oddi allan arnaf. Felly gyda'r alwad i bregethu, nid myfi a geisiodd yr alwad, ond yr alwad a'm cafodd i.

Roeddech yn y fyddin yn y rhyfel byd cyntaf er ei bod yn anodd credu hynny 'nŵan. Oedd ganddoch chi ddim argyhoeddiadau arbennig pryd hynny, neu a oeddech yn credu mai rhyfel i orffen rhyfel oedd hwnnw? Sut effeithiodd y rhyfel arnoch?

Ydyw'n wir, y mae'n anodd credu i mi fod yn y fyddin am bedair blynedd a hanner. Yr oedd hen fardd yn byw yn ein hardal, Eilydd Elwy, yn englynwr dan gamp ac yn ddisgybl i Talhaearn. Cymerodd ddiddordeb mawr ynof a dysgu rhai o'r cynganeddion i mi. Gwnaeth fwy na hynny, – cyflwynodd fi i Emrys ap Iwan trwy ysgrifau y gŵr mawr hwnnw yn *Y Geninen*. Cafodd un o'r ysgrifau hynny ar Ryddid Cymru ddylanwad mawr ac arhosol arnaf, – fûm i byth yr un fath wedi darllen yr ysgrif honno. Pan gyhoeddwyd y rhyfel yn erbyn yr Almaen fe gredais i druth y gwleidyddion mai rhyfel i amddiffyn cenhedloedd bychain a diogelu eu hawl i fyw oedd y rhyfel. Ffurfiwyd uned arbennig i fyfyrwyr colegau Cymru a bendigedig oedd y cwmni yn nhymor yr ymarfer, ond yn fuan fe'n chwalwyd i bedwar ban byd. Gyrrwyd fi i Ffrainc i frwydrau cyntaf y Somme. Yno bechgyn yr East-End, Llundain oedd fy nghydfilwyr, y rhan fwyaf ohonynt, – rhegwyr athrylithgar, puteinwyr powld, lladron hy, ac "adar creim" o bob math, ond dysgais eu hoffi'n fawr, a gwelais nad yw Duw bob amser ddim yn cael ei ffordd ei hun gyda'r gorau o ddynion, na'r diafol yn cael ei ffordd ei hun gyda'r gwaethaf. Cefais fy nghlwyfo yn o dost a bûm am fisoedd mewn gwahanol ysbytÿau yn Lloegr ac Iwerddon. Dychwelais o'r fyddin i'r coleg yn cashau militariaeth a Seisnigeiddiwch yn angerddol, ac yn genedlaetholwr, a'm ffydd yn yr Efengyl yn ddiysgog.

Fe'ch hordeiniwyd yn 1921, ac ar hyd eich gweinidogaeth mewn deule'n unig y buoch, ac mewn dwy eglwys, – Llandudno hyd 1947, ac ym Mheniwel, Rhos er hynny. Ydy gweinidogaeth faith fel hon yn llesol i fugail a'i braidd?

Mi gredaf fod digon o dystiolaeth mai gweinidogaethau maith

ydyw'r gweinidogaethau mwyaf llwyddiannus. Un rheswm am hyn, mi dybiaf, ydyw na ddichon dyn bregethu'n effeithiol i bobl heb eu hadnabod. "Pregethu i gyflyrau dynion", chwedl un o'r Piwritaniaid ydyw pregethu effeithiol, ac ni ellir ar ryw wib o weinidogaeth fer adnabod y cyflyrau hyn. A rhaid i bregethwyr garu a bod yn gyfeillgar a'i bobl cyn y gallo eu llesau, a pheth sy'n blaguro'n ara deg ydyw cyfeillgarwch. Ond y mae llawer yn dibynnu ar y bugail ac ar y praidd hefyd.

Tra roeddech chi'n Llandudno fe'ch carcharwyd gyda Saunders Lewis a D. J. Williams am helynt Pen-y-berth a llosgi'r Ysgol Fomio. O edrych yn ôl dros ddeng mlynedd ar hugain ar y weithred hon sut y mae'n ymddangos i chi rwan? Be' wnaeth cyfnod y carchar i chi? Chi oedd yr unig bregethwr o'r tri – a wnaeth hyn unrhyw wahaniaeth i chi yn y carchar? Fyddech chi'n dweud i chi ddysgu rywbeth newydd yno neu a danlinellwyd rhywbeth nad oeddech wedi ei lawn sylweddoli gynt?

Yr wyf yn gwbl ddiysgog, – yr oedd yn rhaid wrth y weithred hon, nid wyf wedi cael achos i newid dim ar fy meddwl. Erbyn heddiw gwelwn yn gliriach fyth mor sicr oedd Saunders Lewis o'i bethau, ac mor ddi-bŵl oedd ei weledigaeth wrth gynllunio hyn. Lladdodd y weithred hon y sentimentaleiddiwch a'r meddalwch oedd yn eiddilo'r genedl, a dechreuodd cyfnod newydd o weithredu yn hytrach na siarad. Ynglŷn wrth y ffaith fy mod yn weinidog – ni chefais ddim ffafrau oherwydd hynny, ond deuai llawer o'r carcharorion ataf pan geid cyfle i fwrw eu baich a chyffesu eu beiau, weithiau i geisio eu cyfiawnhau eu hunain. Yr oedd eraill yn cael hwyl wrth ddyrnu ar yr eglwys ac ar grefydd yn fy nghlyw. Be wnaeth y carchar i mi? Yn bennaf rhoddi tosturi – mwy o dosturi i mi at froc môr cymdeithas, a lletach goddefgarwch.

Pa mor wahanol oedd cyfnod eich gweinidogaeth yn Llandudno i'ch cyfnod yn y Rhos? Faint o ddirywiad sydd wedi digwydd yn un o'r pentrefi Cymreiciaf yng Nghymru, a faint ydyw cyfrifoldeb yr Eglwys am hyn?

Y mae tipyn o wahaniaeth rhwng tref sy'n ennill ei bywoliaeth

wrth groesawu ymwelwyr, neu 'gadw byddigions', a phentref
mawr diwydiannol. Ond yr oedd pobl Llandudno yn bobl
hawddgar iawn, a hawdd byw hefo nhw. Pobl oeddynt oedd
wedi etifeddu goddefgarwch yr hen Ryddfrydiaeth oedd yn
fwy goddefgar na Sosialaeth. Mewn rhai pethau yr oedd pobl
Llandudno yn Gymreiciach na'r Rhos, e.e. yn llwyrach eu
cefnogaeth i Gymdeithasau a Dosbarthiadau Cymraeg, ac yn
prynu mwy o lyfrau Cymraeg. Soniwch am 'ddirywiad' y Rhos.
'Wn i ddim ai 'dirywiad' ydyw'r gair iawn, – y mae 'dadfeiliad'
neu 'ddarfodedigaeth' yn amgenach. Y mae dros ugain mlynedd
er pan ddeuthum i i'r Rhos, a sylweddolais yn fuan mai pentref
yn dechrau dadfeilio ydoedd, a phentref yn marw, ac enbyd o
brofiad ydyw gorfod aros wrth wely marw pentref. Beth ydyw
cyfrifoldeb yr Eglwysi am hyn? Ni fuaswn yn hoffi dweud eu bod
yn gwbl ddieuog, ond hyd y gwelaf hwynt hwy sydd wedi arafu
dipyn ar y farwolaeth hon. Os oes rhaid beio – beier y gyfundrefn
addysg a beier y llywodraeth leol a ganiataodd chwalu'r bobl a'u
symud o'u cynefin i'r maestrefi, ac effaith y diwreiddio hwn oedd
Seisnigeiddio'r bobl a'u hestroni o'r capelau. Erbyn hyn caeodd
Pwll yr Hafod a fu trwy gydol y blynyddoedd yn llawforwyn
i grefydd a Chymreictod, ond wedi ei gau mewn modd digon
didosturi, cyflymu a wna'r dadfeiliad, y mae gennym ofn.

*Sôn am ddirywiad, faint o ddirywiad sydd wedi digwydd i eglwysi'r
Bedyddwyr?*

Eto yn y cyswllt hwn gwell gennyf y gair 'dadfeiliad'. Y mae
eiddilwch ein heglwysi ninnau'n amlwg ddigon. Cynulleidfaoedd
yn lleihau, – gwrthgiliad cyfan ac enbyd y bobl ieuainc, – ein pobl
yn llacio eu gafael ar weddi ac Ysgrythur, ac addoli.

*Ydy'ch crefydd a'ch Cymreictod yn anwahanadwy? Rydych yn cyfeirio
at fwriad Rhagluniaethol yn hanes y genedl i'w chadw rhag diddymiad, –
ydy'r Rhagluniaeth hon ar waith trwy'r byd i gyd?*

Ydyw, y mae'r ddau i mi yn anwahanadwy. Cymro Cymraeg
ydwyf a Christion. Yn y Gymru Gymraeg Gristnogol hon yn unig
y mae fy niddordeb, ac iddi hi dan Dduw y rhof fy mywyd. Yn

ôl pob rhesymeg dylai Cymru fod yn farw gelain ers blynyddoedd lawer, – ei mynych goncro gan elynion oddi allan, ei meibion ei hun yn cywilyddio wrth ei heiddilwch ac yn ei gwrthod, colli ei phendefigaeth, llygru ei gwerin hithau gan addewidion gwagsaw gwleidyddion, ond trwy'r cwbl oll y mae wedi dygnu byw, a "rhaid oedd bod Rhagluniaeth ddistaw, rhaid oedd bod rhyw arfaeth gref" yn ei chadw. Ac yr wyf yn credu bod y Rhagluniaeth hon ar waith trwy'r byd cyfan. Y mae Duw yn camu i ganol hanes dynion er lliniaru effeithiau eu hurtrwydd, ac yn ymyrraeth yn annisgwyl er mwyn arafu eu dig a dwyn daioni allan o ddrygioni. Y mae digon o enghreifftiau o hyn yn Hanes Israel ac yn Hanes Cymru pe bai amser i oedi gyda hwynt i'w hadrodd.

Rydych yn bregethwr grymus ac yn mwynhau pregethu'r Gair. Beth sydd yn gwneud pregethwr mawr? Pa mor bwysig bellach ydyw pregethu?

Ni fuaswn byth yn f'arddel fy hun fel pregethwr grymus. Wn i ddim beth sydd yn gwneud pregethwr mawr. Gofynnwyd hyn unwaith i Richard Owen y Diwygiwr, a'i ateb ef oedd fod tri anhepgor pregethwr mawr, – Meddu corff hardd – meddu llais pêr, treiddgar a bod ei enw yn John Jones, – yr oedd pregethwyr mwyaf Cymru ar y pryd yn digwydd dwyn yr enw hwnnw, John Jones, Talysarn a John Jones, Blaenannerch ac eraill.

Ond y peth mawr ydyw bod yn bregethwr ffyddlon, ac os yw yn ffyddlon y mae'n bregethwr mawr, er i bobl ei ystyried yn ddibwys. Pa mor bwysig ydyw pregethu bellach? Wel mor bwysig a hyn – na ddichon dim byd gymryd lle pregethu. Yr ydym ni'n credu mai pennaf act addoli ydyw pregethu, ac na ddichon dim fod yn bwysicach na dwyn dynion wyneb yn wyneb â gwirionedd Duw yng Nghrist. Credaf y daw Cymru at ei choed yn y man, ac o bulpud y daw ati'r Gair, fel y bu erioed, i'w hiacháu a'i gosod ar ei thraed.

Sut y mae rhoi ystyr a bywiocáu eto eiriau mawr yr Efengyl – geiriau fel Ffydd, Gobaith, Gras, Pechadur?

Pedr, ynte, ar fflach o dreiddgarwch i ystyr ei berthynas â Christ a soniodd am "eiriau bywyd tragwyddol". Dyma nhw. Geiriau

ydynt sy'n perthyn i eiriaduraeth ffydd, – 'o ffydd i ffydd.' Ni all
dyn bydol digred, er maint ei ddoethineb, byth mo'u deall. I'w
ddilynwyr yr addawodd Crist ddawn yr Ysbryd Glân, ac felly
trwy ddilyn Crist yn ddyfalach y rhoddir i ninnau'n helaethach o'r
ddawn fawr ddwyfol a ddichon fywiocáu'r geiriau hyn.

Oes yna ddyfodol i grefydd gyfundrefnol?

Y mae'n rhaid wrth gyfundrefn, – gorau po leiaf ohoni,
efallai. Y mae perygl mawr mewn cyfundrefnu Cristnogaeth a'r
Efengyl, ond y mae perygl mwy wrth beidio â gwneud hynny.
Heb gyfundrefn gallasai crefydd ddirywio i fod yn ddim ond math
o gleniwch cymdeithasgar na fyddai'n costio dim byd i ni. Daw
i'm meddwl i ryw athronydd Cristnogol (Whitehead, mi gredaf)
ddywedyd rhywbeth tebyg i hyn – fod cefydd yn ei ddirywiad
yn troi'n gleniwch cymdeithasol, meddal, a'r Duw trugarog a'n
gwaredo rhag hwn. Bodloni ar rith o grefydd heb ei grym a fyddai
hynny.

Beth fu eich siom fwyaf yn y Weinidogaeth?

Fy siom fwyaf oedd gweld darostwng ar syniadau ein pobl am
y Weinidogaeth, a methu ohonynt â llunio athrawiaeth ddofn a
chadarn am ei hystyr hi, a methu ohonynt yn eu hymgeledd iddi.
Yma, mi gredaf, y mae'r gwir reswm fod cynifer wedi cefnu ar y
Weinidogaeth. Yn ddiweddar y mae'r enwad, yn ei fraw o weld
beth sydd wedi digwydd, yn ceisio ymddiwygio, ond y mae dyn yn
ofni y gall hi fod yn rhy hwyr.

*Fyddech chi'n dilyn yr un llwybr eto 'tasech chi'n ail gychwyn ar eich
gyrfa?*

Y mae'n amheus gennyf a ddichon ateb i'r cwestiwn hwn. Yr
wyf yn siwr y buaswn eto yn y Weinidogaeth, ac eto yn y frwydr
dros ryddid Cymru. Ni all dyn ond diolch iddo gael rhodio'r
llwybr a rodiodd canys cafodd adnabod a chael cyfeillgarwch pobl
fel Saunders Lewis, D. J. Williams, R. Williams Parry, J. E. Jones,
Kate Roberts a Cassie Davies a llu o ddynion a merched na fu eu
rhagorach – os bu eu cystal – yng Nghymru erioed. Waeth i mi
heb ddweud yr osgown fy nghamgymeriadau, a chyflawnais ddigon

ohonynt, ac ni allaf byth ddiolch digon i'm heglwys gynt yn y Tabernacl, Llandudno am iddi ganiatáu i mi gyflawni pob ffolineb y rhybuddiwyd gweinidog ieuanc rhagddo gan y doeth a'r dof, ac am faddau i mi mor hael. Gwn i mi gael fy arwain trwy lawer o'r camgymeriadau hyn i olud ysbrydol.

Y Parch. Lewis Valentine, dymunaf yn awr roddi i chi'r cwestiwn olaf. Ydach chi'n credu fod yr hen fyd 'ma yn gwella tra mae'n gwaethygu neu ydi Dydd y Farn yn agos?

Does gennym ni ddim sail Ysgrythurol dros gredu fod yr hen fyd 'ma yn gwella o gwbl, nac i wella ychwaith. Rhyw hen air bach anesmwyth ydyw hwn o eiddo Crist pan ddywedodd, "A Mab y dyn pan ddêl a gaiff efe ffydd ar y ddaear?" Ac am ddydd y farn y mae hwnnw bob amser gerllaw, a digon i ni ydyw'r dydd barn y sydd. Ein cysur ydyw'r gair a gofnodir gan Ioan – "Efe a roddes bob barn i'r Mab". Ac Ef, y Ceidwad, yn Farnwr, nid arswyd sydd yn niwedd y daith, ond gobaith.

(Ni allaf gymryd fy llw fy mod wedi llefaru pob gair fel y cofnodir ef yma, ond rhwng y rihyrsal a'r telediad y mae'n weddol gywir. – L.V.).

Seren Gomer (Gwanwyn 1968), 1–7.

Atodiad 4

Transcript of interview with Mr Saunders Lewis interviewed by Meirion Edwards at Broadcasting House, Llandaf, Cardiff, on 9th August 1968.

[M.E.] Mr Lewis, ym mharagraff cynta'r pamffled radio *Tynged yr Iaith* yn 1962 'dach chi'n cyfeirio at y 'rhai ohonon ni sy'n ystyried nad Cymru fydd Cymru heb y Gymraeg'. Y mae'r Iwerddon wedi llwyddo i gadw'i hunaniaeth ar waethaf colli'r iaith. Oni allai hyn ddigwydd yng Nghymru hefyd?

[S.L.] 'Dwy'n amau a yw hyn wedi digwydd yn Iwerddon, wyddoch chi. Dw i'n cofio y cyfarfodydd fu yn Llundain a'r gohebu rhwng Llundain a Llywodraeth Sinn Fein pan oedd y rhyfel yn tynnu at derfyn, a 'dwy'n cofio fod holl lythyrau Cyngor De Valera at Lloyd George mewn Gwyddeleg, a chyfieithiad Saesneg gyda'r llythyrau. A fe roes Llywodraeth Iwerddon y pryd hynny fri mawr ar yr iaith fel prawf o wir genedl Wyddelig. A hyd yn oed heddiw y mae Gwyddeleg yn iaith swyddogol Iwerddon. Wel, mae'n sefyllfa wahanol iawn i Gymru. Yn Iwerddon mae 'na ynys. Mae'r môr rhyngon nhw a Phrydain. Ac yn ail mae – mae crefydd Iwerddon yn rhan annatod o'i chenedlaetholdeb hi, ac yn ei gwahanu hi'n llwyr oddi wrth Loegr. Wel nawr, y mae'r pethau yna gyda'r Wyddeleg wedi creu Cenedlaetholdeb fel syniad o arwahanrwydd Iwerddon. Am wn i nad oes gennon ni ddim yng Nghymru sydd yn ein datod ni'n hanesyddol ac yn gyfoes o Loeger ond ein hiaith ni.

[M.E.] Fe ddwetsoch chi hefyd yn 1962 fod yr iaith yn bwysicach na hunan-lywodraeth. Ydych chi'n dal i lynu at y farn yna?

[S.L.] Yn arw iawn.

[M.E.] Pam?

[S.L.] Yn dal mor bendant ag erioed. Am y rheswm yma. Peth drwg ydy pob llywodraeth. Pechod ydy achos llywodraeth. Petai dynion yn berffaith bydde dim llywodraeth. Ac felly cyfrwng ydy llywodraeth, peiriant ar y gorau. Dydy llywodraeth ddim yn creu dim, dim ond trefnu pethau. Ond y pethau sy'n creu cenedl, rheini 'dy'r pethau hanfodol. Does dim eisiau llywodraeth lle nad oes creadigaeth i'w chynnal. Yr angen am gynnal pethau da sydd wedi'u hetifeddu ydy *raison d'être* – y rheswm am fodolaeth unrhyw lywodraeth. Ac felly os 'dach chi'n colli hanfodion y genedl, os 'dach chi'n colli hynny, wela i ddim rheswm dros hunan-lywodraeth.

[M.E.] Ond 'dach chi'n sôn hefyd am wneud yr iaith yn arf gwleidyddol, a mi wela'i bod yr iaith yn ddiwylliannol ac yn hanesyddol, efallai, yn un o hanfodion y genedl. Ond tybed ydy iaith yn beth sy ddim yn ddigon diriaethol i'w gwneud hi yn arf gwleidyddol. Wedi'r cyfan mae '*bread before beauty*' yn slogan y gall pobl ymateb iddi yn hawdd iawn. Dydy cyrchu at faner yr iaith ddim yn beth hawdd ei wneud i'r rhelyw [*sic*] o bobl.

[S.L.] Nag ydy. Ddim yn hawdd o gwbl. Rwy'n llwyr gytuno. Mae'n haws o lawer iawn ennill poblogrwydd drwy wneud codi safon byw economaidd yn nod eich holl wleidyddiaeth chi. Mae'n llawer mwy poblogaidd. Ond, wyddoch chi, nid oblegid bod chi'n ceisio'r hyn sy'n boblogaidd rydych chi'n genedlaetholwr o gwbl. Wrth geisio hunan-lywodraeth i Gymru, nid cynnig rhywbeth poblogaidd i Gymru ydach chi ond cynnig rhywbeth i Gymru sy'n ddyletswydd ar Gymru. Mae ganddi etifeddiaeth o'r gorffennol, yr etifeddiaeth sy'n rhoi parch i bob aelod o'r genedl Gymreig, hunan-barch. Fedr codi safon byw economaidd yn unig fyth wneud hynny. Edrychwch chi ar fywyd heddiw – yn Lloegr, yng Nghymru, mae'n debyg iawn bod safon byw y werin bobl yn uwch nag y bu erioed. Ond mae safon hunan-barch a moesoldeb a chwrteisi a chelfyddyd a'r pethau ysbrydol i gyd yn mynd i lawr yn arw. Yn awr, os 'dach chi'n mynd i ddweud wrth Gymru bod ganddi iaith sy'n hanfod i'w chenedlaetholdeb hi, ac yn rhywbeth mae'n rhaid iddi frwydro i'w gadw a'i drosglwyddo i'r cenedlaethau sy'n mynd i ddwad, os 'dach chi'n mynd i wneud hynny 'dach chi'n gofyn i Gymru wneud rhywbeth hollol ysbrydol. Bydd o ddim yn rhoi ceiniog ym mhoced neb, ac mae 'na ddegau o ddynion y Blaid Lafur a'r Blaid Ryddfrydol sy'n ceisio dychryn Cymry drwy ddweud 'i fod e'n gostwng 'i safon byw nhw. Dydan nhw ddim yn deall bod yr apêl yna ei hunan yn gostwng hunan-barch pob Cymro.

[M.E.] Mae'r apêl yma yn rhagdybio gan [sic] – fod gan bobl ymwybod ysbrydol mewn gwirionedd o werth iaith, 'Dach chi'n meddwl bod ansawdd ein bywyd cyfoes ni yng Nghymru y cyfryw i fagu'r ymwybod yma?

[S.L.] Nag ydy. Mae yn brwydro yn 'i erbyn o'n arw. Mae tueddiadau heddiw yn erbyn popeth ysbrydol. Popeth. Mae crefydd ar drai yn enbyd, nid yng Nghymru'n unig, ond ar drai yng Nghymru'n enbyd. A 'dwy'n cydnabod ar unwaith fod holl dueddiadau'r dydd yn erbyn popeth ysbrydol. Ond, wyddoch chi, mewn lleiafrifoedd y mae gobaith pob oes. Mewn lleiafrifoedd, ac y mae 'na leiafrif ymysg pobl ifanc Cymru sydd yn rhoi gwerthoedd ysbrydol o flaen 'u lles economaidd. Mae 'na aelodau o Gymdeithas yr Iaith Gymraeg yn bobl ifanc iawn sydd wedi bod mewn carchar, sydd wedi'u dirwyo, ac mae'r plismyn wedi bod yn 'u tai nhw ac yn dwyn 'u dodrefn nhw oblegid bod nhw'n gwrthod talu'u dirwyon. Pam? Yn unig er mwyn ennill parch gan lywodraeth Loegr a chan yr awdurdodau yn y Gwasanaeth Sifil i'r iaith Gymraeg. Yn awr, mewn lleiafrif o ieuenctid a chanddyn nhw ddelfrydau fel yna mae gobaith cenedl y Cymry.

[M.E.] Fyddech chi'n gosod y ddelfrydiaeth yna ac aberth y bobl yna yn uwch mewn pwysigrwydd na llwyddiant etholiadol, oherwydd mae'r galw, on'd ydy, am Senedd erbyn hyn yn dod gryfa o'r ardaloedd di-Gymraeg, lle mae'r iaith fel 'ta hi'n amherthnasol i awydd y bobl yma am hunan-lywodraeth.

[S.L.] Ydy. Rwy'n cydnabod hynny ar unwaith. Yn fy marn i y mae llawer o'r bleidlais a enillodd Plaid Cymru yn yr etholiadau yn y Rhondda ac yng Nghaerffili, llawer, fel y dywedodd gelynion y Blaid, yn bleidlais brotest yn erbyn y siomi, y siomi mawr a gawson nhw yn llywodraeth y Blaid Lafur. 'Dwy'n cydnabod hynny. Ac os ydach chi'n mynd i ddibynnu ar ddadrithiad o wleidyddiaeth sosialaidd y Blaid Lafur am lwyddiant Plaid Cymru, mae'n galed arnom ni, oblegid fe all y sefyllfa economaidd newid, ac fe all y Blaid Lafur ddod 'nôl yn boblogaidd. Ond mae'r bobl ifanc yr wy'n sôn amdanyn nhw yn rhoi pethau sy'n hanfodol i genedl – i genedl – ar flaen 'u rhaglen. 'Dach chi'n gweld, hyd yn oed i Gymry nad oedd ganddyn nhw ddim Cymraeg, yn yr ardaloedd diwydiannol yn y De 'ma, fe ellwch roi dadl yr iaith mewn dull y mae gobaith i chi fedru apelio atyn nhwythau. Oblegid dyna'r gwir amdani, hyd yn oed os nad oes gennych chi yr iaith mae acen yr iaith, ar yr iaith a orfodwyd arnoch chi, ar eich Saesneg chi. Rhywbeth wedi'i orfodi arnom ni'r Cymry ydy Saesneg, drwy'r gyfundrefn addysg, drwy ddeddfau, drwy'r holl wasaneth sifil. O'r gorau, ond hyd yn oed pan ydan ni'n siarad y Saesneg yna, acenion yr iaith Gymraeg sydd ar dafod pob un ohonon ni. Nawr o safbwynt Lloegr, o safbwynt Seisnig Lloegr, o safbwynt y dosbarth diwylliadol yn Lloegr, mae hynny'n anfantais. Mae e'n golygu nad ydych chi'n cyfranogi yn y diwylliant Saesneg traddodiadol. Eitha' gwir, ac oblegid hynny ma 'na ddiffyg hunan-barch yn y Cymry sydd yn ceisio bod yn perthyn i'r dosbarth hwnnw.

Os rhoir anrhydedd i'r iaith Gymraeg yn swyddogol yng Nghymru, yna mae pob dyn sydd ag acen yr iaith honno ganddo, dim ond 'i hacen hi, yn fwy ei hunan-barch. Mae o'n perthyn i bobl nad ydyn nhw ddim yn siarad Saesneg Seisnig, ond yn hytrach yn siarad iaith fenthyg sy'n ddefnyddiol. A mae nhwythau'u hunain yn cyfranogi yn nhraddodiad iaith a chanddi fil a hanner o flynyddoedd o draddodiad.

[M.E.] 'Dach chi'n meddwl bod cymoedd diwydiannol y De yn ddigon agos at 'u hanes nhw 'u hunan, at 'u Cymreigrwydd nhw'u hunain i ni fedru adfer y sefyllfa o safbwynt yr iaith yn y cymoedd yma?

[S.L.] Does gen i ddim syniad, 'dwy ddim yn gwybod a fedrwn
ni neu beidio. Mae'r dyfodol yn rhywbeth na allwch chi ddim
ei broffwydo, faswn i ddim yn breuddwydio am wneud. Ond
fe ellwch drio. Fe ellwch geisio, fe ellwch roi y peth o ddifri yn
eich addysg chi. Mae Adroddiad Gittins yn awgrymu y dulliau
hynny. Nid yn unig hynny, ond fe ellid rhoi hanes Cymru yn rhan
hanfodol o'r addysg yna. A does dim digon o hynny o lawer yn
cael 'i wneud. Ac wedyn fyddwch chi'n creu y syniad o undod yr
holl genedl, y Cymry Cymraeg a'r di-Gymraeg.

[M.E.] 'Dach chi'n dweud yn *Tynged yr Iaith* na wnaiff dim
llai na chwyldro wneud i adfer y sefyllfa yng Nghymru. Pan 'dach
chi'n sôn am chwyldro, at ba ddulliau ydach chi'n cyfeirio? Beth
'dach chi'n feddwl wrth chwyldro, yn ymarferol?

[S.L.] Fan yna, 'dwy ddim wedi darllen y ddarlith ar *Dynged yr
Iaith* byth [ers iddi fod yn] gyhoeddiedig – 'dwy ddim yn cofio.
'Dwy ddim wedi darllen hi ers pan gyhoeddwyd hi. Ond fan yna,
os iawn y cofia i, sôn am chwyldro meddwl yng Nghymru oeddwn
i. Chwyldro yn ei holl agwedd tuag at Gymreictod.

[M.E.] Ond yn ymarferol 'dach chi'n gwybod, y dulliau
chwyldro yma, rhaid i chwyldro gael 'i dulliau ymarferol,
gwleidyddol, weithiau dulliau trais. Fyddech chi'n cymeradwyo y
math yna o weithredu?

[S.L.] A! Dulliau trais. Yr hyn a ddywedwn i ar hynny ydy
hyn, mae'n rhaid bod yn ofalus. Rydan ni'n byw mewn cyfnod
y mae llawer iawn o dreisio anghyfrifol, llawer iawn o ymosod
gyda chyllyll a gyda gynnau, yn gwbl anghyfrifol gan ieuenctid
yn y trefi diwydiannol yma. Mae'r math yna o drais, a'r math o
drais gewch chi yn yr ymosodiadau ar y banciau ac ar foduron a
cheir; rhaid i chi beidio cymysgu y math yna o ddefnyddio trais
anghyfreithlon a sôn am drais fel offeryn politicaidd. Rydw i'n
credu'n bersonol fod trais gofalus, ystyriol, cyhoeddus, yn arf
angenrheidiol yn aml i fudiadau cenedlaethol. Yn angenrheidiol
i amddiffyn tir, i amddiffyn dyffrynnoedd Cymru rhag 'u treisio
yn gwbl anghyfreithlon gan lywodraeth, a chan gorfforaethau

mawrion Lloegr. Yr ydw i'n meddwl, er enghraifft, bod Tryweryn, Clywedog, Cwm Dulas yn awr, yn ymosodiadau nad oes dim cyfreithloni arnyn nhw yn foesol o gwbl. Tydi'r ffaith eu bod nhw wedi'u penderfynu gan Senedd Loegr ddim yn rhoi hawl moesol iddyn nhw. Ac felly, rydw i'n credu bod unrhyw ddull sydd yn rhwystro y treisio anghyfrifol yna gan gorfforaethau yn Lloegr ar ddaear Cymru yn gwbl gyfiawn.

[M.E.] Unrhyw ddull gan gynnwys tywallt gwaed?

[S.L.] Ond iddo fod yn waed Cymreig ac nid yn waed Saesnig, 'sdim ots gen i.

[M.E.] Mae traddodiad heddychol yng Nghymru, fel petai o yn milwrio yn erbyn gweithredu yn y dull 'dach chi'n 'i gymeradwyo. 'Dach chi'n meddwl bod y traddodiad heddychol wedi bod yn llestair gwleidyddol i ni yng Nghymru?

[S.L.] Drychwch. Edrychwch chi ar hanes Ymerodraeth Loegr sydd wedi toddi yn ystod yr hanner canrif diwetha yma yn gyfundrefn o genhedloedd Prydeinig. Erbyn heddiw y mae arlywydd, neu brif-weinidog neu bennaeth ar bob un o'r gwledydd sydd yn perthyn i'r gyfundrefn yna o genhedloedd Prydeinig, yr arlywydd neu'r prif-weinidog, yn eistedd gyda'r Frenhines a chyda Prif-weinidog Lloegr, mewn cynadleddau, ac y mae pob un ohonyn nhw wedi bod yng ngharcharau Lloegr, pob un. Wedi'u condemnio i flynyddoedd o garchar am drais. Pob un. A heddiw mae Lloegr a'i Llywodraeth a'r holl Wasanaeth Sifil ucha' yn ymgreinio o'u blaen nhw, ac yn rhoi iddyn nhw bob bri a pharch. 'Dach chi'n gweld. Iaith mae Llywodraeth Loegr yn 'i deall ydy trais. Dydy hi'n deall un iaith arall, dydy hi'n deall dim apêl foesol, dydy hi'n deall dim apêl at reswm, at gyfiawnder, at hawliau dyn, ond mae hi'n cynddeiriogi, yn carcharu, yn dial, ac wedyn yn parchu ac yn ysgwyd llaw, â threiswyr. Treiswyr sydd yn 'i chipio hi. Mae Llywodraeth Loegr yn deall iaith trais. Tydi hi'n deall dim iaith arall mewn gwleidyddiaeth. Ac mi ddwedwn i fod unrhyw fudiad cenedlaethol sydd yn dweud nad ydy trais ddim i'w gydnabod am eiliad yn bosibilrwydd i'r mudiad hwnnw, bod y mudiad yn cyhoeddi i Lywodraeth Loegr – "dydan ni ddim o ddifri, gwnewch fel y mynnoch chi â ni. Rydan ni'n siarad ond dydan ni ddim o ddifri."

[M.E.] Mae cyfres o lywodraethau wedi bod yn rhoi rhyw ychydig o fesur o hyn a'r llall i ni yng Nghymru, yn addef hyn, yn rhoi un cam bychan i ni. Nawr falle y cawn ni rhyw fath o gyngor etholedig. 'Dach chi'n dweud fel tai chi'n parchu fwy lywodraeth sydd yn elyn clir, pendant. 'Dach chi'n dweud, er enghraifft, am y Ddeddf Uno ei bod hi'n ddeddf sydd yn fwriadol yn ceisio trefnu tranc yr iaith. 'Dach chi'n meddwl bod hi'n berygl i ni dderbyn rhyw friwsion bychain yn awr ac yn y man gan y Llywodraeth. Ydy o'n beth da?

[S.L.] Ydy. Yn beth da. Y mae unrhyw gam tuag at bethau rhesymol yn dda, ac os ydy pethau'n symud yn araf i'r cyfeiriad iawn, mae o'n dda.

[M.E.] Ond dydy'r hyn sydd yn gallu ymddangos yn rhesymol ddim hefyd yn gallu tanseilio ein hewyllys ni, ein hasgwrn cefn ni?

[S.L.] O wel, mae hynny'n dibynnu arnom ni. Mae hynny'n dibynnu arnom ni.

[M.E.] Ddwedwch chi bod e wedi gwneud hynny?

[S.L.] Ydy. Yn sicr iawn. Ond nid hynny sy'n gwneud niwed i ni. Nid yr hyn sydd wedi helpu yr iaith Gymraeg. Nid – tydy hynny ddim yn gwneud niwed i ni. Yr hyn sydd yn gwneud niwed i ni ydyw bod gyrfa i Aelodau Seneddol, bod gyrfa boliticaidd a llwyddiant mawr yn hawdd i Gymry sy'n mynd i mewn i'r Blaid Lafur. Hynny sy'n gwneud niwed i ni. Y mae – y mae holl rwysg y Pleidiau Saesneg a'r ffortiwn sydd i'w wneud drwyddyn nhw yn fwy o niwed lawer i Gymru na dim a wna y Llywodraeth i Gymru.

[M.E.] 'Wedech chi bod ein haddysg ni yn fath o addysg sydd yn cyflyru ni i dderbyn ac i ewyllysio y ffordd hon?

[S.L.] O, wrth gwrs. Addysg Seisnig hollol ydy hi. Ac addysg Seisnig ydy'n holl addysg ni. Naturiol. Awydd pob Cymro – os ydy o'n mynd yng nghyfeiriad 'i addysg ydy bod yn Sais da.

[M.E.] Ond mae'n rhaid iddo gael rhyw fath o addysg ffurfiol er mwyn ennill 'i damaid fel pawb arall. Sut byddech chi'n diwygio'r addysg honno ac eto'i chadw hi'n ymarferol?

[S.L.] Wel, 'dach chi'n gofyn cwestiwn dw'i ddim yn mynd ar ei ôl ymhell, oblegid mae'n gwestiwn go fawr ac y mae Adroddiad Gittins yn trafod y mater yna'n llawn. A felly a'i ddim ar ei ôl o, ond yr hyn a ddwedwn i ydy hyn. Fel egwyddor, fel egwyddor mae'n rhaid i'ch haddysg chi fod yn gyntaf ddysgu parch i'ch cymdeithas chi a hunan-barch, yna mae popeth arall yn rhydd i chi.

[M.E.] Gawn ni droi yn ôl at drais, a dulliau trais i amddiffyn tir Cymru. Sut yn ymarferol, oes gynnoch chi argymhellion ymarferol ynglŷn, dweder, ag amddiffyn Cwm Dulas, a chymoedd Cymru, os bydd perygl iddyn nhw yn y dyfodol. 'Dach chi wedi sôn yn gyffredinol am ddulliau trais. Pa amodau sydd raid i'w cael i'w defnyddio nhw?

[S.L.] Wel. Drychwch. Mae'n anodd gen i sôn am bethau na fedra'i gymryd rhan ynddyn nhw. Rwy i'n rhy hen bellach i fynd yn ôl i Wormwood Scrubs. Ac felly, mae'n rhaid i mi fod yn ofalus. Ond rown i'n darllen yn y *Western Mail* deuddydd yn ôl fod ffermwyr Cwm Dulas mor bybyr 'u gwrthwynebiad i'r cais sydd ar 'i wneud i droi Cwm Dulas yn gronfa ddŵr, maen nhw mor bybyr yn erbyn hynny ag erioed. Ond maen nhw wedi penderfynu, yn ôl 'i hysgrifennydd nhw, i ganiatáu i'r mesurwyr tir a'r archwilwyr ddod i'r caeau a dechrau ar 'u hymchiliadau a'u mesuriadau a mynd ymlaen. Wel, does dim ond un casgliad i ddod ato, maen nhw'n dechrau rhoi ffordd. Dyna ystyr hynny. Os ydy'r mesurwyr tir yn dod yno a'r archwilwyr yn dod a dechrau gwneud 'u hamcangyfrifon a'u cyfrifon a'u mesuriadau yna mae'r diwedd yn eglur. Yn Sir Gaerfyrddin rhyw ddwy flynedd neu dair yn ôl, fe fu Corfforaeth Abertawe yn golygu yr un fath o beth yno, a dyma'r ffermwyr yna am unwaith, yn Gymry Cymraeg, cofiwch chi, peth hollol eithriadol, dyma nhw'n mynd i'w caeau yn rhengoedd ac yn mynd at y llidiardau a'r gatiau, ac yn rhwystro gyda'u cyrff i neb agor gât neu dod i mewn i gae. Dyna y dylid 'i wneud yng Nghwm Dulas. Fe ddylai'r ffermwyr wneud hynny, ac fe ddylai pob un o'r bobl ifanc sydd mor selog ym Mhlaid Cymru fynd yno hefyd i ofalu nad oes dim un archwiliwr na mesurwr tir yn dod ar un o'r caeau.

[M.E.] 'Dwy'n cofio R. S. Thomas yn dweud yn gymharol ddiweddar bod Gwyddel pan mae e'n meddwl am ei wlad yn meddwl am dir 'i wlad. Bod Cymro pan bod e'n meddwl am 'i wlad yn meddwl am bobl 'i wlad. Hynny yw, bod ansawdd cenedlaetholdeb Iwerddon a Chymru yn gwbl wahanol. 'Dach chi'n meddwl ein bod ni fel hyn, a bod hyn yn wendid yn ein cenedlaetholdeb ni. Fyddech chi'n derbyn hyn?

[S.L.] Y gwendid yn ein cenedlaetholdeb ni ydy nad yw e ddim yn bod ddigon. Mewn lleiafrif bychan iawn mae'n bod yng Nghymru – dyna'n gwendid ni. Yn Iwerddon y mae'r syniad o Iwerddon yn genedl yn rhywbeth sydd wedi'i selio mewn gwaed ar ôl canrif ar ôl canrif, hyd at yr ugeinfed ganrif. Yng Nghymru am resymau hanesyddol ein bod ni wedi colli'n pendefigiaid ac arweinwyr, does gennom ni ddim arweinwyr. Oblegid hynny yr ydan ni wedi cilio'n llwyr allan o fywyd cymdeithasol, politicaidd. Canolbwyntio ein holl waith cymdeithasol ar fywyd crefydd. Mae'n bywyd crefyddol ni heddiw yn dirywio, mae'r gymdeithas grefyddol yn chwalu, a does gennom ni ddim o'r ymdeimlad byw o fod yn genedl sydd gan Iwerddon.

[M.E.] Mae'n rhaid felly selio cenedlaetholdeb iddo fo olygu unrhyw beth mewn gwirionedd mewn gwaed?

[S.L.] Na raid, ddim mewn gwaed, 'dwy ddim yn dweud hynny. 'Dwy ddim yn dweud hynny, byddai'n dda pe gellid osgoi hynny, ond rhaid 'i selio fe ar argyhoeddiad fod gennych chi bethau mae'n werth colli bywyd drostyn nhw, a'u bod nhw'n werth aberthu llawer er 'u mwyn nhw.

[M.E.] Ga'i ofyn i chi fel gŵr sydd yn dehongli bywyd cyfoes Cymru o safbwynt hanes yn mynd 'nôl dros y canrifoedd sut fyddech chi'n dehongli digwyddiadau'r chwe blynedd oddi ar, dweder, y Ddarlith Radio yn 1962. Mae gyda ni Aelod Seneddol Plaid Cymru, mae gyda ni Swyddfa Gymreig, mae gyda ni weithrediadau eitha llwyddiannus Cymdeithas yr Iaith. Pa mor bwysig ydy'r rhain ym mhatrwm hanes Cymru?

[S.L.] Pwysig iawn. Yn ddiamau, pwysig iawn, a gwerthfawr iawn. Mae'n dda iawn gennyf amdanyn nhw. Mae'n dda iawn gen i am lwyddiant Mr Gwynfor Evans, yn arbennig dda gen i. Ond cofiwch, pethau bychan ydyn nhw hyd yn hyn. Pethau bychan yn symud i'r cyfeiriad iawn, ond dydy'r deffroad cyfrifol Cymreig ddim wedi cychwyn eto.

[M.E.] Pa mor obeithiol ydach chi, faint o besimist ydach chi, faint o olau dydd ydach chi'n gweld?

[S.L.] Wyddoch chi, does gen i ddim i'w ddweud am y dyfodol, dw i ddim yn gwybod, mae pethau'n newid, un ffordd neu y ffordd arall, heb i chi wybod. Fedrwch chi ddim dweud. Y cwbl fedrwch chi ddweud ydy am y sefyllfa fel y mae heddiw. Fe ellwch ymosod ar y pethau 'dach chi'n 'u gweld – yn 'u gweld yn dlawd, yn salw – fe ellwch chi ymosod ar rheini. Fe ellwch glodfori'r pethau rydych chi'n gweld yn dda a cheisio'u hybu nhw. Ond dydw i ddim yn meddwl y dylai neb ymuno mewn unrhyw fudiad, mudiad i achub y genedl 'i hun hyd yn oed, yn unig yn y gobaith y bydd – yn y sicrwydd y bydd e'n llwyddiannus. Mi fuaswn i'n aros yn genedlaetholwr Cymreig petawn i'n sicr mewn deg mlynedd y byddai hi ar ben ar Gymru. Fydde hynny ddim gwahaniaeth i'm safbwynt i. Y cwbl ddwedwn ydy bod y byd yn dlotach, a Chymru'n dlotach. Tydy'r ffaith fod drwg yn llwyddo ddim yn profi bod y drwg yn dda. Gawn ni orffen ar hynny?

[M.E.] Diolch yn fawr i chi Mr Lewis.

Papurau Lewis Valentine, 4/3/31 1/3/34(a)

Mynegai

Hefyd gan yr awdur:

ANNWYL D.J.

Llythyrau D.J., Saunders, a Kate

Golygwyd gan
EMYR HYWEL

y Lolfa

£14.95

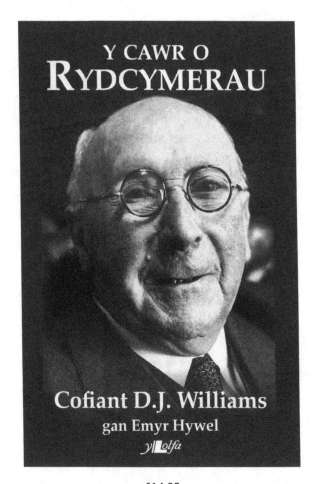

Y CAWR O
RYDCYMERAU

Cofiant D.J. Williams
gan Emyr Hywel

yLolfa

£14.95

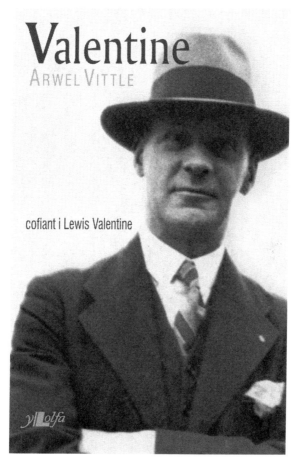

Cofio 75 mlynedd ers llosgi'r Ysgol Fomio

'CYTHRAL O DÂN'

Rhagair gan
DAFYDD WIGLEY

ARWEL VITTLE

yLolfa

£7.95

Holwch am bris argraffu!
www.ylolfa.com